IM REICH DER SINNE

Die schönsten
erotischen Romane
aus dem kaiserlichen
China

DIE JUWELENPAGODE

Ein altchinesischer Roman

Mit 24 Holzschnitten

ULLSTEIN

Ins Deutsche übertragen von
Anna von Rottauscher

Mit freundlicher Genehmigung des
Verlags Die Waage, Zürich
© 1958 by Verlag Die Waage, Zürich
© dieser Ausgabe Verlag Ullstein GmbH,
Frankfurt/M. · Berlin
Alle Rechte vorbehalten
Gesamtherstellung: Mohndruck, Gütersloh
Printed in Germany 1989
ISBN 3 55006687 2

Umschlag: Theodor Bayer-Eynck

CIP-Titelaufnahme der Deutschen Bibliothek

Im Reich der Sinne : d. schönsten erot. Romane aus
d. kaiserl. China. – Frankfurt/M. ; Berlin : Ullstein.
ISBN 3-550-06634-1

Bd. 3 Die Juwelenpagode. – 1989

Die **Juwelenpagode** : e. altchines. Roman / [ins Dt. übertr.
von Anna von Rottauscher]. – Frankfurt/M. ;
Berlin : Ullstein, 1989
(Im Reich der Sinne ; Bd. 3)
Einheitssacht.: Zhen-zhu-ta <dt.>
NE: Rottauscher, Anna von [Übers.];
Chen-chu-t'a <dt.>; EST

DSCHEN DSCHU TA: DIE JUWELENPAGODE

I. KAPITEL

*Ein Sohn nimmt Abschied von seiner Mutter. Auf seiner weiten
Reise sucht er einen Wahrsager auf*

Fang Tzu Wen entstammte einer sehr angesehenen
Familie, die im Bezirk Hsiang Fu des Kreises Kai Feng
Fu in der Provinz Ho Nan ansässig war. Sein Großvater,
Fang Tien Chüeh, war Premierminister gewesen. Sein
Vater, Fang Ching Hua, ein hoher Beamter des Innenministeriums, hatte bei der Rebellion des Lo Tung sein Leben eingebüßt. Seine Mutter durfte zwar nach dem Tode
ihres Gatten den Adelstitel weiter führen, hatte aber mit
den größten finanziellen Sorgen zu kämpfen und wußte
nicht, wie sie sich und ihren Sohn von den kargen Mitteln, die ihr geblieben waren, ernähren sollte. Die beiden
hatten auch ihr Heim verloren und hausten jetzt in einer
alten, zerfallenen Hütte, die auf dem Friedhofsgelände
lag und weder gegen Schnee und Regen noch gegen
Wind Schutz bot. Fang Tzu Wen war bereits in der
Kindheit außergewöhnlich aufgeweckt und klug ge-

wesen und hatte schon früh mit dem Studium begonnen. Er war damit sehr gut weitergekommen, doch der unerwartete Tod des Vaters machte alle seine Zukunftshoffnungen zunichte. Der Südwind löste den Herbstmond am Himmel ab, aber auch als der dann später wieder am Himmel stand, blieb das Leid immer das gleiche: Es zeigten sich keine Aufstiegsmöglichkeiten mehr für Fang Tzu Wen. Alle seine Erwartungen waren fortgeweht wie welke Blätter. Er war jetzt schon bald neunzehn Jahre alt, und da nun auch die letzten Geldmittel erschöpft waren, hatte sich seine Mutter entschlossen, ihn zu ihrem Schwager und ihrer Schwägerin zu schicken, die in Shang Yang in sehr guten Verhältnissen lebten. Die Abreise war für den nächsten Tag geplant und alle nötigen Vorbereitungen waren bereits getroffen.

«Ich möchte, daß du vorerst nach Huang Dschou gehst und dort den Vizepräfekten Herrn Dschang Dschi aufsuchst», sagte Frau Fang am nächsten Morgen, als sie sah, daß ihr Sohn schweren Herzens das wenige Gepäck, das er besaß, bereit stellte. «Bitte ihn, dir ein wenig Geld für die Weiterreise zu borgen. Er wird dir dieses Anliegen bestimmt nicht abschlagen, da er mit deinem Vater doch eng befreundet war.»

«Ich will ja gerne alle deine Wünsche erfüllen», antwortete Tzu Wen. «Es ist mir nur so bange um dich! Wer wird sich jetzt, da du allein zurückbleibst, um dich kümmern? Wie wirst du dich zurechtfinden ohne mich?»

«Mach dir meinetwegen keine Gedanken», beruhigte ihn Frau Fang. «Es bleibt uns kein anderer Ausweg als diese deine Reise zu den Verwandten.»

«Ich sehe ein, daß diese Reise unvermeidbar ist», gab Tzu Wen zu. «Es fällt mir nur so schwer, mich von dir zu trennen. Wie werde ich mich nach der Heimat sehnen, wenn der weiße Schnee auf den Bergen liegt, oder wenn die Vögel auf den Bäumen zwitschern! Ach, immer werde ich daran denken, daß du allein und ohne Geldmittel zurückgeblieben bist!» schluchzte er. «Ich weiß, auch du wirst dich sorgen, wenn niemand mehr um dich ist. Mit tränenverschleierten Augen wirst du an der Haustüre lehnen und auf die Rückkehr deines Sohnes warten.»

Frau Fang sah, daß der Abschied dem Sohne furchtbar schwer fiel.

«Ein junger Mann darf nicht nur an die alte Mutter zu Hause denken, sondern muß nach vorwärts streben», ermahnte sie ihn energisch. «Du tust ja gerade so, als würden wir uns nie mehr wiedersehen! In einem Jahr oder in höchstens eineinhalb Jahren bist du wieder bei mir zurück. Sei also nicht traurig! Du gehst doch nicht zu fremden Leuten, sondern zu deinen Blutsverwandten! Deine Tante wird sich über dein Kommen herzlich freuen. Sei immer sehr höflich zu ihr und zu deinem Onkel! Gib gut acht auf dich auf der Reise! Und nun geh! Du kennst den alten Spruch: Wenn der Sohn aus dem Hause geht, kann die Mutter vor Schluchzen nicht weiter sprechen.» Sie wandte sich um und ging rasch in das Haus zurück.

Fang Tzu Wen machte sich tiefbedrückt auf den Weg. Nur mit wenigen Unterbrechungen marschierte er weiter bei Tag und bei Nacht, das Herz gequält von zehntausend Sorgen. Im eisigen Sturm bahnte er sich mühsam seinen Weg. Die Kälte drang ihm durch seine dünnen, zerlöcherten Kleider bis an die Knochen. Mitunter war er den Tränen nahe. Als er endlich todmüde in Huang Dschou ankam, mußte er zu seinem größten Schrecken erfahren, daß Vizepräfekt Dschang Dschi, der Freund seines verstorbenen Vaters, nach Dschiu

Dschiang gereist war. Das war ein schwerer Schlag! Nun konnte er nichts anderes tun, als ohne den erwarteten Geldzuschuß weiter zu gehen. Es ist wohl nicht nötig zu sagen, wie unglücklich der Arme war.

Als er dann durch die Straßen schlenderte, konnte er sich erst gar nicht zurechtfinden. Er war das Treiben in einer großen Stadt nicht gewohnt. Ganz verwirrt ging er mit seinem Bündel auf dem Rücken zwischen den endlosen Häuserreihen hindurch. Was gab es da doch für Läden und Buden! Geschäftig eilten die vielen Menschen hin und her, so daß ihm ganz schwindlig wurde von dem Gewimmel und von dem Lärm der Wagen und Pferde. Von vielen Häusern hingen noch Stoffstreifen mit Neujahrsglückwünschen herab, von anderen wieder wehten die Fahnen der Weinschenken im Winde.

Plötzlich fiel Fang Tzu Wen ein besonders großes Ladenzeichen auf, das die Worte «Hsü Hsi, Meister der I-ching Schicksalsdeutung» trug.

«Habe ich nicht unterwegs sagen gehört, daß in Huang Dschou ein Wahrsager lebt, der große übersinnliche Fähigkeiten besitzt und ein hervorragender Deuter der I-ching Stäbe ist?» fiel ihm ein. «‹Das Orakel löst Zweifel›, heißt es im Sprichwort. Ich bin im Begriffe, eine Reise von über tausend Li zu unternehmen; wer weiß, ob ich alles erreichen werde, was ich erstrebe? Warum sollte ich nicht diesen Herrn Hsü aufsuchen und ihn nach meinem Schicksal befragen?»

Er säuberte rasch seine Kleider und eilte in den Laden. Es war ein winzig kleiner Raum, der aber sehr sauber gehalten war. Gegenüber der Türe war eine Tafel mit drei Zeichen. An der einen Wand befand sich ein kleines Tischchen, oberhalb desselben hing eine Bildrolle mit den Namenszeichen des Philosophen Kuei Ku Tzu. Aus einem kleinen Öfchen drang geheimnisvoll duftender

Rauch. Auf dem Tischchen lagen die acht Diagramme des I-ching in tiefdunkelroter Farbe, und die vier Kostbarkeiten der Gelehrten: Tusche, Papier, Pinsel und Tuschschale, waren fein säuberlich bereitgestellt. Daneben stand noch eine kleine Vase mit frischen Blumen.

Fang Tzu Wen legte sein Gepäck ab und sah sich im Raume um.

«Ist niemand da?» fragte er laut.

Da kam ein alter Mann langsam zur Türe herein. Er war bekleidet mit einem Gewand aus Kranichfedern, wie es die Taoistenmönche zu tragen pflegen, einem Turban auf dem Kopfe, weißen Strümpfen und roten Sandalen. In der Hand hielt er einen Fliegenwedel. Obwohl ihm sein Bart bis tief auf die Brust herabhing, hatte er doch das Gesicht eines jungen Mannes.

«Wer sind sie?» fragte der Wahrsager.

«Ich habe mir erlaubt, Sie aufzusuchen, verehrter Meister», sagte Fang Tzu Wen, näher tretend.

«Oh, ein junger Gelehrter!» rief der Mann. «Bitte nehmen Sie Platz, mein Herr!»

«Nach Ihnen», erwiderte Fang Tzu Wen bescheiden.

«Darf ich fragen, woher Sie kommen und was Sie zu mir führt?» erkundigte sich der Wahrsager.

«Mein Name ist Fang und ich komme aus Ho Nan», erzählte Fang Tzu Wen. «Ich habe schon viel von Ihrem hohen Ruf gehört und bin gekommen, um Sie zu konsultieren und sie zu bitten, mir einige Ratschläge und Belehrungen zu geben.»

«Sehr schmeichelhaft. Sehr schmeichelhaft! – Sie sind also Herr Fang aus Ho Nan? – Bring Tee!» rief er in das Haus hinein.

Ein Tablett mit zwei Schalen Tee wurde hereingereicht.

«So, und nun möchte ich Sie bitten, mein Herr'» wandte sich der Wahrsager an Fang Tzu Wen, «ganz scharf und intensiv an das, was Sie vorhaben, zu denken. Sie müssen alle anderen Gedanken ausschalten», fuhr er fort. «Ich werde jetzt den Weihrauch anzünden, nehmen Sie indessen dieses Gefäß mit den I-ching Stäbchen in die Hand und schütteln Sie es ein wenig. Denken Sie dabei aber stets nur an das, was Sie wissen wollen!»

«Das ist wirklich recht anstrengend», sagte sich Fang Tzu Wen. Er lehnte sich in den Lehnstuhl zurück und dachte konzentriert an die Namen seiner Verwandten, an ihren Aufenthaltsort und vor allem daran, wie sich seine Geldaussichten gestalten würden.

«Meister des I-ching, Gebieter über die acht Diagramme!» begann der Wahrsager mit lauter Stimme zu rufen. «Hier ist ein junger Mann namens Fang aus Ho Nan... Wie ist bitte Ihr Vorname, mein Herr?» unterbrach er seine Gebetsformel, sich wieder seinem Besucher zuwendend.

«Tzu Wen», erwiderte dieser.

Der alte Mann nahm den Faden wieder auf. «Hier ist also ein junger Mann aus Ho Nan namens Fang Tzu Wen...» Er machte einen tiefen Kotau, indes der Weihrauch langsam in die Höhe stieg. – «Bitte, Herr Fang Tzu Wen, wählen Sie jetzt aus den acht mal acht, also vierundsechzig Stäbchen eines heraus, ich werde Ihnen dann sagen, ob Ihnen ein großes, ein mittelmäßiges oder überhaupt kein Glück bevorsteht.»

Fang Tzu Wen reichte ihm wortlos ein Stäbchen hin.

«Ich sehe, das erste Stäbchen, das Sie gewählt haben, ist Tan. Dieses Tan bildet das oberste Zeichen und hat die Bedeutung ‚Einsam Arm'. Der Weihrauch ist noch nicht verflogen, der Geist des I-ching ist noch nicht fortgegangen», fuhr er fort. «Wählen Sie jetzt noch fünf andere Stäbchen und dann ist das Diagramm fertig.»

Fang Tzu Wen tat, wie ihm befohlen worden war.

Der Mann setzte nachdenklich die Stäbchen zusammen.

«Gestatten Sie mir die Frage, Herr Fang, woran haben Sie bei der Wahl dieser Stäbchen gedacht?» fragte er.

«An meine Geldangelegenheiten», antwortete Fang Tzu Wen.

«Oh! An Geldangelegenheiten?» rief der Wahrsager und setzte eine bekümmerte Miene auf. «Ich werde Ihnen erklären, was die von Ihnen gewählten Stäbchen bedeuten. Die Sache sieht recht schwierig aus, hören Sie also gut zu! Die obersten Stäbchen sagen folgendes aus: Im Osten sind die Anfänge der Angelegenheiten, im Westen ist ihre Vollendung. Der Wind weht und der Mond sendet hellen Schein. Am hohen Turme ertönt Flötenmusik. Die nächsten Stäbchen sagen: Harmonie und doch keine Harmonie, Zusammensein und doch kein Zusammensein. Hingehen und Fortgehen. Wenig Aussicht auf Erfolg. Unberechenbar sind die menschlichen Gefühle und man steht schließlich leer da. Das fünfte Stäbchen wieder sagt: Man erhält einen kostbaren Gegenstand durch ein Wesen, das hinzukommt. Es herrscht Verbundenheit wie zwischen Mann und Frau, doch außerhalb des Tores. – Leider, Herr Fang, ist das Diagramm für Sie nicht günstig. Die Stäbchen für die Geldangelegenheiten werden vom weißen Tiger verletzt. Der weiße Tiger zeigt eine rückläufige Bewegung des Geldgeistes an. Wenn Sie also nach Geld gefragt haben, muß ich Sie sehr enttäuschen. Ich bedaure es außerordentlich, Ihnen sagen zu müssen, daß Ihnen in dieser Hinsicht nichts Gutes bevorsteht.»

«Ich danke Ihnen für Ihre ehrlichen Worte», sagte Fang Tzu Wen. «Schon die Alten pflegten zu sagen: Frage nach dem Unheil, frag nicht nach dem Glück!»

«Ich würde es als ein Unrecht Ihnen gegenüber ansehen, Herr Fang, wenn ich die Lage beschönigen würde», erklärte der Wahrsager. «Der Herbst wird für Sie sicher sehr schwierig werden. Ein vom weißen Tiger verletztes Stäbchen ist ein sehr unheilvolles Zeichen. Ein weibliches Wesen wird sich von Ihnen wenden!»

«Wenn ich Sie richtig verstanden habe, heißt dies also, daß ich diese Reise vergeblich machen werde, und sie mir nur Kummer und Leid bringen wird?»

«Das möchte ich nicht unbedingt sagen, Herr Fang», lenkte der Wahrsager ein. «Gedulden Sie sich noch ein wenig, ich werde mir jetzt diese Reise genauer ansehen und berechnen, was die Stäbchen über sie zu sagen haben. Also sehen Sie! Diese Stäbchen hier bilden das Diagramm «Tien tai tai». Das bedeutet: Wenn das Unheil den Höhepunkt erreicht hat, kommt Besserung. Außerdem hat es noch die Nebenbedeutung: Man meint, alles sei zu Ende, es ist aber nicht zu Ende. Sowie der weiße Tiger seinen Angriff gemacht hat, greift plötzlich der grüne Drache ein und kommt zu Hilfe. Im Winter, wenn das Yang aufzusteigen beginnt, wird sich alles wenden. – Ich sehe es jetzt ganz deutlich, verehrter Herr, zuerst werden Sie eine sehr unangenehme Phase mitmachen müssen, dann aber wird Ihnen große Freude zuteil. Auch eine Heiratsangelegenheit wird für Sie in die Wege geleitet werden.»

«Woran erkennen Sie das?» erkundigte sich Fang Tzu Wen.

«Sehen Sie selbst», antwortete der Wahrsager, auf das Diagramm weisend. «Sobald der grüne Drache in Aktion tritt, stehen die Elemente in sehr glückbringenden Aspekten. Drei Yang-Zeichen ergänzen sich harmonisch mit einem Yin. Dadurch wird das Diagramm «Kun» gebildet, und dies zeigt an, daß Sie sich mit jemandem verbinden werden. Außerdem strahlt dann auch der Stern «Edelmann des Himmels» freundlich auf Sie nieder. Die Straße für Ansehen und Ehren liegt nun offen und frei für Sie da, und Sie werden Erfolg und Aufstieg haben. Mit einem Male werden Sie vor dem Kaiserlichen Throne stehen. Die Geldangelegenheiten stehen derzeit für Sie ausnehmend schlecht, später aber wird Ihnen großer Reichtum zuteil werden.»

«Dann bin ich schon zufrieden», meinte Fang Tzu Wen. «Wollen Sie bitte diese kleine Geldgabe, sie ist allerdings sehr bescheiden, für Ihre Mühe nehmen!» Damit reichte er dem Manne eine kleine Summe hin, hob sein Gepäck auf die Schulter und verließ, nachdem er sich verabschiedet hatte, den Laden.

«Was dieser Wahrsager da zusammengeredet hat, war wirklich ein rechtes Gewäsch!» sagte er sich, als er wieder auf der Straße war. «Was hat er von einem weißen Tiger, der so unheilvoll ist, dahergeredet? Dann diese Sache von einer weiblichen Person, die mir den Rücken kehrt! Er wird doch schwerlich meinen, meine Tante werde mich schlecht behandeln und nichts von mir wissen wollen? Hat er nicht auch angedeutet, meine Reise werde vergeblich sein und ich werde unverrichteter Dinge fortgehen müssen? So ein Dummkopf! Meine Verwandten, die ich jetzt so viele Jahre nicht mehr gesehen habe, werden außer sich vor Freude sein, mich in ihrem Hause zu haben. Der Mann hat wirklich nur Unsinn zusammengefaselt. Was er da über eine Eheschließung, die, wie er durchscheinen ließ, heimlich vor sich gehen werde, vorbrachte, war doch auch nur leeres Geschwätz! Wahrscheinlich ist er gewöhnt, den Bauernburschen, die in die Stadt kommen, etwas vorzuflunkern, und hat geglaubt, mir kann er auch mit einem so dummen Gerede kommen. Vom I-ching hat er nicht die geringste Ahnung, er bringt ja alles durcheinander!»

Ärgerlich vor sich hinredend, ging Fang Tzu Wen seinen Weg weiter. Teils war er erbost über die Worte des Mannes, teils lachte er aber auch über sie.

Herr Tschen Pei Te aus Hu Kuang hatte seinerzeit bei den Staatsexamen einen sehr hohen Rang errungen. Seine Leistungen im Amte waren dann so hervorragend gewesen, daß er zum Generalzensor ernannt worden war. Vor einigen Jahren hatte er sich ins Privatleben zurückgezogen.

Im Alter kehrt man sich ab von der Welt
Nun kommt die Zeit, da Musik und Literatur gefällt.
Nicht nach Ruhm und Ehren steht mehr der Sinn.
Wie ein Weiser und Heiliger lebt man dahin.

Schon im Altertum sagte man: «Wer Bambus pflanzt, darf nicht mit viel Schatten rechnen, wer Kleider sehen will, kann es nicht vermeiden, in Chang An zu weilen.»

Generalzensor Tschen's Gattin, die Schwester des verstorbenen Ministerpräsidenten Fang aus Ho Nan, war nur ein Jahr jünger als ihr Gemahl. Leider hatte der Himmel den beiden keine männlichen Nachkommen beschert, sondern nur eine Tochter, der sie den Namen Kleinod gegeben hatten. Sie stand bereits im heiratsfähigen Alter, doch war noch kein Gatte für das östliche Hochzeitsgemach bestimmt worden.

Durch seine literarischen Erfolge hatte sich Generalzensor Tschen in der Han Lin Akademie einen großen Namen gemacht. Er führte nun, da er sich vom Amte zurückgezogen hatte, ein sehr beschauliches Leben. Oft machte er weite Spaziergänge in der Umgebung oder er dichtete und komponierte Lieder. Zeitweise beschäftigte er sich auch mit Malen und mit Schachspielen oder er trank mit Freunden einige Becher Wein. Waren die Gäste wieder gegangen, dann holte er seine Fischrute und seine Angel, um im nahegelegenen kleinen Flusse zu fischen. Er kümmerte sich weder um Ehren noch um Geldgewinn, sondern lebte bescheiden und zufrieden dahin. War das nicht ein beneidenswertes Los?

Eine Sache aber gab es doch, die ihm große Sorgen machte: er war nun schon ein halbes Jahrhundert alt, näherte sich also allmählich dem Wege des Abgangs und besaß keinen männlichen Nachkommen! Das war ein Umstand, der ihn oft sehr bekümmerte und traurig stimmte. Auch eine andere Sache drückte ihn manchmal sehr: Minister Fang und seine Gattin hatten ihm seinerzeit unendlich viel Güte und Wohlwollen bewiesen, und es beschämte ihn, noch keine Gelegenheit gefunden zu haben, sich für alles, was sie für ihn getan hatten, erkenntlich zu zeigen. Einmal hatte er allerdings einen Diener nach Ho Nan geschickt, um nachzuforschen, wie es der Familie Fang gehe, doch hatte der Mann wieder umkehren müssen, da damals dort gerade Unruhen ausgebrochen waren. Lange Jahre herrschten dann im Lande große Wirren, und die Verbindungen waren vollkommen abgebrochen. Wer konnte wissen, was die arme Frau Fang nach dem Tode ihres Gatten alles hatte mitmachen müssen! Er trug sich schon lange mit dem Gedanken, Mutter und Sohn zu sich nach Shang Yang kommen zu lassen und den beiden ein angenehmes Heim zu schaffen. Sie sollten frei von allen finanziellen Sorgen sein, und seinem Neffen Tzu Wen mußte die Möglichkeit geschaffen werden, sich ungestört seinen Studien zu widmen. Diese Sache mußte jetzt endlich in die Wege geleitet werden.

«Geh hinüber in den Frauentrakt und sage, ich lasse die gnädige Frau und das gnädige Fräulein bitten, zu mir herüberzukommen», befahl er einem Diener.

Der Mann beeilte sich, den Auftrag auszuführen, und bald darauf trat Frau Tschen mit Kleinod in das Zimmer.

«Zehntausendfaches Glück, mein Gebieter!» begrüßte Frau Tschen den Gatten.

«Bitte, nimm Platz!» erwiderte Generalzensor Tschen.

»Zehntausendfaches Glück, verehrter Vater!» sagte Kleinod, sich achtungsvoll verneigend.

«Nimm auch du Platz, mein Kind», erwiderte Herr Tschen.

«Du hast uns rufen lassen», begann Frau Tschen. «Hast du uns etwas Wichtiges zu sagen?»

«Ach, meine liebe Frau, das Leben ist doch eine komplizierte Schachpartie», erklärte Herr Tschen. «Wie schnell vergeht die Zeit! Kaum hat man noch die Sonne im Osten aufgehen gesehen, neigt sie sich auch schon wieder zum Untergehen. Meine Hausangelegenheiten sind zwar gut geregelt, aber wie schmerzlich ist es doch für uns beide, daß wir keine männlichen Nachkommen haben! Wir stehen schon so hoch in Jahren, daß wir endgültig jede Hoffnung aufgeben müssen, jemals noch einen Sohn zu bekommen. Wie bitter ist es doch, daß du mir nur ein Mädchen geboren hast und keinen Knaben!»

«Fängst du schon wieder an, mir damit Vorwürfe zu machen!» fuhr Frau Tschen auf.

«Also lassen wir das einstweilen», lenkte Herr Tschen ein und wandte sich an Kleinod.

«Höre mein Kind!» begann er. «Als ich dich unlängst in deinem Zimmer aufsuchte, traf ich dich gerade beim Verfassen eines Essays an. Ich muß gestehen, ich habe das, was du geschrieben hast, ganz ausgezeichnet gefunden. Trotzdem bin ich der Ansicht, daß es für ein Mädchen nicht notwendig ist, mehr als ein paar Schriftzeichen zu kennen. Daß ein Mädchen Essays und Gedichte schreibt, ist wirklich überflüssig.»

«Du hast recht, verehrter Vater», gab Kleinod zu.

«Genau betrachtet, sind solche Dinge nicht deine Aufgaben», fuhr Herr Tschen fort. «Du mußt gut mit der Nadel umgehen können, das ist alles. Schon die Alten sagten: ‚Ein Mädchen darf vor einem Fremden ja doch nicht sprechen, und ein Fremder darf es ja doch nicht ansehen.' Kränke dich nicht über meine Worte, liebes Kind, plage dich nicht unnötig mit Dingen, die außerhalb dessen liegen, was zur Erziehung eines Mädchens gehört. Was ich von dir verlange, ist bloß, daß du dich immer wahrer Tugendhaftigkeit und Ehrerbietung befleißigst.»

«Ich danke dir, daß du mich so liebevoll belehrst», erwiderte Kleinod. «Sei versichert, daß ich deine Ratschläge beherzigen werde. Von jetzt an werde ich meinen Pinsel ruhen lassen und mich wieder ganz den Handarbeiten und Hausobliegenheiten widmen, so wie es die Regeln für Mädchen vorschreiben. Ob die Weiden grün und die Pfirsiche rot sind, kümmert mich ja schließlich nicht.»

«Gut gesagt, liebes Kind!» rief Herr Tschen.

«Du kannst dich jetzt zurückziehen», sagte Frau Tschen zu Kleinod, worauf diese sich von den Eltern verabschiedete und in ihr Zimmer ging.

Als sie sich entfernt hatte, nahm Herr Tschen das begonnene Gespräch mit seiner Gattin wieder auf.

«Wie du weißt», begann er, «verdanke ich meinen Rang, mein Ansehen und meine hohe Beamtenstelle dem guten Namen Deiner Familie. Seit ich mich vom

Amte zurückgezogen habe, erfreue ich mich einer gewissen Wohlhabenheit. Ich besitze zwar keine unermeßlichen Reichtümer, doch haben wir immerhin einige tausend Ching recht schöne Felder und eine ganz beträchtliche Anzahl von Kunstwerken und Wertgegenständen aus Jade. Der einzige Schatten, den wir im Leben zu tragen haben, ist die Tatsache, daß uns kein männlicher Erbe beschieden war. Wenn ich über alles nachdenke, dann scheint mir, daß das Leben doch kaum etwas anderes ist als der Traum von Nan Ko. In den letzten Tagen ist mir immer wieder eine Sache in den Sinn gekommen, die mich sehr bedrückt.»

«Was ist das für eine Sache?» erkundigte sich seine Frau. «Willst du mir nicht sagen, worum es sich handelt?»

«Es ist nun schon bald zehn Jahre her, daß ich mich vom Amte zurückgezogen habe, und wir hierher nach Shang Yang gezogen sind. Wir haben von den Verwandten in Ho Nan schon lange keine Nachrichten mehr bekommen und sind von ihnen getrennt wie von hohen Berggipfeln und Wolken. Seit wir sie zuletzt gesehen haben, haben unsere Wangen ihr Rot eingebüßt und unsere Haare sind weiß geworden. Ganz unverschuldet sind diese Leute in entsetzliche Not geraten. Wer weiß, wie schlecht es ihnen jetzt ergeht. Du kannst mir glauben, ich leide schwer darunter, daß mir die Möglichkeit fehlt, ihnen zu Hilfe zu kommen.»

«Vielen Dank, lieber Gatte, daß du ihrer so liebevoll gedenkst», erklärte Frau Tschen. «Auch ich denke an die beiden mit großer Anhänglichkeit.»

«Die Alten sagen zwar: Verwandtenliebe strebt nicht nach Dank», unterbrach sie Herr Tschen. «Deshalb darf man genossene Wohltaten doch niemals vergessen. Ich kann ehrlich sagen, hätte mir deine Familie nicht so sehr geholfen, dann hätte ich niemals die Möglichkeit gehabt, eine so hohe Stelle zu bekleiden, wie es mir vergönnt war. Wie dürfte ich also jemals vergessen, daß deine Familie die Wurzel zu meinem hohen Ansehen, also zu meinem ganzen Schicksal war! Vor kurzem hat mir nun jemand die Nachricht gebracht, es gehe deiner Schwägerin und ihrem Sohne überaus schlecht. Sie haben weder Felder noch Einkommen mehr. Ich wollte dir daher den Vorschlag machen...»

Frau Tschen horchte auf.

«Was für einen Vorschlag wolltest du mir machen?» fiel sie aufgeregt ein.

«Wir müssen alles, was in unseren Kräften steht, tun, um den beiden zu helfen», fuhr Herr Tschen fort. «Wir werden sie jetzt hieherkommen lassen. Erstens sollen die Bande des Blutes wieder zusammengebracht werden, zweitens sollen die beiden endlich ein Leben ohne Sorgen haben und sich nicht um ihr Essen und ihre Kleider mehr zu kümmern brauchen, und drittens möchte ich, daß unser Neffe Tzu Wen hier in voller Ruhe seinen Studien nachgehen kann und die Möglichkeit findet, sich einen großen Namen zu machen. Auf diese Weise könnte ich ihnen helfen und ihnen auch gleichzeitig meine Dankbarkeit beweisen. Wir werden ein gemeinsames Familienheim schaffen und wenn du dann, liebe Frau, nach hundert Jahren deinen verstorbenen Bruder im Jenseits wiedertriffst, kannst du ihm mit strahlendem Gesicht entgegentreten. Nun, was sagst du zu meinem Plan?»

«Tausend Dank für deine edle Gesinnung», erwiderte Frau Tschen zögernd. «Aber meiner Ansicht nach soll jede Familie, die einen eigenen Namen trägt, auch ein eigenes Heim haben und sich nicht in einem fremden Heime einnisten. Lassen wir die Sache daher lieber bleiben. Uns würde das Hierherkommen der beiden nur sehr große Unannehmlichkeiten bereiten.»

«Wie kannst du so sprechen?» rief Herr Tschen entsetzt. «Was sind das für unbedachte und unmoralische Worte! Du kannst das, was du vorgebracht hast, doch nicht im Ernste meinen? Das klingt ja so, als wolltest du, seit du in die Familie Tschen hineingeheiratet hast, nichts mehr von deinem eigenen Fleisch und Blut, der Familie Fang wissen! Ihr seid doch Äste des gleichen Stammes, das kannst du doch nicht vergessen! Ich begreife nicht, wie eine kluge und intelligente Frau wie du so herzlose Dinge sagen kann!»

Herr Tschen war in solche Erregung geraten, daß er von seinem Sitz aufgesprungen war und sich sein Gesicht vor Zorn verfärbt hatte. Seine Stimme zitterte vor Empörung.

«Reden wir jetzt nicht weiter davon», lenkte Frau Tschen ein. «Du feierst bald deinen fünfzigsten Geburtstag. Wenn dieser vorüber ist, haben wir ja Zeit, gelegentlich wieder über diese Sache zu sprechen.»

«Das wird das beste sein», erklärte Herr Tschen. «Im Sprichwort heißt es: ‚Wenn einer sein fünfzigstes Lebensjahr erreicht hat, erkennt er die Fehler, die er in den letzten neunundvierzig Jahren begangen hat.' Ich werde mich an meinem Geburtstag voll Reue an alles erinnern, was ich Unrechtes getan habe. Ist es nicht eine lächerliche Sitte, daß einem an diesem Tage alle Verwandten und Freunde die drei Freuden: Söhne, Geld und hohes Alter wünschen? Diese Gratulationen sind doch höchst unangebracht. Die meisten Jahre hat man nutzlos vergeudet, und wenn ein weiteres Jahr vergeht, so bedeutet dies wieder ein Jahr weniger, das man zu leben hat und um das man dem Tode näher ist. Wozu also gratulieren? Die Tage eilen dahin wie Weberschiffchen. Licht und

Schatten huschen vorbei wie abgeschossene Pfeile. Wie wenig Jahre sind einem Menschen doch vergönnt! Im Nu sind die Reize des Frühlings dahin. Kaum ist der zweite Monat vergangen und es stehen alle Blumen in Blüte, ist schon der Herbst gekommen und bringt ihnen den Tod. ‚Wer keine Söhne hat, kann sich seines Reichtums nicht erfreuen,‘ heißt es sehr richtig. Ich fühle mich wirklich nicht in der Stimmung, fröhlich zu sein und Lieder zu singen. Und bedenke doch: Der Geburtstag eines Menschen ist immer der Schmerzenstag seiner Mutter gewesen! Wäre es nicht viel natürlicher, an diesem Tage zu fasten, Weihrauch abzubrennen, der Mutter zu gedenken, ihr abzubitten, was man ihr in seinem Leben angetan hat, und ihr zu geloben, man werde sich ihr durch gute Taten dankbar erzeigen? Was aber tut man in Wirklichkeit? Man tötet Schafe und Schweine und schickt Einladungen zu einem Festessen aus.»

«Wenn du dies nicht tätest, würdest du dich gegen die gewohnten Sitten vergehen», meinte Frau Tschen. «Seit alters hat man den fünfzigsten Geburtstag immer mit einem großen Feste begangen. Du bist es deinem Range schuldig, dich von dieser alten Gepflogenheit nicht auszuschließen, und hast als einer der höchsten Beamten von Shang Yang die Pflicht, dich an die Bräuche zu halten. ...Ich gehe jetzt, du hast noch Arbeit!»

Als sie sich entfernt hatte, blieb Herr Tschen noch lange wie erstarrt sitzen.

«Meine Frau war bisher immer klug und gerecht; wie hat sie heute plötzlich so unglaubliche Worte äußern können?» fragte er sich immer wieder. «Sie stammt aus einem so angesehenen und kultivierten Hause, es ist doch nicht möglich, daß sie keinen Familiensinn besitzt! Was sie heute gesagt hat, war ausgesprochen herzlos! Es war, als hätte sie überhaupt keine Teilnahme für das Leid

ihrer Verwandten. Ich bin mit einem Male ganz irre geworden an ihr. Oder sollte sie sich nur geniert haben, mir gegenüber ihre Gefühle zu äußern? Es kommt ja vor, daß der Mund etwas anderes spricht, als das Herz meint!»
Er stand auf, zog sich in seine Studierstube zurück und bemühte sich, nicht mehr an ihre Worte zu denken. Nach einer Weile rief er seinen alten Diener Wang Pen zu sich.

«Übermorgen ist, wie du weißt, mein fünfzigster Geburtstag», sagte er zu ihm. «Besprich alle Vorbereitungen für das Fest mit den anderen Hausangestellten!»

«Ich werde sofort alles Nötige veranlassen», versicherte Wang Pen.

Er rief sogleich die anderen Diener herbei, um ihnen seine Befehle zu geben.

«Ich hoffe, ihr habt nicht vergessen, daß unser Gebieter übermorgen das Fest seines fünfzigsten Geburtstages feiert», sagte er zu ihnen, «es müssen sofort die große Halle und alle übrigen Räume in Ordnung gebracht werden. Tut euer Bestes!»

«Gewiß! Gewiß!» beteuerten die Leute. «Wir werden sofort mit der Arbeit beginnen.»

Unter Wang Pens Oberaufsicht wurde sogleich mit dem Kehren und Putzen begonnen. Alles, was ohnedies sauber und rein war, wurde nochmals einer gründlichen Reinigung unterzogen. Dann ordnete er an, welche Wandschirme man aufstellen müsse, welche Bildrollen aufgehängt werden sollten, welche Musikinstrumente und Leuchter bereitgestellt werden mußten und welche Kunstgegenstände zur Schau gestellt werden durften. Dann gingen die Diener daran, die Hallen und Säle zu schmücken. Im Mittelsaale ließ Wang Pen die große Schriftrolle mit den Zeichen: Glück, Ehren und Langes Leben aufhängen. In die zwei Räume zu beiden Seiten des Mittelsaales kamen zwei andere große Schriftrollen mit glückbringenden Zeichen. Unter der Schriftrolle im Mittelsaale wurden zwei purpurrote breite Fauteuils aufgestellt und in die Vasen wurden grüne Tannen- und Fichtenzweige, die Sinnbilder hohen Alters, gesteckt. Die herrlichen Porzellanblumentöpfe blitzten und glänzten, daß sie die Augen geradezu blendeten. Rollte man den Wandschirm zusammen, dann drangen die feinen Strahlen der Sonne herein. Auch alle Säulen und Balken wurden so sauber geputzt, daß nicht ein einziges Staubkörnchen zu sehen war. Nicht nur die Geländer der Säle, sondern auch die der Veranden und Korridore wurden mit unzähligen, buntseidenen Lampions behangen. In jedem Raume konnte man herrliche Kunstgegenstände sehen, und der zarte Duft der Prunusblüten, die aus allen Vasen leuchteten, zog sich lieblich durch die Gänge.

Als der Tag des Geburtstagsfestes angebrochen war, konnte man die Torwärter unermüdlich die Besucher anmelden hören. «Herr so und so wünscht dem Herrn Generalzensor seine Glückwünsche darbringen zu dürfen, Herr X. bittet um die Ehre, empfangen zu werden», so ging es ohne Ende fort. Von den Gästen überbot einer den andern mit höflichen Phrasen. «Bitte, nach Ihnen, mein Herr!», «Oh nein, wie könnte ich es wagen!» ging es hin und her. Bei vielen dieser Leute konnte man sehen, daß sie sich bemühten, gute Manieren zu zeigen. Meist waren es gar nicht wirkliche Verwandte des Herrn Tschen, die da gratulieren kamen, sondern nur fernstehende Personen, die wußten, wie reich und einflußreich er war und die sich durch ihre Glückwünsche bei ihm einschmeicheln wollten. Sie beugten ihre Rücken über neunzig Grad vor ihm und suchten sich sein Wohlwollen durch schöne Worte zu erringen. Herr Tschen, der sehr wohl wußte, daß es doch nur leere Komplimente waren, die sie vorbrachten, ließ sich nichts von seinen Gedanken anmerken, sondern empfing alle Besucher mit großer Liebenswürdigkeit. Er ließ Tee auftragen und sprach mit jedem der Gäste ein paar höfliche und verbindliche Worte.

Nach einer Weile meldeten die Torwächter, die Vertreter der Behörden seien soeben erschienen, um Herrn Tschen ihre Aufwartung zu machen. Herr Tschen bat daher die anderen Besucher, ihn zu entschuldigen.

«Aber bitte, verehrter Onkel!» riefen diese sofort, und als Herr Tschen gegangen war, begaben sie sich in die anderen Räume, um Schach zu spielen, die Blumen und Kunstwerke zu bewundern und die Sinnsprüche und Gedichte zu lesen.

Gerade als die Unterhaltung der Gäste sehr rege geworden war, traf Fang Tzu Wen ein. Trotz der Vorhersage des Wahrsagers, seine Reise werde mißlingen, war er doch unbehindert bis nach Shang Yang gelangt. Er hatte schon sagen gehört, Shang Yang sei eine sehr belebte Stadt, in der besonders der Fisch- und Getreidehandel blühte. Er war aber doch verblüfft über das völlig neue Stadtbild, das sich ihm bot. Schon unterwegs waren ihm die vielen Vergnügungsstätten und Blumenhäuser aufgefallen. Die fremde Musik und der große Lärm in den Straßen kamen ihm ganz seltsam vor. Auch hatte er noch nie so herrliche Weidenalleen und Plätze gesehen. Es machte großen Eindruck auf ihn, daß die Straßen so breit waren und fünf Pferde gemächlich nebeneinander traben konnten. Die Menschen, die es scheinbar sehr eilig hatten, waren alle prächtig gekleidet. Es war ihm etwas unangenehm, daß er so gar nicht wußte, wo sich das Haus der Verwandten befand. Da er gehört hatte, daß es in dieser Provinz Sitte war, fremde Leute nicht wie üblich mit «Alter Herr», sondern mit «Verehrter alter Herr» anzusprechen, wandte er sich an den nächstbesten Vorübergehenden und bat:

«Darf ich eine Frage an Sie richten, verehrter alter Herr? Könnten Sie mir Auskunft geben, wo hier die Familie Tschen wohnt?»

«Verehrter Bruder, in Shang Yang gibt es unzählige Leute, die den Namen Tschen führen», erwiderte der Angeredete. «Da müssen Sie mir schon auch den Vornamen des Herrn, den Sie suchen, sagen und mir erklären, welchen Beruf er hat. Ich werde Sie dann an ihn weisen. Wie heißt also dieser Herr Tschen, zu dem Sie wollen, mit seinem zweiten Namen?»

«Ach, verzeihen Sie, daß ich so ungeschickt gefragt habe», entschuldigte sich Fang Tzu Wen errötend. «Der Herr, zu dem ich möchte, heißt Tschen Pei Te. Er hatte früher das Amt eines Generalzensors, soll sich aber jetzt ins Privatleben zurückgezogen haben!»

«Oh! Das ist eine sehr berühmte Familie!» rief der Mann. «Also geben Sie acht! Sie müssen jetzt erst einmal in östlicher Richtung weitergehen, und wenn Sie die große Brücke überquert haben, sich gegen Norden halten, bis Sie auf eine rotgepflasterte Straße, die Purpursteinstraße, kommen. Sie werden dann bei einem Tore eine große Fahne wehen sehen. Über dem Toreingang befindet sich eine Tafel mit den Zeichen ‚Gelehrter der Han Lin Akademie'. Das ist das Haus, das Sie suchen.»

«Ich danke Ihnen vielmals für Ihre Belehrung», rief Fang Tzu Wen.

«Keine Ursache, ich habe ihnen gerne gedient», erwiderte der Mann.

«Nochmals vielen Dank», sagte Fang Tzu Wen und schlug den angegebenen Weg ein. Nicht lange darauf hatte er die rotgepflasterte Straße erreicht.

«Meine Kleider sind von der weiten Reise in einem fürchterlichen Zustand», sagte er sich. «Kann ich mich denn in diesem Aufzug blicken lassen? Ich sehe verwahrlost wie ein Bettler aus!»

Dann überlegte er: «Meine Verwandten sind doch keine kleinlichen Leute. Man braucht sich seiner Kleider wegen nicht zu schämen. Unter Gelehrten ist Armut eine alltägliche Sache. Was habe ich daher weiter zu befürchten? Auch im Altertum saßen Leute in Kitteln Seite an Seite mit solchen in edlem Pelzwerk. Sie plauderten miteinander in der einträchtigsten Weise, ohne sich ihrer Armut zu schämen. Früher einmal waren es Dse Lu und Kung Dse und heute werden es Fang Tzu Wen und sein Onkel Tschen Pei Te sein.»

Kaum war er in die Purpursteinstraße eingebogen, hörte er großes Stimmengewirr an sein Ohr schallen. Von weitem erblickte er schon die Fahne und die Tafel, von der ihm der Mann gesprochen hatte.

II. KAPITEL

Ein Neffe besucht seine Tante. Arm und Reich stehen einander gegenüber. Ein Verwandter wird beiseite geschoben

Als Fang Tzu Wen näher kam, sah er eine Unzahl von Wagen und Sänften vor dem Tore stehen. Er blickte erstaunt um sich. Die Buntheit der Fahnen verwirrte ihn. Überall, wohin er blickte, glitzerten herrliche Lampions und Laternen.

Kaum war er in das Tor eingetreten, stürzte sich eine Schar von Dienern auf ihn und fragte: «Was wünschen Sie?»

«Mein Name ist Fang», antwortete er ihnen. «Ich komme aus Ho Nan und bin der Neffe von Frau Tschen. Hier ist meine Visitenkarte, bitte melden Sie mich an!»

«Warten Sie einen Augenblick», sagte einer der Torhüter, ihn mißtrauisch musternd. Dann überlegte er: «Die Herrin stammt aus Ho Nan und war die Tochter des Ministerpräsidenten. Dieser Mann da sieht aber wahrhaftig nicht aus, als ob er zur Klasse der Ministernachkommen zählte. Es ist besser, ich schicke ihn fort.»

«Der Herr Generalzensor ist heute sehr beschäftigt, bitte sprechen Sie ein anderes Mal vor», erklärte er kurz.

«Das geht nicht!» sagte Fang Tzu Wen. «Sie sehen doch, ich komme von weit her, ich kann nicht ein anderes Mal wieder kommen!»

«Verzeihen Sie, aber der Herr Generalzensor hat heute wirklich keine Zeit und ich auch nicht! Halten Sie mich, bitte, nicht länger auf, ich kann nicht hier stehenbleiben und mit Ihnen plaudern!»

«Oho!» rief Fang Tzu Wen. «Was ist das für ein Ton! Wie kann mein Onkel so unhöfliche Diener in seinem Hause dulden!»

«Warum willst du ihn nicht anmelden?» redete ein anderer Torhüter den ersten leise an.

«Aber Alterchen!» flüsterte ihm der erste zu. «Ich weiß sehr gut, was ich zu tun habe. Ich bin schon weit länger als du im Hause. Dieser Mann da ist doch bestimmt kein Verwandter! Sieh dir ihn doch an! Der schaut doch nicht aus, als ob er aus dem Palaste eines Ministers stammte. Oder meinst du, dieser alte Reisesack, den er auf dem Rücken trägt, ist das Gepäck des Enkels eines Ministerpräsidenten? Seit ein paar Tagen kommt alles mögliche Gelichter daher. Die Leute haben eben erfahren, daß der Herr Generalzensor seinen fünfzigsten Geburtstag hat, und versuchen es, sich hier einzuschleichen. Ich kann doch nicht die Verantwortung auf mich nehmen, jemanden, der so aussieht, hereinzulassen!»

«Du magst schon recht haben», lenkte der andere ein. «Ich habe das nicht genügend überlegt. Selbst drei junge

Ingwerknollen reichen eben nicht an eine alte heran.»
Er wollte noch weiter sprechen, doch da rief ihn Wang
Pen, der gerade von einem Fenster herunterblickte,
an.

«Mit wem streitet Ihr euch denn da draußen herum?»
fragte er die beiden.

«Ach», sagte der eine. «Da ist ein Fremder, der behauptet, aus Ho Nan zu kommen und ein Verwandter der Familie Fang zu sein. Er wollte, daß ich ihn beim Herrn Generalzensor anmelde. Weil ich das nicht tun wollte, sind wir in einen kleinen Disput geraten.»

«Warum willst du ihn nicht anmelden?» fragte Wang
Pen.

«Er sieht ganz zerfetzt aus und macht einen sehr verwahrlosten Eindruck», erwiderte der Torhüter.

«Wie kann ein Mann so oberflächlich sein, über einen Menschen ein Urteil nach seiner Kleidung zu fällen!» tadelte ihn Wang Pen. «Ich werde mir den Fremden selbst ansehen!»

«Wozu will er ihn denn selbst ansehen?» fragte der andere Torhüter den ersten.

«Wang Pen stammt doch auch aus Ho Nan», antwortete ihm dieser leise.

«Ach, so ist das!» rief der andere. «Dann kann man es ihm nicht verargen. Landsleute haben immer Mitleid füreinander.»

Wang Pen war mittlerweile zum Tore gekommen, um sich Fang Tzu Wen anzusehen.

«Wer sind Sie?» erkundigte er sich. «Wie ist Ihr werter Name und aus welchem Orte kommen Sie?»

«Ich heiße Fang und komme aus Hsiang Fu in Ho Nan», antwortete Fang Tzu Wen.

«Darf ich fragen, welchen Beruf Ihre werte Familie hat?» forschte Wang Pen weiter.

«Mein Großvater, Fang Tien Chüeh, war Ministerpräsident und mein Vater hatte eine hohe Stelle im Ministerium des Innern», entgegnete Fang Tzu Wen.

«Würden Sie auch die Freundlichkeit haben, mir zu sagen, der wievielte Sohn Sie sind und wie Ihr eigener werter Name lautet?» bat Wang Pen.

«Ich bin das einzige Kind meiner Eltern», antwortete Fang Tzu Wen. «Mein Vorname ist Tzu Wen. Ich bin jetzt achtzehn Jahre alt geworden und habe in der Heimat die erste Distriktsprüfung abgelegt.»

«Oh, das ist sehr erfreulich zu hören, daß Sie ein Hsiu Tsai, also ein junger Gelehrter sind!» rief Wang Pen aus. «Erlauben Sie mir, nur noch eine kleine Frage an Sie zu stellen: Welchen Namen haben Ihnen Ihre werten Eltern gegeben, als sie noch ein Säugling waren?»

«Sie sind aber wirklich sehr gründlich!» rief Fang Tzu Wen belustigt. «Warum wollen Sie denn auch noch meinen Säuglingsnamen wissen? Also gut, wenn Sie ihn unbedingt erfahren wollen: Meine Eltern haben mir den Säuglingsnamen Chin Kuan gegeben.»

«Ach, gnädiger Herr!» rief Wang Pen außer sich vor Freude. «Da sind Sie ja mein junger Gebieter! Erkennen Sie mich nicht wieder, gnädiger Herr?»

«Wie sollte ich Sie wiedererkennen?» fragte Fang Tzu Wen verwundert. «Wer sind Sie denn?»

«Ich bin doch Wang Pen, der alte Diener Ihres Großvaters!» klärte ihn Wang Pen auf. «Als Ihre Tante sich mit Herrn Tschen verheiratete, bin ich mit ihr hierher nach Shang Yang gekommen!»

«Ach Wang Pen!» rief Fang Tzu Wen. «Wie oft hat mir meine Mutter von Ihrer Treue und Hingabe erzählt!»

«Ja, gnädiger Herr, als ich Ihre verehrte Familie verließ, da waren Sie noch ganz klein und gingen in die Schule», sagte Wang Pen. «Das sind jetzt schon über zehn Jahre her! Und wie groß Sie mittlerweile geworden sind! Die Zeit ist wirklich nur so dahingeflogen, und doch, sehen Sie! Meine Haare sind inzwischen weiß geworden. Darf,ich fragen, ob sich die gnädige Frau wohl befindet?»

«Danke», antwortete Fang Tzu Wen. «Sie ist gesund.»

«Und ist im Hause alles in Ordnung?»

Fang Tzu Wen seufzte. «Mit unserem Heim ist das leider eine sehr traurige Sache», berichtete er. «Wir haben unser Haus, unsere Felder und unser ganzes Hab und Gut verloren. Uns ist überhaupt nichts mehr geblieben.»

«Wer hat Sie hierherbegleitet, gnädiger Herr?» fragte Wang Pen erschüttert über diese traurigen Nachrichten.

«Sie stellen da eine verwirrende Frage», antwortete ihm Fang Tzu Wen. «Ich bin ganz allein hierher gekommen.»

Wang Pen merkte, daß es Fang Tzu Wen schwerfiel, über das erlebte Ungemach zu sprechen und fragte deshalb nicht weiter. «Bitte, gnädiger Herr, kommen Sie einstweilen ins Gästezimmer und nehmen Sie dort ein wenig Platz. Ich werde Sie sofort beim Herrn Generalzensor anmelden und komme dann gleich wieder, um Sie zu ihm zu führen», bat er und begleitete ihn in das Haus hinein. Nachdem Fang Tzu Wen es sich bequem gemacht hatte, ging Wang Pen mit dessen Visitenkarte zu Generalzensor Tschen. Als er in die große Halle trat, sah er diesen mit seinen Gästen einer Schauspieltruppe zusehen. Er ging leise auf ihn zu, zupfte ihn am Ärmel und bedeutete ihm, er habe ihm etwas Wichtiges zu sagen.

«Was gibt es?» fragte ihn Herr Tschen erstaunt.

«Gnädiger Herr, es ist soeben Ihr Neffe, der junge Herr Fang aus Ho Nan, angekommen», sagte Wang Pen. «Hier ist seine Visitenkarte.»

Tschen nahm die Karte an sich, und als er die Worte las: «Dein Neffe Tzu Wen erlaubt sich, dir seine Aufwartung zu machen», kannte seine Freude keine Grenzen.

«Ach! Das ist eine schöne Überraschung!» rief er überglücklich. «Gerade in letzter Zeit habe ich so viel an ihn gedacht! Wer hätte geglaubt, daß er auf einmal selbst erscheinen werde! Geh und bitte meinen Neffen, sofort zu mir zu kommen!»

«Es ist nur...» sagte Wang Pen ein wenig zögernd, «früher hat der junge Herr... ganz anders ausgesehen als jetzt.»

«Was willst du damit sagen?» fragte Herr Tschen, sein Zaudern bemerkend. «Ist mein Neffe etwa sehr häßlich geworden?»

«Aber ganz im Gegenteil, gnädiger Herr!» versicherte ihm Wang Pen. «An Schönheit kann sich Ihr Neffe ruhig mit Sung Yü oder Pan An messen...»

«Wenn er so schön ist wie diese beiden, dann brauchst du doch nicht zu zögern, ihn zu mir zu bringen», meinte Herr Tschen lachend.

«Aber seine Kleider sind ganz abgetragen und durchlöchert», bemerkte Wang Pen. «Er trägt eine alte, zerschlissene Studentenkappe und sieht, so wie er jetzt gekleidet ist, wirklich nicht sehr vorteilhaft aus.»

«Wer sind denn seine Begleiter?» erkundigte sich Herr Tschen.

«Niemand hat den jungen Herrn begleitet», antwortete Wang Pen. «Er hat die weite, beschwerliche Reise hierher ganz allein gemacht. Nicht nur das, er hat auch sein Gepäck allein getragen. Ich fürchte, es könnte sich jemand über ihn lustig machen, wenn er in diesem Aufzuge im Empfangssaale erscheint.»

«Ach, du mein armer Schwager!» rief Herr Tschen voll Mitleid. «Du, der du jetzt begraben bei den neun

Quellen liegst, was würdest du sagen, wenn du wüßtest, welch bittere Armut dein einziger männlicher Nachkomme leidet! – Wang Pen! Führe den jungen Herrn in die Orchideenterrasse und bitte ihn, er möge zuerst seine Tante begrüßen. Wenn er die Kleider gewechselt hat, melde es mir, und ich werde ihn dann sogleich empfangen.»

«Ganz wie Sie befehlen, Herr Generalzensor», erwiderte Wang Pen und ging rasch zu Fang Tzu Wen zurück.

«Darf ich Sie bitten, junger Herr, mir in den rückwärtigen Garten zu folgen», bat er ihn höflich. «Der Herr Generalzensor möchte, daß Sie zuerst die gnädige Frau begrüßen.»

«Ausgezeichnet!» sagte Fang Tzu Wen. «Dann werde ich also zuerst meine Tante aufsuchen.»

«Bitte kommen Sie mit mir», forderte ihn Wang Pen auf und führte ihn zu einem der Nebentore.

«Warum gehen wir nicht geradeaus weiter?» fragte Fang Tzu Wen verwundert.

«Nein, es ist besser, wenn wir hier hineingehen», bemerkte Wang Pen kurz. Als sie miteinander durch einige Höfe gingen, erkundigte sich Fang Tzu Wen vorsichtig nach seiner Tante.

«Wie fühlen Sie sich im Hause meiner Verwandten? Sind Sie gerne hier?»

«Es geht mir sehr gut», antwortete Wang Pen. «Der gnädige Herr ist äußerst gütig zu mir.»

«Dann sind Sie also zufrieden in Ihrem neuen Heim», meinte Fang Tzu Wen.

«Oh gewiß. Ich fühle mich in meinem neuen Heim sehr wohl, dies will aber keineswegs heißen, daß ich meine frühere Herrschaft vergessen habe.»

«Denken Sie noch manchmal an die Heimat zurück?»

«Wie sollte ich ihrer nicht gedenken!» rief Wang Pen. «Obzwar ich ein Mensch bin, der sich in neue Verhältnisse einfinden kann, hänge ich doch noch immer mit meinem Herzen an der alten Herrschaft. Bitte, junger Herr, Sie müssen jetzt diesen Weg hier weiter gehen.»

«Ich wäre Ihnen sehr dankbar, wenn Sie mich begleiten würden», ersuchte ihn Fang Tzu Wen. «Ich kenne mich hier doch gar nicht aus.»

«Gerne», erwiderte Wang Pen. Er führte ihn erst durch die Pfirsichgarten-Passage, dann weiter durch die Allee der Litschi-Früchte und brachte ihn schließlich zur Terrasse der Morgendämmerungswolken.

«Bitte, nehmen Sie inzwischen hier Platz, junger Herr», bat er Fang Tzu Wen. «Ich werde die gnädige Frau gleich wissen lassen, daß Sie gekommen sind.» Er entfernte sich und begab sich zur Orchideenterrasse.

«Ich habe eine Meldung zu erstatten», rief er zum oberen Stockwerk hinauf, worauf nach einer Weile eine junge Zofe erschien.

«Was gibt es?» fragte sie, auf Wang Pen zukommend.

«Bitte, Rotwolke, melde deiner Herrin, daß der junge Herr Fang aus Ho Nan angekommen ist», sagte er. «Der Herr Generalzensor hat mir befohlen, ihn zur Orchideenterrasse zu bringen. Er wünscht, daß der junge Herr zuerst die gnädige Frau begrüßt. Man soll ihm dann beim Kleiderwechseln behilflich sein und ihn darauf in die Empfangshalle führen.»

«Gut», erwiderte die Zofe. «Wo befindet sich der junge Herr?»

«Er wartet auf der Terrasse der Morgendämmerungswolken.»

«Da muß ich mir ihn aber gleich ansehen gehen!» rief Rotwolke, neugierig geworden, und lief davon, sich den interessanten Gast heimlich anzusehen.

«Himmel! Jetzt wäre ich beinahe gestorben!» rief sie, atemlos zu Wang Pen zurückkommend. «Soll am Ende der Mann, der aussieht wie ein Bettelmönch, der junge Herr Fang sein? Das ist doch nicht möglich! Die gnädige Frau hat uns doch immer erzählt, wie vornehm und großartig ihr Palast in Ho Nan war!»

«Ja, das ist der Herr Fang. Geh schon endlich und melde den jungen Herrn bei deiner Herrin an!» schnitt er ihr ihren Redeschwall ab und ging zu Fang Tzu Wen auf die Morgendämmerungswolken-Terrasse zurück.

«Junger Herr», sagte er, «ich habe schon veranlaßt, daß Sie bei Ihrer Frau Tante angemeldet werden. Verzeihen Sie mir, bitte, wenn ich mich jetzt entferne, ich habe noch Verschiedenes zu tun.»

«Gut, gut» antwortete Fang Tzu Wen.

Und Wang Pen entfernte sich raschen Schrittes.

Die Zofe Rotwolke war inzwischen aufgeregt zu Frau Tschen gelaufen.

«Gnädige Frau, Ihr Neffe, Herr Fang aus Ho Nan, ist angekommen!» sagte sie.

Frau Tschen erbleichte. Sie stand schnell auf und zog Rotwolke mit sich in einen Nebenraum, wo niemand sie belauschen konnte.

«Woher weißt du das?» fragte sie.

«Wang Pen war gerade hier und hat gesagt, der Herr Generalzensor habe ihm aufgetragen, Herrn Fang in die Orchideenterrasse zu führen. Er wünscht, daß er Sie, gnädige Frau, zuerst begrüßt. Wir sollen ihn dann, wenn er die Kleider gewechselt hat, in die Empfangshalle führen.»

Da es Frau Tschen immer für das Wichtigste hielt, sich das nötige Ansehen bei der Dienerschaft zu wahren, überlegte sie, wie sie über den Neffen Näheres erfahren könnte.

«Der junge Herr ist sicher hierhergereist, um dem gnädigen Herrn zum fünfzigsten Geburtstag zu gratulieren?» fragte sie nach einer Weile.

«Nein, das glaube ich nicht! So sieht er wirklich nicht aus!» meinte die Zofe.

«Was willst du mit diesen Worten sagen?» fragte Frau Tschen rasch. «Hast du denn Gelegenheit gehabt, ihn zu sehen? Sag schnell, wie sieht er aus?»

«Der junge Herr sieht aus, als wäre er bereits ein Unsterblicher geworden», erklärte Rotwolke.

«Wie?» fragte Frau Tschen. «Sag doch endlich klar und offen, wie er aussieht!»

«Ich, als Dienerin, wage es nicht, offen zu sprechen», sagte Rotwolke zögernd. «Könnte sich die gnädige Frau den jungen Herrn nicht selbst ansehen?»

«Nein, nein!» wies Frau Tschen sie ab. «Heraus mit der Sprache!»

«Der junge Herr sieht nicht wie der Nachkomme eines vornehmen hohen Ministers, sondern wie ein ganz verarmter Mann aus», begann Rotwolke, die Herrin ängstlich anblickend. «Er hat eine verblichene graurote Jacke an, die überall abgestoßen und mit Hanf statt mit Seide geflickt ist. Sein blauer Rock ist auf den Schultern ganz durchgewetzt. Auf dem Kopfe hat er eine zerrissene viereckige Kappe.»

Frau Tschen war bei diesen Worten vor Ärger grün geworden. Erst vermochte sie überhaupt kein Wort über die Lippen zu bringen, dann aber faßte sie sich und sagte:

«Meine arme Familie! Was hat sie verbrochen, daß sie jetzt so viel erdulden muß! Erst ist sie in Ungnade gefallen, dann hat man ihr ihren Palast, ihre Felder und ihre ganze Habe genommen, und jetzt ist nur mehr dieser unwürdige Sohn geblieben! – Geh und bringe den jungen Herrn zu mir!» befahl sie der Zofe.

Als diese das Zimmer verlassen hatte, ließ sie ihren Gedanken freien Lauf.

«Wärest du gräßlicher Neffe doch zu Hause geblieben», klagte sie. «Niemand hätte dann von der Armut meiner Familie erfahren! Warum hast du nach Shang Yang kommen müssen, mich hier zu blamieren? Und gerade heute mußtest du kommen, da so viele vornehme Gäste da sind! Wenn die Besucher sehen, wie erbärmlich es mit dir steht, werde ich mein Gesicht verlieren! Sogar der Zofe bist du lächerlich vorgekommen, ich werde jetzt gar kein Ansehen mehr hier im Hause haben. Ach Himmel! Ist es nicht entsetzlich, daß du zehntausend Li weit hierhergereist bist, um mich in solche Schande zu bringen!»

Rotwolke war mittlerweile zu Fang Tzu Wen geeilt.

«Die gnädige Frau läßt Sie bitten, zu ihr zu kommen», meldete sie ihm.

«Danke sehr, Fräulein», sagte Fang Tzu Wen. «Bitte seien sie so freundlich, mir mit meinem Gepäck ein wenig behilflich zu sein.»

«Ist das hier Ihr Gepäck?» erkundigte sich die Zofe, auf das klägliche Bündel weisend, das neben ihm auf dem Boden lag.

«Ja, das ist mein Gepäck.»

«Dann bitte geben Sie es mir», sagte sie kurz, das Bündel vorsichtig anfassend.

«Ich hoffe, ich bemühe Sie nicht allzusehr, Fräulein!» erklärte Fang Tzu Wen. «Bitte zeigen Sie mir, wie ich zur gnädigen Frau komme.»

Rotwolke ging voraus und wies ihm den Weg. Erst gingen sie durch einige gewundene Pfade und kamen dann zu einer Halle, auf deren Pfeiler die Worte «Orchideenterrasse» standen. Die Zeichen waren offensichtlich von einem berühmten Meister geschrieben worden. Während Fang Tzu Wen sie aufmerksam betrachtete, eilte die Zofe zu ihrer Herrin zurück.

«Ich bitte, gnädige Frau, der junge Herr wartet in der Halle», meldete sie.

«Begleite mich zu ihm!» befahl ihr Frau Tschen.

Man wird sich nun wahrscheinlich schon gefragt haben, wie diese Frau Tschen eigentlich aussah. Nun, sie war eine sehr vornehme, distinguierte Dame, von sehr schöner Gestalt. Obwohl sie bereits fast fünfzig Jahre zählte, war ihr Haar doch erst wenig ergraut. Nur die Haarwolken an ihren Schläfen glänzten silbern. Sie trug viel kostbares Geschmeide an sich und funkelte von Perlen und Juwelen. Über ihrem prachtvollen Unterkleid trug sie eine schwarze, sehr elegante Kasaque. In ihren dunklen, seidenen, bunt bestickten Schühchen kam sie gelassen und fast unhörbar auf Fang Tzu Wen zu.

«Junger Herr! Die gnädige Frau ist gekommen», machte die Zofe Fang Tzu Wen aufmerksam.

Fang Tzu Wen erhob sich sofort und verbeugte sich vor Frau Tschen.

«Gestatte mir, dich zu begrüßen, Tante», sagte er ehrerbietig.

«Mach keine Umstände», erwiderte Frau Tschen. «Nimm Platz!»

«Wie dürfte ich es wagen, mich zu setzen, solange du stehst!» erklärte Fang Tzu Wen.

Nachdem sich beide niedergelassen hatten, begann Fang Tzu Wen das Gespräch.

«Welch ein Glück, daß ich dich heute wiedersehen darf, verehrte Tante», sagte er. «Die weite Entfernung hat es mir bisher nicht möglich gemacht, dir meine Ehrerbietung zu beweisen. Entschuldige dies bitte.»

«Wozu die Worte? Gute Freunde denken immer aneinander, auch wenn Berge und Wolken sie trennen», bemerkte Frau Tschen.

«Verehrte Tante!» fuhr Fang Tzu Wen fort. «Meine Mutter hat in all diesen Jahren immer wieder von dir gesprochen und läßt dir ihr inniges Gedenken sagen.»

«Das ist sehr freundlich von ihr», meinte Frau Tschen. «Auch ich denke voll Liebe an sie. Es ist wirklich betrüblich, daß wir so weit voneinander entfernt sind.»

«Ich danke dir vielmals für deine gütigen Worte», sagte Fang Tzu Wen. «Es beschämt mich sehr, daß ich dir heute meine Aufwartung mit leeren Händen machen muß.»

«Wer wird bei einem Besuch unter Verwandten von einem Kommen mit leeren Händen sprechen», unterbrach ihn Frau Tschen. «Darf ich fragen, ob sich deine verehrte Mutter guter Gesundheit erfreut?»

«Danke, verehrte Tante, für deine Frage. Ja, sie ist wohlauf.»

«Machen deine Studien gute Fortschritte?» fragte Frau Tschen weiter.

«Wir sind zwar ganz verarmt», erzählte Fang Tzu Wen, «und oft waren unsere Schüsseln leer, meine Mutter war aber so gütig, mich unermüdlich zu unterweisen und zu unterrichten. So ist es mir möglich gewesen, mich mit den klassischen Schriften und den berühmten Essays vertraut zu machen.»

«Was sprichst du da von Armut?» fuhr Frau Tschen auf. «Habt ihr denn so viel verloren?»

«Ach, verehrte Tante, bei uns steht es wahrhaftig schlecht», begann Fang Tzu Wen zu erzählen. «Wir haben so wenig, daß nicht einmal die Mäuse mehr etwas bei uns finden und die Schwalben schon längst nicht mehr bei uns nisten. Oft und oft ist kein Reis im Hause und kein Feuer im Herd.»

«Genug damit!» rief Frau Tschen, in Zorn geratend. «Warum bist du nicht zu Hause geblieben, wenn ihr so arm seid? Aber eine schöne Reise zu machen und nichtstuend durch die Berge zu streifen, das war dir wohl lieber! Wahrscheinlich bist du überhaupt nur hierhergekommen, um dir von uns Geld zu holen!»

«Aber Tante!» rief Fang Tzu Wen erschreckt. «Du wirst doch nicht glauben, daß ich hierhergekommen bin, um dich um Geld zu bitten!»

«Wozu denn sonst?» fuhr ihn Frau Tschen an. «Statt diese weite Reise zu unternehmen und euer Los dadurch zu verschlimmern, hättest du ja versuchen können, dir durch Unterrichtsstunden etwas Geld zu verdienen. Deine Mutter weiß übrigens sehr genau, daß ich eine sehr stolze Frau bin. Ich habe hier im Hause immer nur von der Pracht unseres Palastes in Ho Nan gesprochen und erzählt, in welch großem Aufwand meine Verwandten dort leben, und jetzt kommst du hierher in einem Aufzug, der jeder Beschreibung spottet!»

«Weshalb bist du so böse, Tante?» fragte Fang Tzu Wen entsetzt. «Wie habe ich dir denn dadurch, daß ich arm bin, etwas angetan?»

«Wenn man ausgeht und andere Leute aufsucht, ist es etwas anderes, als wenn man zuhause bleibt», antwortete Frau Tschen verärgert. «Muß denn hier jeder wissen, wie es um meine Familie steht? Wir verlieren ja unser Ansehen als vornehme Leute! Was wird sich meine Dienerschaft denken, der ich doch immer voll Stolz von meinem Reichtum in der Heimat erzählt habe? Muß ich mich jetzt deinetwegen nicht in Grund und Boden schämen?»

Fang Tzu Wen wurde bei ihren Worten bis in die Augenbrauen hinauf rot.

«Willst du dich über meine Armut lustig machen, Tante?» rief er, zornig werdend.

«Mir ist nicht zum Lachen», erwiderte Frau Tschen böse. «Es ist bitter genug für mich, zu wissen, daß meine Leute hier im Hause mit Fingern auf mich zeigen werden, da sie dich so schäbig angezogen gesehen haben!»

«Wenn du es angehen läßt, daß deine Diener sich über mich lächerlich machen, dann muß ich es hinnehmen», rief Fang Tzu Wen. «Wie kannst du es aber zulassen, daß sie über die Armut des Hauses Fang spotten, da doch dein Gatte ihm so vieles verdankt!»

«Was?» rief Frau Tschen empört. «Wie kannst du dich unterstehen, du junger Bengel, so respektlos zu mir zu sprechen? Was weißt denn du von solchen Sachen?»

Da Fang Tzu Wen sah, daß seine Tante ganz außer sich vor Ärger war, lenkte er schnell ein.

«Verzeih' Tante, daß ich mich habe gehen lassen», bat er. «Ich habe mich wirklich sehr ungezogen benommen. Erlaube, daß ich mich jetzt von dir verabschiede!»

«Verabschieden willst du dich?» rief Frau Tschen höhnisch. «Verabschieden? Verstell dich doch nicht so! Meinst du, ich durchschaue deine Heuchelei nicht?»

«Von einem Verstellen oder einer Heuchelei kann keine Rede sein», erwiderte Fang Tzu Wen kurz. «Es ist meine feste Absicht, dich jetzt zu verlassen. Ich gehe!»

«So? Jetzt auf einmal möchtest du den Stolzen spielen?» sagte Frau Tschen bissig.

«Du irrst dich, Tante!» rief Fang Tzu Wen. «Ich spiele keineswegs den Stolzen, aber ich schäme mich auch nicht meiner Armut! Wohl sind meine Kleider zerfetzt und wohl ist mein Aussehen verwildert, aber in meinem Inneren habe ich doch Fähigkeiten genug, um einmal angesehen und geehrt zu werden! Ich weiß, daß der Reichtum unseres Hauses, unser Gold, unsere Perlen, daß alles dies dahin ist! Wenn ich auch jetzt noch keinen Jadegürtel trage, so bleibt mir doch noch Zeit, mir meinen Platz zu erkämpfen! So, und jetzt gehe ich!»

«So warte doch!» hielt ihn Frau Tschen zurück. «Du bist ja doch bloß hierhergekommen, um dir Geld auszuborgen. Was läufst du also davon?»

«Ich danke dir für dein Anerbieten, mir Geld zu leihen», erklärte Fang Tzu Wen verächtlich. «Ich brauche das Geld des Hauses Tschen nicht! Ich kann mir an einem anderen Ort Geld ausborgen!»

«Dummes Gerede!» rief Frau Tschen. «Ich sehe schon, du willst nicht, daß ich dir Geld borge, aber du willst, daß ich dir Geld gebe, damit du wo anders hingehen kannst. Hier, nimm dies Geld!»

Fang Tzu Wen wies die Summe empört zurück.

«Danke!» rief er. «Danke! Ich brauche dein Geld nicht! Laß mich jetzt gehen!»

«Ich werde dir noch etwas zu essen vorsetzen lassen», sagte Frau Tschen.

«Ich bin nicht hungrig, bemühe dich nicht!»

«Dann geh also, du eigensinniger Mensch!»

«Tante! Bevor ich hier fortgehe, möchte ich noch etwas klarstellen!» bemerkte Fang Tzu Wen.

«Rasch also! Was denn?» fragte Frau Tschen.

«Hör mich an, Tante!» bat Fang Tzu Wen. «Ich bin auf Wunsch meiner Mutter hierhergereist, und zwar aus rein verwandtschaftlichen Gründen, nicht des Geldes wegen, wie du meinst. Meine Mutter hat mir sehr oft von vergangenen Zeiten erzählt und immer voll Liebe und Zuneigung von dir gesprochen. Voll von freudigen Erwartungen habe ich diese weite Reise hierher unternommen, nicht ahnend, daß man mich hier auf so schmähliche Weise empfangen werde! Das Sprichwort: ‚Ein Armer soll sich nicht bei Reichen sehen lassen' hat recht behalten! Wenn mich mein Weg noch einmal nach Shang Yang führen sollte, dann wird dies nur dann sein, wenn ich bereits vor den Stufen des Thrones gestanden bin und die Stelle eines hohen Beamten errungen habe!»

«Schön! Schön! Genug der großen Worte!» rief Frau Tschen. «Ich wollte, du wärest schon ein hoher Beamter! Du scheinst nur zu übersehen, daß das Herz und der Verstand auch dem entsprechen muß, was der Mund sagt! Wenn du so hohe Aspirationen hast, dann begreife ich nicht, daß du hierhergekommen bist und nichts hast und nichts bist!»

«Auf solche Herzlosigkeiten, wie ich sie hier erfahren habe, war ich allerdings nicht gefaßt», antwortete Fang Tzu Wen bitter.

«Jetzt aber genug!» schrie ihn Frau Tschen an. Sie winkte ihre Zofe Rotwolke zu sich.

«Der junge Herr ist unbeherrscht, führe ihn hinaus!» befahl sie ihr.

«Bitte kommen Sie mit mir», wandte sich die Zofe an Fang Tzu Wen. «Sie können doch nicht mit der gnädigen Frau Streit anfangen!» Sie nahm sein Gepäck und trug es aus dem Zimmer. Fang Tzu Wen folgte ihr, die Brust von Zorn erfüllt.

«Daß so etwas möglich ist!» sagte er sich immer wieder. «Wenn meine eigene Tante mich so verächtlich behandelt hat, dann wundert es mich auch nicht mehr, daß sich ihre Diener am Tore einen so frechen Ton erlaubt haben! Und dazu bin ich über tausend Berge und zehntausend Gewässer gereist? Mutter! Mutter! Wenn du wüßtest, wie ich hier behandelt wurde, wie würdest du dich kränken!»

Sein Herz ist schwer von dem, was geschehen.
Auf seinem Rocke kann man Tränen sehen.

«Also gehen Sie weiter, junger Herr! Gleich können Sie wieder Ihr Gepäck auf dem Rücken tragen!» spottete Rotwolke hinter ihm her. «Geben Sie nur gut acht auf der Reise! Wenn ein Räuber Sie so vornehm daherkommen sieht, hat er es bestimmt gleich auf Sie abgesehen. Geben Sie nur gut acht!»

Fang Tzu Wen war anfangs so sehr in seine Gedanken versunken gewesen, daß er die Hälfte von dem, was sie sagte, nicht gehört hatte. Um mehr beachtet zu werden, schwenkte sie jetzt sein Bündel hin und her.

«Hören Sie endlich auf, so unverschämt daher zu reden!» fuhr er sie an.

«Gut», sagte sie, «dann begleite ich Sie eben nicht weiter!»

«Sie brauchen mich nicht zu begleiten», erklärte Fang Tzu Wen.

Rotwolke legte das Gepäck vor ihm auf die Erde, drehte sich um und lief ins Haus zurück.

Fang Tzu Wen versuchte, sich ohne sie zurechtzufinden. Es war für ihn nicht leicht, alle die gewundenen Pfade des Parkes auseinanderzuhalten, endlich hatte er dann aber doch die Litschi-Allee und die Pfirsichgarten-Passage erreicht. Dann war er aber schon eine Weile weitergegangen und suchte noch immer den Ausgang auf die Straße. Als er forschend im Park um sich sah, geschah plötzlich eine ganz unerwartete Sache.

III. KAPITEL

Ein mutiges, junges Mädchen gibt einem Manne heimlich Schmuck

«Nicht die Dinge verwirren das Herz, das Herz verwirrt die Dinge» heißt es schon von alters her.

Ganz zufällig hatte Buntapfel, die Zofe von Fräulein Kleinod, am Morgen, als sie die Treppe hinunterging, gehört, daß Herr Fang Tzu Wen aus Ho Nan angekommen sei und Frau Tschen, seiner Tante, in der Orchideenterrasse einen Besuch abstatten werde. Sie war daraufhin sogleich in einen Nebenraum dieser Terrasse geeilt und hatte sich den Besucher von dort aus heimlich angeschaut. Zu ihrer Verblüffung sah sie, wie ärmlich er aussah und wie zerflickt und zerlöchert seine Kleider waren. Sie wußte jedoch, daß Talent, Heldentum und Großherzigkeit durchaus nicht immer aus einem schönen glatten See stammen. Neugierig, wie sie war, belauschte sie das Gespräch zwischen Frau Tschen und ihrem Gast.

«Frau Tschen legt einen anderen Maßstab an als ich», sagte sie sich, ganz entsetzt über das Gehörte. «Für sie ist Reichtum alles, Armut jedoch immer verächtlich. Ob einer einen guten Charakter hat und etwas kann, ist für sie völlig belanglos. Wenn er nur prachtvoll angezogen ist und vermögend aussieht, ist für sie alles in Ordnung. Der arme junge Mann muß sich doch in seinem Inneren tief getroffen fühlen, daß sie ihn so abscheulich behandelt hat!» Sie konnte es gar nicht fassen, daß jemand solche Ansichten haben konnte wie Frau Tschen. «Was wird das Fräulein Kleinod dazu sagen? Ich muß ihr gleich alles erzählen!»

Unterwegs sagte sie sich: «Frau Tschen ist doch die Tante des jungen Herrn, die beiden haben die gleichen Ahnen, wie konnte sie ihn bloß so fortgehen lassen! Der Arme ist tausend Li bis hierher gewandert, um seine Verwandten zu besuchen, und mußte so eine entsetzliche Enttäuschung erleben! Ich, als Fernstehende, war schon ganz erschüttert über die Hartherzigkeit von Frau Tschen, was muß erst der junge Herr empfunden haben!» In heller Aufregung lief sie zu ihrer jungen Herrin und rief schon von weitem:

«Fräulein! Fräulein! Ich muß Ihnen etwas erzählen!»

«Was ist denn geschehen?» fragte Kleinod die Zofe besorgt. «Warum bist du so aufgeregt?»

«Ach Fräulein!» sagte Buntapfel atemlos. «Ich habe Ihnen etwas ganz Unglaubliches mitzuteilen!»

«Nun, sprich doch endlich, was hast du mir mitzuteilen?» erkundigte sich Kleinod.

«Ich war gerade bei Ihrer Frau Mutter, um Tee zu bereiten,» berichtete Buntapfel, «da sah ich die Zofe Rotwolke sehr bestürzt in die Halle hereinkommen und der gnädigen Frau etwas ins Ohr flüstern. Darauf wurde das Gesicht der gnädigen Frau, das gerade noch sehr freundlich war, plötzlich ganz verändert und verärgert, die gnädige Frau stand auf und ging hinaus. Als ich sie so sonderbar sah, war ich neugierig geworden, ich ging ihr nach, sah sie die Halle überqueren, dann einen Nebenweg in den Blumengarten einschlagen, ich hörte sie mit Rotwolke sprechen, es sei ihr Neffe Fang Tzu Wen von sehr weit her gekommen, um sie zu besuchen. Ach Fräulein! Ich habe ihn gesehen! Seine Kleider waren ganz zerschlissen und verflickt, der Ausdruck seines Gesichtes war vergrämt, doch konnte ich sehr gut große Klugheit und Geist in seinen Zügen erkennen. Er ist ein ganz außergewöhnlicher Mensch! Man sieht es ihm gleich an, daß er es einmal sehr weit bringen wird!»

«Was redest du da für ungereimtes Zeug?» fragte Kleinod. «Ich verstehe nicht, von wem du sprichst?»

«Aber Fräulein!» rief Buntapfel. «Der Herr, um den es sich handelt, ist doch Ihr Vetter, der junge Herr Fang! Der arme, junge Mann ist eigens von Ho Nan den weiten Weg hierhergereist, um seine Verwandten zu besuchen! Als Rotwolke ihn der gnädigen Frau anmelden kam, hat die gnädige Frau ihn dann in der Orchideenterrasse empfangen. Ach Fräulein! Die gnädige Frau war wirklich gar nicht freundlich und verwandtschaftlich zu ihm, sondern hat sich nur über seine Armut lustig gemacht und ihn verhöhnt!»

«Wie? Sie war nicht verwandtschaftlich und sie hat ihn verhöhnt?» fragte Kleinod bestürzt.

«Es ist manchmal recht schwer mit der gnädigen Frau,» klagte Buntapfel. «Sie kann furchtbar schroff und hochmütig sein! Im Gespräch zu Herrn Fang war sie nicht wie zu einem Neffen, sondern von ganz steifer, ablehnender Haltung. Ich habe sie sogar zu ihm sagen gehört: ‚Du siehst so aus, daß ich deinetwegen vor Scham erröten muß! Was wird sich die Dienerschaft von mir denken!' Ihre Worte haben den jungen Herrn so niedergeschmettert, daß er sich dann gleich verabschiedete und ganz verwirrt aus der Orchideenterrasse fortlief. Die gnädige Frau hat auch gar nicht versucht, ihn zurückzuhalten! Sie ist stolz aufgestanden und hat ihn fortgehen lassen. Fräulein! Denken Sie nur! Sie hat ihn nicht einmal richtig aufgefordert, zum Essen dazubleiben! Ist das nicht merkwürdig von ihr?»

«Wie ist das nur möglich?» rief Kleinod. Sie war ganz entsetzt, daß ihre Mutter sich so herzlos benommen hatte, wollte sich dies aber aus guter Erziehung nicht einmal selbst eingestehen. Ihr blieb die ganze Sache unbegreiflich. Wie oft hatte doch der Vater erzählt, was für eine edle, hochangesehene Dame seine Schwägerin sei. Kleinod hatte auch selbst oft gesehen, daß sie ihrer Mutter sehr kostbare Schmuckstücke aus Jade, goldene Haarpfeile und dergleichen mehr geschickt hatte. Auch sie selbst hatte von der Tante wiederholt Juwelen und andere Geschenke bekommen. «Wie konnte meine Mutter ihren Sohn so unhöflich behandeln?» fragte sie sich. «Was wird sich seine Mutter denken, wenn er bei seiner Rückkehr erzählt, wie er hier empfangen worden ist? Sie wird es nicht fassen können, daß man ihre frühere Güte so wenig vergolten hat! Meine Mutter hat doch immer so sehr auf gesellschaftliche Formen gehalten; was ist nur in sie hineingefahren, daß sie heute so anders war?»

«Wann ist der junge Herr fortgegangen?» fragte sie Buntapfel.

«Noch nicht sehr lange,» erwiderte die Zofe.

«Kann man ihn noch einholen?»

«Ich denke schon!» sagte die Zofe.

«Dann lauf ihm schnell nach!» befahl ihr Kleinod. «Trachte ihn aufzuhalten! Bewege ihn, noch ein wenig zu bleiben, sage ihm, ich möchte ihm noch einiges mitteilen lassen!»

«Was wollen Sie ihm mitteilen lassen?» fragte Buntapfel.

«Bedenke, Buntapfel!» sagte Kleinod. «Meine Mutter ist bestimmt nur in der ersten Aufregung so garstig zu ihm gewesen, sie hat es jetzt sicher schon bereut, ihren Neffen so wenig freundlich empfangen zu haben. Ich weiß auch, daß Vater schon oft davon gesprochen hat, er wolle, daß die Tante und ihr Sohn nach Shang Yang übersiedeln und bei uns im Hause bleiben. Wenn er mit dem jungen Mann gesprochen hätte, wäre sicher alles gut ausgegangen. Beeile dich also, den jungen Herrn einzuholen!»

«Freilich! Freilich! Ich werde dem jungen Herrn sofort nacheilen und ihm sagen, er möge zu Ihnen kommen!» sagte die Zofe.

«Wie? Du meinst, er soll zu mir kommen?» rief Kleinod. «Was du da sagst, ist gar nicht so dumm. Ich könnte wirklich auch selbst mit ihm sprechen! Wir haben uns in unserer Kindheit oft gesehen. Und jetzt, da wir herangewachsen sind und Mutter sich gegen ihn so sehr vergessen hat, ist es verzeihlich, wenn Cousin und Cousine ein paar Worte miteinander wechseln.»

«Dann eile ich also, ihn einzuholen!» rief Buntapfel eifrig.

«Ja! Mach, daß du fortkommst! Rasch! Rasch! Eil dich, so sehr du kannst!»

«Gewiß! Gewiß!» versicherte Buntapfel und war schon aus dem Zimmer draußen.

Wer weiß, in welchen Beziehungen Buntapfel und Fang Tzu Wen in einem früheren Leben zu einander gestanden waren. Kaum hatte ihre Herrin ihr gesagt, sie solle ihm nacheilen und ihn zurückbringen, hatte sich ihr Herz plötzlich geöffnet. Als hätte ein General einem Soldaten einen Befehl erteilt, lief sie wie der Wind die Treppe hinunter und eilte, so schnell ihre Lotusfüßchen sie tragen konnten, ihm nach. In der Litschi-Allee stolperte sie und wäre beinahe hingefallen, aber sie raffte sich schnell auf und rannte weiter zum Blumengarten. Nirgends aber war eine Spur von Fang Tzu Wen zu sehen. Ringsum herrschte tiefe Stille.

«Das Gartentor ist auch schon gesperrt», sagte sie sich. «Er kann doch gar nicht so schnell davon sein! Ich darf es dem Fräulein Kleinod doch nicht antun, ohne ihn zurückzukommen!» Sie war wirklich ganz verzweifelt.

Fang Tzu Wen war inzwischen blind vor Wut davongelaufen. Obwohl er den Weg nicht kannte, eilte er geradeaus weiter. Er gelangte zwar zur Allee der Litschifrüchte, konnte dann aber trotz aller Mühe den Weg nicht finden, der von der Pfirsichgarten-Passage weiterführte. Als er gerade suchend um sich blickte, ob denn nirgends ein Ausgang auf die Straße zu sehen sei, kam Buntapfel des Weges.

«Da ist er ja!» sagte sie sich glückselig. «Jetzt brauche ich nicht mehr weiterzulaufen!»

Lächelnd kam sie auf ihn zu und rief:

«Gehen Sie langsam, Herr Fang! Bitte warten Sie einen Augenblick! Ich habe Ihnen etwas auszurichten!»

Fang erkannte, daß es eine Zofe war, die ihn angerufen hatte.

«Jetzt hat mir meine Tante natürlich jemanden nachgeschickt, um mich zurückzurufen!» Ärgerlich sah er Buntapfel an und sagte:

«Gehen Sie gleich wieder zu Ihrer Herrin zurück und

sagen Sie ihr, ich sei nicht gewillt, ihr Haus noch einmal zu betreten!»

«Sie irren sich, Herr Fang!» rief Buntapfel, «ich bin Ihnen nicht von Ihrer Frau Tante nachgeschickt worden.»

«Wenn meine Tante Sie nicht geschickt hat, wer sonst hätte Sie mir nachgeschickt?»

«Ihre Cousine, Fräulein Kleinod, war es, junger Herr!»

«Einerlei, ob es jetzt die Mutter oder die Tochter war, ich will mit diesen Leuten nichts mehr zu tun haben», sagte sich Fang Tzu Wen. «Richten Sie dem Fräulein aus», wandte er sich an Buntapfel, «daß ich nicht zurückkommen werde.»

«Ach, bitte, junger Herr, bestehen Sie doch nicht auf dieser Absicht!» bat Buntapfel. «Bedenken Sie, in was für eine Lage Sie mich, eine Dienerin, bringen!»

«Was wollen Sie damit sagen?» fragte Fang Tzu Wen verwundert.

«Ach, junger Herr, Sie ahnen nicht, wie es mit den Gefühlen eines Frauentraktes bestellt ist», erwiderte sie. «Fräulein Kleinod ist doch meine Herrin! Sie ist ein ungemein gütiges Wesen, aber sie hat darauf bestanden, daß ich Sie zurückbringe. Wenn Sie jetzt nicht mit mir kommen, wird es heißen, ich sei ungeschickt und dumm, und ich werde sicher scharf zurechtgewiesen werden. Ihretwegen, junger Herr, werde ich die größten Vorwürfe bekommen. Das Fräulein will unbedingt mit Ihnen sprechen. Ach, bitte, gnädiger Herr, kommen Sie doch mit mir zurück!»

«Ich bin noch ganz erfüllt von Zorn über den Empfang, den ich erleben mußte, und ich habe niemanden, mit dem ich über meine Gefühle sprechen könnte. Vielleicht wird meine Cousine mich verstehen», sagte er sich.

«Gut, dann will ich also umkehren, aber nur für ganz kurz,» gab er nach.

«Danke tausend Mal, junger Herr!» rief Buntapfel erfreut. «Bitte, geben Sie mir Ihr Gepäck!»

«Nein, nein!» rief Fang Tzu Wen. «Das trage ich selbst!»

«Nein, bitte, das ist meine Sache», bestand Buntapfel.

«Dann, bitte, zeigen Sie mir den Weg!» bat Fang Tzu Wen.

«Kommen Sie mit mir, ich werde Sie führen.»

Fang Tzu Wen folgte ihr durch das Mondgrottentor, dann die steinernen Stufen hinauf zu der mit bereiften Steinen belegten Blumenterrasse. Es war ein kalter Wintertag, und es leuchteten nur mehr ab und zu ein paar tiefrote Blumen aus dem dürren Gras hervor. Allmählich war Fang Tzu Wen mit seiner Begleiterin zu einer kleinen Brücke gelangt. Ganz in Gedanken versunken blieb er stehen und lehnte sich an das Geländer.

«Hier geht es weiter, junger Herr!» rief ihn Buntapfel an. Sie führte ihn an dem reizenden Prunusblütenhäuschen vorbei zur Cassiablütenhalle, dann weiter zur Päonienterrasse, und dann endlich hatten sie den Pavillon des grünen Herbstes erreicht.

«Bitte nehmen Sie hier Platz und gedulden Sie sich ein wenig, junger Herr», bat Buntapfel, ihn in das Haus hineinführend.

Der Pavillon war allerliebst. Über dem Tore waren die Zeichen «Pavillon des grünen Herbstes» von der Hand des berühmten Kalligraphen der Han Lin Akademie, Lin Chou Yang, geschrieben. Auch die zwei Tafeln zu beiden Seiten des Tores zeigten Schriftzeichen von höchster Schönheit. Sie stammten von Hsü Wei aus Shan Yin. Auf der einen derselben standen die Worte: «Wenn die Becher die Runde machen, tanzen auch die

Blumen» und auf der anderen: «Wenn die Dichter in Ekstase sind, summen auch die Schwerter.» In dem kleinen Empfangsraume vor einem Wandschirm stand ein Büchertischchen. Zwischen den Fenstern mit geblumtem Papier hingen herrliche Bildrollen von Tang Yin. Im Raume war eine äußerst harmonische Atmosphäre. Es herrschte tiefe Stille, die nur ab und zu durch den Ruf eines Vogels unterbrochen wurde. Da der kleine Pavillon schon seit langer Zeit nicht mehr bewohnt war, lag dikker Staub auf dem Tischchen und auf den Stühlen.

«Bitte, machen Sie es sich bequem», forderte die Zofe Fang Tzu Wen auf und beeilte sich, mit einem Flederwisch den Staub ein wenig fortzufegen.

Fang Tzu Wen wollte sich auf einen der Lehnstühle neben dem Fenster setzen, doch Buntapfel bat ihn, sich einen anderen Platz auszusuchen.

«Hier neben dem Fenster zieht es», machte sie ihn aufmerksam. «Nehmen Sie lieber auf dem anderen Stuhl dort Platz.»

«Ach nein», wehrte Fang Tzu Wen ab, «mir macht Zugluft nichts aus.»

«Ihr werter Wohnort ist Kai Feng Fu in Ho Nan, nicht wahr, junger Herr?» erkundigte sich Buntapfel. «Sie wohnen in einem Orte, der Hsiang Fu heißt, so viel ich weiß.»

«Ja.»

«Wie weit ist es von Ihrer Heimat bis hierher?»

«Ungefähr viertausend Li.»

«Was, so viel? Fährt man zu Lande oder zu Wasser hierher?»

«Man kann sowohl den Landweg wie auch den Wasserweg benützen.»

«Wann sind Sie denn da aufgebrochen, junger Herr?»

«Vor acht Monaten.»

«Wie? So lange sind Sie schon unterwegs?» fragte Buntapfel verblüfft.

«Ja», sagte Fang Tzu Wen. «Auf einer so weiten Reise gibt es immer Hindernisse und Verzögerungen.»

«Befindet sich Ihre Frau Mutter wohl?»

«Danke, sie ist gesund.»

«Das ist wirklich ein großes Glück. Meine junge Herrin hat mir oft erzählt, was für eine wunderbare Frau ihre Tante ist. – Wie viele Geschwister haben Sie, gnädiger Herr?»

«Ich habe weder Brüder noch Schwestern, sondern bin allein.»

«Und von welcher Familie stammt Ihre geehrte Gattin?» erkundigte sich Buntapfel weiter.

«Ich bin weder verheiratet noch verlobt.»

«Wie viele Jahre zählen Sie jetzt?» wollte die Zofe wissen.

«Ich werde jetzt neunzehn Jahre alt.»

«Da könnten Sie doch schon längst verheiratet sein», meinte Buntapfel lächelnd.

«Was gibt es da zu lächeln?» fragte Fang Tzu Wen errötend.

«Ich meine es ganz ernst», sagte Buntapfel. «Ihre Mutter ist schon alt, da braucht sie eine Schwiegertochter, die sie betreut.»

«In welcher Stellung sind Sie hier im Hause beschäftigt?» fragte Fang Tzu Wen, dem Gespräch eine andere Wendung gebend.

«Ich bin die Zofe des gnädigen Fräuleins», antwortete Buntapfel.

«Von wo kommen Sie und wie heißen Sie?» fragte er weiter.

«Ach, da gäbe es viel zu erzählen», seufzte Buntapfel. «Ich stamme aus ärmlichen Verhältnissen, mein Vater war Lehrer bei verschiedenen angesehenen Leuten. Er und meine Mutter sind leider schon sehr früh gestorben, und man hat mich dann mit acht Jahren an die Familie Tschen verkauft. Mein Heimatdorf ist nur einige Li von hier entfernt. Auch ich habe keine Brüder und Schwestern und ich besitze auch keine Verwandten. Meine junge Herrin war so gütig, mir den Namen Buntapfel zu geben. Ich stehe ganz allein da und komme mit niemandem zusammen. Aber ich bin sehr glücklich, immer um Fräulein Kleinod sein zu dürfen, und ich würde alles für sie tun, was ich könnte.»

«Sie haben also nicht nur einen schönen Namen, sondern auch einen schönen Charakter», meinte Fang Tzu Wen.

«Ich danke Ihnen vielmals für Ihr Lob, junger Herr! – Wo Fräulein Kleinod denn nur bleiben mag?» fragte sie sich. «Sie müßte doch schon längst hier sein. Wer kann sie wohl aufgehalten haben? Ach, jetzt weiß ich's! Sie wird sicher ein anderes Kleid angezogen haben! – Bitte entschuldigen Sie mich einen Augenblick, junger Herr», bat sie Fang Tzu Wen. «Ich will nur schnell ins Haus gehen und nach dem Fräulein sehen. Ich komme gleich mit meiner Herrin zurück!»

«Kommen Sie bald», sagte Fang Tzu Wen. «Ich habe es eilig mit der Weiterreise.»

«Gewiß! Gewiß! Wir werden gleich hier sein», rief Buntapfel, huschte hinaus und lief durch den Park zu Kleinod zurück. Zu ihrem Erstaunen sah sie die Herrin ruhig und nachdenklich in ihrem Zimmer sitzen.

«Aber Fräulein!» rief sie ihr aufgeregt zu. «Der junge Herr wartet doch schon so lange! Warum sind Sie denn nicht gekommen?»

«Ich habe es mir überlegt und bin hier geblieben», antwortete Kleinod.

«Ja, was ist Ihnen denn plötzlich durch den Kopf gegangen?» fragte Buntapfel.

«Weißt du, Buntapfel», sagte Kleinod. «Ich bin zur Überzeugung gekommen, daß das, was ich tun wollte, unpassend gewesen wäre.»

«Ich verstehe Sie nicht, Fräulein, was wollen Sie damit sagen?»

«Ach,» seufzte Kleinod. «Ich habe eingesehen, daß es sich nicht schickt, wenn ich mit meinem Vetter spreche. Ich bin sehr betrübt darüber, aber sieh, eine solche Unterredung wäre doch ein Verstoß gegen die Sitte. Ich darf nicht meinen Mädchenstolz verlieren. Mein Vetter und ich, wir haben uns als Kinder oft gesehen, jetzt aber sind wir erwachsen, wir stehen beide im heiratsfähigen Alter, da gehört es sich nicht, daß wir zusammenkommen. – Überdies, bist du denn sicher, daß uns im Garten niemand sehen würde? Du weißt, wie schnell ein Gerede entsteht. Wenn es meiner Mutter zu Ohren käme, daß ich den Vetter heimlich gesprochen habe, würde sie außer sich sein vor Zorn. Nein, es geht nicht! Leider, leider geht es nicht!»

Auch Buntapfel war nachdenklich geworden und schwieg.

«Fräulein», sagte sie nach einer Weile. «Wenn Sie nicht mit Herrn Fang sprechen wollen, warum haben Sie dann darauf bestanden, daß ich ihn zurückhole? Sie sind doch in Ihrer Kindheit mehrmals mit ihm zusammengewesen, warum wäre es jetzt gar so unsittsam, mit ihm ein paar Worte zu wechseln? Wenn Ihre Frau Mutter etwas von der Zusammenkunft erfahren sollte, wäre das doch nichts so Arges! Ich glaube, Fräulein, Sie sehen zu schwarz! An einer kurzen Unterredung könnte niemand etwas Anstößiges finden. Sie sprechen mit Ihrem Vetter doch gewissermaßen in Vertretung Ihrer Mutter. Und bedenken Sie: Wenn der junge Herr jetzt vergeblich im Pavillon auf Sie wartet, wird er sich sagen, daß Mutter und Tochter eines Sinnes sind und beide sich über einen armen Verwandten lustig machen. Habe ich nicht recht, Fräulein?»

«Ich muß dir beistimmen», lenkte Kleinod ein. «Gut also, ich werde mit ihm sprechen.»

Sie ging aus dem Zimmer, ohne auch nur die Kleider gewechselt zu haben. Ihr dunkles Haar lag um ihre Schläfen, so wie es von Natur aus fiel. Schmuck und Federn fehlten. Am Morgen war sie sehr schön frisiert gewesen, mit Haarpfeilen und schönen Nadeln, da sie aber tags zuvor eine Erkältung gespürt hatte, wollte ihre Mutter nicht, daß sie ins Freie gehe, und sie hatte daher die goldeingelegten Haarnadeln und Haarpfeile weggelegt. Jetzt trug sie bloß zwei kleine Schmetterlinge, die das Haar zusammenhielten. Ihre Ohrgehänge, die die Form von Kürbissen hatten, funkelten und glitzerten. Sie trug eine mondweiße, lange Jacke, deren Seide von mattschimmernden Fichten- und Tannenzweigen durchsetzt war. Die seidenen Ärmel waren nach dem Schnitt der Kleider von Yang Kuei Fei gearbeitet. Der kurze Überwurf, auf dem sich hochrote Walnußfrüchte von einem dunklen Grund abhoben, sah äußerst apart aus. Ihr Rock aus erbsengrüner, feiner Seide war über und über mit Pfingstrosen und kleinen Vögeln bestickt. Die winzig kleinen Füßchen waren zart wie Blumenstengel. Ihre ganze Erscheinung zeigte vollendete Anmut. Obwohl sie sich Mühe gab, unbewegt zu erscheinen, war sie doch in ihrem Innersten sehr aufgeregt. Glücklicherweise konnte sie unbehelligt weitergehen. Weit und breit war niemand zu sehen.

«Hierher, Fräulein!» wies Buntapfel ihr den Weg.

Kleinod blickte um sich und fühlte die große Einsamkeit des Parkes. Der Wind blies kalt durch das Gras und wirbelte die welken Blätter von der Erde auf. Nirgends war ein menschlicher Schatten oder eine Fußspur zu sehen, nur einige alte Prunussträuche neigten sich über die Mauer. Die dürren Bambusstauden raschelten.

«Schrecklich!» sagte Kleinod. «An einem so kalten Wintertage ist mein armer Cousin hierhergekommen! Jetzt dauert es nicht mehr lange und die Schneeflocken werden seine Kleider vollkommen durchnässen.»

«Wie recht Sie haben, Fräulein!» stimmte Buntapfel ihr bei. «Selbst die Vögel fliegen bei diesem Wetter nicht mehr in die Ferne, sondern hocken im tiefen Walde auf einem Aste beisammen. Wie kann der arme, junge Herr seine Reise zu einer solchen Jahreszeit fortsetzen? Denken Sie nur an alle Gefahren, die ihm drohen! Er muß Flüsse durchqueren, Berge übersteigen, der Himmel ist kalt, die Erde eisig, nur ganz wenige Menschen sind zu sehen. Wie gut wäre es, wenn es Ihnen gelänge, ihn zurückzuhalten! Das wäre wahrhaftig ein großes Verdienst, Fräulein!»

So weitersprechend, gelangten die beiden zum Tai Hu Felsen, und als sie dann die kleine Brücke vor sich sahen, deutete Buntapfel auf das andere Ufer hinüber.

«Sehen Sie, dort drüben, Fräulein, ist der Pavillon des grünen Herbstes! Warten Sie bitte einen Augenblick, ich werde dem jungen Herrn gleich melden, daß Sie gekommen sind.»

Fang Tzu Wen war bereits ungeduldig auf und ab gegangen und hatte nach Buntapfel ausgeschaut. Als sie ihm nun meldete, ihre Herrin sei auf dem Wege zu ihm, war er sehr froh, von der Pein des Wartens befreit zu sein. Als er aufblickte, stand Kleinod vor ihm.

Er erstarrte. War das eine Fee, die auf ihn zukam? Oder war ein Wesen vom Himmelsflusse zu ihm herabgekommen? Nein, mit dieser Lieblichkeit konnte sich weder eine Shih Tse noch irgendeine andere berühmte Schönheit des Altertums messen. Wie berückend dieses Mädchen doch war! Er konnte sich gar nicht fassen über so viel Zauber und Anmut.

«Lieber Vetter!» sagte Kleinod, leise auf ihn zutretend.

«Liebe Cousine!» erwiderte Fang Tzu Wen. «Erlaube mir, dich zu begrüßen».

«Sei herzlich willkommen, laß alle Förmlichkeiten», bat sie. «Wir sind doch nahe Verwandte, lieber Vetter, nimm also bitte Platz und fühle dich nicht wie ein Fremder.»

«Vielen Dank», antwortete Fang Tzu Wen.

«Darf ich wissen, wie es meiner Tante geht?» erkundigte sich Kleinod, nachdem sie sich einander gegenüber gesetzt hatten.

«Dem Himmel sei Dank! Er hat ihr die Gesundheit erhalten!»

«Warum bist du nicht schon vor einigen Jahren zu uns gekommen?»

«So eine Reise ist nicht so einfach wie du meinst», erklärte Fang Tzu Wen.

«Und wie geht es euch jetzt?» fragte Kleinod.

«Du brauchst mich nur anzusehen, liebe Cousine, dann weißt du alles», antwortete Fang Tzu Wen, auf seine zerrissenen Kleider zeigend.

«Wie schrecklich!» seufzte sie. – «Du hast gewiß sehr viel studiert und alle Klassiker und heiligen Schriften gelesen?»

«Meine Mutter war so gütig, mich zu unterrichten», erwiderte Fang Tzu Wen.

«Ach, Vetter, du ahnst nicht, wie oft ich an meine liebe Tante denke!» verriet ihm Kleinod. «Wie gerne möchte ich eine Schwalbe sein und nach Ho Nan fliegen, um sie zu trösten und ihr zu helfen.»

«Ich danke dir für deine Güte», rief Fang Tzu Wen gerührt.

«Buntapfel!» winkte Kleinod ihre Zofe herbei. «Geh hinüber und bitte meinen Vater, hierher zu kommen!»

«Bitte laß das!» unterbrach Fang Tzu Wen sie schnell. «Wenn dein Vater hierherkommt, gehe ich augenblicklich fort!»

«Nein, bitte bleib!» rief Kleinod. «Du hast eine beschwerliche Reise hinter dir, ich möchte so gerne, daß du dich bei uns ein paar Tage ausruhst.»

«Das ist unmöglich!» erklärte Fang Tzu Wen fest. «Der Anblick von mir armem Verwandten würde das Gesicht deiner Mutter gewiß nicht froh machen!»

Kleinod seufzte. «Ich habe leider schon gehört, daß sich meine Mutter sehr unschön zu dir verhalten hat», sagte sie. «Bitte, lieber Vetter, nimm ihr ihre unüberlegten Worte nicht übel. Vergiß, was sie dir etwa Häßliches gesagt hat, und verzeih es ihr, daß sie sich dir gegenüber gehen ließ! Wenn du uns jetzt im Zorne verläßt, würdest du die Bande, die uns durch unsere Ahnen aneinander knüpfen, für immer entzweireißen.»

«Wie schön du das gesagt hast!» rief Fang Tzu Wen bewundernd. «Glaube mir, liebe Cousine, ich kann nicht bleiben! Deine Mutter hat mir so beschämende Dinge gesagt, daß auch dein Vater ihre Worte nicht mehr gut machen könnte. Heißt es nicht schon bei den alten Weisen: ‚Ein Edelmann darf wohl eine Strafe, nicht aber eine Beschämung hinnehmen'? Wenn ich auch in tiefe Armut gesunken bin, werde ich eine solche Schande doch nicht auf mir ruhen lassen. Ein Bleiben bei euch ist ausgeschlossen, aber deine lieben Worte werde ich bis zu meinem Tode nicht vergessen!»

Kleinod war ganz verwirrt. Die Worte, die ihr Vetter gesagt hatte, schnitten ihr tief ins Herz hinein. Sie hätte gerne den Vater persönlich gebeten, den Vetter zum Bleiben zu bewegen, doch seine Geburtstagsgäste waren noch nicht fortgegangen, und so konnte sie sich nicht mit ihm in Verbindung setzen. Da ihr sehr bange war, wie denn der Vetter, der doch sicher kein Geld bei sich hatte, die Heimreise werde bewerkstelligen können, nahm sie sich vor, ihm wenigstens etwas Silber mitzugeben. Sie versuchte deshalb, ihn dazu zu bewegen, noch einige Augenblicke zu verweilen, sie wolle nur schnell noch einmal ins Haus hinein, werde aber sofort zurückkommen, versicherte sie ihm.

«Du mußt dich beeilen», sagte Fang Tzu Wen. «Es beginnt schon zu dunkeln. Ich kann wirklich nicht mehr lange bleiben!»

Sie stand auf und eilte wie der Wind durch den Garten in das Haus zurück.

Als sie in ihr Zimmer kam, stürmten tausend Gedanken auf sie ein.

«Ich besitze nur fünfzig Silberstücke», sagte sie sich. «Das genügt für einen Wagen, für ein Schiff oder ab und zu für ein paar Becher Wein. Was könnte ich ihm noch mitgeben? Wenn ich ihm die Anhänger von meinem Gürtel und ein paar andere Schmuckstücke gebe, kommt er damit auch nicht weit... Jetzt weiß ich das Richtige!» fiel ihr ein. «Seine Mutter hat meiner Mutter vor Jahren acht herrliche, perlenbesetzte Häubchen für mich geschickt, und meine Mutter hat mir aus diesen Perlen eine entzückende siebenstöckige Pagode anfertigen lassen. Die werde ich ihm geben! Damit mache ich meiner Tante gleich ein Gegengeschenk.»

Ganz beruhigt holte sie ihren Schmuckkoffer herbei und nahm die kleine Pagode, die in einem Sandelholzkästchen lag, heraus.

Wie reizend diese kleine Pagode doch war! Einhundertsechzig makellos schöne Perlen, die mit dem feinsten Golddraht zusammengefaßt waren, bildeten das Gehäuse. Dazwischen waren herrlich geschnitzte Plättchen aus lichtem Jade, in deren Mitte sich Swastika-Zeichen aus Korallen befanden. Von den achtundzwanzig Dachecken hingen winzig kleine goldene Glöckchen herab. Den Abschluß bildete eine kleine Windmühle, die ganz aus Edelsteinen bestand. Sie diente dazu, die bösen Geister abzuhalten. Die kleine Pagode war ein ausgesprochenes Meisterwerk und ein absolut einmaliges Stück. Sie war nicht nur aus den reinsten Perlen und Juwelen zusammengesetzt, sondern auch von Künstlerhand angefertigt worden.

Kleinod ging rasch in das Bibliothekszimmer und holte ein rotes Seidentuch, das ihrem Vater früher als Bücherbeutel gedient hatte. Sie fürchtete, ihr Vetter könnte beim Anblicke des Sandelholzkästchens mißtrauisch werden, und hielt es daher für angezeigter, die kleine Pagode nur gut mit Seide zu umwickeln und sie in einen kleinen Beutel zu stecken. Diesen Beutel legte sie dann zuunterst in einen größeren blauen seidenen Beutel und bedeckte ihn mit kleinen Teepaketen und verschiedenen anderen haltbaren Lebensmitteln. Obendrauf kamen die fünfzig Taels. Sie war jetzt doch einigermaßen beruhigt, denn nun konnte dem Vetter auf der Reise nicht viel geschehen und er brauchte sich nicht zu sorgen, in Geldschwierigkeiten zu geraten. Da die Perlen und Edelsteine von seiner Mutter stammten, hatte er auch ein gewisses Anrecht darauf, daß seine Cousine die üble Behandlung, die er durch seine Tante hatte erfahren müssen, durch diese kleine Juwelenpagode gutzumachen suchte. Ihre Eltern durften selbstverständlich von dem Geschenke nichts wissen, es bestand auch keine Gefahr, daß sie von der Sache etwas erfahren könnten, denn bisher hatten sie nie nach der kleinen Pagode gefragt.

«Buntapfel! Buntapfel!» hörte Fang Tzu Wen plötzlich Kleinod vom Päonien-Pavillon her rufen.

«Ich komme!» antwortete Buntapfel. Sie eilte der Herrin entgegen, und als diese ihr ein paar Worte zugeflüstert hatte, kam sie mit ihr zurück.

Fang Tzu Wen hatte sich gerade sein Reisebündel aufgeladen. Er verbeugte sich jetzt abschiednehmend vor seiner Cousine.

«Ich sehe, du bist schon ungeduldig, fortzukommen», sagte Kleinod zu ihm. «Verzeih, daß ich dich so lange warten ließ. Ich habe nur rasch ein Päckchen für dich hergerichtet. Es sind fünfzig Taels, die ich mir heimlich abgespart habe, und die du für deine weite Reise brauchen kannst. Du wirst in dem kleinen Beutel auch ein wenig Tee, einige Lebensmittel und verschiedene andere Kleinigkeiten finden. Mach mir, bitte, die Freude und nimm diese Sachen von mir an.»

«Lieber würde ich sterben, als die Ersparnisse eines jungen Mädchens anzunehmen!» rief Fang Tzu Wen. «Wenn ich dies täte, könnte ich dir niemals mehr unter die Augen treten! Ich habe mir bereits von deiner Mutter sagen lassen müssen, ich sei nur hierhergekommen, um bei meinen Verwandten Mitleid zu schinden und aus ihnen Geld herauszulocken.»

«Wenn es dir unangenehm ist, die paar Taels anzunehmen», unterbrach ihn Kleinod rasch, «dann bitte nimm wenigstens den kleinen Beutel mit den Lebensmitteln!»

«Verzeih mir, liebe Cousine», wehrte sich Fang Tzu Wen. «Aber ich möchte auch das nicht annehmen.»

«Bitte, junger Herr, legen Sie Ihr Gepäck einen Augenblick ab», mischte sich jetzt Buntapfel ein. «Sie haben es dem gnädigen Fräulein ausgeschlagen, hier ein kleines Mahl zu nehmen, Sie würden meine Herrin auf das schwerste beleidigen, wenn Sie sich weigern wollten, diese kleine Wegzehrung von ihr anzunehmen.»

«Auf meine Gefühle brauchst du keine Rücksicht zu nehmen», erklärte Kleinod, sich gekränkt stellend. «Mach, wie du glaubst, es war von mir gut gemeint.»

«Dann gib mir bitte den Beutel», lenkte Fang Tzu Wen ein.

«Ich fürchte, es wird jetzt zwischen unseren Müttern eine sehr arge Feindschaft entstehen», sagte Kleinod. «Deine Mutter wird doch entsetzt sein, wenn sie erfährt, wie schlecht du hier behandelt worden bist.»

«Sie wird nichts davon erfahren», erwiderte Fang Tzu Wen.

Kleinod blickte ihren Vetter voll Dankbarkeit und Mitgefühl an.

«Ach, Vetter, wenn ich dich mit dem wenigen Gepäck auf der Schulter vor mir stehen sehe, wird mir ganz weh ums Herz», sagte sie seufzend. «Bevor du gehst, möchte ich dich noch darauf aufmerksam machen, daß ich in den kleinen Beutel auch einen Gegenstand hineingegeben habe, den deine Mutter mir einmal geschickt hat. Gib acht, den Beutel nicht zu verlieren! Ich habe auch ein Stück meines Herzens hineingelegt.»

Fang Tzu Wen war sehr bewegt über ihre Worte. Er blickte sich im Garten um, und plötzlich erschien ihm alles öde und leer. Der Abschied von Kleinod war für ihn ungemein schmerzlich, aber in das Trennungsweh mischte sich das Gefühl eines großen Trostes. Ohne daß er es merkte, stiegen Tränen in seinen Augen auf.

«Wenn du deine Mutter wiedersiehst, dann sage ihr bitte, daß ich zwar nur ein ganz unbedeutendes Mädchen bin, aber mit Liebe und Verehrung an sie denke», bat ihn Kleinod leise.

«Wie reizend du das gesagt hast!» rief Fang Tzu Wen.

«Vergiß auch nicht, daß deine Mutter allein auf der Welt steht und du ihre einzige Stütze bist», ermahnte ihn Kleinod. «Sie wird dich jetzt sehr entbehren. Eile dich also, nach Hause zu kommen, und setze dich nicht unnötigen Gefahren aus!» – «Buntapfel!» rief sie die Zofe herbei. «Begleite den jungen Herrn bis zum Tore. Ich fühle mich nicht wohl genug, so weit zu gehen!»

Als die beiden sich entfernt hatten, vermochte sie sich nicht länger zu beherrschen. Sie lehnte sich an einen Baum und blickte Fang Tzu Wen, indes die Tränen über ihre Wangen herunterströmten, nach, bis er ihren Blicken entschwunden war.

«Hier geht es hinaus!» wies Buntapfel Fang Tzu Wen den Weg. Weit und breit war niemand zu sehen und nicht der geringste Laut zu hören.

«Geben Sie nur acht auf sich, gnädiger Herr, es gibt so viele Gefahren auf einer Reise», warnte sie ihn. «Lassen Sie sich, wenn Sie in einem fremden Orte übernachten, nicht zu schnell mit anderen Reisenden ein! Es gibt gute Menschen, aber auch schlechte. – Sehen Sie nur, das Gras ist schon ganz dürr, der Winter naht, und die kalte Jahreszeit ist immer gefährlich. Ihre Kleider sind sehr dünn, wie werden Sie sich schützen, wenn der Schnee zu fallen beginnt? Ich, bescheidene Dienerin, werde in meinem Mädchenzimmer an Sie denken und darauf hoffen, daß im nächsten Jahre ein Frühlingstag Sie wieder zu uns bringt.»

«Ich danke Ihnen für Ihr Mitgefühl», sagte Fang Tzu Wen gerührt über die Teilnahme dieses einfachen Mädchens. Wieder stiegen Tränen in seinen Augen auf. «Ich befinde mich jetzt in einer argen Lage», sagte er. «Wenn einmal bessere Tage für mich anbrechen, werde ich bestimmt wieder nach Shang Yang kommen.»

«Sie brauchen nicht erst zu warten, bis Sie Verdienste und Ruhm erworben haben», fiel ihm Buntapfel ins Wort. «Wenn Sie hierher kommen, wird meine Herrin Sie immer mit großer Freude empfangen.»

Sie waren jetzt am Ende des Parkes angekommen.

«Hier ist Ihr Gepäck», sagte Buntapfel, ihm sein Reisebündel reichend. «Ich muß zu Fräulein Kleinod zurück!»

«Noch vielen Dank!» rief Fang Tzu Wen, sich von ihr verabschiedend.

«Ach, Herr Fang!» flüsterte sie, nochmals auf ihn zugehend, verlegen. «Der Name der Zofe Ihrer Cousine ist ‚Buntapfel'. ‚Buntapfel', junger Herr! Bitte, vergessen Sie das nicht! Vergessen Sie das nicht!» Da sie ihre Tränen nicht länger zurückhalten konnte, lief sie rasch davon. Nach einigen Schritten blieb sie aber doch wieder stehen und sah Fang Tzu Wen nach, bis er aus dem Tore gegangen und verschwunden war.

IV. KAPITEL

*Ein Vater will seinen Neffen zurückholen ·
Im Hause entsteht ein heftiger Streit*

Generalzensor Tschen war sehr froh, daß seine Gäste jetzt endlich nach Hause gegangen waren. Er wartete schon sehr ungeduldig auf seinen Neffen. Wo blieb er nur so lange?

«Meine Frau wird ihn nicht so rasch fortgelassen haben», sagte er sich. «Nach einer Trennung von so vielen Jahren haben die beiden sich natürlich manches zu sagen gehabt. Das wird eine große Freude für sie gewesen sein, ihn wiederzusehen! – Wie seltsam das Leben doch ist», überlegte er. «Gerade in letzter Zeit habe ich so viel an meine Schwägerin und meinen Neffen gedacht und mir vorgenommen, die beiden zu uns zu nehmen. Ich wollte mich schon um ein paar berühmte Lehrkräfte umsehen, um Tzu Wen einen guten Unterricht zuteil werden zu lassen und wenigstens auf diese Weise seinem verstorbenen Vater das viele Gute, das er für mich getan hat, zu vergelten!»

Als er eben so vor sich hin sann, trat Wang Pen ins Zimmer.

«Wang Pen, wo ist der junge Herr?» fragte er ihn.

«Er ist fort», antwortete der alte Diener.

«Was sagst du da? Er ist fort?» fragte Herr Tschen. «Was soll das heißen?»

«Ich habe ganz so getan, wie mir der Herr Generalzensor befohlen hat», beteuerte Wang Pen. «Ich habe den jungen Herrn in den Orchideen-Pavillon zur gnädigen Frau geführt. Die gnädige Frau war außer sich, daß der junge Herr es gewagt hat, in so zerrissenen alten Kleidern hier im Hause zu erscheinen. Sie hat ihn äußerst unfreundlich empfangen. Er war so beschämt über ihre grausamen Worte, daß er das Haus sofort wieder verlassen hat, ja, er mußte sich sogar noch den Spott der Zofe Rotwolke gefallen lassen.»

«Ich verstehe noch immer nicht, was du da sagst», erklärte Generalzensor Tschen.

«Der junge Herr hat mit der gnädigen Frau einen Wortwechsel gehabt und ist dann zornig davongelaufen», wiederholte Wang Pen.

«Ja, ist denn das möglich!» rief Herr Tschen entsetzt. «Meine Frau hat ihren Neffen, ihren eigenen Blutsverwandten, so schlecht behandelt, daß er nicht länger im Hause bleiben wollte? So dankt sie ihrer Schwägerin, dieser edlen Frau, ihre Liebe!» Er wäre am liebsten sofort zu seiner Frau gegangen, um ihr gehörig seine Meinung zu sagen, er fürchtete aber, sein Neffe werde dann schon zu weit gegangen sein und es werde ihm nicht mehr möglich sein, ihn einzuholen.

«Wann ist der junge Herr fort?» fragte er Wang Pen.

«Noch nicht sehr lange», erwiderte der Diener.

«Dann sattle sofort zwei Pferde, wir reiten ihm nach!»

«Ein Pferd steht draußen vor dem Tore, wollen Sie nicht gleich dieses benützen?»

«Gut! Begleite mich!»

Sie eilten beide zum Tore hinaus. Herr Tschen bestieg das dort stehende Pferd, und Wang Pen folgte ihm zu Fuß nach.

Fang Tzu Wen hatte inzwischen seine Heimreise angetreten. Immer wieder ging es ihm durch den Kopf, wie beschämend die Art und Weise gewesen war, in der ihn die Tante aufgenommen hatte. Dann aber dachte er wieder daran, wie reizend seine Cousine für ihn gesorgt und mit wieviel Takt sie ihm die Lebensmittel für die Reise mitgegeben hatte. Ihm stiegen wieder die Tränen in die Augen.

«Ach, Mutter, du hast gemeint, ich werde in Shang Yang mit Liebe empfangen werden», sagte er sich. «Wußtest du denn nicht, was für eine selbstgefällige, hoffärtige Frau deine Schwägerin ist? Der Onkel wird wahrscheinlich genau so hochmütig sein wie sie! Er ist sicher sehr stolz darauf, Generalzensor gewesen zu sein, und sieht auf alle anderen Leute von oben herab. Weshalb hätte er mir sonst sagen lassen, ich solle zuerst meine Tante aufsuchen?» Als er so, in Gedanken versunken, für sich dahin ging, verspürte er mit einem Male großen Hunger.

«Meine Cousine hat mir doch einige Lebensmittel mitgegeben», fiel ihm ein. «Ich werde rasch etwas essen und dann gleich wieder weitergehen!» Um sich blickend, bemerkte er in einiger Entfernung einen Tempel, und als er näher kam, sah er auf einer Tafel die Zeichen «Tempel zu den neun Fichten» stehen. Er setzte sich auf die Stufen, die zum Tore führten, nahm sein Reisebündel von der Schulter und holte den kleinen Beutel heraus. Er öffnete vorsichtig die Schnüre und freute sich sehr, als er einige Leckerbissen entdeckte, die er besonders liebte. Plötzlich bemerkte er, daß sich in dem Beutel zwischen den Teepaketen noch ein zweiter kleiner Beutel befand.

«Was wird wohl in diesem Beutel sein?» fragte er sich, machte ihn auf, entnahm ihm den zweiten und öffnete ihn. Starr vor Verblüffung nahm er die kleine Juwelenpagode heraus.

«Ja, was ist denn das für ein bezauberndes Stück!» rief er, das Kunstwerk von allen Seiten erregt betrachtend. «Das hat ja einen unschätzbaren Wert! Wie konnte meine Cousine mir einen so kostbaren Gegenstand geben! Was wird ihre Mutter sagen, wenn sie nach der Pagode frägt? Wird Kleinod nicht in eine sehr peinliche Lage geraten? Soll ich umkehren und sie ihr zurückgeben?» Er war so verwirrt über das wertvolle Schmuckstück, daß er nicht wußte, was er tun sollte. «Nein», sagte er sich nach einer Weile. «Ich werde die kleine Pagode nach Ho Nan mitnehmen, und wenn es mir nach einigen Jahren gelungen sein sollte, mir einen Namen zu machen, werde ich sie meiner Cousine zurückbringen! Sollte es mir auch noch so schlecht gehen, werde ich diese Pagode doch niemals verkaufen.» Er stand auf, packte seine Sachen wieder zusammen und verließ den Tempel der neun Fichten, um sich nach einer Unterkunft für die Nacht umzusehen.

In diesem Augenblick waren Generalzensor Tschen und Wang Pen vor dem Tempel angelangt.

«Dort! Dort ist der junge Herr!» rief Wang Pen, nach dem Tempel weisend. «Bitte warten Sie ein wenig, junger Herr», rief er, auf Fang Tzu Wen, der schon im Fortgehen war, zueilend. «Der Herr Generalzensor will Sie dringend sprechen!»

«Neffe! Mein lieber Neffe! Wie froh bin ich, daß wir dich gefunden haben,» rief Herr Tschen.

Fang Tzu Wen hatte zuerst gar nicht begriffen, wer ihn angerufen hatte, erst als er sich mit «Neffe» betitelt hörte, wurde ihm klar, daß sein Onkel ihm nachgeritten war.

«Sollte er mir wegen der Juwelenpagode nachgeritten sein?» fragte er sich. «Wenn er sie verlangt, gebe ich sie ihm sofort, sagt er aber nichts von ihr, werde ich auch nichts von ihr erwähnen», nahm er sich vor. «Die Cousine hat sie mir doch heimlich zugesteckt, und ich darf sie nicht in Unannehmlichkeiten bringen.» Er nahm seinen Reisesack von der Schulter und ging dem Onkel entgegen.

Generalzensor Tschen war außer sich vor Freude, den Neffen doch noch eingeholt zu haben. Wang Pen half ihm vom Pferde und band dieses dann an einen Baum vor dem Tempel.

«Wie gut, daß wir dich gefunden haben!» sagte Herr Tschen, auf den Neffen zugehend.

«Erlaube mir, Onkel, dich ergebenst zu begrüßen», antwortete Fang Tzu Wen, sich tief vor ihm verneigend.

«Komm! Laß uns dort auf der Terrasse des Tempels ein wenig miteinander plaudern,» meinte Herr Tschen.

«Ich danke dir, verehrter Onkel! Darf ich mich nach deinem Befinden erkundigen?»

«Ich erfreue mich guter Gesundheit. Und wie geht es deiner lieben Mutter?»

«Danke, sie ist gesund.»

«Als wir uns das letzte Mal gesehen haben», begann Herr Tschen, «da trugst du noch dein Haar in der Tracht eines Knaben. Wie groß du geworden bist! Ich habe dich niemals vergessen, lieber Neffe, aber in den letzten Jahren waren doch stets Unruhen und Kriege, und wir waren gänzlich voneinander abgesperrt. Nur mehr der Ruf der Wildgänse ist zu uns gedrungen. Daß ich dich heute unvermutet wiedersehe, bedeutet für mich eine große Freude.»

«Hab Dank für deine Güte, verehrter Onkel», sagte Fang Tzu Wen. «Auch ich habe schon seit langem das Verlangen gehabt, dich wiedersehen zu dürfen.»

«Warum willst du jetzt schon wieder weitergehen?» fragte Herr Tschen. «Es tut mir wirklich von Herzen leid, daß du uns schon verläßt!»

«Es war nicht meine Absicht, so schnell wieder heimzukehren», klärte ihn Fang Tzu Wen auf. «Aber ich will es meiner Tante ersparen, noch länger über mich erröten zu müssen.»

«Ich bedaure es unendlich, daß man dir Unrecht getan hat,» beteuerte Herr Tschen. «Mach mir doch die Freude und komm mit mir zurück!»

«Verlang nur das nicht von mir!» rief Fang Tzu Wen. «Es ist mir unmöglich, gegen meine Natur zu handeln.»

«Ach, junger Herr!» mischte sich Wang Pen ein. «Sie wissen nicht, wie sehr Ihnen Ihr Herr Onkel zugetan ist!»

«Wenn du schon die Beschwerden dieser weiten Reise auf dich genommen hast, wirst du doch schwerlich sagen können, daß es dir nicht möglich ist, noch ein paar Tage bei uns zu bleiben!» meinte Herr Tschen.

«Sollte es mir in den nächsten Jahren möglich sein, mir einen Namen zu machen, werde ich bestimmt wieder hierher kommen», versicherte ihm Fang Tzu Wen. «Dann werde ich mich auch nicht mehr schämen müssen, meiner Tante unter die Augen zu treten.»

Herr Tschen freute sich sehr, ihn so standhaft und stolz zu sehen.

«Ein Pferd frißt sich am Gras satt und blickt nicht mehr zurück», fuhr Fang Tzu Wen fort. «Ich aber werde zeigen, daß ich mich wie ein Mensch benehme und nicht wie ein Pferd. Ich komme wieder, Onkel! Wenn ich auch kein Genie bin, so bin ich doch auch nicht nur rohes, unbearbeitetes Erz!»

«Großartig! Großartig!» rief Herr Tschen begeistert aus. «Kein rohes, unbearbeitetes Erz! Ausgezeichnet gesagt! Du bist für mich jetzt nicht mehr nur der Neffe, sondern du bist mir lieb wie mein eigenes Kind!» Unwillkürlich mußte er daran denken, daß er ohne Sohn doch so einsam war. «Tschen Pei Te!» sagte er sich, «Tschen Pei Te! du hast dir eine hohe Stelle bei Hofe errungen, du hast Ansehen und Vermögen, besitzest eine entzückende Tochter und stehst doch allein und ohne Stütze da. Du hast dich heute überzeugen können, daß dein Neffe ein ehrlicher, mutiger Mann ist. Wäre er nicht der gegebene Pfeiler für dein Haus? Könnte es einen besseren Gedanken geben als den, ihn deiner Tochter zum Gatten zu versprechen?» – «Du darfst noch nicht fortgehen,» hielt er Fang Tzu Wen zurück. «Ich habe eine Sache von großer Wichtigkeit mit dir zu besprechen!»

«Was ist das für eine Sache?» erkundigte sich Fang Tzu Wen. «Kann ich etwas für dich tun?»

«Meine Tochter ist im gleichen Jahre geboren wie du,» begann Herr Tschen. «Sie ist nur einige Monate älter als du. Ich habe sie noch keinem Manne verlobt. Was hältst du davon, wenn ich dich zum Tragpfeiler meines Hauses mache und dir vorschlage, als mein Schwiegersohn in das östliche Gebäude meines Heimes einzuziehen?»

«Onkel!» rief Fang Tzu Wen verblüfft. «Mich, den armseligen Studenten, willst du mit einer so großen Ehre überschütten? Denke doch daran, was für ein tiefer Abgrund zwischen dem angesehenen, reichen Generalzensor und mir, dem unbedeutenden, verarmten Neffen, besteht! Wenn du mich heute mit deiner Tochter verloben wolltest, wäre dies später für dich ein Grund zu tiefer Reue! Du hast dir diese Sache nicht genügend überlegt! Was würde meine Tante zu deinem Plane sagen!»

«Was sprichst du da?» fiel ihm Herr Tschen ins Wort. «Eine Heirat ist eine Angelegenheit, die der *Herr* des Hauses zu entscheiden hat, nicht seine Frau!»

«Bei einer Heirat müssen beide Elternteile einig sein», erklärte Fang Tzu Wen. «Ich könnte niemals ein Verlöbnis eingehen, das so sehr gegen den Willen meiner Tante ginge. Erlaube mir daher, verehrter Onkel, mich jetzt von dir zu verabschieden!» Er nahm sein Reisebündel und bereitete sich zum Gehen.

Herr Tschen war so unglücklich, daß ihm das Weinen nahe war.

«Warum bist du so traurig, Onkel?» fragte ihn Fang Tzu Wen.

Nach langem Zureden gelang es Herrn Tschen schließlich doch, den Neffen davon zu überzeugen, daß es wirklich sein sehnlichster Wunsch war, ihn zum Schwiegersohne zu bekommen.

«Hier, vor diesem Tempel der neun Fichten, gelobe ich dir meine Tochter als Gattin an», sagte er ernst. «Mein Wort ist fest wie dieser Felsen hier. Ich werde es niemals brechen!»

«Wenn dies wirklich dein Wunsch ist, wie sollte ich da nicht überglücklich sein!» rief Fang Tzu Wen. «Wo aber können wir jetzt in solcher Eile einen Heiratsvermittler herbeischaffen? Wir dürfen uns doch nicht gegen die Sitte vergehen!»

«Die roten Blätter hier oben sollen unsere Fürsprecher sein», antwortete Herr Tschen. – «Und du, Wang Pen», wandte er sich an seinen alten Diener, «du magst die

Rolle des Zeugen abgeben! Hör mich an, Tzu Wen! Ich verlobe dich heute hier, vor dem Tempel der neun Fichten, meiner Tochter Kleinod, als Bräutigam! Die Ehe soll gleich nach deiner Rückkehr geschlossen werden! Wang Pen ist Zeuge meines Schwures!»

Fang Tzu Wen verbeugte sich in tiefer Ehrfurcht und Dankbarkeit. «Erlaube mir, mich als dein Schwiegersohn vor dir zu verneigen», sagte er schlicht.

«Jetzt laß mich dich noch ein wenig mit Reisegeld versorgen», bat ihn Herr Tschen. – «Reite schnell nach Hause und hole zwei Barren Gold und ein paar Taels Silber für den jungen Herrn!» befahl er Wang Pen.

«Bitte, laß das!» fuhr Fang Tzu Wen auf. «Ich bin mit Reisegeld genügend versorgt. Würde ich Geld von dir annehmen, dann hätte meine Tante recht mit ihrer schlechten Meinung über mich!»

«Eine so edle Gesinnung wie die Deine findet man heutzutage selten!» rief Herr Tschen. «Gut also! Nimm aber bitte diese zwei kleinen Goldbarren, die ich immer für unvorhergesehene Fälle bei mir trage.»

Fang Tzu Wen nahm die Gabe dankend an.

«So, und nun sage mir noch, wann ich dich wieder bei uns erwarten kann», fragte ihn Herr Tschen.

«Nicht bevor ich mir Verdienste und einen Namen erworben habe!» erklärte Fang Tzu Wen mit Bestimmtheit.

«Wirst du aber nicht, wenn du als Gast der blauen Wolken wie eine Wildgans in ferne Gegenden ziehst, dir ein anderes Phönixweibchen erwählen?» fragte Herr Tschen besorgt.

«Wie kannst du so sprechen?» rief Fang Tzu Wen. «Sei versichert, ich bin kein Mensch, der seinem Wort untreu wird!»

Schon zogen die rötlichen Abendwolken am Himmel dahin, und Irrlichter begannen zu flimmern.

«Du mußt jetzt heimreiten, Schwiegervater!» mahnte Fang Tzu Wen. «Es wird schon Abend!»

«Ach Himmel! Warum hältst du die Sonne nicht noch ein wenig zurück!» seufzte Herr Tschen. «Wir zwei Menschen hier hätten uns noch so vieles zu sagen!»

«Wie recht haben die Alten gehabt, als sie behaupteten: Nichts ist schwerer als Abschied nehmen», bemerkte Fang Tzu Wen bitter.

«So geh also weiter deinen Weg, und der Himmel schütze dich vor allen Gefahren!» sagte Herr Tschen, traurig von Fang Tzu Wen Abschied nehmend. – «Hilf mir aufs Pferd!» rief er Wang Pen zu. «Ich will langsam reiten und meinem Schwiegersohn nachsehen, so lange ich kann. Ich hasse euch, ihr Fichten, die ihr es mir verwehrt, ihn noch länger mit den Augen zu verfolgen!»

Gebrochen und schweigend ritt er heim. Zu Hause angekommen, eilte er sofort in den Frauentrakt. Als er in den Saal eintrat, erblickte er im Scheine der bunten Lampions die Tafeln mit den Geburtstagswünschen. Wütend lief er zur Wand, riß sie herunter und warf sie auf den Boden.

«He Zofen! Diener! Kammerfrauen!» rief er mit Donnerstimme.

Niemand rührte sich.

«Hol die Zofe meiner Frau!» befahl er Wang Pen.

Inzwischen war eine der Dienerinnen bereits zu Rotwolke gelaufen.

«Rasch! Rasch!» rief sie ihr zu. «Komm sofort heraus! Der Herr Generalzensor will mit dir sprechen!»

«Warum bist du so aufgeregt?» fragte Rotwolke, herauseilend.

Da erblickte sie Herrn Tschen und verneigte sich tief vor ihm.

«Hier bin ich», sagte sie ängstlich. «Was wünscht der Herr Generalzensor von mir?»

«Gemeines Geschöpf!» herrschte Herr Tschen sie an. «Du willst wohl so tun, als wüßtest du nicht, was du begangen hast!»

«Ich weiß... es... wirklich... nicht!» stotterte Rotwolke.

«Was?» tobte Herr Tschen. «Eigensinnig willst du auch noch sein! Du verstocktes Ding! Ich werde dich zu Tode prügeln lassen!» Er befahl einem Diener, der Zofe eine tüchtige Tracht Schläge zu erteilen. Der Mann konnte nichts anderes tun, als dem Befehle Folge zu leisten. Er holte eine Peitsche, befahl Rotwolke, sich auf den Boden zu legen und hieb auf sie ein.

«Schlag sie, so fest du nur kannst!» rief ihm Herr Tschen zu.

Ein paar Kammerfrauen, die mittlerweile herbeigelaufen waren, eilten in heller Aufregung zu Frau Tschen.

«Gnädige Frau! Gnädige Frau! Es ist etwas Schreckliches geschehen!»

«Warum seid ihr denn so aufgeregt?» fragte Frau Tschen erschrocken.

«Gnädige Frau!» riefen sie alle zugleich. «Der Herr Generalzensor ist plötzlich in den Saal gerannt und hat alle Glückwunschtafeln von der Wand gerissen und zerschmettert. Dann hat er nach Rotwolke gerufen und einem Diener befohlen, sie zu schlagen! Ach, gnädige Frau, es ist entsetzlich! Der Herr Generalzensor ist ja so wütend! Der Diener wird Rotwolke noch zu Tode schlagen!»

Frau Tschen war bleich vor Schrecken geworden. Sie lief, so schnell ihre Füße sie tragen konnten, in den Saal hinein und sah schon von weitem die zerbrochenen Glückwunschtafeln auf der Erde liegen. Ihr Gatte stand in der Mitte des Saales mit wutverzerrtem Gesicht. Rotwolke wand sich jammernd und stöhnend unter den Schlägen am Boden.

«Retten Sie mich, gnädige Frau! Retten Sie mich!» flehte sie die Herrin an, als sie diese erblickte.

«Warum schlägst du meine Zofe?» fuhr Frau Tschen ihren Gatten an.

«Ich will von euch allen nichts mehr wissen!» rief Herr Tschen böse. «Ihr habt Tzu Wen auf das tiefste beleidigt!»

«Niemand hat ihm etwas angetan», erklärte Frau Tschen kurz.

«Wie?» donnerte der Generalzensor. «Niemand hat ihm etwas angetan? Warum ist er dann fortgegangen?»

«Bist du verrückt, wegen dieser unbedeutenden Angelegenheit meine Zofe zu schlagen?» schrie ihn Frau Tschen an. «Sei froh, daß dieser zerlumpte Bengel fort ist! Er hätte uns doch bloß Schande gemacht! Der Kerl ist äußerst ungezogen gewesen. Weißt du, warum er fortgegangen ist? Ich werde es dir sagen! Er hat gesehen, daß hier nicht viel zu holen ist, und hat sich deshalb wieder empfohlen! Frag nur Rotwolke, wenn du mir nicht glaubst! – Rotwolke, sag, ob das nicht wahr ist!»

«Wang Pen hat mir befohlen, den jungen Herrn bei der gnädigen Frau anzumelden», berichtete Rotwolke, sich mühsam vom Boden erhebend. «Die gnädige Frau hat den jungen Herrn dann in der Orchideenterrasse empfangen und eine Weile mit ihm gesprochen. Er war aber gleich sehr ungezügelt und ist davongelaufen. Ich habe die gnädige Frau fragen gehört: ‚Wenn ihr zu Hause in solcher Armut lebt, warum hast du dann so viel Reisegeld ausgegeben, um hierher zu kommen?' Er ist über ihre Worte ganz bleich geworden, ist aufgesprungen und hat sich zum Fortgehen angeschickt. Die gnädige Frau hat ihn aufgefordert, noch ein wenig zu bleiben, er war aber nicht dazu zu bewegen. Er hat furchterregend ausgesehen in seinem Zorn und hat beim Fortgehen schreckliche Schimpfworte ausgestoßen!»

«Wen hat er beschimpft?» unterbrach sie Herr Tschen zornig.

«Mich...», stotterte Rotwolke. «Er hat... zu mir... gesagt... ich sei... eine Dirne...!»

«Du niederträchtiges Geschöpf!» brüllte Herr Tschen sie an. «Du wagst es, mir solche Lügen ins Gesicht zu sagen! Glaubst du, ich weiß nicht, was sich wirklich zugetragen hat?»

«Was weißt du?» fragte Frau Tschen höhnisch.

«Was ich weiß?» brauste er auf. «Du hast ihm dein sogenanntes ‚Mitleid' für seine armselige Lage deutlich zu erkennen gegeben! Gewiß hast du wieder deine hochfahrende Miene aufgesetzt und ihm mit eiskalten Worten deine Meinung gesagt! Tzu Wen hat einen sehr stolzen Charakter; wie hätte er sich das gefallen lassen sollen? Noch dazu stand dieses Mädchen mit dem Verbrechergesicht, diese gemeine Rotwolke da, neben dir! Kein Wunder, daß er schwer erzürnt fortgegangen ist! Was meinst du, wird seine Mutter sagen, wenn sie von dieser Sache erfährt? Ich werde dieses elende Geschöpf, deine Zofe, zu Tode prügeln lassen! Vielleicht wird das meinen Zorn besänftigen! – Schlag sie weiter!» befahl er dem Diener.

«Rotwolke hat Tzu Wen auf meinen Befehl hinausbegleitet», sagte Frau Tschen. «Deine Schläge gelten also mir!»

«Ich muß mir eben *ihr* Gesicht ausborgen, um dein hochmütiges Gesicht nicht treffen zu müssen!» rief Herr Tschen.

«Ja, hast du denn den Verstand verloren!» fuhr Frau Tschen auf. «Wie kannst du es wagen, in diesem Ton mit mir zu sprechen! Was geht dich dieser Tzu Wen überhaupt an? Er gehört zu meiner Familie, ob ich ihn gut oder schlecht behandle, ist meine Sache. Ich habe mich ja nicht an einem Mitgliede der Familie Tschen vergangen!»

«Um so ärger!» schrie Herr Tschen erregt. «Was hättest du erst mit jemandem meines Namens getan! Hast du vergessen, was wir der Familie Fang danken?»

«Jetzt aber genug!» rief Frau Tschen außer sich vor Wut. «Wie komme ich dazu, mir wegen dieses lumpigen Bengels solche Beschimpfungen gefallen zu lassen! Ich hasse diesen Tzu Wen, diesen elenden Lumpen!»

«Halt den Mund!» brüllte Herr Tschen sie an.

«Halt du ihn selber, Mördergesicht!»

Sie gerieten beide in solche Wut, daß sie sich gegenseitig nichts als böse Worte gaben. Es hätte nicht viel gefehlt, und sie wären sich in die Haare geraten. Die Dienerinnen, die sich nicht mehr zu helfen wußten, liefen hilfesuchend zu Kleinod hinauf.

«Fräulein! Fräulein! Kommen Sie schnell», riefen sie in höchster Aufregung. «Der gnädige Herr und die gnädige Frau haben einen schrecklichen Streit miteinander! Wir fürchten, sie werden sich noch gegenseitig erschlagen!»

«Ja, um Himmels willen, was ist denn geschehen?» fragte Kleinod ganz bestürzt und eilte in den Saal hinunter, um die Eltern zu besänftigen. Sie hatte es natürlich schwer, denn sie, als Tochter, konnte ihrer Mutter doch nicht sagen, der Vater sei im Recht und sie im Unrecht. Sie versuchte daher, dem Vater zuzureden, aus dem Saale zu gehen, und die Mutter zu bewegen, sich gleichfalls zurückzuziehen.

«Bitte, Herr Generalzensor, gehen Sie in Ihre Gemächer zurück», bat nun auch Wang Pen, der alles mitangehört hatte. «Sie regen sich hier zu viel auf. Wie konnte die gnädige Frau aber auch einen solchen Streit vom Zaune brechen!»

Doch alles Zureden von Kleinod und Wang Pen war vergebens.

Weinend vor Wut und mit verzerrtem Gesicht schlug sich Frau Tschen auf die Brust und rief: «Mein Kind, du ahnst nicht, was für eine ungeheuerliche Sache sich hier abspielt! Wie komme ich dazu, mir wegen dieses jungen Lumpen, der heute hier aufgetaucht ist, solche Schmach antun zu lassen! Wenn du den Kerl nur gesehen hättest mit seinem dummen Schafsgesicht und seiner häßlichen Rabengestalt! Wie ein verhungerter Vagabund hat er ausgesehen!»

«Glaub ihr nicht, Kleinod!» rief Herr Tschen. «Dein Vetter ist ein außergewöhnlich schöner Jüngling, ein Mann der edelsten Gesinnung. Es wird nicht lange dauern bis er sich einen großen Namen gemacht hat. Er ist wie geschaffen dazu, einmal eine Zierde der Han-Lin Akademie zu werden! Hör mich an! Ich bin deinem Vetter nachgeritten, es ist mir geglückt, ihn einzuholen, und ich habe ihm dich als Gattin versprochen!»

Kleinod war so glücklich, als sie dies hörte, daß ihr zartes, blasses Birnengesicht sich in ein rosig angehauchtes Pfirsichantlitz verwandelte. Sie nickte mit dem Köpfchen und schwieg.

Frau Tschen hingegen war so entgeistert, daß ihr anfangs die Sprache versagte. Dann aber stürzte sie auf Kleinod zu und schrie:

«Jetzt hörst du selbst, daß die Worte deines Vaters nichts anderes als die Worte eines Verrückten sind! Es ist eine Gemeinheit von ihm, so etwas auch nur zu denken! Das hat ja die Erde, seit sie steht, noch nicht gesehen! Dein Vater, dieser Dummkopf, ist einfach blind geworden! Bevor sich dein Vetter, dieser Lump, einen Namen erringt, hat sich ein räudiger Hund in einen Damhirsch verwandelt!»

«Schweig jetzt!» fuhr ihr Gatte sie an. «Was verstehst denn du von ihm? – Du wirst sehen, Kleinod, es wird der Tag kommen, da wir die Botschaft bekommen werden, Tzu Wen habe sich eine ganz hohe Stellung geschaffen. Deine Mutter kann lange sagen, daß er ein verhungerter Lump ist, ich weiß sehr gut, warum ich dich ihm heute versprochen habe! Die Sache ist abgeschlossen. Wenn du mir nicht glaubst, frage Wang Pen!»

«Wang Pen! Ist das wahr?» fragte Frau Tschen den Diener entsetzt.

«Gewiß!» erwiderte dieser. «Der Herr Generalzensor ist mit mir dem jungen Herrn nachgeritten, hat ihn beim Tempel der neun Fichten eingeholt und wollte ihn bewegen, mit ihm zurückzukommen. Herr Fang hat sich geweigert, dies zu tun. Der Herr Generalzensor war so gerührt über sein vornehmes Verhalten, daß er ihm hierauf unser gnädiges Fräulein als Gattin angelobt hat.»

«Und du Hund hast wahrscheinlich den Ehevermittler abgegeben?» fuhr ihn Frau Tschen an.

«Ja,» antwortete der Diener. «Das Verlöbnis hat im Tempel der neun Fichten stattgefunden.»

Jetzt konnte sich Frau Tschen nicht länger halten vor Wut.

«Es ist nicht deine Sache allein, so etwas zu bestimmen!» schrie sie ihren Gatten an. «Was da festgesetzt wurde, besteht nicht zu Recht! Wie kannst du Schafskopf dich erfrechen, Verfügungen über meine Tochter zu treffen!»

«Jetzt wird mir die Sache aber zu dumm!» rief Herr Tschen in höchster Erregung. «Was soll das heißen «Deine Tochter»? Meinst du, ich habe kein Recht, über sie zu verfügen? Nach dem Willen des *Herrn* des Hauses hat alles zu geschehen!»

«Du Mördergesicht!» tobte Frau Tschen. «Weißt du nicht, daß die Sitte vorschreibt, Vater und Mutter haben die Heirat ihrer Kinder mit einem Ehevermittler zu vereinbaren? Bin ich etwa in deinen Augen nicht die Mutter meines Kindes?»

«Du vergißt,» rief Herr Tschen böse, «daß die Sitten es dem Manne gestatten, eine Frau, die sich ungebührlich benimmt, aus dem Hause zu jagen. Dann hat sie aber auch aufgehört, die Mutter der Kinder zu sein! Von heute an sehe ich dich nicht mehr als meine Frau an, und von heute an hast du auch als Mutter nichts mehr in meine Hausangelegenheiten dreinzureden!»

«So?» schrie Frau Tschen. «Ich soll wohl hinausgeworfen werden! Du elender Kerl du! Du Bestie in Menschengestalt! Ich habe also im Hause Tschen nichts mehr zu suchen? Und alles das wegen dieses Lumpen Tzu Wen! Gut! Du willst mich nicht mehr zur Frau! Aber ich will dich auch nicht mehr zum Gatten! Von nun an scheiden sich unsere Wege! Noch heute verlasse ich das Haus und gehe in ein Kloster!»

Wütend lief sie in ihre Frauengemächer zurück, packte die notwendigsten Sachen zusammen und schlug aus Zorn alles kurz und klein, was ihr in den Weg kam. Darauf ließ sie sich in einer Sänfte in das Kloster tragen.

Vergeblich hatte sich Kleinod bemüht, die Mutter zurückzuhalten und eine Versöhnung mit dem Vater zustande zu bringen. Alle ihre Anstrengungen waren umsonst. Herr Tschen entschloß sich endlich, die Scheidung so durchzuführen, daß er die beiden Höfe, die den Frauentrakt mit seinen Gemächern verbanden, vollkommen abtrennen ließ, so daß er und seine frühere Gattin einander nicht mehr zu Gesicht bekamen und voneinander vollkommen getrennt waren. Mit herzzerreißendem Schluchzen sah Kleinod dieser neuen Einteilung des Hauses zu.

V. KAPITEL

Überfallen von einem Räuber, stürzt Fang Tzu Wen in den Schnee

*Rotglühende Kohlen verleihen den Räumen
  Wärme und Behagen.
Sinnend blickt ein Mädchen nach den dichten
  weißen Flocken.
Ahnt es denn nicht, daß kaum tausend Li weiter
Ein Jüngling begraben liegt unter einer Decke von Schnee?*

Nachdem Fang Tzu Wen vor dem Tempel zu den neun Fichten von seinem Onkel Abschied genommen hatte, entschloß er sich, vorerst noch nach Huang Dschou zu gehen und den Freund seines Vaters, Herrn Dschang Dschi, aufzusuchen.

«Wenn er mir eine kleine Summe Geldes leiht, kann ich meine Reise, ohne in Bedrängnis geraten zu müssen, fortsetzen», sagte er sich.

Nach mehreren Tagen strengen Marsches hatte er das Gebiet von Huang Dschou erreicht. Um in die Hauptstadt zu gelangen, hatte er allerdings noch eine Strecke von mehr als dreißig Li zurückzulegen, und da es schon zu dunkeln begann, sah er sich genötigt, sich nach einer Unterkunft für die Nacht umzusehen. Am nächsten Morgen wollte er dann weiter gehen. Das Jahr neigte sich bereits seinem Ende zu, und da er wußte, wie schwer seine Mutter es allein zu Hause hatte, lag ihm daran, so rasch wie möglich nach Hause zu kommen. Bis in die Stadt zu gehen war es schon zu spät, er sagte sich aber, daß es in der Umgebung derselben gewiß zahllose Herbergen geben werde. Nicht nur beschwerte das Reisebündel ihn im Gehen sehr, sondern es kostete ihn auch große Anstrengung, dem scharfen Westwind, der ihm bis auf die Knochen ging, zu trotzen. Inmitten der Schneewolken, die sich am Himmel zusammenballten, kreisten Vögel umher, die vergeblich nach einem schützenden Ast suchten.

Als Fang Tzu Wen bei einer Brücke, die er überqueren mußte, angelangt war, hatte der Wind eine solche Heftigkeit erreicht, daß er es erst nicht wagte, sie zu betreten. Er hatte Angst, vom Sturme erfaßt, in das drohend schwarze Wasser gerissen zu werden. Die Blumen und Sträucher an den Ufern waren schon mit einer so dicken Eisschicht bedeckt, daß man hätte meinen können, sie seien von einer Reihe von blühenden Prunusbäumen eingesäumt. Halb eingefroren im Wasser konnte er einige Fischerbarken erkennen. Kein Laut war zu hören, kein Mensch zu sehen. Schwer gegen den Sturm ankämpfend, gelang es ihm schließlich doch, das andere Ufer des Flusses zu erreichen. Er blickte in den Himmel hinauf und sah voll Besorgnis, daß sich die dunklen Wolken immer mehr wie ein Vorhang ausbreiteten. Ihm kam es vor, als sähe er in einiger Entfernung bereits Schnee niederfallen. Es dauerte nicht lange, da wirbelten auch schon die Flocken wie weiße Wolken vom Himmel herab, und im Nu war die Erde wie mit zersplitterten weißen Jadestückchen bedeckt. Er blickte sich verängstigt um. Nirgends war ein Obdach zu sehen: vorne und rückwärts war nur weite, unendliche Ebene.

«Das ist eine böse Sache!» sagte er sich. «Wo soll ich mich jetzt unterstellen? Weit und breit gibt es kein schützendes Dach! Dieser eisige Sturm dringt wie eine Unzahl von scharfen Messern in meine Haut.»

Jede Hoffnung, wenigstens die Randbezirke der Stadt erreichen zu können, war jetzt geschwunden, ja, er wußte nicht einmal mehr, in welcher Richtung er weitergehen mußte. Das Weinen war ihm nahe, doch er vermochte keine Tränen hervorzubringen. Müde und frierend schleppte er sich einige Li weiter, bis er zum Rande eines kleinen Fichtenwaldes gelangte. Er wollte gerade dort Schutz vor dem Sturme suchen, da kam ein berüchtigter Räuber des Weges.

Der Mann hatte schon in seiner Kindheit außergewöhnliche Kräfte besessen, und als er herangewachsen war und man ihn mehrmals wegen Raufereien und Diebstahls vorbestraft hatte, erlernte er Ringen und Boxen und galt seither als einer der gefürchtetsten Straßenräuber. In seinen Kreisen war er als «Tschiu sechs Brücken» bekannt, und seine Kumpane schätzten ihn wegen seiner großen Fähigkeiten als Taschendieb und Wegelagerer sehr. Aber, wie das nun schon einmal ist: Geld blieb ihm trotz seiner vielseitigen Begabungen keines. Unrecht erworbenes Geld läuft eben rasch durch die Finger! Was nicht im Freudenhaus angebracht wurde, ging im Spiel verloren. Er und seine Gefährten waren natürlich sehr niedergeschlagen, wenn die Zeit des Schnees und der Kälte einbrach und es keine Gelegenheit gab, zu Geld zu kommen. Für Leute dieses Berufes war der Winter immer geradezu ruinös. Da konnte man bloß beim Weine sitzen und neue Geschäftchen für später besprechen.

Dieser Tschiu sechs Brücken sah recht verwegen aus! Er hatte lange, borstige Augenbrauen, wie Kupferglokken hervorstehende Augen, abstehende Ohren, eine eingebogene Nase und einen zottigen, wirren Bart. Auf dem Kopfe trug er einen Turban aus Filz, um den Hals ein schmutziges Tuch, und seine Füße steckten in spitzen Tigerkopfschuhen. Die zerrissene Jacke war um die Hüften mit einem Strick zusammengebunden. Vom Rücken hing ihm ein riesiges Messer herab.

Als er an diesem Abend aus dem Weinhause getreten war und die Erde tief mit Schnee bedeckt sah, hatte er sich ärgerlich gesagt, dies sei wieder ein verpatzter Tag, denn wer würde sich bei diesem Wetter auf die Straße wagen? Da ihm aber sehr daran gelegen war, eine Geldquelle zu finden, machte er sich doch mißmutig auf den Weg. Er stapfte eine Weile durch den Schnee und hatte schon alle Hoffnung aufgegeben, als er plötzlich am Rande des schwarzen Fichtenwaldes einen Menschen zu erkennen meinte.

Dieser Mensch war Fang Tzu Wen! Erschöpft von Hunger und Kälte hatte er sich in den Wald hineingeschleppt, um dem furchtbaren Sturme zu entgehen. Erst versuchte er, um Hilfe zu rufen, doch wer sollte ihn hören? Vorne war kein Bauernhaus und hinter ihm keine Herberge. Manchmal schlug plötzlich ein Laut an sein Ohr, der ihn erschreckte. Er wußte nicht, war es das Fauchen eines herannahenden Tigers oder das Heulen eines Affen, das er hörte. Um diesen beängstigenden Lauten zu entgehen, wollte er versuchen, sich einen Weg bis zum Ufer des Flusses zu bahnen. Hier stand er nun, der Nachkomme eines der angesehensten Beamten des Reiches, und blickte sich vergebens nach einem Obdach um. Weder Mond noch Sterne waren am Himmel zu sehen, ringsum war nur Schnee, der so grell war, daß er ihm die Augen blendete.

«Wohin?» herrschte ihn plötzlich eine Stimme an, und aus dem Dickicht stürzte ein furchterregender Riese auf ihn zu. Fang Tzu Wen war so erschrocken, daß er meinte, die Seele müsse ihm entfliehen.

«Wohin?» brüllte der Mann nochmals, ihn bei den Kleidern packend und sein Messer zückend. «Geld her! Gibst du es mir nicht freiwillig, werde ich es dir aus den Taschen reißen!»

«Ach bitte, lassen Sie mir mein Leben!» flehte Fang Tzu Wen. «Ich bin nur ein Student und bin selbst bettelarm.»

«Geld her und Maul halten!» fuhr ihn der Räuber an. «Herunter mit dem Reisebündel!»

«In dem Bündel ist nur eine alte Decke und ein zerrissener Anzug», beteuerte Fang Tzu Wen.

«Dann habe ich eben Pech gehabt», erklärte der Mann. «Ich will das Bündel sehen! Herunter damit!»

«Aber womit soll ich mich denn nachts zudecken, wenn Sie mir meine Decke nehmen?» klagte Fang Tzu Wen.

«Das geht mich nichts an! Her mit dem Bündel!» rief Tschiu sechs Brücken ungeduldig. «Wird's endlich? Oder willst du, daß ich es mir selber hole?» Er packte das Bündel, riß es an sich und hielt Fang Tzu Wen das Messer an die Brust.

«Bitte lassen Sie mir mein Leben! Bitte lassen Sie mir mein Leben!» flehte dieser von neuem. «Meine arme Mutter wartet zu Hause auf mich! Sie ist schon alt, und ich bin ihre einzige Stütze! Sie hat niemanden auf der Welt als mich!»

«Eigentlich sollte ich dich töten, weil du aber selbst ein armer Kerl bist, lasse ich dir halt dein Hundeleben!» brummte der Räuber. «Zieh die Kleider aus! Herunter mit ihnen!»

«Aber was haben Sie denn von diesen zerfetzten Kleidern?» rief Fang Tzu Wen verzweifelt. «Wenn Sie sie mir wegnehmen, werde ich ja erfrieren! Lassen Sie sie mir, Ihre Güte wird Ihnen tausend Mal vergolten werden!»

«Also geh, meinethalben!» erklärte Tschiu sechs Brücken, packte das Reisebündel und rannte damit in den Wald zurück.

Fang Tzu Wen raffte sich an allen Gliedern zitternd auf. Der Schnee reichte ihm jetzt bis zum Gürtel und der Weg war vollkommen verschneit. Er blickte verzweifelt um sich und wußte sich keinen Rat.

«Was soll ich jetzt tun?» stöhnte er. «Die Juwelenpagode ist fort! Wie kann ich meiner Cousine je wieder unter die Augen treten? Du Räuber mit dem Herzen eines Wolfes hast mir meine letzte Habe genommen, und deinetwegen werde ich jetzt in der Fremde sterben müssen! Um mein eigenes Leben ist mir nicht leid; was wird aber aus meiner armen Mutter werden? Der Gedanke an sie bricht mir das Herz! Jetzt, da mir die Pagode geraubt worden ist, gibt es für mich keine Zukunftspläne mehr. Vorbei ist es mit allen Gedanken an eine große Karriere, vorbei mit dem Gedanken an eine Heirat mit meiner Cousine! Mir bleibt nur mehr die Hoffnung, in einem meiner späteren Erdenleben das Band der Ehe mit ihr schließen zu dürfen!»

Während er so überlegte, war er, mühsam weitergehend, bis an den Uferdamm gekommen und bemerkte, daß sich die zehntausend Wellen des Flusses schon in unzählige Eisschollen verwandelt hatten. Beide Ufer waren mit einer dicken Eiskruste bedeckt. Wie konnte er da weitergehen? Auf dem unebenen Erdboden kam er bei jedem Schritte in Gefahr, auszugleiten und in das drohend schwarze Wasser zu fallen. Hier weiterzugehen, war ein Weg in den Tod. Vergeblich sah er sich nach einer Hilfe um. Nirgends war eine menschliche Spur zu entdecken. «Wer sollte sich auch in diesem furchtbaren Wetter spät nachts auf die Straße wagen? Was soll ich nur tun?» fragte er sich. «Gibt es denn nirgends ein schützendes Dach, unter dem ich die Nacht verbringen könnte?»

Mit großer Anstrengung versuchte er, auf dem vereisten Boden fortgesetzt ausgleitend, weiterzugehen. Der Hunger quälte ihn und er fror entsetzlich. Bei jedem Schritte schmerzten ihn die Füße so sehr, daß er am liebsten aufgeschrien hätte. Nachdem er eine Strecke von etwa einem halben Li zurückgelegt hatte, sah er, daß wieder neuer dichter Schnee vom Himmel fiel.

«Ich kann nicht mehr!» stöhnte er. «Mir ist, als ginge ich auf einem Berg von Messern!»

Ein Knistern und kurz darauf ein Krachen ließen ihn vor Schreck zusammenfahren.

«Um des Himmels willen, es wird doch nicht schon wieder ein Räuber sein?» rief er entsetzt.

Er war so matt und müde, daß ihn schon das Brechen eines Astes unter der Last des Schnees aus der Fassung brachte. Wie ein durch einen Pfeil erschreckter Vogel meinte er, bei jedem Windstoß eine neue Gefahr nahen zu sehen. Zu seiner Erleichterung erblickte er plötzlich einen Pavillon, der in nicht allzu großer Entfernung auf dem Uferdamme stand.

«Oh! Dort werde ich mich ein wenig ausruhen können», sagte er sich erfreut. Er nahm seine letzten Kräfte zusammen und ging auf ihn zu. Kaum war er aber in seine Nähe gelangt, hörte er einen furchtbaren Krach, und das Gebäude, das schon baufällig und morsch gewesen war, stürzte ein. Jetzt lag es quer über der Straße und versperrte diese wie ein Berg. Fang Tzu Wen versuchte, sich auf eines der auf dem Boden liegenden Bretter zu setzen, nicht ahnend, daß sich neben der Straße ein tiefer, schneebedeckter Graben befand und stürzte mit einem lauten Aufschrei in die Tiefe.

«Hilfe!» stöhnte er, unter der Last des Schnees begraben, «Hilfe!»

Was konnten seine Rufe schon nützen? Wer hätte die schwache Stimme hören sollen, die um Hilfe flehte? Weit und breit war kein menschliches Wesen zu sehen, ja, nicht einmal die Spur eines Hasen oder eines Fuchses war zu erblicken! Selbst ein Kanonenschuß hätte in dieser Einsamkeit niemanden herbeigerufen.

Vergebens versuchte Fang Tzu Wen sich aus dem Graben herauszuarbeiten, je mehr er sich plagte, desto tiefer sank er ein, und schließlich war er so tief unter dem Schnee begraben, daß nur mehr seine Augen zu sehen waren.

VI. KAPITEL

*Vom Tode errettet, wird Fang Tzu Wen
auf ein Schiff gebracht*

Vizekommandant Pi Yün aus Nan Tschang war auf Urlaub gefahren, um seine erkrankte Mutter zu besuchen. Die Nachrichten über ihren Zustand veranlaßten ihn, so rasch wie möglich heimzureisen.

Als sein Schiff in Huang Dschou ankam, sah er dichte Schneeflocken vom Himmel herabfallen. Es war sehr kalt, und für die Bootsleute war es keine leichte Sache, bei dem wütenden Sturm vorwärts zu kommen. Herr Pi, der beobachtet hatte, welch schwere Arbeit sie zu leisten hatten, ließ den Kapitän des Schiffes zu sich kommen und bat ihn, dafür zu sorgen, daß den Leuten einige Kannen Weins und eine größere Ration Fleisches gegeben werden.

«Ich möchte ihnen diese Extrarationen zukommen lassen, damit sie sich trotz dem schlechten Wetter bemühen, rasch weiterzukommen», sagte er zu ihm. «Mir ist sehr daran gelegen, daß die Beamten auf den diversen Stationen von den Bewillkommnungszeremonien absehen», fuhr er fort. «Sorgen Sie bitte dafür, daß es zu keinen unnötigen Verzögerungen kommt und ich ohne jeden Aufenthalt weiterreisen kann.»

Der Kapitän versprach, sich ganz an seine Befehle zu halten. Die Extrarationen lösten bei der Schiffsmannschaft allgemein größte Zufriedenheit aus, und alle Matrosen bemühten sich, ihr Bestes zu tun. Bald aber wurde es ihnen trotz bestem Willen nicht mehr möglich, gegen den Sturm anzukämpfen, und es blieb ihnen daher nichts anderes übrig, als auf den Damm zu steigen und die Segel von dort aus zu bedienen.

Es war ein sehr imposantes Schiff. Eine große Tafel zeigte an, daß sich Vizekommandant Pi Yün auf der Reise zu seiner erkrankten Mutter befand. Zu beiden Seiten derselben waren zwei Goldplatten mit den Zeichen des offiziellen Titels seines Amtes, darüber hingen zwei Laternen. Die Fenster der Kabinen waren geschlossen.

Vizekommandant Pi saß allein beim Weine und dachte besorgt an seine Mutter. Plötzlich ließ ihn ein entsetzliches Krachen aus seinen Gedanken auffahren. In dieser tiefen Stille war dieser Laut, der dem Einstürzen eines Berges gleichkam, wirklich dazu angetan, einen Menschen auf das tiefste zu erschrecken. Eine Weile blieb es still, dann aber kam es Pi Yün so vor, als höre er auf dem Straßenrande eine leise Stimme um Hilfe rufen. Dies beunruhigte und beeindruckte ihn sehr, und er gab einem seiner Offiziere den Befehl, den Matrosen, die auf dem Damme waren, zu sagen, sie sollten nachforschen, woher diese Stimme gekommen war.

Das Schiff wurde zum Stehen gebracht, und nach einiger Zeit erhielt Pi Yün die Meldung, ein alter Pavillon sei durch die Last des Schnees eingestürzt und die Hilferufe seien von dorther gekommen.

«Wie merkwürdig!» sagte er sich. «Zu dieser tiefen Nachtzeit Hilferufe aus einer so einsamen Gegend!» Er gab den Befehl, den Verunglückten sofort zu suchen und zu bergen.

Als sich ein paar Matrosen dem eingestürzten Pavillon näherten, öffnete sich der Schneevorhang am Himmel gerade ein wenig, der Mond trat hervor und beleuchtete die schneebedeckte Fläche. Ringsum herrschte tiefe Stille, kein Mensch war zu sehen, kein Laut zu hören.

«Was hat denn unser Kamerad da zusammengefaselt?» sagten sich die Matrosen. «Es ist doch weit und breit niemand zu erblicken!»

«Wir müssen weiter suchen», erklärten die anderen. «Der Vizekommandant hat doch gesagt, er habe die Hilferufe deutlich gehört.»

«Vielleicht liegt jemand tot unter der eingestürzten Pagode?» meinte einer.

«Unsinn!» rief ein anderer. «Wenn ein Mensch tot unter den Trümmern der Pagode liegt, dann kann er nicht um Hilfe rufen!»

«Hier sind Fußspuren!» rief plötzlich einer der Matrosen. «Kommt! Laßt uns sie verfolgen!»

Sie gingen den Spuren nach und sahen, daß sie an dem Pavillon vorüberführten.

«Hierher!» rief einer der Männer. «Seht! Hier in diesem Graben liegt ein Mann!»

«Wahrhaftig!» sagten die anderen. «Wie kann er denn da hineingekommen sein?»

«Ich fürchte mich, ich traue mich nicht in den Graben hinein!» erklärte einer seinen Kameraden.

«Laßt mich gehen!» rief ein anderer, herbeilaufend. Er sprang beherzt in die tiefe Mulde und rüttelte an dem

Körper. «Der Mann ist tot, er rührt sich nicht mehr», erklärte er.

«Was ist es denn für ein Mensch? Wie sieht er aus?» fragten die Obenstehenden.

«Nach seiner Kleidung zu schließen, ist er ein Gelehrter oder ein Student», meinte der Mann in der Mulde.

«Komm herauf! Wir machen inzwischen dem Vizekommandanten die Meldung!» sagten die anderen und teilten Herrn Pi mit, im Graben liege ein Mann mit einer viereckigen Mütze. Er sei tot.

«Unsinn!» fuhr Vizekommandant Pi sie an. «Ich habe den Mann ganz deutlich um Hilfe rufen gehört. Hebt ihn aus dem Graben heraus und bringt ihn zum Schiff! Wenn einer unter euch etwas von der Arzneikunst versteht, soll er den Fremden untersuchen. Ich bin überzeugt, daß er lebt. Wenn es euch gelingt, ihn zum Bewußtsein zu bringen, sollt ihr von mir eine Belohnung bekommen!»

Die Leute wetteiferten daraufhin, wer der erste bei dem Graben sein werde.

«Wer steigt hinunter?» fragte ihr Anführer.

«Ich! Ich!» klang es von allen Seiten und mehrere von ihnen sprangen in die Mulde und tasteten die Brust des Fremden ab.

«Seine Brust ist noch warm», erklärten sie, den Körper aus dem Graben hebend.

Als sie ihn bis zum Schiff geschleppt hatten, ließ Herr Pi einen seiner Diener namens Dschang Jung zu sich rufen.

«Untersuche du den Mann vorsichtig», befahl er ihm. «Wenn wir ihm das Leben retten könnten, wäre dies eine sehr schöne Sache! Du weißt, schon im Altertum sagte man: ‚Einem Menschen das Leben retten, ist mehr wert als eine siebenstöckige Pagode bauen'.»

Dschang Jung untersuchte den Körper des Fremden, und als er sich überzeugt hatte, daß dessen Brust noch warm war, ließ er etwas Suppe bringen und versuchte, sie dem Bewußtlosen einzuflößen. Seine Bemühungen waren jedoch vergebens.

«Wir müssen ihn nach Dschung Nan Shan bringen», erklärte einer der Matrosen.

«Weshalb denn?» fragte Dschang Jung.

«Wenn ihm der Abt Ku Tung Wang eine Pille der neun Verwandlungen und des Zurückrufens der Seele gibt, kommt er bestimmt wieder zum Leben!»

«Das ist doch lächerlich, daß nur diese Arznei eine Wirkung haben sollte», spottete Dschang Jung ihn aus.

Vizekommandant Pi war inzwischen rastlos auf dem Schiffe auf und ab gegangen. Er hatte es sich in den Kopf gesetzt, diesen hilferufenden Fremden zu retten, und daß dies nun doch nicht möglich schien, berührte ihn sehr unangenehm. Jetzt hatte man sich die Mühe gemacht, ihn zum Schiff zu bringen, und alles war umsonst! Da hätte man den Mann ja ebensogut im Graben liegenlassen können, ohne sich weiter um ihn zu kümmern! Jetzt war man gezwungen, die Anzeige bei der Behörde zu machen. Dies bedeutete natürlich eine nicht geringe Verzögerung der Weiterreise. Er begab sich zum Vorderteil des Schiffes und erkundigte sich, wie die Angelegenheit stehe. Bestand noch eine Aussicht, den Mann zu retten, oder war die Sache hoffnungslos?

Die Leute waren geteilter Ansicht. Die einen sagten, ja, er könne wieder zum Bewußtsein gebracht werden, die anderen meinten, nein, dies werde nicht möglich sein.

«Verlieren Sie nicht die Zuversicht, Herr Vizekommandant!» erklärte einer der Matrosen. «Der Körper fühlt sich oberhalb des Herzens warm an. Es gelingt uns nur leider nicht, dem Fremden etwas Suppe einzuflößen.»

«Ich werde mir den Mann selbst ansehen», entschloß sich Herr Pi. Er stand auf und machte sich bereit, aus dem Schiffe zu steigen.

«Legt ein Laufbrett an und helft dem Herrn Vizekommandanten zum Ufer hinauf!» befahl der Kapitän den Matrosen.

Herr Pi stieg langsam aus dem Schiffe und begab sich auf den Damm. Im Scheine der Laternen ging er auf den am Boden liegenden Fremden zu.

«Macht Platz! Macht Platz!» riefen die Leute, die um den Bewußtlosen standen, als er näher kam.

Über den Fremden gebeugt, sah Vizekommandant Pi diesen genau an. Er erkannte, daß es ein noch junger Mann war, anscheinend ein Student, der da bewegungslos am Boden lag.

«Der arme Mensch ist in dem tiefen Graben ganz von Schnee bedeckt gelegen», sagte er sich. «Die Kälte und Nässe sind tief in seinen Körper eingedrungen. Seine Kleider sind vollkommen angefroren. Eine Suppe allein kann ihn natürlich nicht zum Leben bringen! – Komm her, Dschang Jung!» befahl er seinem Diener. «Du bist doch sonst ein kluger und umsichtiger Mann, diese Sache da hast du aber nicht richtig gemacht! Einem Menschen, der so lange in Kälte und Nässe gelegen ist, kann auch die stärkste Lebenspille nichts nützen. Hole ein paar Matten und breite sie auf der Erde aus. Dann bring eine warme, dicke Decke und lege dem Mann ein Polster unter. Zieh ihm seine nassen Kleider aus und wickle ihn fest in meinen Zobelmantel ein! Stell um ihn herum Becken mit glühenden Holzkohlen auf und versuche dann noch einmal, ihm warme Suppe einzuflößen!»

Wie hätte Dschang Jung es gewagt, sich den Befehlen

zu widersetzen? Auch alle anderen Matrosen beeilten sich, zu den Vorbereitungen etwas beizutragen.

«Komm her und hilf den Mann aufheben!» rief Herr Pi einen Burschen herbei, der müßig daneben stehengeblieben war.

«Wozu soll ich den Mann vom Boden aufheben, er ist doch ohnedies schon tot,» murrte dieser, wagte es aber nicht, sich zu weigern.

«So, und nun drücke den Körper des Fremden fest an deinen eigenen Körper an, so daß deine Wärme in ihn eindringen kann,» befahl Herr Pi.

Daß Fang Tzu Wen tatsächlich am Leben geblieben war, läßt sich nur dadurch erklären, daß ihm das Schicksal vorbestimmt hatte, den höchsten Grad der Han Lin Akademie und eine hohe Beamtenstelle zu erreichen. Da er unter übersinnlichem Schutz stand, hatte ihm der Himmel einen edlen Menschen als Retter geschickt. Es wäre müßig, darüber noch weitere Worte zu verlieren. Nach irdischem Maßstab gemessen, läßt sich dazu bloß sagen, daß er noch ein sehr junger Mensch war, dessen Körper unter keiner schweren Krankheit litt, und der nur schweren Kummer des Herzens und einen furchtbaren Schneesturm erduldet hatte. Begraben in der tiefen Mulde liegend, hatte er das Bewußtsein verloren, jetzt aber kam er langsam wieder zu sich, das Blut begann wieder normal zu kreisen, und eine wohltuende Wärme hüllte ihn ein. Kaum hatte er einige Tropfen Suppe zu sich genommen, rümpfte er die Nase, und seiner Kehle entrang sich ein leiser Laut.

«Er ist zu sich gekommen!» rief Vizekommandant Pi erfreut. Voll Genugtuung beobachtete er, wie ein leichtes Rot in die Wangen des Fremden aufstieg und sie nicht mehr die totengleiche Blässe wie zuvor aufwiesen.

Fang Tzu Wen bewegte seine Füße ein wenig, hob die Hände und schlug die Augen auf.

«Wer sind Sie?» fragte ihn Herr Pi.

Fang Tzu Wen gab keine Antwort.

«Der Herr fragt Sie, wer Sie sind!» wiederholte ihm ein Matrose.

«Ach bitte, lassen Sie mir mein Leben!» flehte Fang Tzu Wen leise.

«Fürchten Sie sich nicht, hier trachtet Ihnen niemand nach dem Leben!» beruhigten ihn die Leute.

«Wer sind alle diese Menschen?» fragte Fang Tzu Wen, um sich blickend.

«Fragen Sie diesen Herrn da!» bedeutete ihm einer der Matrosen, auf Vizekommandant Pi weisend.

Fang Tzu Wen entdeckte plötzlich, daß er einen Zobelmantel anhatte und um ihn herum Becken mit glühenden Holzkohlen standen.

«Wo bin ich?» fragte er sich erschrocken. «Hält mich ein Traum umfangen? Hier liege ich, eingehüllt in einen herrlichen Zobelmantel, eine wundervolle Gazemütze auf dem Kopfe! Sehe ich Geister? Ich liege doch in Wirklichkeit tot in einem Graben, bedeckt mit Schnee!»

«Woher kommen Sie, meine Herren?» fragte er die Matrosen.

«Wir gehören zum Gefolge des Herrn Vizekommandanten Pi Yün», antworteten ihm die Leute. «Der Herr Vizekommandant ist mit seinem Schiffe hier vorübergekommen. Er hat Ihre Hilferufe gehört und Sie hierherbringen lassen. Stehen Sie auf und bedanken Sie sich bei ihm, er hat Ihnen das Leben gerettet.»

«Wie komme ich nur zu so einem Glück!» fragte sich Fang Tzu Wen, der noch immer ganz benommen war.

«Wer sind Sie?» erkundigte sich Herr Pi.

«Sie wollen wissen, wer ich bin? Mein Name ist Fang und ich komme von Hsiang Fu in Ho Nan», antwortete er. «Wie soll ich Ihnen danken, mein Wohltäter und Retter?»

«Wenn Sie Fang heißen und aus Hsiang Fu kommen, dann wird Ihnen wohl der Name Fang Dsching Hua bekannt sein?» meinte Herr Pi.

«Oh gewiß!» erwiderte Fang Tzu Wen. «Dsching Hua war der Nebenname meines verstorbenen Vaters.»

«Wie hieß Ihr Großvater?» fragte ihn Herr Pi.

«Mein Großvater hieß Fang Tien Dschüeh. Er hatte sein Amt in der Huang Ko Halle.»

«Und wie ist Ihr eigener werter Name?» wollte Herr Pi wissen.

«Ich heiße Fang Tzu Wen.»

«Sie sind also sehr vornehmer Abstammung», meinte Herr Pi. «Wie kommt es, daß Sie so ärmlich gekleidet sind?»

«Wir sind durch den Verräter Lo Tung zugrunde gerichtet worden», erklärte Fang Tzu Wen. «Unsere Felder, unser Haus, unser Gold und alle unsere Habe ist von ihm beschlagnahmt worden. Meine Mutter und ich stehen heute vollkommen mittellos da.»

«Und was hat Sie in diese Gegend hergeführt?» erkundigte sich Herr Pi.

«Meine Mutter wollte, daß ich unsere Verwandten aufsuche.»

«Wer sind Ihre Verwandten und wo leben sie?»

«Meine Tante, die Schwester meines Vaters, ist mit einem Beamten in Shang Yang verheiratet», berichtete Fang Tzu Wen. «Er heißt Tschen Pei Te und war Generalzensor, hat sich jetzt aber zur Ruhe gesetzt.»

«Da sind Sie also im Begriffe, nach Shang Yang zu gehen?» fragte Herr Pi.

«Nein, ich komme bereits von dort zurück», erwiderte Fang Tzu Wen. Vizekommandant Pi sah erstaunt auf. «Sie haben wohl Pech gehabt und Ihre Verwandten nicht angetroffen», meinte er.

«Doch, ich habe sie angetroffen.»

In Herrn Pi begannen sich wieder Zweifel zu rühren. «Er hat seine Verwandten besucht und ist trotzdem so armselig gekleidet, das ist doch recht seltsam», sagte er sich.

«War der Herr Generalzensor freundlich zu Ihnen?» fragte er.

«Mein Onkel ist noch ein Mann des alten Schlages», antwortete Fang Tzu Wen. «Er hat mich ungemein liebevoll behandelt. Obwohl ich kaum eine Viertelstunde mit ihm beisammen war, konnte ich doch sehen, was für ein gütiger Mensch er ist.»

«Wie kommt es, daß Sie nur so kurz mit ihm gesprochen haben?»

«Erlauben Sie mir, daß ich Ihnen dies erkläre», bat Fang Tzu Wen. «Die Sache kam so: Als ich ankam, standen unzählige Wagen vor dem Tore seines Hauses; die Torwächter musterten mich von allen Seiten, und da meine Kleider geflickt und zerrissen waren, und ich keinen begüterten Eindruck machte, mußte ich mir von ihnen eine recht üble Behandlung gefallen lassen.» Er berichtete nun getreu, wie grausam seine Tante zu ihm gewesen war, was Kleinod und ihre Zofe für ihn getan hatten, wie er davongerannt war, der Onkel ihn eingeholt und dann mit Kleinod verlobt hatte. Dann erzählte er kurz von seinem Leidensweg in Sturm und Schnee und von dem Überfall durch den Räuber.

Vizekommandant Pi hatte seinen Worten voll Mitgefühl gelauscht.

«Wie kommt es aber, daß Sie nach Huang Dschou gegangen sind, Sie sagten doch, Sie wollten in Ihre Heimat nach Ho Nan zurück?» erkundigte er sich. «Haben Sie hier in Huang Dschou zu tun?»

«Meine Geldmittel waren sehr knapp», gestand Fang Tzu Wen. «Ich wollte deshalb den Vizepräfekten Dschang Dschi, einen guten Freund meines verstorbenen Vaters, der in Huang Dschou lebt, aufsuchen und mir von ihm ein wenig Geld ausborgen.»

«Da haben Sie den langen Weg umsonst gemacht!» rief Herr Pi. «Herr Dschang Dschi ist ein guter Bekannter von mir, und ich weiß, daß er vor wenigen Tagen in seine Heimat zurückgereist ist.»

Es war für Vizekommandant Pi jetzt kein Zweifel mehr, daß Fang Tzu Wens Worte auf Wahrheit beruhten. Er erteilte deshalb seinen Matrosen den Befehl, ihm auf das Schiff hinauf zu helfen und ihn sofort mit den besten Kleidern zu versorgen.

«Was mag es wohl mit diesem Fremden für eine Bewandtnis haben, daß sich unser Herr so sehr für ihn verwendet?» fragten sich die Diener Herrn Pis. «Er behandelt ihn mit besonderer Zuvorkommenheit!» Sie beeilten sich, Fang Tzu Wen behilflich zu sein, und als dieser die Kleider gewechselt und ein wenig Toilette gemacht hatte, begab er sich wieder zu Herrn Pi.

«Verehrter Gönner!» sagte er gerührt zu ihm. «Sie haben mich nutzlosen Menschen so wohlwollend behandelt, daß ich Ihnen Ihre Güte mein ganzes Leben lang nicht werde vergelten können! So edle Gefühle wie die Ihren findet man schwerlich wieder in dieser Welt!»

Herr Pi lächelte.

«Was ich für Sie getan habe, ist nicht der Rede wert», wehrte er ab. «Wir waren doch in einem früheren Leben bestimmt einmal Brüder. Machen Sie also keine

Umstände und lassen Sie uns auch diesmal wieder Brüder sein! Komm Bruder! Laß uns gemütlich miteinander plaudern!»

«Darf ich dich um deinen werten Namen bitten», fragte Fang Tzu Wen.

«Du hast mir von deinem Leben erzählt, und ich werde dir jetzt von dem meinen berichten», sagte Herr Pi. «Ich heiße Pi Yün und stamme aus Nan Tschang in Kiang Hsi. Mein Vater war der Schüler deines Großvaters, und ich selbst hatte deinen Onkel Tschen Pei Te, den ich sehr verehre, zum Lehrer.»

«Wie?» rief Fang Tzu Wen verblüfft. «Da bist du also mit meiner Familie bestens bekannt! Was ist dies doch für ein seltsames Zusammentreffen! Ich fürchte noch immer, es wird sich alles plötzlich als ein Traum herausstellen!»

«Nein, Bruder!» sagte Herr Pi. «Ein alter Spruch lautet: ‚Alle Flüsse fließen ins Meer.' Warum sollten wir Menschen uns da nicht begegnen?»

Nachdem sie noch ein wenig geplaudert hatten, ließ Herr Pi Wein bringen und bat Fang Tzu Wen, ihm genaue Details über den Raub der Juwelenpagode zu geben.

«Wie kann ich meiner Cousine je wieder unter die Augen treten?» jammerte dieser, nachdem er dem Freunde ausführlich berichtet hatte, wie die Sache zugegangen war. «Was muß sie von mir denken?»

«Mach dir keine unnötigen Sorgen», tröstete ihn Herr Pi. «Ich werde sofort eine Diebstahlsanzeige machen und den Präfekten von Huang Dschou persönlich ersuchen, alles in die Wege zu leiten, damit der Räuber schnellstens eruiert und verhaftet wird.»

«Deine Güte kennt keine Grenzen!» rief Fang Tzu Wen erfreut.

Sie tranken einen Becher nach dem anderen, und der Himmel begann sich bereits zu lichten, die Strahlen der Sonne leuchteten schon in die Kabine herein, als sie sich endlich schlafen legten.

Am nächsten Tage schickte Vizekommandant Pi sofort einen Boten mit einem Brief zum Präfekten von Huang Dschou. Er setzte in diesem Schreiben genau auseinander, wie es zu dem Raub der Juwelenpagode gekommen war, und fügte hinzu, er erwarte, daß man den Dieb binnen zwei Wochen verhafte. Dann wurde das Schiff klargemacht.

«Was gedenkst du jetzt zu tun?» fragte er seinen neuen Freund. «Hast du schon bestimmte Pläne?»

«Da sich Herr Dschang Dschi, wie du mir sagtest, nicht in Huang Dschou aufhält, ist der Zweck meiner Reise hierher hinfällig geworden,» sagte Fang Tzu Wen.

«Wie wäre es, wenn du mit mir nach Hause fahren und bei mir bleiben würdest?» meinte Herr Pi.

«Dein Vorschlag ist für mich wieder ein Beweis deiner unendlichen Güte», antwortete Fang Tzu Wen. «Bedenke aber, meine Mutter ist alt und wartet voll Sehnsucht auf meine Rückkehr. Wie könnte ich nach dem Westen gehen und sie allein im Osten lassen?»

«Ich kann deine Bedenken sehr gut verstehen,» bemerkte Herr Pi. «Trotzdem halte ich es für das beste, wenn du mit mir nach Nan Tschang kommst und dich dort auf dein Examen vorbereitest. Ich werde, wenn du dich bei mir wohl fühlst, einen Diener nach Ho Nan schicken und deine Mutter fragen lassen, ob sie bereit wäre, auch zu mir zu kommen. Meiner Mutter würde es sicher große Freude machen, sie bei sich aufzunehmen. Hast du die Prüfungen mit Erfolg bestanden, kannst du dann weitere Beschlüsse fassen. Die Juwelenpagode wird längst wieder in deinem Besitz sein und deiner Eheschließung mit deiner Cousine steht dann auch nichts mehr im Wege.»

Mit tiefer Freude willigte Fang Tzu Wen in diesen Vorschlag ein. «Abgemacht also!» rief Vizekommandant Pi. Er gab dem Kapitän den Befehl, so rasch wie möglich weiter zu fahren und setzte abermals für die Schiffsmannschaft Extrarationen und Belohnungen fest.

«Sieh nur, wie schön diese schneebedeckte Landschaft ist!» sagte Herr Pi am nächsten Tage, auf die sonnenbeschienenen, beschneiten Felder und Berge zeigend.

«Wahrhaftig!» gab Fang Tzu Wen zu. «Warum mußte gerade gestern so ein entsetzlicher Sturm wüten?»

Die neuen Freunde saßen einander gegenüber und waren beide mit ihren eigenen Gedanken beschäftigt. Der eine seufzte über die Schicksalstücke des Wetters, der andere überlegte, ob er das Gedicht Li Sao zum Thema eines Essays machen sollte. Sie plauderten und tauschten gegenseitig ihre Meinungen aus. So verlief die Fahrt in voller Harmonie.

Der diensthabende Beamte der Präfektur von Huang Dschou hatte mittlerweile die Diebstahlsanzeige, die Vizekommandant Pi eingereicht hatte, in die Hand bekommen und diese versetzte ihn in große Aufregung, mußte er doch unverzüglich alles Nötige für die Eruierung des Räubers in die Wege leiten, und diese Aufgabe war nicht leicht. Welch Verhängnis, daß gerade ein Verwandter des Vizekommandanten bestohlen wurde! Der Räuber mußte um jeden Preis gefunden werden und das sofort! Aber obwohl Himmel und Erde nach dem Verbrecher abgesucht wurden, war von diesem nicht die geringste Spur zu finden.

Tschiu sechs Brücken war mit seiner Beute sehr übelgelaunt nach Hause gegangen. Daß er nichts anderes als dieses schäbige Reisebündel erobert hatte, verdroß ihn über alle Maßen. Er machte es mißmutig auf, zog die alten, zerfetzten Kleider heraus und warf sie ärgerlich auf den Boden. Dann machte er sich daran, die Lebensmittelpakete auszupacken. Mit einem Male meinte er seinen Augen nicht trauen zu können, denn es funkelte ein herrlicher Schmuckgegenstand zwischen ihnen hervor. Er stellte die kleine Juwelenpagode auf den Tisch und vermochte die ganze Nacht keinen Schlaf zu finden vor Aufregung und Freude. Am nächsten Morgen rannte er sofort aus dem Hause, um das Stück zu veräußern. Als er die Straße entlang ging, sah er in einer Teestube zwei Gerichtsdiener aufgeregt miteinander flüstern. Er verlangsamte seine Schritte und hörte, wie der eine zum anderen sagte: «Die Sache ist äußerst dringend! Der Arrestbefehl ist bereits an alle Bezirksämter weitergegeben worden!»

Begreiflicherweise gaben ihm diese Worte zu denken, und so schlich er sich näher an die beiden heran, um zu horchen, was sie weiter über diese dringende Sache sprachen.

«Was ist eigentlich geschehen?» fragte der eine. «Erzähle!»

«Gestern um die dritte Nachtstunde hat ein Räuber einen Verwandten des Vizekommandanten Pi überfallen und ihm eine sehr kostbare Juwelenpagode geraubt», berichtete der andere. «Der Vizekommandant besteht darauf, der Verbrecher müsse binnen vierzehn Tagen arretiert sein. Na? Ist das etwa nicht eine dringende Sache? Wir werden alle Hände voll zu tun haben, es versteht sich, daß wir jetzt alle bekannten Wegelagerer und verdächtigen Personen verhaften müssen!»

Tschiu sechs Brücken meinte, die Seele müsse ihm entfliehen.

«Ich muß noch heute fort!» sagte er sich entsetzt. «Hier kann ich das Schmuckstück nie mehr verkaufen, es ist besser, ich bringe es gleich an einen anderen Ort.»

Er beeilte sich, so rasch wie möglich davonzukommen. Ohne sich viel Rast zu gönnen, floh er Tag und Nacht weiter.

Vizekommandant Pi und Fang Tzu Wen waren nun schon in Nan Tschang angekommen und hatten sich von Tag zu Tag mehr angefreundet. Der Winter ging allmählich seinem Ende zu und die blühenden Prunussträucher riefen bereits eine frühlingshafte Atmosphäre hervor.

Um Fang Tzu Wen die Möglichkeit zu geben, ungestört seinen Studien nachzugehen, hatte ihm Herr Pi das Bibliothekszimmer als Wohnraum eingerichtet. Wäre Fang Tzu Wen nicht immer wieder von quälenden Sorgen um die Mutter bedrückt worden, hätte er restlos glücklich sein können.

VII. KAPITEL

Bei einem Neujahrsbankett entsteht ein schwerer Streit zwischen Gatte und Gattin. Ein gefühlvolles Mädchen zieht die Brauen kummervoll zusammen

Kleinod war erst neunzehn Jahre alt, doch ihr trauriger Blick verriet, wie viele Sorgen und Ängste sie bewegten. Seit dem furchtbaren Streit, der zwischen ihren Eltern nach dem Besuche Fang Tzu Wens ausgebrochen war, lebten Vater und Mutter getrennt in zwei verschiedenen Trakten des Hauses, und es war zwischen den beiden noch immer nicht zu einer Versöhnung gekommen.

Jeden Morgen ging Kleinod erst in den östlichen Trakt, um dem Vater ihren Morgengruß zu entbieten, und dann in den westlichen Trakt, um sich nach dem Befinden der Mutter zu erkundigen. Meist fand sie die Türe zur Mutter verschlossen vor, denn Frau Tschen pflegte täglich buddhistische Andachten zu verrichten und erlaubte ihrer Tochter nur jeden dritten Tag mit ihr zu sprechen. Kleinod hatte sich an diesen Zustand, so arg er war, allmählich gewöhnt. Das alte Jahr war vergangen und nun war das neue angebrochen.

«Heute wird es in Shang Yang keine einzige Familie geben, die nicht heiter und glücklich ist», sagte sie sich. «Nun wird auch in unserem Hause wieder Frieden einziehen.» Sie war schon zeitig aufgestanden und hatte sich vorgenommen, wenn der Vater erschien, um vor den Ahnentafeln im großen Saale seine Andacht zu verrichten, rasch in den westlichen Trakt zu laufen und die Mutter zu bitten, sich auch in den großen Saal zu begeben.

«Die Eltern werden sich dann bestimmt versöhnen», meinte sie. «Buntapfel hat schon alles für das heutige Festbankett vorbereitet und der Abend wird sehr schön und harmonisch verlaufen. Morgen feiert die Mutter ihren fünfzigsten Geburtstag und dann wird alles wieder beim alten sein.» Im Geiste sah sie schon, wie sich die beiden alten Leute wohl fühlen würden wie Fische im Wasser.

Nachdem sie sich gekämmt und schön gemacht hatte, überlegte sie, was im Hause noch alles vorzubereiten war. Sie freute sich schon unsagbar darauf, Vater und Mutter wieder in voller Eintracht zu sehen. Voll Gewißheit über den guten Ausgang der Sache, lief sie geschäftig umher und machte so sorgfältig Toilette, daß sie schließlich schön war wie die Frau im Monde. In ihr zu einem großen Knoten frisiertes Haar steckte sie ihre goldenen Phönixhaarnadeln, ihre Jade-Schmetterlinge und ihre kostbarsten Perlen hinein. Dann hängte sie ihre reizenden Ohrringe mit den eigenartigen feinen Gehängen ein, zog ein silberrotes kurzes Unterkleid an, ein gelbes Kleid und darüber eine golddurchwirkte Zobeljacke. Ihr weiter Rock mit den Bordüren von leuchtenden Blumen wogte bei ihren Schritten hin und her und ließ ab und zu ihre winzigen, bogenförmigen Schuhe wie rote Wasserkastanien hervorlugen. Wenn sie durch das Zimmer ging, erklang es ringsum wie Musik. Leichtfüßig und graziös bewegte sie sich, ohne den Kopf zu heben, ohne Staub aufzuwirbeln, ganz so, wie es sich für eine wohlerzogene junge Dame geziemt.

Generalzensor Tschen war nun auch bereits aufgestanden, und als der Himmel sich zu lichten begann, zog er seinen Morgenrock an, um sich in den großen Saal zu begeben und vor den Ahnentafeln die vorgeschriebenen Neujahrsriten zu vollziehen. Als Buntapfel ihn erblickte, lief sie sofort in Kleinods Zimmer.

«Gnädiges Fräulein! Der Herr Generalzensor kommt!» rief sie aufgeregt.

Kaum hatte sie ausgesprochen, stand Herr Tschen auch schon im Zimmer. Kleinod eilte auf ihn zu und bezeugte ihm ihren Morgengruß.

Herr Tschen lächelte. Dieses liebliche, zarte Mädchen, das vor ihm stand, war ein Anblick, der sein Herz mit heller Freude erfüllte.

«Vergiß niemals, mein Kind, daß das Leben eines Menschen dem Dahingaloppieren eines flinken Pferdes vor einem Abgrund gleicht», sagte er. «Licht und Schatten lösen einander ab in nie endendem Wechsel. Zu den fünfzig Jahren, die mir zu leben vergönnt waren, gesellt sich jetzt wieder ein neues hinzu. Auch du gehst schon deinem zwanzigsten Jahre entgegen. – Komm mit mir in die große Halle und laß uns dort vor den Tafeln der Ahnen einander unsere Glückwünsche darbringen!»

«Gedulde dich bitte ein klein wenig, Vater!» bat Kleinod. «Ich möchte noch rasch in den westlichen Trakt hinüberlaufen und die Mutter bitten, sich uns anzuschließen. Du mußt ihr doch auch zu ihrem morgigen Geburtstag gratulieren!»

«Gemach! Gemach! Mein Kind!» hielt Herr Tschen sie zurück. «Du darfst nicht so voreilig sein! Ich hege noch sehr starken Groll in meinem Herzen gegen deine Mutter! Weshalb sollte ich ihren Geburtstag beachten? Meinen Geburtstag hat sie mir ja gründlich verdorben. Es hat keinen Zweck, daß sie hierher kommt, es gibt nur wieder Anlaß zu neuem Streit. Laß sie in ihren buddhistischen Tempel gehen, und wir feiern den heutigen Tag ohne sie! Wir setzen uns gemütlich zusammen, trinken ein paar Becher Wein und begrüßen gemeinsam das neue Jahr!»

«Aber Vater!» rief Kleinod. «Ich kann doch nicht wie ein mutterloses Kind handeln! Bitte vergiß die Worte, die sie dir damals in ihrer Aufregung gesagt hat! Du hast doch gesagt, im Leben sei alles einem Wechsel unterworfen. Die Frühlingsblüten fallen in die Wellen und diese nehmen sie mit sich fort, der Mond kommt zwischen den Wolken hervor und verschwindet wieder hinter ihnen. Nirgends gibt es ein ewiges Bleiben. Gib doch auch du deine feindselige Haltung zur Mutter auf!»

«Gehen wir, Fräulein?» unterbrach sie Buntapfel.

«Ja, ich komme!» erwiderte Kleinod. «Bitte Vater, warte auf uns!»

«Nein, ich werde nicht auf euch warten», beharrte Herr Tschen. «Ich werde das neue Jahr im großen Saale allein willkommen heißen.»

«Ach bitte, Vater, kränke mich nicht so sehr!» rief Kleinod, den Tränen nahe.

«Gestatten Sie, Herr Generalzensor, daß ich auch einige Worte dazu vorbringe», wandte sich Buntapfel an Herrn Tschen. «Am Neujahrstage hängen an den Toren aller Häuser Inschriften mit guten Wünschen und glückbringenden Zeichen. Überall, wohin man kommt, herrscht Freude und Fröhlichkeit. Wenn Sie den Anbruch des neuen Jahres allein feiern oder mit anderen Menschen verbringen würden, wäre dies ein furchtbarer Schlag für Kleinod! Seit dem Tage, an dem Sie sich mit der gnädigen Frau entzweit haben, weint das Fräulein Nacht für Nacht. Die Arme vermag keinen Schlaf und keine Ruhe zu finden. Kaum hat sie sich niedergelegt, steht sie auf, brennt Weihrauchstäbchen ab und betet, dieser Zwist möge bald ein Ende haben. Sie grübelt und seufzt und kann es nicht begreifen, warum ihre Eltern ihr so bitteres Leid antun. Dann wieder macht sie sich die schwersten Vorwürfe, noch keinen Weg gefunden zu haben, um im Hause wieder Frieden und Harmonie herbeizuführen. Außer mir weiß niemand, wie sehr das Fräulein unter diesen Umständen leidet. Sehen Sie Fräulein Kleinod doch an, Herr Generalzensor! Merken Sie nicht, wie blaß und mager das kleine Mädchen geworden ist?»

Kleinod waren bei diesen Worten die Tränen in die Augen gestiegen und ihr Gesichtchen hatte sich vor Schmerz verzogen.

Als Herr Tschen sie so traurig sah, erweichten Mitleid und Liebe sein Herz.

«Also gut!» gab er nach. «Ich werde auf diese unmoralische Person warten! Wenn sie aber nicht kommen will, kann sie es ruhig bleiben lassen!»

Kleinod eilte, begleitet von Buntapfel, in den westlichen Trakt. Aber – wer hätte dies gedacht – die Türe war noch fest verschlossen. Erst nach wiederholtem Klopfen meldete sich Rotwolkes Stimme.

«Wer klopft denn da unaufhörlich?» rief sie mißmutig. «Es ist ja, als würde eine ganze Hofsuite aufgerüttelt werden!»

«Mach auf! Fräulein Kleinod ist da!» erwiderte Buntapfel.

«Das Fräulein muß eben warten», erklärte Rotwolke. «Ich muß der gnädigen Frau doch erst melden, daß sie da ist, bevor ich öffne.» Sie ging in Frau Tschens Zimmer, und da diese sich bereit erklärte, die Tochter zu empfangen, sperrte sie die Türe auf.

«Was willst du hier so früh?» fragte Frau Tschen, als sie sie eintreten sah.

«Heute ist Neujahrsanbruch und morgen ist dein fünfzigster Geburtstag!» antwortete Kleinod aufgeregt. «Bitte komm mit mir in den großen Saal, damit ich Euch beiden meine Glückwünsche darbringen kann!»

«Euch beiden?» rief Frau Tschen. «Wer sollen diese ,beiden' sein?»

«Das Ehepaar Tschen, meine verehrten Eltern,» sagte Kleinod.

«Ein Ehepaar kann man das wohl kaum nennen,» erklärte Frau Tschen bitter.

«Ach Mutter, bitte komm!» bat Kleinod. «Vater wartet bereits auf dich!»

«Ich will doch gar nicht, daß der alte Narr auf mich wartet!» rief Frau Tschen erbost.

«Aber Mutter, du weißt doch, daß Frieden im Hause zugleich auch Ansehen des Hauses bedeutet», ermahnte sie Kleinod. «Wenn in einer Familie Eintracht herrscht, blüht der ganze Hausstand auf. Und heute, zu Beginn des neuen Jahres, soll sich der Friede doch erst recht durch alle Tore winden und durch alle Pforten dringen!»

«Der alte Verbrecher hat mich von sich gestoßen, zwischen uns sind alle Bande zerrissen», erklärte Frau Tschen. «Begriffe wie ,Frieden' und ,Eintracht' sind für uns vollkommen sinnlos geworden.»

Kleinod war verzweifelt.

«Wenn du dich weigerst, in den großen Saal zu kommen, dann zwingst du mich, ebenso fest und beharrlich zu bleiben wie du!» sagte sie. «Ich bleibe jetzt hier, und du wirst mich mein ganzes Leben lang nicht mehr aus diesem Zimmer bringen!» Sie warf sich auf die Knie, und Tränen überströmten ihre Wangen. Sie wollte sprechen, aber ihre Seele war wie zerbrochen. Das Schluchzen verschloß ihr die Kehle.

Selbst Frau Tschen konnte sich bei diesem Anblick nicht mehr des Mitleids erwehren.

«Steh auf und laß uns die Sache nochmals besprechen», sagte sie.

«Nein, Mutter, ich stehe nicht von den Knien auf, ehe du dich nicht bereit erklärst, mit mir zum Vater zu kommen», erklärte Kleinod mit Festigkeit.

«Gut also, ich gehe!» gab Frau Tschen nach. «Ich betone aber ausdrücklich, daß ich es nur dir zuliebe tue! Nur weil ich befürchte, daß er es dich entgelten lassen könnte, wenn ich nicht komme, werde ich mit diesem obstinaten Menschen Frieden schließen!»

Strahlend vor Freude erhob sich Kleinod von den Knien.

«Ich verlange selbstverständlich, daß die alten Angelegenheiten nicht wieder neu aufgerollt werden», fuhr Frau Tschen fort. «Ebenso verbitte ich es mir, daß während des Festessens auch nur ein einziges Mal der Name ‚Fang' fällt! Nur dieser verhungerte Bengel war an allen unseren Zwistigkeiten schuld! Nur seinetwegen ist in unserem Hause Unfrieden entstanden! Dieser alte Trottel, dein Vater, hat die Unverfrorenheit gehabt, dich ohne Beisein eines Heiratsvermittlers diesem dahergelaufenen Kerl als Gattin zu versprechen! So etwas ist doch empörend! Hör nicht auf das, was er zu dir spricht,

Kind! Was er getan hat, ist vollkommen sittenwidrig! Folge mir und nicht ihm!»

«Gewiß! Gewiß!» versprach Kleinod, indes sie weiter gingen. Bald´waren sie im großen Saale angelangt und sahen Herrn Tschen dort wartend stehen. Als er die beiden näherkommen sah, ging er ihnen entgegen und verbeugte sich vor seiner Gattin, worauf diese sich notgedrungen auch vor ihm verbeugen mußte.

«Nehmt Platz, verehrte Eltern!» forderte Kleinod die beiden auf. «Erlaubt Eurem unwürdigen Kinde, Euch die besten Glückwünsche für das neue Jahr darzubringen.» Sie ging auf die Eltern zu und verbeugte sich vor ihnen in der ehrfurchtsvollsten Weise.

«Ich bitte, noch weitere Glückwünsche darbringen zu dürfen,» bat sie, sich erhebend. «Gestatte mir, Mutter, dir auch für deinen morgigen Geburtstag meine besten Glückwünsche auszusprechen», sagte sie. «Erlaube mir, dir ein schönes und langes Leben zu wünschen!» Bei diesen Worten verbeugte sie sich nochmals tief vor ihrer Mutter.

Frau Tschen half ihr rasch auf. Vater und Mutter standen jetzt einander gegenüber und musterten sich mißtrauisch. Obwohl sie nicht ein einziges Wort miteinander wechselten, waren sie in ihrem Inneren doch sehr bewegt. Nach einer Weile ging Frau Tschen in den westlichen Trakt zurück, und Herr Tschen begab sich wieder in sein Bibliothekszimmer.

Der Tag verging ohne besondere Ereignisse. Als es dann Zeit geworden war, mit dem Bankett zu beginnen, ging Buntapfel zuerst zu Herrn Tschen, um ihn in die mittlere Halle zu bitten, und dann zu Frau Tschen, um diese aufzufordern, sich dahin zu begeben.

Die beiden saßen nun an der Tafel Seite an Seite, ohne jedoch voneinander Notiz zu nehmen. Herr Tschen richtete das Wort ausschließlich an Kleinod, und Frau Tschen hielt es ebenso. Auf diese Weise wurde zwar jeder unangenehme Wortwechsel vermieden, aber es herrschte eine sehr gespannte Atmosphäre. Kleinod versuchte ihr Bestes, die Eltern aufzuheitern, und plauderte munter darauflos, um sie in eine bessere Stimmung zu bringen. Sie erzählte, in diesem und diesem Hause habe man für die Kinder besonders schmackhafte Frühlingskuchen gebacken, in einem anderen seien ganz neuartige Neujahrs-Glückstafeln aufgehängt worden, wieder in einem anderen hatten die weiblichen Mitglieder der Familie ein bekanntes Blütenlied gesungen, ein Beamter sei mit einem Gewand erschienen, auf dem eine Schneelandschaft gemalt war, von einem anderen solle man erzählt haben, er parfümiere sich immer so sehr, wenn er zu einer Prüfung gehe, ein dritter wieder nehme sich immer ein starkes Sitzkissen mit. Sie hoffte mit diesen und ähnlichen Berichten die Eltern etwas fröhlicher und zugänglicher zu machen. Als sie dann aber erwähnte, wie freudig bewegt und glücklich alle am Neujahrstage seien, begann Herr Tschen laut zu seufzen.

«Es gibt heute nicht nur fröhliche und heitere Menschen, sondern auch solche, die traurig sind», sagte er. «Ich habe da einen jungen Mann im Sinn, der sich auf einer Reise befindet und einsam durch die verschneiten Berge wandert. Voll Sehnsucht blickt er in die Wolken und sieht im Geiste seine Mutter vor sich, die am Gartentor lehnt und auf ihn wartet. Wer weiß, wie sehr er unter der Kälte und dem Hunger leidet! Er und seine Mutter müssen ihr Leben kümmerlich fristen, sie sind tausende Li voneinander getrennt, und für sie gibt es keine Neujahrsfeier!»

Kaum hatte er noch ausgesprochen, wandte ihm seine Frau ihr wutverzerrtes Gesicht zu.

«Glaubst du, ich weiß nicht, daß du von diesem unverschämten Kerl, unserem Neffen sprichst?» rief sie böse. «Kleinod! Ich habe dir ausdrücklich gesagt, ich wünsche kein Wort mehr über ihn zu hören! Wie kannst du es zugeben, daß dieser Verbrecher wieder von ihm spricht?»

«Ärgere dich nicht, Mutter», versuchte Kleinod sie zu beruhigen. «Der Vater hat doch nur von einem einsamen jungen Reisenden gesprochen und nicht vom Vetter Fang! Vielleicht hat er jemand anderen im Sinn gehabt!»

«Dummes Gerede!» fuhr Frau Tschen sie an. «Hältst du mich für ein dreijähriges Kind? Es ist gewiß bedauerlich, daß deine Tante in Armut geraten ist, was braucht dein Vater, dieser Trottel, aber Mitleid mit ihrem Sohn, diesem eingebildeten Laffen, zu haben!»

Buntapfel, die das Gespräch mitangehört hatte, sprang entrüstet auf.

«Herr Fang ist ein hochintelligenter und sehr vielversprechender junger Mann!» rief sie aufgeregt. «Sie haben nicht das Recht, von ihm so verächtlich zu sprechen, gnädige Frau! Ein Mensch wie er bleibt nicht unten! In kürzester Zeit wird er mit seinem starken Willen gegen den Sturm und die Wolken kämpfen und sich einen Platz hoch oben sichern! Verzeihen Sie mir meine auflehnenden Worte, aber ich weiß, daß jeder, der diesen vornehm denkenden, stolzen jungen Herrn kennt, von Mitleid erfüllt sein muß über seine schwere Lage!»

Frau Tschen wollte sie gerade empört zurechtweisen, da ergriff ihr Gatte wieder das Wort.

«Großartig!» rief er begeistert aus. «Großartig, Buntapfel! Das gefällt mir, daß du ein so warmes, mitfühlendes Herz hast und einen so guten Blick für Intelligenz und Begabung! Man sollte es nicht für möglich halten, daß eine vornehme Magistratengattin weniger Verständnis für einen wertvollen Menschen hat, als ein einfaches Dienstmädchen!»

«Was unterstehst du dich zu sagen, du Verbrecher?» schrie Frau Tschen, außer sich vor Zorn den Tisch umwerfend. «Du wagst es, mir eine Zofe als Vorbild hinzustellen? Jetzt verstehe ich endlich, weshalb du mich als Frau verstoßen hast! So ist die Sache! Buntapfel nimmt jetzt wohl meine Stelle ein?» Schreiend und tobend lief sie in den westlichen Trakt zurück.

Kleinod zitterte am ganzen Körper und ihre Kehle war wie zugeschnürt. Buntapfel war verwirrt wie ein junges Reh.

«Ich hätte die Folgen meiner Worte voraussehen müssen», sagte sich Herr Tschen, in seinem Inneren bedrückt, tat aber so, als wäre nichts geschehen, und trachtete, seine Beherrschung zu bewahren.

Kleinod erhob sich nach einer Weile und ging in den westlichen Trakt, um der Mutter gütlich zuzusprechen, mußte aber unverrichteter Dinge in ihr Zimmer zurückkehren, da ihre Mutter die Türe verschlossen und ihr keinen Einlaß gewährt hatte. Verzweifelt warf sie sich auf ihr Bett, vermochte aber die ganze Nacht keinen Schlaf zu finden. Am nächsten Morgen suchte sie die Mutter wieder auf, um ihr zum Geburtstag Glück zu wünschen, doch Frau Tschen war so kurz angebunden, daß sie bald wieder schmerzerfüllt in ihr Zimmer ging. Die Kluft zwischen Vater und Mutter hatte sich seit dem Neujahrstage also noch vergrößert.

Herr Tschen versuchte es, sich zu zerstreuen und nicht mehr an den unerquicklichen Abend zu denken. Er beschäftigte sich mit seinen Blumen, trank mit Freunden ein paar Becher Wein oder rezitierte Gedichte.

Kleinod aber wurde von Tag zu Tag blasser und schwächer. Sie hatte sich so sehr bemüht, die Eltern wieder zusammenzuführen, und nun waren alle ihre Hoffnungen zunichte geworden. Das Bewußtsein, gänzlich versagt zu haben, ließ sie immer wieder in Tränen ausbrechen.

VIII. KAPITEL

*Die geheimen Klagen eines Einsamen klingen an das Ohr
eines Mädchens*

*Nun ist der Tag des Winteropferfestes vergangen,
Es kehrt der Frühling schon wieder ein,
Noch immer ist das Herz voll Weh und Bangen,
Wohin mögen die Wildgänse wohl geflogen sein?*

Fang Tzu Wen hatte nach all den schweren Erfahrungen seiner Reise das Glück gehabt, bei seinem neuen Freunde, dem Vizekommandanten Pi, sehr herzliche Aufnahme gefunden zu haben. Nun brauchte er weder an Kleidung noch an Essen mehr Mangel zu leiden. Nur der Gedanke an die alte Mutter daheim ließ ihn nicht zur Ruhe kommen. Jetzt würden bald von allen Häusern die Pfirsich-Neujahrsfahnen herabwehen und mit einem Male würde es wieder Frühling sein. In fremdem Lande weilend, dachte er voll Sehnsucht an die Heimat, und die

Trennung von der geliebten Mutter bedrückte ihn schwer. Manchmal war ihm, als würde man sein Herz mit Messern in Stücke schneiden. Gar mancher wird sich erst in der Ferne bewußt, daß er einer Pflanze gleicht, die Blüten und Früchte getragen hat und dies alles einer Wurzel und einem Stengel verdankt. Wie hätte er die Mutter vergessen können, die allein und hilflos zurückgeblieben war!

Als ihm gerade wieder tausend Gedanken der Sehnsucht das Herz zusammenpreßten, sah er Herrn Pi gemächlich in das Bibliothekzimmer hereinkommen. Er erhob sich und ging ihm rasch entgegen.

«Verehrter Bruder!» begrüßte ihn Herr Pi. «Der Herbstneumond steht am Himmel, wollen wir nicht zusammen ausgehen und uns an seinem Anblick erfreuen? Warum sitzest du hier so traurig im Zimmer und arbeitest, ohne dir eine Pause zu gönnen?»

«Ach, verehrter Bruder», rief Fang Tzu Wen, «ich bin mit meinen Studien noch nicht sehr weit gekommen, es ist besser, ich bleibe daheim bei meinen Büchern.»

«Du bist wirklich ein fleißiger Mensch!» erklärte Herr Pi. «Dir ist das Studium immer das Wichtigste.»

«Bitte, nimm Platz», forderte ihn Fang Tzu Wen auf.

Nun saßen die beiden einander gegenüber, der fröhliche, unbeschwerte Vizekommandant Pi und der traurige Student Fang Tzu Wen. Der eine plauderte über dies und jenes, der andere schwieg und vermochte es trotz allen Bemühungen nicht, eine heitere Miene zu zeigen.

Herr Pi, dem die traurige Stimmung des Freundes nicht entgangen war, fragte ihn geradeheraus: «Bruder! Warum machst du ein so betrübtes Gesicht? Fehlt dir etwas? Sei doch auch ein wenig fröhlich!»

«Mir fehlt nichts, Bruder, wahrhaftig nichts!» versicherte ihm Fang Tzu Wen.

«Nein, nein», beharrte Herr Pi. «Du verheimlichst mir etwas! Du kannst mich nicht vom Gegenteil überzeugen. Ich sehe doch, daß deine Tränen noch gar nicht getrocknet sind! Gewiß sind es die Sorgen um deine Mutter, die dich nicht froh werden lassen! Ich kann dies sehr gut verstehen. Für einen so pietätvollen Sohn, wie du es bist, ist dies ja begreiflich. Nun hast du aber einmal diesen Weg durch so viele Hindernisse unternommen und kannst nicht plötzlich stehenbleiben, die Flügel ausspannen und zurückfliegen. Der Examenstermin ist noch fern. Nimm doch die Staatsbürgerschaft von Nan Tschang an und laß dich hier in die Kandidatenliste einschreiben. Wenn du hier deine Prüfungen abgelegt hast, wird es für dich ganz leicht sein, die Hauptexamen in Peking abzulegen. Sowie du dir dann einen Namen gemacht hast, kannst du nach Hause reisen und deine Mutter durch die köstliche Nachricht erfreuen!»

«Ach, Bruder, ich möchte natürlich meinen ganzen Ehrgeiz dareinsetzen, es zu etwas zu bringen und meine Mutter zu beglücken. Es bedrückt mich nur so sehr, daß sie sich in einer so furchtbaren Lage befindet! Die Ärmste wird nicht wissen, wovon sie leben soll!»

«Hör mich an, Bruder!» sagte Herr Pi. «Sowie das Laternenfest vorüber ist, werde ich einen Boten nach Ho Nan schicken, der sich nach ihrem Befinden erkundigt, und ihm das Wichtigste, das sie für ihre täglichen Bedürfnisse braucht, mitgeben. Wer weiß, vielleicht gelingt es ihm, sie dazu zu bewegen, hierher zu kommen! Wäre das nicht die beste Lösung?»

«Wenn du das möglich machen könntest, Bruder, dann würde meine Dankbarkeit dir gegenüber keine Grenzen kennen!» rief Fang Tzu Wen begeistert.

«Abgemacht also!» erklärte Herr Pi. «Entschuldige bitte, wenn ich dich jetzt verlasse!»

Als er aus dem Zimmer gegangen war, vertiefte sich Fang Tzu Wen von neuem in seine Arbeit.

Die Zeit verging wie im Fluge und plötzlich war der fünfzehnte Tag des ersten Monats, der Tag des Laternenfestes, angebrochen. Abends herrschte überall regstes Treiben, und in allen zehntausend Häusern wurden die Feuerwerksraketen abgebrannt. Das Licht des Mondes mischte sich mit dem Lichte der Laternen. Manchmal war der Himmel von so vielen Feuerblumen bespickt, daß er kaum mehr zu sehen war. Der Lärm der Gongs und der Trommeln auf den Straßen war ohrenbetäubend.

Auch an diesem Abend saß Fang Tzu Wen im Bibliothekszimmer und studierte. Da trat ein Diener ein und meldete:

«Gnädiger Herr! Der Herr Vizekommandant läßt Sie bitten, zu ihm ins Empfangszimmer zu kommen und sich mit ihm am Scheine des Mondes und der Laternen zu erfreuen.»

«Ich lasse dem Herrn Vizekommandanten herzlich danken», erklärte Fang Tzu Wen, «sage ihm, ich werde in einer kleinen Weile kommen.»

«Der gnädige Herr wartet auf Sie in der Halle», sagte der Diener und ging zurück.

«Am Tage des Laternenfestes denkt man noch sehnsuchtsvoller an die Eltern als sonst», sagt ein altes Sprichwort. Wie konnte Fang Tzu Wen in der Stimmung sein, sich an den bunten Laternen und Lampions zu erfreuen? Da dem Freunde aber so sehr daran lag, mit ihm beisammenzusein, wagte er es nicht, die Einladung auszuschlagen. Er stand auf, machte sich zurecht und verließ das Bibliothekszimmer. Als er in den Gang trat und den Kopf hob, sah er hoch oben zwölf rote Laternen hängen, und als er in die Empfangshalle kam, konnte er dort überall verstreut zarte fünffarbige Laternen hängen sehen. Ihr Anblick war wirklich reizend.

«Herr Vizekommandant! Herr Fang ist gekommen!» meldete der Diener ihn an.

Herr Pi erhob sich sofort und kam erfreut auf Fang Tzu Wen zu.

«Verehrter Bruder, sei willkommen!» sagte er.

«Vielen Dank für die liebe Einladung», erwiderte Fang Tzu Wen.

«Komm, nimm Platz!» bat ihn Herr Pi. «Zu Ehren des heutigen Festtages habe ich hier ein paar Laternen und Lampions aufhängen lassen. Wir müssen ihn durch ein kleines Weingelage feiern!»

Der Saal mit seinen zahllosen, herrlichen Kunstgegenständen bot, beleuchtet von den vielen Laternen und Lampions, ein Bild höchster Kultur und Vornehmheit. Wohin Fang Tzu Wen auch blickte, strahlten ihm Lampions in den seltsamsten Formen ihr mildes Licht entgegen. Obwohl ihn ihr Anblick stark beeindruckte, mußte er sich doch sehr beherrschen, um nicht merken zu lassen, wie schwer es ihm ums Herz war und mit welcher Sorge er an seine einsame Mutter dachte. Was mochte sie, allein in ihrer Hütte am Friedhofsgelände, heute abend wohl tun? Und was war aus Kleinod geworden, würde er je in der Lage sein, mit ihr die heißersehnte Ehe zu schließen?

Herr Pi hatte Befehl gegeben, ein besonders erlesenes Mahl zu bereiten, und es gab kaum etwas, das die Berge oder Gewässer hervorbrachten, das an diesem Abend nicht aufgetragen wurde. Es ist wohl unnötig zu sagen, daß sich auf dem Tische die kostbarsten Schüsseln und herrlichsten Becher aus Jade befanden. Herr Pi ließ nicht nach, Fang Tzu Wen zum Trinken aufzufordern.

Der Wein brachte die beiden bald in angeregte Stimmung, und als dann auch noch der Mond durch die Perlenvorhänge schien, gedachten sie alter schöner Gedichte und verfaßten auch selbst einige Verse zur Feier des wundervollen Abends. Es war Herrn Pi natürlich nicht entgangen, daß Fang Tzu Wen trotz seiner äußerlichen Fröhlichkeit tieftraurig war, doch alle Versuche, ihn von seinen bitteren Gedanken abzubringen, blieben leider vergeblich. Was nützte es, wenn draußen der Mond am Himmel stand, er die köstlichsten Speisen in einem zauberhaften Raume genießen konnte, das Heimweh nach seiner Mutter ihm aber das Herz zerriß? Herr Pi drängte ihn immer von neuem, noch einen Becher Weins zu trinken, und um ihn nicht zu kränken, hatte Fang Tzu Wen schließlich viel mehr Wein zu sich genommen, als er vertragen konnte.

Im Frauentrakt des Hauses lebten die Mutter des Herrn Pi, seine Gattin und seine Schwester namens Goldchen. Die alte Dame zählte schon über sechzig Jahre und wurde von ihrer Schwiegertochter auf das liebevollste betreut. Goldchen war achtzehn Jahre alt und ein außergewöhnlich gebildetes und schönes Mädchen. Heute, am Tage des Laternenfestes, hatte Frau Pi in der rückwärtigen Halle für die Schwiegermutter und die Schwägerin ein kleines Festmahl bereitet. Als die alte Dame und Goldchen, von den Kammerfrauen und Zofen begleitet, die Halle betraten, bat Frau Pi die Schwiegermutter sogleich, sich auf den Ehrenplatz zu setzen.

«Gestatte mir, dir den Wein der hundert Jahre zu kredenzen und dir meine Glückwünsche zum heutigen Tage ehrfurchtsvoll darzubringen», sagte sie höflich.

Die alte Dame bedankte sich und setzte sich zu Tische. An ihrer Seite nahm Goldchen Platz und etwas weiter entfernt setzten sich einige Kammerfrauen und junge Zofen. Frau Pi hatte sich alle Mühe gegeben, die Tafel festlich zu schmücken. Die Laternen strahlten ihr Licht über den reich mit Delikatessen gedeckten Tisch. Die Damen ließen es sich gut schmecken, plauderten über dies und jenes, und der Wein machte mehrmals die Runde.

«Kann man in das vordere Empfangszimmer gehen?» erkundigte sich die alte Dame, als die Mondstrahlen bereits durch den Perlenvorhang drangen.

«Der Herr Vizekommandant hat im vorderen Empfangszimmer mit Herrn Fang ein Bankett abgehalten», meldete eine der Kammerfrauen. «Die beiden Herren haben viel getrunken und sich schon zurückgezogen.»

«Dann kommt mit mir!» sagte die alte Dame zu ihrer Schwiegertochter und zu Goldchen. «Wir müssen uns doch ansehen, ob die Laternen und Lampions heuer wieder so schön sind wie im vergangenen Jahr.»

Sie ging voran, und Schwiegertochter und Tochter folgten ihr nach. Sie selbst legte großen Wert auf würdevolle Haltung und vornehme Kleidung und hielt auch bei den anderen darauf. Frau Pi und Goldchen sahen in ihren eleganten Kleidern und dem herrlichen Schmuck, den sie trugen, wahrhaft bezaubernd aus. Damit ihre Jade-Gürtelgeschmeide nicht zu sehr klirrten, bemühten sie sich, langsam und bedächtig zu gehen. Das herrliche Orchideenparfüm, das sie verwendeten, konnte ihre Gegenwart aber nicht verbergen.

Als sie in das vordere Empfangszimmer eintraten und alle die blitzenden und funkelnden bunten Laternen erblickten, meinten sie, auf dem Wege nach Shan Yin zu sein. Ihre Augen waren von den vielen Lichtern ganz geblendet. Nachdem sie eine Weile die Laternen und Lampions betrachtet hatten, wollten sie durch das Bibliothekszimmer zurückgehen, doch eine Kammerfrau hielt sie rasch von diesem Vorhaben ab.

«Gnädige Frau! Herr Fang ist im Bibliothekszimmer!» sagte sie.

«Richtig!» rief die alte Dame. «Das ist ja jetzt das Zimmer des Herrn Fang! Bitte, sehen Sie nach, ob er da ist. Er soll ja mit dem Herrn Vizekommandanten ein Weingelage abgehalten haben und die Herren haben, wie es scheint, etwas zu viel getrunken.»

Die alte Dame hatte durch ihren Sohn schon von diesem jungen Herrn Fang gehört, er sei vornehm und edel wie Jade, schön wie Pan An, er schreibe die herrlichsten Essays, sei begabt wie Tzu Chien Tsao, habe einen sehr noblen Charakter, sei ungemein gebildet, er habe ein würdevolles Auftreten, sei sehr gut gewachsen, äußerst musikalisch, ein blendender Schachspieler, großartiger Maler und Kalligraph und noch vieles andere mehr. Außerdem wisse er über alles Wichtige aus dem Altertum und der Neuzeit Bescheid. Er habe auf seiner weiten Reise schwere Verluste gehabt und viel Bitteres mitgemacht. Geld achte er gering, Rechtschaffenheit aber hoch, er habe viel Familiensinn und große Mutterliebe. Seit er in das Bibliothekszimmer eingezogen sei, habe er dieses nur sehr selten verlassen, sondern habe sich immer nur seinen Studien der klassischen und historischen Werke hingegeben. Herr Pi hatte ihr gegenüber immer wieder betont, dieser junge Mann werde einmal etwas Großes erreichen und seiner Talente wegen Aufsehen erregen. Angeregt durch alle diese Berichte, hatte sie sich heimlich ausgedacht, sie werde diesem außergewöhnlichen jungen Herrn Fang ihre Tochter Goldchen zur Gattin geben. Keiner der vielen Freier hatte bisher vor ihren Augen Gnade gefunden. Jetzt schien endlich der Richtige gekommen zu sein. Das Laternenfest bot eine gute Gelegenheit, sich diesen jungen Mann selbst anzusehen.

Fang Tzu Wen war nach dem Bankett ganz benebelt in das Bibliothekszimmer zurückgekommen. Es war ihm sehr übel gewesen und nachdem er sich erbrochen hatte, war er nicht imstande gewesen, sich auszuziehen und ins Bett zu legen, sondern war auf allen vieren bis zu seinem Lehnstuhl gekrochen, hatte sich mühselig in diesen hineingesetzt und war später darin eingeschlafen.

Wie schon einmal gesagt, spielte der Tigerstern im Schicksalsbild Fang Tzu Wens eine große Rolle. Als die Kammerfrau befehlsgemäß das Papierfenster aufmachte und, in das Zimmer blickend, ein seltsames Wesen dort umherkriechen sah, brach sie, da sie viel zu aufgeregt war, um sich zurückzuhalten, in laute Angstschreie aus.

«Ein Tiger! Ein Tiger!» rief sie entsetzt.

«Was soll denn das heißen?» spottete eine andere Kammerfrau. «Ein Tiger! Wie soll denn ein Tiger in das Bibliothekszimmer hineingekommen sein! Was sind denn das für Halluzinationen!»

Nun liefen auch die anderen Kammerfrauen und Zofen herbei, gingen zum Fenster und erklärten gleichfalls, ein großes Tier im Zimmer gesehen zu haben. Der alten Dame wurde die Sache zu dumm. Sie befahl den Dienerinnen, endlich den Mund zu halten, faßte Goldchen bei der Hand und ging selbst mit ihr zum Fenster.

«Oh!» rief sie. «Das sieht ja wirklich wie ein wilder Tiger aus! Komm, Goldchen, wir wollen gehen!» erklärte sie, das Fenster verlassend. Da hörte sie plötzlich aus dem Zimmer ein lautes Stöhnen hervorkommen. Fang Tzu Wen war aufgewacht!

«Das ist doch die Stimme eines Menschen!» sagte die alte Dame. «Laß uns noch einmal in das Zimmer hineinschauen, Goldchen!»

Sie ging abermals zum Fenster und blickte in das Zimmer hinein.

«Merkwürdig!» sagte sie dann. «Der Tiger hat sich auf einmal in einen Menschen verwandelt!»

«Ich weiß, wie das zugegangen ist!» rief eine der Kammerfrauen aufgeregt.

«Nun?» fragte die alte Dame.

«Der junge Herr ist bestimmt das Opfer eines Magiers geworden!» erklärte die Frau.

«Ihr könnt jetzt alle gehen!» befahl die alte Dame den Kammerfrauen und Zofen. «Nur die Zofe Jadeflöte kann bleiben! Du Schwiegertochter und du Goldchen, ihr zwei bleibt noch ein wenig mit mir am Fenster!»

«Wenn du wissen willst, was im Herzen eines Menschen vorgeht, dann horche, was sein Mund redet», sagt ein altes Sprichwort.

Die Dienerinnen hatten sich entfernt, und nur die Zofe Jadeflöte war bei den Damen geblieben. Es ging nun schon gegen die dritte Morgenstunde. Im Bibliothekszimmer brannte noch immer eine Kerze. Die Damen und Jadeflöte lehnten am Fenster und horchten. Goldchen hielt den Kopf verlegen gesenkt. Sie war bisher noch nie im Herrentrakt gewesen, für sie war das Ganze natürlich besonders erregend. Erst hörte sie Fang Tzu Wen abermals tief seufzen, dann sah sie, wie er langsam aufstand, zum Tische ging und die Kerze stutzte. Dabei stöhnte er wieder, als drücke ihn unendliches Leid.

«Was bin ich doch für ein einsamer, unglücklicher Mensch!» hörte sie ihn zu sich selbst sagen. «Ich, der Enkel eines Ministerpräsidenten und Sohn eines der höchsten Beamten, bin jetzt vollkommen verarmt! Wie dankbar bin ich dem gütigen Freunde Pi, daß er mich in seinem Hause so liebevoll aufgenommen hat! Der Glückliche kann zu Hause bei seiner Familie sein, ich aber muß einsam umherwandern, und für mich gibt es nirgends einen bleibenden Ast! Heute, beim Anblick der Laternen und Lampions bin ich vor Sehnsucht nach der Mutter fast vergangen. Wie traurig wird sie heute in unserer armseligen Hütte am Friedhofsgelände sein! Sicherlich hat sie geweint! Während ich mich an den herrlichsten Delikatessen erquicken konnte, hat sie wahrscheinlich Hunger gelitten. Vielleicht war nicht einmal mehr Reis und Gemüse im Hause vorhanden! Ganz ohne Stütze steht die Arme da, und wohin ihr Auge blickt, gibt es keinen einzigen Verwandten, der ihr helfen könnte. Sie ist schon sechzig Jahre alt und hat so viele böse Jahre mitgemacht. Ach, wenn ich an sie denke, ist mir, als müsse mir das Herz brechen!» Er schluchzte laut.

«Es ist spät, Schwiegertochter und Goldchen!» sagte die alte Dame, die von dem Gehörten sehr erschüttert war. «Wir müssen uns in unsere Gemächer zurückziehen!»

«Ach Mutter!» flüsterte Goldchen mit Tränen in den Augen. «Dieser junge Mann ist ein so pietätvoller Sohn. Hören wir doch zu, was er weiter sagt!»

«Gut!» gab ihr die alte Dame nach, und sie blieben noch weiter am Fenster stehen.

«Mutter!» hörten sie Fang Tzu Wen rufen. «Ich denke voll Sehnsucht an dich! Aber bis ich die Prüfungen abgelegt habe, wird noch viel Zeit vergehen. Wann wird der Tag kommen, da ich dich wiedersehe? Und du, Cousine Kleinod, meine Braut! Du wolltest, daß ich, wenn die Weiden zu grünen beginnen, wieder nach Shang Yang komme! Ach, ich fürchte, das Frühlingslicht wird vorüber sein, und du wirst noch immer auf den Turm steigen und nach den verblühenden Weiden sehen! Was bist du doch für ein edles, aufrichtiges Geschöpf! Als du mir damals heimlich die kostbare Juwelenpagode in meinen Beutel stecktest, wolltest du das lieblose Verhalten deiner Mutter gutmachen und mir ein wenig helfen. Nicht ein einziges Wort, das du zu mir sagtest, war nicht selbstlos gewesen! Und wie gut war dein Vater zu mir! Erst hat er mir zwei Goldstücke für die Reise gegeben und dann hat er dich mir sogar zur Frau versprochen! Was wird die Tante dazu gesagt haben? Ich fürchte, sie wird außer sich gewesen sein vor Zorn und es wird im Hause schweren Streit gegeben haben! – Diese Zofe Buntapfel ist auch keine Durchschnittszofe! Sie hat mir ja auch erzählt, daß ihr Vater Lehrer war und sie nur, weil die Eltern früh starben, hatte Dienerin werden müssen. Sie ist eine aufgeweckte, kluge Person. Wie reizend war sie doch, als sie mich aus dem Garten führte und mich dann zurückrief. Mit einem so lieblichen, verlegenen Lächeln bat sie mich, ihren Namen nicht zu vergessen. Wahrscheinlich wollte sie, daß ich später einmal den Heiratsvermittler für sie spiele und einen guten Gatten für sie suche!»

Die auf ihn einstürmenden Erinnerungen ließen ihn nicht zur Ruhe kommen. Erst als die dritte Morgenstunde vergangen und die Kerze schon ganz tief niedergebrannt war, legte er sich in seinen Kleidern zu Bette. Die vor seinem Fenster horchenden Damen zogen sich darauf auch zurück.

Als Goldchen in ihr Zimmer zurückkam, begann sie gerührt zu weinen. Sie wußte, daß ihre Mutter sich diesen jungen Mann nicht ohne Absicht angesehen hatte, und war über das Gehörte tief erschüttert. «Wenn ihn der Tigerstern auch hat herabstürzen lassen, so ist dieser Mensch doch so pietätvoll und begabt, daß meine Mutter mich bestimmt mit ihm verheiraten wird», sagte sie sich. «Mein Bruder hat ihm das Leben gerettet und hängt jetzt so sehr an ihm, daß er ihn gar nicht entbehren kann. Ja, ja, diese Heirat wird zustande kommen! Dieses Fräulein Kleinod, mit dem man ihn verlobt hat, scheint eine besonders gütige Person zu sein. Sie müßte natürlich die Hauptfrau bleiben. Was er da über diese Zofe Buntapfel gesprochen hat, war so reizend, daß man auch sie, ohne sie zu kennen, lieben muß. Ach, hoffentlich wird alles bald geregelt werden!»

Am nächsten Morgen stand die Mutter des Herrn Pi schon zeitig auf und rief die Zofe Jadeflöte zu sich.

«Bitte den Herrn Vizekommandanten, in mein Zimmer zu kommen», befahl sie ihr. «Sage ihm, ich habe etwas von großer Wichtigkeit mit ihm zu besprechen.»

Die Zofe ging in den Herrentrakt zu Herrn Pi, worauf dieser sofort seine Mutter aufsuchte. Nachdem er sich nach ihrem Befinden erkundigt hatte, befahl sie ihm, sich an ihre Seite zu setzen. Dann brachte sie das Gespräch gleich auf die Heiratsangelegenheit.

«Mein Sohn,» begann sie, «Goldchen ist jetzt schon eine zum Pflücken reife Pflaume. Wir konnten bisher nicht den Schwiegersohn finden, den wir suchen. Ich habe nun an diesen jungen Herrn Fang gedacht. Er stammt aus hochangesehener Familie und ist, wie du selbst sagst, ein Mensch, der seinen Weg machen wird. Gestern nachts habe ich mir mit deiner Frau und Goldchen die Laternen im vorderen Empfangszimmer angesehen und wir haben dann durch das Fenster einen Blick in das Bibliothekszimmer getan. Ich kann dir nur sagen: Wir sind zu Tode erschrocken!»

«Ja, weshalb denn, Mutter?» fragte Herr Pi bestürzt. «Was habt ihr denn dort gesehen?»

«Wir haben einen geduckten wilden Tiger schleichen gesehen!» berichtete seine Mutter. «Die Kammerfrauen sind alle von Entsetzen gepackt worden! Erst als ich dann nochmals hineingesehen habe, ist mir bewußt geworden, daß es Herrn Fangs Schicksalsstern war, der sich in ihm manifestiert und Strahlen ausgesandt hat.»

«Ja, gibt es denn das?» fragte Vizekommandant Pi zweifelnd.

«Freilich!» erwiderte seine Mutter. «Denke nur daran, daß einstmals Han Schih Dschung in der Wildnis außerhalb eines Tempels lag, und als Frau Liang des Morgens nichtsahnend vorüberging, sie einen furchterregenden weißen Tiger vor dem Tore liegen sah! Frau Liang, die einen guten Blick für Helden hatte, ging nach Hause und erzählte die Sache ihrer Mutter. Später hat sie ihn geheiratet, und Han Schih Dschung hat sich als großer Held in allen Schlachten ausgezeichnet und ist durch seine Taten berühmt geworden. – Kind! Ich habe diesen Fang Tzu Wen mit meinen eigenen Augen als Tiger gesehen, er wird sich sicher bei den Prüfungen einen großen Namen machen und sich bald vor dem kaiserlichen Throne auf die Knie werfen dürfen! Du kannst diesem Manne deine Schwester unbesorgt für das ganze Leben anvertrauen!»

Als Herr Pi die Mutter so sprechen hörte, begann er zu lachen.

«Deine Idee, Fang Tzu Wen mit Goldchen zu verheiraten, ist sehr gut, Mutter», sagte er. «Mein Freund ist wahrhaftig ein Tiger unter den Männern. Leider wird sich die Sache aber nicht machen lassen. Fang Tzu Wen ist schon mit einem Mädchen, der Tochter des Generalzensors Tschen in Shang Yang verlobt. Wenn ich ihm vorschlagen würde, Goldchen zu heiraten, müßte er dies selbstverständlich ausschlagen.»

«Ja, weshalb denn?» fragte seine Mutter. «Daß er mit diesem Fräulein Tschen verlobt wurde, weiß ich auch. Aber diese Angelegenheit war doch bloß eine halbe Sache, die ohne weiteres rückgängig gemacht werden kann.»

«Wie meinst du das, Mutter?» fragte Herr Pi erstaunt.

«Verstehst du mich nicht?» rief die alte Dame. «Bei der Verlobung einer Tochter hat doch auch die Mutter zum halben Teile mitzusprechen! Wenn sie ihre Einwilligung verweigert, ist die Sache nichtig, auch wenn der Vater bereits sein Jawort gegeben hat! Wenn eine Mutter so dumm ist und das nicht weiß, dann zieht sie natürlich den kürzeren und läßt sich irreführen. Ich aber gehöre nicht zu dieser Art Frauen! – Kind! Dieser Herr Fang ist nicht ein Mann, den man alle Tage finden kann! Schon die Alten haben gesagt: ,Wenn man einen Helden zum Manne haben will, darf man keine Gelegenheit verpassen.' Geh sofort in das Bibliothekszimmer und bitte Herrn Fang hierherzukommen! Zögere nicht, sondern hole ihn gleich. Ich bin bereit, tausend Goldstücke herzugeben, wenn diese Sache zustande kommt!»

«Dann mußt du schon selbst mit ihm sprechen, Mutter», sagte Herr Pi ausweichend. «Ich werde also einen Diener zu ihm schicken und ihn hierher bitten lassen.»

«Und ich werde hier auf ihn warten», erklärte die alte Dame.

Der Diener suchte Fang Tzu Wen auf und richtete ihm aus:» «Herr Pi schickt mich zu Ihnen, seine Mutter möchte mit Ihnen sprechen, sie bittet Sie, sofort zu ihr zu kommen.»

«Gut», sagte Fang Tzu Wen, «ich werde der gnädigen Frau gleich meine Aufwartung machen.» Er erhob sich, ordnete seinen Anzug und seinen Hut und machte sich auf den Weg.

Dieser junge Herr Fang sah, wie er da so gemessenen Schrittes dahinging, wirklich äußerst vorteilhaft aus! Seine ganze Erscheinung erweckte den Eindruck der Vornehmheit. Er hatte eine sehr gute Gestalt und sein Gesicht war edel und schön. Als die Kammerfrauen und Zofen ihn erblickten, sahen sie ihn alle bewundernd an. Dann steckten sie die Köpfe zusammen und tuschelten.

«Habt ihr ihn angesehen?» fragte eine die andere. «Ist er nicht schön wie Leang Dschün? Ist euch aufgefallen, was für einen herrlichen Teint er hat und was für weiße Zähne und rote Lippen? Ein Mädchen, das den zum Mann bekommt, kann wirklich von Glück sprechen!»

«Ihr braucht nicht erst lange von einem jungen Herrn Fang zu reden», warf eine andere ein. «Ihr werdet ihn sicher bald ‚Onkel' nennen können!»

«Wieso?» fragte eine andere, neugierig geworden.

«Wißt ihr denn nicht», rief die erste, «gestern nacht ist die gnädige Frau mit Frau Pi und dem Fräulein ins vordere Empfangszimmer gegangen, um sich die Laternen und Lampions anzusehen, und hat darauf im jungen Herrn Fang den Tigerstern erblickt. Wenn sie ihn jetzt zu sich rufen läßt, ist es beinahe gewiß, daß sie Fräulein Goldchen mit ihm verloben will. Nun? Werden wir ihn also bald Onkel nennen, du und ich und alle anderen?»

«Ach, das wäre ein großes Glück, wenn unser Fräulein einen so schönen und edlen Gatten bekäme!» meinte eine der Kammerfrauen.

«Ob aber der Astrologe seine Einwilligung geben wird?» fragte eine andere besorgt.

«Meinst du, er fürchtet, der Tiger könnte das Fräulein fressen?» spottete eine der Zofen.

«Sieh dich nur vor!» rief eine der Kammerfrauen. «Wenn so ein Tiger dich anfällt, dann wirst du schon sehen! Für uns wird es sehr interessant sein, dich mit einem Tiger beisammen zu wissen.»

«Was meinst du mit ‚interessant' sein?» fragte die Zofe.

«Geh, du bist doch eine kluge Person, du verstehst schon...»

Fang Tzu Wen war inzwischen in den rückwärtigen Trakt gegangen. «Gnädige Frau! Herr Fang ist gekommen», meldete die Zofe Jadeflöte ihn bei der alten Dame an.

«Verehrte Tante!» sagte Fang Tzu Wen, auf die Mutter Herrn Pis zugehend.

«Lieber Neffe!» erwiderte diese.

«Erlaube mir, mich vor dir in Dankbarkeit zu verneigen», bat Fang Tzu Wen, sich tief verbeugend. «Bitte nimm Platz, damit ich dir meine Ehrerbietung bezeugen kann.»

«Mach keine Umstände, lieber Neffe,» sagte die alte Dame. «Bitte setze dich.»

«Lieber Neffe,» begann sie hierauf, «du lebst seit kurzer Zeit hier als Gast, es muß für dich doch sehr unbequem sein, fortwährend den Aufenthaltsort zu wechseln.»

«Wie kannst du so sprechen, Tante!» wehrte sich Fang Tzu Wen. «Hier im Hause empfange ich deine und meines liebevollen Bruders Güte in reichstem Maße! Ich werde mit Kleidern und Essen so reichlich versorgt, daß ich gar nicht weiß, wie ich mich jemals dafür werde erkenntlich zeigen können.»

«Warum bist du so bescheiden, lieber Neffe?» fragte die alte Dame. «Wir sind es nicht gewöhnt, viele Umstände zu machen. Wir sind unseren Gästen gegenüber viel zu wenig aufmerksam und sorgen uns viel zu wenig um sie. Ich und mein Sohn, wir schämen uns sehr, daß wir so wenig für dich tun.»

«Tante!» sagte Fang Tzu Wen. «Eure Güte ist so groß, daß mir die Worte fehlen, mich dafür zu bedanken. Wenn mein Bruder mich nicht gerettet hätte, wäre ich heute nicht mehr am Leben.»

«Arme Schüler und reiche Paläste waren immer schon gute Kollegen», erklärte Herrn Pis Mutter. «Sie bleiben oft lange Jahre beisammen, dann müssen sie sich schicksalsmäßig trennen und leben voneinander durch zehntausend Wolkenberge entfernt. Daß wir mit dir zusammengekommen sind, Neffe, war das Werk des Himmels, nicht das Werk von Menschen!»

«Vielen Dank, verehrte Tante, für deine lieben Worte», sagte Fang Tzu Wen.

«Nun höre, Neffe!» fuhr die alte Dame fort. «Ich möchte mit dir etwas besprechen, was mir sehr am Herzen liegt. Ich fürchte aber, du wirst meinen sehnlichsten Wunsch aus irgendeinem Grunde nicht erfüllen wollen.»

«Aber Tante!» rief Fang Tzu Wen entsetzt. «Wie kannst du glauben, daß ich, der ich dir so viel Gutes verdanke, dir nicht jeden Wunsch erfüllen könnte!»

«Eigentlich ist das, was ich vorbringen will, ja auch eine Sache, die der Himmel bewerkstelligt hat», begann Herrn Pis Mutter. «Da du sagst, du könntest mir keinen Wunsch verweigern, will ich versuchen, mich möglichst klar auszudrücken. Also höre: Ich habe eine Tochter, die jetzt achtzehn Jahre alt geworden ist. Sie heißt Goldchen, ist bisher immer nur in ihrem Mädchengemach gewesen, und ich habe für sie noch keinen Gatten bestimmt. Es ist schwer, für sie den richtigen Mann zu finden. Neffe! Deine Familie ist seit Generationen ihrer Tugenden wegen bekannt. ‚Wenn Tugend in das Tor eintritt, kommt Glück nach‘, sagten schon die Alten. Obwohl du viel Schweres mitgemacht hast, beraubt und in ein anderes Land verschlagen wurdest, steht dir doch eine große Karriere bevor. Darüber bin ich keinen Augenblick im Zweifel! Ich kann also ohne Sorge sagen: Neffe! Ich möchte mit dir in eine Schwiegermutter-Schwiegersohn-Verbindung treten.»

Fang Tzu Wen war sprachlos vor Staunen über diese honigsüßen, duftenden Worte, die so viel Wohlwollen verrieten. Dann faßte er sich und sagte:

«Wie kannst du nur so sprechen, Tante! Deine Tochter ist ein reiches Mädchen aus vornehmstem Hause, ich selbst aber bin nur ein verarmter, niedriger Student ohne alle Talente. Wie könnte ich es wagen, meine Augen zu diesem herrlichen Palaste zu erheben! Ich würde ja einem Raben gleichen, der sich an ein Phönixweibchen heranmachen möchte! Davon abgesehen aber, weiß mein Bruder doch, daß ich mich im vergangenen Jahre mit meiner Cousine, Fräulein Tschen, verlobt habe. Ich kann mich doch nicht nochmals verloben!»

«Aber Neffe!» unterbrach ihn die alte Dame. «Wie kannst du an diesem Irrtum festhalten? Deine Tante ist nicht eine Frau, die sich umstimmen läßt. Diese Ehesache kommt doch gar nicht in Frage! Sei überzeugt, daß ich recht habe. Du darfst dich nicht an diese verblendete Ansicht klammern. Daß mein Sohn dich aus dem Schnee gerettet hat, ist vom Himmel mit bestimmter Absicht so eingerichtet worden. Ich will dir jetzt gestehen: Als du in unser Haus kamst, habe ich mich sofort mit dem Gedanken getragen, dich meiner Tochter zum Gatten zu geben... Laß uns die Sache abschließen und dein Geschick mit dem meiner Tochter vereinigen.»

Fang Tzu Wen war sehr nachdenklich geworden.

«Wenn ich diesen Plan ausschlage, dann wird Herrn Pis Mutter sagen, ich habe ihr ihren größten Wunsch verweigert; willige ich aber ein, dann ist dies eine große Undankbarkeit gegenüber der Güte meines Onkels Tschen und meiner Cousine. Ich befinde mich da in einer sehr schwierigen Lage. Danke ich dem Freunde Pi nicht mein Leben? Wenn ich aber die Rettung meines Lebens gelten lasse und mich gleichzeitig weigere, in das Seidennetz der Schwester einzugehen, wird man mir dies sehr verübeln. Mein Leben ist dann wieder verpfuscht!» Er überlegte hin und her und wußte nicht, wie er antworten sollte.

«Verehrte Tante!» begann er schließlich. «Erlaube mir, vorerst meiner Mutter über diese Sache zu schreiben und sie über die näheren Umstände in Kenntnis zu setzen. Sowie sie mir ihre Einwilligung gegeben hat, kann dann alles ins reine kommen.»

«Nein, nein!» rief Herr Pi lachend. «Das sind Ausflüchte! Auf diese Weise möchtest du die Antwort an meine Mutter hinausschieben! Wie war es denn vergangenes Jahr beim Tempel der neun Fichten? Hast du damals auch deine Mutter vorerst um ihre Einwilligung gefragt? Solche Entscheidungen darf man nicht hinausschieben. Habe ich nicht recht, Mutter?»

«Ich bin ganz deiner Ansicht,» stimmte ihm die Mutter bei. «Mit solchen Angelegenheiten steht das Glück vor der Türe. Du, Sohn», fuhr sie, sich an Herrn Pi wendend, fort, «bist doch mit dem Präfekten Li auf gutem Fuße. Geh morgen zu ihm und bitte ihn herzukommen und die Rolle des Heiratsvermittlers zu übernehmen. Leite schleunigst alles in die Wege. Ich werde erst beruhigt sein, wenn die Hochzeitsbecher vor meinen Augen ausgetrunken worden sind!»

«Mach dir keine Sorgen, Mutter», beruhigte sie Herr Pi. «Ich suche morgen den Präfekten auf und werde ihn bitten, sofort einen glückbringenden Tag für die Hochzeit auszuwählen.»

«Erlaubt mir, noch ein paar Worte zu sagen und nun meinerseits eine Bitte auszusprechen», bat Fang Tzu Wen. «Wenn du, Tante, bereit bist, mir diese Bitte zu erfüllen, dann mag alles andere von euch geregelt werden. Vorher aber können die Hochzeitskerzen nicht angezündet werden.»

«Ja, warum denn nicht?» fragte die alte Dame. «Warum soll denn damit noch gewartet werden?»

«Ich möchte vorerst noch drei Dinge erledigen!» erklärte Fang Tzu Wen.

«Und diese drei Dinge sind?» fragten Herr Pi und seine Mutter.

«Ich möchte meine Mutter besuchen», antwortete er.

«Gut, das wäre also eine Sache», sagte die alte Dame. «Was ist die zweite?»

«Als zweites möchte ich vorher noch Fräulein Tschen aufsuchen und meinem Onkel als Schwiegersohn meine Aufwartung machen.»

«Aber Neffe!» rief Herrn Pis Mutter lachend. «Ich wette mit dir zehntausend zu eins, daß deine Tante die Einwilligung zu dieser Heirat verweigert hat. Deine Ehrerbietungsbezeugungen sind vollkommen überflüssig. Meinst du nicht auch?»

«Gewiß», gab ihr Fang Tzu Wen recht. «Ich weiß, daß ich von der Seite meiner Tante nicht das geringste Wohlwollen erwarten kann. Es liegt mir aber daran, direkt abgewiesen zu werden, damit sich meine Cousine, die ein Herz von Gold hat, nicht gegen ihre Mutter auflehnt.»

«Das wäre also die zweite Sache», sagte die alte Dame. «Und die dritte? Was ist die dritte?»

«Die dritte Sache ist diese», antwortete Fang Tzu Wen. «Ich möchte mir erst bei den Prüfungen einen Namen gemacht und den kaiserlichen Palast betreten haben, bevor ich Hochzeit halte. Dies sind meine drei Herzenswünsche, an denen mir unendlich gelegen ist.»

«Großartig, Bruder!» rief Herr Pi begeistert. «Du bist wirklich ein Mensch mit Pietät, Ehrlichkeit und Stolz! Wie denkst du über diese drei Wünsche, Mutter?»

«Ich bin mit ihnen einverstanden», erklärte sie. «Sie weichen nicht von der Hauptsache ab.»

«Darf ich mich jetzt zurückziehen?» fragte Fang Tzu Wen.

Nachdem er sich verabschiedet hatte, ging er bekümmert aus der Türe. Die alte Dame aber und Herr Pi blieben in heller Freude über den guten Ausgang ihres Planes zurück.

Kurz darauf suchte Herrn Pis Gattin die Schwägerin in ihrem Zimmer auf.

«Goldchen!» rief sie. «Ich komme, dir meine Glückwünsche darzubringen!»

«Wozu willst du mich beglückwünschen?» fragte Goldchen.

«Hast du gestern, als du um die dritte Morgenstunde schlafen gingst, einen Gatten-Gattin-Traum gehabt? Ich habe eine herrliche Nachricht für dich! Schnell! Gib ein paar Glücksnachrichtkupfermünzen her! Hör nur, was du für ein großes Glück hast: Du bist verlobt mit einem jungen Mann von außergewöhnlicher Schönheit und einem genialen Geist, der als Gast hierhergeweht wurde, und den du gestern mit deinen eigenen Augen im Bibliothekszimmer gesehen hast!»

«Ach!» rief Goldchen. «Der Tiger!»

«Das ist das, was man: ‚In einer Tigerhöhle nach einem Tiger suchen, der ein Tigerjunges hat' nennt. Gib nur acht, daß die Mutter ihn dir nicht wegnimmt!»

Goldchen war ganz aufgeregt.

«Nun? Wie findest du diese Sache?» fragte die Schwägerin. «Habe ich dir etwa nicht eine Glücksnachricht gebracht? Jetzt geh aber schnell zu deinem Bruder und bedanke dich bei ihm! Nur durch ihn ist diese Verlobung zustande gekommen. Er hat diesen jungen Fang hierher ins Haus gebracht.»

Goldchen war bei diesen Worten errötet und sehr verlegen geworden. Sie schickte sich an, aus dem Zimmer zu laufen, doch die Schwägerin stellte sich rasch vor die Türe und ließ es nicht zu. Goldchen versuchte, sie wegzuschieben, da bekam sie aber gleich einen Klaps auf die Hand. Die beiden begannen darauf hellauf zu lachen.

Das ganze Haus blühte jetzt auf vor Freude und Glück. Sind in einem Hause alle Einwohner traurig oder streiten sie immerfort oder sind sie Sklaven ihres Geldes geworden, kann es dann schön in so einem Hause sein? Auch wenn in einem Hause alle vermögend und tugendhaft sind, dabei aber einsam, ist ihr Schicksal ein bitteres, und die Einwohner fühlen sich wie in einem Friedhofstempel. Da geht es sogar den Armen, die sich ihre Nahrung mühselig erkämpfen müssen, aber heiter sind, besser.

Die Freude, die im Hause Pi herrschte, die war aber wirklich echt und beneidenswert!

IX. KAPITEL

Eine Mutter begibt sich weinend auf eine weite Reise

Vizekommandant Pi berichtete am nächsten Morgen dem Präfekten Li von der geplanten Heirat und ersuchte ihn, die Rolle eines Heiratsvermittlers zu übernehmen. Herr Li, der sich durch diesen Auftrag sehr geehrt fühlte, willigte mit Freuden in diesen Vorschlag ein. Den drei Bitten Fang Tzu Wens willfahrend, wurde die Wahl eines glückbringenden Tages auf einen späteren Termin verschoben.

Im Hause Pi sah man abends strahlende Mienen. Nur eine Person war noch trauriger geworden als zuvor: Fang Tzu Wen. Seufzend blickte er aus dem Fenster des Bibliothekzimmers und beobachtete die Schneeflocken, die vom grauen Himmel herabfielen.

«Eigentlich muß der Mond die kalten Wolken hassen, die ihn verschlucken und in sich aufnehmen», sagte er sich. Seine Gedanken kreisten immer wieder um die aufgedrängte Verlobung.

«Wie undankbar muß ich erscheinen, wenn ich an die Stelle der früheren Blume eine neue einsetze», sorgte er sich. «Welch ein Unterschied ist doch zwischen meiner ersten Verlobung und der gestrigen! Heute erklingen im Haus die Trommeln, und damals vor dem Tempel zu den neun Fichten herrschte tiefste Stille! Selbst die großzügige Freundschaft meines Bruders Pi kann mich die Güte meines Onkels nicht vergessen lassen! Meine Braut Goldchen habe ich noch nicht zu Gesicht bekommen; wie mag sie wohl sein? Wird ihr Herz auch mein Herz sein? So aufrichtig und selbstlos wie Kleinod kann ein anderes Mädchen ja doch nicht sein. Ist es nicht schändlich von mir, ihr diese zweite Verlobung anzutun? Und was wird meine Mutter sagen, die weder von dem ersten Heiratsplane noch von dem jetzigen etwas ahnt? Ist es nicht sehr pietätlos von mir, sie nicht um ihre Einwilligung gefragt zu haben?» Er dachte hin und her und fand keinen Ausweg aus seiner unangenehmen Situation. Die dritte Morgenstunde hatte schon geschlagen, als er sich in seinen Kleidern zu Bett legte. Ruhelos wälzte er sich auf seinem Lager hin und her, quälte sich mit Reuegedanken, und als es draußen schon licht geworden war, hatte er noch immer nicht einzuschlafen vermocht.

Am Morgen kam Herr Pi zu ihm ins Zimmer.

«Ich schicke heute meinen Diener Li Dschin nach Ho Nan deine Mutter abholen», sagte er fröhlich. «Sie soll von nun an bei uns im Hause bleiben. Schreib gleich einen Brief, den ich ihm mitgeben kann!»

«Wie gütig du bist, Bruder», rief Fang Tzu Wen gerührt.

«Du brauchst dir wegen der Reisekosten selbstverständlich keine Sorgen zu machen», fuhr Herr Pi fort. «Ich gebe Li Dschin dreihundert Goldstücke mit.»

«Wie soll ich dir je deine Großmut vergelten?» fragte Fang Tzu Wen.

«Unter Verwandten sind Dankesworte überflüssig», erklärte Herr Pi. «Beeile dich mit deinem Brief!»

Als er aus dem Zimmer gegangen war, gab sich Fang Tzu Wen ganz seiner Freude hin. Endlich war er von den Sorgen um die Mutter befreit! Er holte schnell geblumtes Briefpapier und schrieb der Mutter einige Zeilen. Kaum hatte er das Schreiben versiegelt, kam auch schon Li Dschin, um es zu holen.

Li Dschin machte sich sofort auf den Weg nach Ho Nan. Des Sturmes und Schnees nicht achtend, eilte er Tag und Nacht weiter. Das Unglück wollte es jedoch, daß ihm, als er das Gebiet von Kai Feng Fu erreichte, der Beutel, in dem er die Goldstücke und den Brief verwahrt hatte, auf unerklärliche Weise abhanden kam.

Er sagte sich, Frau Fang könne er ohne Geld und Brief nicht gegenübertreten, nach Hause zurückkehren könne er aber ebensowenig, denn dann würde ihn sein Herr mit Vorwürfen überschütten; es werde daher das beste sein, wenn er die Flucht ergreife und sich an einem anderen Orte um einen Lebensunterhalt umsehe.

Fang Tzu Wen war natürlich der festen Meinung, Li Dschin werde nun bald mit der Mutter nach Shang Yang zurückkehren, und da er mit seinen Studien gut weitergekommen war, machte er sich bereit, zu den Prüfungen nach Peking zu reisen.

Frau Fang machte sich schwere Sorgen um ihren Sohn. Seit er im vergangenen Jahre zu den Verwandten nach Shang Yang gereist war, hatte sie keine einzige Nachricht von ihm bekommen. Hatte sie nicht allen Grund, tieftraurig zu sein? Als er von ihr fortging, hing noch der Duft der Cassiasträuche in der Luft, und nur ab und zu sah man Reif auf dem Grase liegen. Jetzt leuchteten die Äcker und Felder schon in gelbem Gold. Ringsum brachten die Leute ihre reiche Ernte heim und hatten alles, was sie brauchten, in Hülle und Fülle. Nur ihr Haus war leer. Sie litt unter Hunger und Kälte, und niemand kümmerte sich um sie. Ihr Lebenskampf wurde von Tag zu Tag schwerer, und sie war doch schon beinahe sechzig Jahre alt. Wie sollte das weitergehen? Sie fühlte sich unsagbar einsam, und ihr war furchtbar bange.

«Ahnst du denn nicht, mein Sohn, wie es um mich steht?» seufzte sie. «Bei gutem Wetter kann ich mir noch ein paar Kupfermünzen durch das Sammeln und Verkaufen von Tannenzapfen verschaffen, wenn es aber regnet und stürmt weiß ich nicht, wie ich den Tag überleben soll. Ach, mein Sohn, warum kommst du nicht heim? Ich bin am Ende meiner Kräfte!» Die Tränen liefen unablässig über ihre Wangen nieder. «Sieh nur, wie verlassen ich hier bin! Kein Mensch ist weit und breit zu sehen, kein Laut zu hören, nur das Zirpen der Grillen dringt an mein Ohr. Wie froh wäre ich, wenn ich den vorüberziehenden Wildgänsen eine Nachricht für dich mitgeben könnte! Ach, wie ist dies Leben bitter! Ein klein wenig Brei, ein Hauch Gemüse, Wasser statt Tee, das ist alles, was es mir noch bietet! Ich glaube, sogar die Mäuse sind von Mitleid mit mir erfüllt, wenn sie sehen, daß hier nichts mehr zu holen ist. Wie soll ich das überstehen? Mir ist nicht mehr um mein Leben zu tun, und wenn ich könnte, würde ich gleich zu den gelben Quellen hinuntergehen. Wird man dir, mein Sohn, später aber nicht Schuld geben an meinem freiwilligen Tod? Was wirst du sagen, wenn du zurückkommst und mein abgemagertes, verrunzeltes Gesicht siehst? Ich bin ja vollkommen zum Skelett geworden, Hunger und Kälte haben mich zugrunde gerichtet. Niemand ist um mich, der sich meiner annimmt. Wenn ich sterbe, wird nicht einmal ein Sarg da sein, um mich aufzunehmen, mein Häufchen Knochen wird auf dem Rasen liegen, und die Füchse und Hasen werden an ihm nagen! Wer wird von meinem Tode etwas erfahren? – Ach, mein Sohn, was gäbe ich darum, dich noch ein einziges Mal wiederzusehen! Warum hast du mir nicht geschrieben, wie dein Besuch in Shang Yang ausgefallen ist? Ist dir etwa auf der Reise ein Unglück zugestoßen? Oder hat es Hindernisse gegeben und du bist noch gar nicht in Shang Yang angekommen? Du bist nicht sehr kräftig, die Reise ist lang. Bist du erkrankt? Ach, könnte ich nur jemanden zu den Verwandten schicken und nach dir fragen lassen!» Sie quälte sich mit tausend Gedanken und Plänen, vermochte aber keinen Ausweg zu finden.

«Wäre es nicht das beste, wenn ich selbst nach Shang Yang ginge?» fragte sie sich eines Tages, und mit einem Male stand ihr Entschluß fest: «Ich gehe nach Shang Yang!»

Sie achtete nicht darauf, daß diese Reise tausend Schwierigkeiten mit sich brachte, daß sie selbst vollkommen entkräftet war, daß sie, die Tochter eines hohen Beamten, den Strapazen nicht gewachsen sein konnte, daß sie mit ihren kleinen Füßen in den zerrissenen Schuhen schwer weiterkommen werde, ihr bangte nicht davor, daß sie kein Geld besaß, daß sie große Gefahren zu bestehen haben könnte und hohe Berge zu übersteigen habe – sie hatte nur mehr einen Gedanken: sie wollte nach Shang Yang! Wenn sie ihren Sohn erst wiedersähe, würde ihr Herz beruhigt und alles gut sein. Sie war sich zwar bewußt, daß das, was sie vorhatte, nicht leicht war, aber es war ihr auch klar, daß sie jetzt dem Tode geweiht war. Warum sollte sie nicht diese Todesart wählen statt einer anderen? Obwohl sie vollkommen mittellos dastand, gelang es ihr doch, für die armseligen Hausgeräte, die ihr geblieben waren, ein wenig Reisegeld zusammenzubekommen. Sie nähte dies in ihr Kleid ein, versperrte die Türe und verließ um die fünfte Morgenstunde mit ihrem kleinen Bündel das Haus.

Der eiskalte Wind blies ihr ins Gesicht und schnitt ihr in die Knochen. Es war ihr sehr bang ums Herz. Als sie zu den Gräbern der Ahnen kam, legte sie ihr Bündel ab, kniete nieder und begann laut zu weinen.

«Ach meine Schwiegereltern! Ach mein Gatte!» schluchzte sie. «Heute muß ich euch allein hier zurücklassen! Es bleibt mir kein anderer Weg. Wer wird, wenn ich fort bin, eure Gräber pflegen? Wer wird euch Papiergeld bringen?»

Als sie bemerkte, daß im Osten die rote Sonne bereits emporstieg, verbeugte sie sich nochmals weinend vor den Gräbern und machte sich eilig auf den Weg. Die Arme hatte ihr ganzes Leben noch keine Reise unternommen und wußte weder, wo Ost, West, Süd oder Norden lag. Sie ahnte auch noch nichts von den Schwierigkeiten, die ihr drohten. Ihre kleinen Füße trugen sie nur langsam und mühevoll weiter, das Bündel auf ihrem Rücken beugte sie nieder. In ihren zerschlissenen Kleidern und mit ihrem vergrämten, mageren Gesicht sah sie wirklich erbarmenswert aus.

X. KAPITEL

Ein Räuber will Juwelen verpfänden

Der Räuber Tschiu sechs Brücken war über den guten Fang, den er gemacht hatte, außer sich vor Freude gewesen. Als er aber auf der Straße die Gerichtsdiener hatte sagen hören, es sei ein Verwandter des Vizekommandanten Pi gewesen, dem im Walde die Juwelenpagode geraubt worden war, und es müsse jetzt alles in Bewegung gesetzt werden, den Schuldigen zu finden, da war ihm dies, obwohl er ein geriebener Halunke war, doch in die Glieder gefahren. Im ersten Augenblick war er über das Gehörte so entsetzt gewesen, daß er gemeint hatte, die Seele müsse ihm entfliehen. Dann hatte er sich aber entschlossen, sich noch in der gleichen Nacht mit dem Schmuckstück auf und davon zu machen. Höchst mißgelaunt war er davongerannt. Diese Flucht über die Berge und Flüsse in Wind und Kälte war ihm sehr unbequem; aber was hätte er schon anderes tun können? Er wußte sehr gut, daß die Gerichtsdiener ihn gesucht hätten und er in das Gefängnis gebracht worden wäre. Glücklicherweise hatte er ja große Erfahrung im Räubergewerbe und konnte sich auch wo anders einen Lebensunterhalt schaffen.

Es war zur Winterszeit gewesen, als er sich auf die Beine gemacht hatte, und mittlerweile ging es schon gegen den Spätfrühling zu. Die Pfirsichblüten waren schon rot, die Weiden grün, das Wasser blau, und die Landschaft zeigte schon überall die Zeichen des Knospens. Wie er so die von blühenden Pfirsichbäumen eingefaßten Wege entlang ging, konnte er die Mönche in ihre entlegenen Tempel zurückgehen sehen, Reisende überquerten Brücken, er hörte den Wind durch die Bambussträuche und Fichten ziehen, oder es drang das Beten der Frauen, die die Gräber reinigten, an sein Ohr. Nach einer Weile sah er plötzlich Papierblumen und -schmetterlinge im Winde tanzen, und Papierdrachen, die an langen Schnüren gezogen wurden, flatterten zum Himmel hinauf. Er sagte sich, er müsse jetzt schon in der Nähe von Shang Yang sein. Der Turm dort vorne war vermutlich der Lo Tai Turm. Als er dann etliche Weinfahnen von den Gasthäusern herabwehen sah, bekam er im Munde ein sehr ausgetrocknetes Gefühl und hatte den unbändigen Wunsch, sich wieder einmal ordentlich satt zu essen und sich einen Rausch anzutrinken. Heute wollte er sich etwas besonders Gutes zukommen lassen.

«He, Wirt!» rief er, in ein Gasthaus eintretend.

«Hu! Haben Sie aber ein furchterregendes Gesicht!» sagte der Mann, nach vorne kommend und ihn musternd. «Sie können einen ja zu Tode erschrecken!»

«Pah», erklärte Tschiu sechs Brücken, «der Himmel hat mir eben ein solches Gesicht gegeben!»

«Ist das möglich, daß der Himmel jemandem so ein

Räubergesicht verleiht?» mischte sich ein Kellner ein.

«Ach was!» rief Tschiu sechs Brücken. «Manche Generäle sind auch nicht schöner als ich! Bringt endlich Wein!»

«Ich komme schon! Ich komme schon!» antwortete der Kellner und stellte eine Kanne Wein auf den Tisch.

«Pfui!» schimpfte Tschiu sechs Brücken. «Was ist denn das für ein Gesöff! Der ist ja ganz verwässert! Habt ihr in eurem Laden nichts Besseres?»

«Oh ja, Branntwein haben wir!»

«Dann her damit!»

«Na, wie schmeckt er Ihnen?» fragte der Kellner, nachdem er den Branntwein gebracht und der Räuber ihn gekostet hatte.

«Es geht», erklärte dieser. «Habt ihr was als Unterlage?»

«Aber freilich!» rief der Kellner. «Wir haben Reishuhn, gepickelte Mastente, gebratenen Fisch, knusperige kleine Vögel, süßsaure Langusten mit Reis und Radieschen, gekochte Schildkrötentatzen...»

«Das mag ich alles nicht!» erklärte Tschiu sechs Brücken. «Ich will einen Schweinskopf!»

«An Schweinefleisch haben wir Schweinshaxen, Schweinsherz, Schweinsleber, Schweinslunge, Schweinslöser...» zählte der Kellner auf.

«Was ich will, ist ein Schweinskopf!» fuhr ihn der Räuber an. «Wenn ich sage, ich will einen Schweinskopf, dann will ich einen Schweinskopf!»

«Ja, Schweinskopf haben wir auch, ich werde ihn gleich bringen!» beschwichtigte ihn der Kellner.

«Aber schnell!» befahl Tschiu sechs Brücken.

«Bitte sehr, da ist der Schweinskopf», sagte der Kellner, ihm eine Schüssel mit einem großen Schweinskopf hinstellend.

Hocherfreut machte sich der Räuber über das Essen her. Der Wein duftete, der Schweinskopf war fett, und so wie der Wind die Wolken zerbläst, war im Nu alles, was auf dem Teller war, verschwunden. Hunger und Durst waren gestillt. Tschiu sechs Brücken fühlte seine Kräfte wiederkehren, er war aber etwas benebelt von dem vielen Wein, und es störten ihn seine regendurchnäßten Kleider. Seine Glieder waren schon ganz steif geworden. Er öffnete seinen Rock und schüttelte seine Ärmel, daß die Tropfen über alle Tische spritzten, und soff weiter. Dabei brummte und schimpfte er in der unflätigsten Weise. Plötzlich fiel ihm ein, daß er doch für die Pagode eine ganz schöne Summe Geld bekommen konnte.

«Dieses kostbare Schmuckstück bei mir zu haben, ist schließlich doch eine feine Sache!» sagte er sich. «Ich muß jetzt nur einen Platz finden, wo ich es gut verkaufen kann. Wenn ich dann in die Heimat zurückkehre, kann ich es mir mit meiner Frau gut gehen lassen und mir später wieder durch Diebstähle meinen Lebensunterhalt verdienen. – He Kellner!» rief er.

«Ich komme, ich komme», erwiderte der Bursche, beflissen herbeieilend.

«Wie viel macht das, was ich gegessen und getrunken habe?»

«Zusammen fünf Chien vierzig.»

«Sag dem Wirt, er soll alles aufschreiben, ich habe kein Geld bei mir. Ich zahle später!»

«Dies ist hier nur ein kleines Gasthaus, hier wird nichts auf Kredit gegeben», erklärte der Kellner.

«Was regt ihr euch denn so auf? Ihr kriegt doch euer Geld!» brummte Tschiu sechs Brücken. «Hier die zwei Koffer und den Beutel lasse ich euch als Pfand!»

Dem Wirte blieb nichts anderes übrig, als sich einverstanden zu erklären.

«Gibt es in der Nähe ein großes Pfandhaus?» erkundigte sich der Räuber.

«Hier in der Nähe sind nur kleine Pfandhäuser. Aber weiter drinnen, im Stadtzentrum, in der Purpursteinstraße, ist ein sehr großes Pfandhaus. Es gehört einem gewissen Herrn Tschen.»

«Ist es weit bis dorthin?»

«Wenn Sie geradeaus weiter in die Stadt gehen, nach Osten abbiegen und dann die Brücke überqueren, ist es nicht mehr weit», erklärte ihm der Kellner.

«Gut», sagte der Räuber. «Und wie heißt dieses Gasthaus hier?»

«Der Wirt heißt Mao, man nennt das Gasthaus deshalb allgemein nur das Gasthaus Mao», erwiderte der Kellner.

«Gut! Ich gehe jetzt!»

«Kommen Sie aber auch wirklich zurück!» ermahnte ihn der Wirt.

«Ja, ja», versicherte ihm Tschiu sechs Brücken und ging rasch aus dem Hause.

Wie er so dahintaumelte, war er wirklich ein verwegener Anblick. Um die Schultern hatte er eine Tuchjacke hängen, eine große Filzmütze, unter der das struppige Haar hervorsah, war schief auf seinen Kopf gestülpt, darunter sah sein graugrünes Verbrechergesicht hervor. Aus den Mundwinkeln floß ihm der Speichel herab. Einen Fuß auf dem Gehsteig, den anderen auf der Fahrbahn, taumelte er durch die Straßen, die Passanten rücksichtslos beiseite stoßend. Jeder, der ihn so daherkommen sah, versuchte gleich die Flucht zu ergreifen. Die Kinder liefen schreiend vor ihm davon, als hätten sie einen Teufel gesehen. Die Erwachsenen, die des Weges kamen, und denen sein Weindunst schon von weitem entgegenwehte, machten ihm eiligst Platz, um von ihm nicht niedergestoßen zu werden. Die Frauen liefen schnell in ihre Häuser zurück und versperrten die Türen.

«Heda!» rempelte er einen Entgegenkommenden an. «Ich will in die Purpursteinstraße. Wie muß ich da gehen?»

«So ein Scheusal!» murrte der Mann, ihn entsetzt anblickend.

«He! Ich habe gefragt, wie ich in die Purpursteinstraße komme!» fuhr ihn der Räuber an.

«Biegen Sie nach Osten ein und überqueren Sie die Brücke, von dort finden Sie sie dann gleich.»

Als Tschiu sechs Brücken vor dem Pfandhause angekommen war, sah er, daß dieses ein äußerst imposantes Gebäude war. Die Gänge waren alle sehr breit, und das Haus schien gut besucht zu sein, denn es drängten immer wieder neue Leute hinein. Es schien auch eine ganze Reihe von Angestellten und Dienern hier zu geben. Aus den Fenstern konnte man einen schöngepflegten Garten und einen Teich sehen. An den Wänden waren Anschlagtafeln, auf denen zu ersehen war, was für alte und neue Sachen man verpfänden konnte. Die Stellagen waren angefüllt mit tausenderlei Gegenständen. Unaufhörlich strömten Leute herbei, die etwas verpfänden wollten und die sich um den Geldwert ihrer mitgebrachten Sachen stritten.

«Heda!» rief Tschiu sechs Brücken, sich zum Ladentisch vordrängend und die vor ihm Stehenden rücksichtslos beiseite schiebend.

«Was ist denn los? Was ist denn los?» fragten die Leute. «Was sind denn das für ordinäre Manieren!»

«Der Kerl ist betrunken», meinte einer. «Es ist besser, man geht ihm aus dem Weg.»

«He! Bedienung!» rief Tschiu sechs Brücken mit schallender Stimme.

«Was wollen Sie denn?» fragte ihn einer der Beamten.

«Das werden Sie schon hören», erwiderte der Räuber grob. «Erst will ich einmal wissen, ob ihr genug Geld im Hause habt!»

«Wollen Sie vielleicht etwas, das tausend Taels wert ist, verpfänden?» fragte ihn der Mann höhnisch. «Vielleicht die Jacke, die Sie anhaben? Für die kriegen Sie nicht einmal ein paar Kupfermünzen.»

«Ich habe da ein Schmuckstück, für das ich Geld haben möchte», erklärte Tschiu sechs Brücken, aus seinem Gürtel den Beutel mit der Juwelenpagode ziehend. «Da haben Sie es, sehen Sie es sich an!»

Der Mann nahm den Beutel in die Hand, öffnete ihn, und als er ihm die kostbare kleine Pagode entnahm, war er nicht wenig erstaunt. Da er keine Ahnung hatte, was dieses Schmuckstück wert sein konnte, nahm er es zu sich, um es dem Schmuckexperten Herrn Huang Liu Yeh zu zeigen.

«Ist das aber ein herrliches Stück!» rief dieser bewundernd aus, als er es erblickte. «Fragen Sie den Mann, was für eine Summe er dafür haben will.»

Der Beamte ging zu Tschiu sechs Brücken zurück.

«Wieviel wollen Sie für diese Pagode haben?» fragte er ihn.

Der Räuber gab keine Antwort, sondern hob nur die Hand und deutete etwas mit den Fingern.

«Wieviel ist das?» fragte ihn der Beamte, der nicht verstand, was diese Zeichendeuterei heißen sollte.

«Sagen Sie mir, was es wert ist, und ich werde Ihnen sagen, ob ich mit dem Gebotenen einverstanden bin», erklärte Tschiu sechs Brücken.

Der Beamte ging wieder zu dem Schmuckexperten

zurück und richtete ihm aus, was Tschiu sechs Brücken gesagt hatte.

«Was ist das für ein Mann?» fragte Herr Huang Liu Yeh.

«Er macht einen sehr üblen Eindruck», erklärte der Beamte. «Dieses Schmuckstück wird kaum auf ehrliche Weise in seinen Besitz gekommen sein.»

Herr Huang Liu Yeh ging darauf selbst hinaus, um sich Tschiu sechs Brücken anzusehen.

«Wieviel wollen Sie für dieses Schmuckstück?» fragte er ihn.

«Sagen Sie mir, was Sie mir bieten, und ich werde Ihnen dann sagen, ob ich es verkaufe oder nicht», erklärte dieser.

«Ich habe Sie ja nicht gefragt, ob Sie es verkaufen», antwortete Herr Huang Liu Yeh. «Es hat also keinen Zweck, wenn ich Ihnen einen Preis nenne.»

Tschiu sechs Brücken wurde wild.

«Wozu haben Sie ein Pfandhaus, wenn Sie keine Ahnung haben, was eine Ware wert ist!» fuhr er Herrn Huang Liu Yeh an.

«Freches Geschwätz!» rief dieser empört. «Entfernen Sie sich! Ich nehme dieses Stück nicht an!»

«Ich *will* es aber verpfänden!» schrie der Räuber, immer mehr in Wut geratend.

«Und ich sage Ihnen, ich gebe kein Geld für Dinge dunkler Herkunft», rief Herr Huang Liu Yeh.

«Was sagen Sie da?» brüllte Tschiu sechs Brücken. «Was soll das heißen: Dinge dunkler Herkunft?» Ohne sich noch weiter in eine Debatte einzulassen, ergriff er ein Rechenbrett und warf es Herrn Huang Liu Yeh an den Kopf.

«Hinaus mit Ihnen! Hinaus mit Ihnen!» stöhnte dieser.

Um diese Zeit befand sich gerade ein etwa sechsundzwanzigjähriger junger Mann namens Lin Hsia, der ein ausgezeichneter Boxer war, im Raum. Da er sehr stolz auf seine Kraft war und diese gerne zeigen wollte, warf er schnell seinen Rock ab, stürzte auf Tschiu sechs Brükken zu und hieb auf ihn ein. Dieser aber bog sich zur Seite, hob den Arm und schlug mit solcher Wucht zurück, daß Lin Hsia im Nu auf dem Boden lag.

«Hinaus mit Ihnen? Hinaus mit Ihnen? Was?» rief er spöttisch.

«Erschlagt diesen Kerl! Erschlagt diesen Kerl!» riefen die Leute, die diese Szene mitangesehen hatten, empört. Wang Lao Tschih, der bekannte Boxermeister, dem man den Spitznamen «Eisenkopf» gegeben hatte und der sich gleichfalls gerade im Pfandhaus befand, schob die Leute beiseite und zeigte stolz seine Muskeln. Er freute sich darauf, diesen Fremden zur Strecke zu bringen. Mit großer Behendigkeit sprang er auf Tschiu sechs Brücken los, aber dieser packte ihn und warf ihn mit einem riesigen Schwung in den naheliegenden Teich. Dort blieb Wang Lao Tschih, die Beine zum Himmel gerichtet, wie eine vertrocknete Schildkröte liegen.

«Das kann doch nicht so weiter gehen!» riefen die Umstehenden. «Man muß dies doch dem Vorstand des Pfandhauses melden!»

Ein Beamter machte sich gleich auf den Weg, doch der Vorstand verhandelte gerade mit einem Manne wegen des Bezuges von rohem Gemüse. Es betraf eine große Bestellung, und er fragte den Mann gerade, wer es denn sei, der sich so streng an die Fastendiät halte, worauf der Mann erwiderte, in seiner Heimat sei es üblich, daß die Mädchen, wenn ihre Mütter auf den Wu-Tschang-Berg gingen, um dort Räucherkerzen abzubrennen, sich zu Hause von Rohkost ernährten. Als der Vorstand seinen

Beamten so aufgeregt hereinkommen sah, fragte er ihn besorgt, was denn geschehen sei, und der Mann berichtete ihm hierauf von der Prügelei, die eben stattgefunden hatte.

«Ja, wie ist es denn zu dieser Sache gekommen?» erkundigte sich der Vorstand.

«Ein Mann kam plötzlich hereingetorkelt, ein vollkommen wüster Kerl, groß wie Tschin Keng, stark wie Pa Wang und mit einem bösen Ausdruck wie ein Wolf oder ein Schakal», erwiderte der Beamte. «Kaum war er zur Türe hereingekommen, war der Streit schon fertig!»

«Was wollte er denn hier?» fragte der Vorstand.

«Er wollte eine kleine Juwelenpagode verpfänden, wußte aber nicht, wieviel Geld er für sie verlangen sollte», antwortete der Beamte. «Erst hat er ganz wirr mit den Fingern herumgedeutet, und weil Herr Huang Liu Yeh mit ihm nichts zu tun haben wollte, ist er auf ihn losgestürzt und hat ihm das Rechenbrett an den Kopf geworfen. Dann ist er noch auf Herrn Lin Hsia und Herrn Wang Lao Tschih losgegangen und hat sie so hergerichtet, daß den beiden das Blut nur so heruntergeronnen ist.»

«Ja, ist denn das möglich?» rief der Vorstand entsetzt. «Bringen Sie mir diese Pagode, ich möchte sie sehen.»

Als der Beamte gegangen war, senkte der Vorstand betrübt den Kopf.

«Es heißt nicht umsonst: Beim Kaufen und Verkaufen sollen die Menschen einträchtig sein. Wenn sie miteinander streiten und einer den anderen durch Schlauheit oder Gewalt übertölpeln will, ist es schließlich ein Schaden für beide.»

«Hier ist die Pagode», unterbrach der Beamte seine Überlegungen. Nun will ich aber den Lesern verraten, daß der Vorstand und Besitzer des Pfandhauses niemand anderer war als der Generalzensor Herr Tschen Pei Te!

Vorsichtig die Pagode in die Hand nehmend, betrachtete Herr Tschen sie genau.

«Sonderbar!» sagte er sich. «Ich hätte nicht gedacht, daß es auf der Welt noch ein zweites solches Stück gibt! Diese Juwelenpagode hier gleicht der, die ich zu Hause habe, aufs Haar. Sie würde ein schönes Gegenstück zu ihr ergeben. Ich werde meine Pagode mit dieser vergleichen, und wenn die beiden wirklich vollkommen gleich sind, kann ich sie dem Manne ja abkaufen.» Er steckte die Juwelenpagode des Fremden in seinen Ärmel, ging in seine Privatgemächer zurück und begab sich in den Frauentrakt.

Kleinod war gerade damit beschäftigt, im Orchideenpavillon mit Gold- und Silberfäden kleine Blumenäste auf eine Decke zu sticken.

«Fräulein Kleinod, der gnädige Herr ist gekommen», meldete Buntapfel Herrn Tschen an.

Kleinod legte ihre Stickerei beiseite und eilte dem Vater entgegen, um ihn zu begrüßen.

«Kind!» sagte Herr Tschen. «Gib mir schnell deine kleine Juwelenpagode! Wo hast du sie denn?»

Kleinod war bei seinen Worten vor Schrecken erstarrt. Was konnte den Vater nur veranlaßt haben, heute plötzlich die kleine Pagode zu verlangen, die sich jetzt wahrscheinlich bereits im Hause Fang befand?

«Was soll ich nur tun?» fragte sie sich verzweifelt. Sie war bleich wie Erde geworden und zitterte wie ein verschrecktes junges Reh.

Ihre Zofe Buntapfel kam ihr rasch zu Hilfe.

«Gnädiges Fräulein», rief sie. «Erinnern Sie sich nicht, die gnädige Frau hat doch die kleine Pagode von Ihnen verlangt!»

«Wann hat sie sie verlangt?» fragte Herr Tschen.

«Es muß schon vor einem Jahr gewesen sein», erwiderte Buntapfel.

«So?» sagte Herr Tschen. «Schon vor einem Jahr? Kleinod! Geh gleich zu deiner Mutter und bringe mir die Pagode, ich möchte sie sehen.»

«Vater, die Mutter ist ausgegangen», erklärte Kleinod. «Ihre Truhen sind versperrt und sie hat die Schlüssel immer bei sich. Warum willst du die Pagode plötzlich sehen?»

«Das hat einen bestimmten Grund», antwortete Herr Tschen. «Es hat sich da eine eigenartige Sache zugetragen. Einer meiner Beamten kam heute zu mir und berichtete mir, es sei ein Fremder in das Pfandhaus gekommen, der eine kleine Juwelenpagode verpfänden wollte. Weil meine Leute nicht gleich das taten, was er wollte, ist er in furchtbaren Zorn geraten und hat einige von ihnen niedergeschlagen. Ich verlangte, die Pagode zu sehen, und – denk dir nur – sie sieht ganz genau so aus wie die, die wir zu Hause haben! Ich möchte die beiden jetzt vergleichen und die zweite eventuell dem Manne für einen guten Preis abkaufen. Wäre das nicht schön, wenn wir zwei gleiche Stücke hätten?»

«Das ist wirklich merkwürdig», stotterte Kleinod. «Wo ist diese zweite Pagode?»

«Ich habe sie hier», sagte Herr Tschen und zog die kleine Pagode des Fremden aus seinem Ärmel.

Kleinod war es, als hätte man sie plötzlich mit eisigem Wasser übergossen. Auch Buntapfel war tief erschrocken. Beiden schwirrte der Kopf, sie standen starr wie aus Holz geschnitzt da und sahen einander entsetzt an. Keine sagte ein Wort.

«Warum seid ihr so verstört?» rief Herr Tschen. «Was ist denn in euch hineingefahren?»

Kleinod war es nun klar, daß die Pagode dem Vetter Fang Tzu Wen gestohlen worden sein mußte. Aber was war mit ihm selbst geschehen? Hatte er sich zu retten vermocht?

«So redet doch! Was habt ihr denn?» drang Herr Tschen in die beiden.

Kleinod warf sich vor ihm in die Knie und brach in herzzerbrechendes Schluchzen aus.

«Ich will jetzt endlich die Wahrheit wissen!» rief Herr Tschen. «Ist dies unsere Pagode?»

«Ich wage es nicht, die Wahrheit zu gestehen», erklärte Kleinod zitternd.

«Heraus mit der Sprache!» befahl Herr Tschen böse. «Aber bitte keine Ausflüchte, sondern die Wahrheit!»

«Selbst wenn es mich mein Leben kosten sollte, würde ich es nicht wagen, dich, Vater, zu belügen», sagte Kleinod gebrochen. «Ich will dir offen alles gestehen. Als im Winter Vetter Fang herkam und von Mutter so verachtungsvoll behandelt wurde, wollte ich versuchen, ihre Härte gutzumachen.»

«Was hast du getan?» fragte Herr Tschen.

«Ich habe Buntapfel beauftragt, in den Blumengarten zu gehen und ihm zuzureden zu bleiben, doch er hat sich nicht dazu bewegen lassen. Dann dachte ich mir, er könne doch unmöglich, ohne etwas in der Tasche zu haben, nach Hause reisen. Ich wollte ihm etwas Reisegeld geben, doch er war zu stolz, es anzunehmen. Da faßte ich den Plan, ihm ein paar Lebensmittel und etwas Tee in einen Beutel zu geben, denn solche Kleinigkeiten konnte er doch wirklich nicht ausschlagen. Er hat sie denn auch angenommen, ahnte aber nicht, daß ich die kleine Juwelenpagode heimlich zwischen die Lebensmittel und den Tee gesteckt hatte.»

«Du hast also Buntapfel aufgetragen, ihm den Beutel zu geben?» fragte Herr Tschen.

«Ja», sagte Kleinod.

«Die kleine Pagode war doch, soviel ich mich erinnere, in einer Sandelholzkassette», sagte Herr Tschen. «Hast du ihm diese auch mitgegeben?»

«Nein,» antwortete Kleinod. «Ich fürchtete, er werde die Kassette nicht annehmen, ich habe deshalb die kleine Pagode herausgenommen und sie in einen Beutel gegeben.»

«Was war das für ein Beutel?» wollte Herr Tschen wissen.

«Der kleine Bücherbeutel aus dem Bibliothekszimmer.»

«Jetzt verstehe ich!» rief Herr Tschen. «Du hast zwar aus guter Absicht gehandelt, mein Kind, aber ein Mädchen darf nicht so eigenmächtig sein!»

«Wirst du nachforschen, Vater, woher die Pagode gekommen ist?» fragte Kleinod.

«Selbstverständlich», erwiderte Herr Tschen. «Es ist ein wahres Glück, daß deine unmoralische Mutter nicht zu Hause ist. Sie darf von dieser Sache natürlich kein Wort erfahren! Wenn sie davon wüßte, würden alle meine Nachforschungen erfolglos bleiben.» Er ging in das Bibliothekszimmer und ließ den Beamten des Pfandhauses zu sich kommen.

«War die Pagode des Fremden in einem Beutel?» fragte er ihn.

«Ja, in einem kleinen roten Beutel», antwortete der Mann.

«Bringen Sie mir diesen Beutel und sagen Sie Herrn Huang Liu Yeh, ich lasse ihn bitten, zu mir zu kommen», befahl ihm Herr Tschen.

Kurz darauf trat Herr Huang Liu Yeh mit dem Beutel zu ihm ins Zimmer. Herr Tschen erkannte auf den ersten Blick, daß es sein Bücherbeutel war.

«Das ist eine sehr merkwürdige Sache», sagte er. «Ich weiß jetzt mit Bestimmtheit, daß die Juwelenpagode, die dieser Kerl verpfänden wollte, meine eigene ist.»

«Wie sind sie darauf gekommen?» fragte Herr Huang Liu Yeh.

«Das ist eine komplizierte Sache», antwortete Herr Tschen ausweichend. «Darüber, daß es die Pagode ist, die ich in meinem Hause hatte, besteht jedoch nicht der geringste Zweifel.»

«Aber wie kann der Mann zu diesem Schmuckstück gekommen sein?» wunderte sich Herr Huang Liu Yeh.

«Er hat es nicht aus meinem Hause gestohlen, sondern er hat es einem Herrn auf einer Reise geraubt», erklärte Herr Tschen.

«Einem Herrn auf einer Reise?» fragte Herr Huang Liu Yeh. «Wer war dieser Herr?»

«Vergangenes Jahr kam mein Neffe Fang Tzu Wen aus Ho Nan zu uns», erzählte Herr Tschen. «Meine Frau hat ihn sehr von oben herab behandelt, und daraufhin ist er gleich wieder fortgegangen. Ich bin ihm nachgeeilt, habe ihn beim Tempel der neun Fichten eingeholt und ihn gebeten, wieder zurückzukommen. Er aber wollte nichts davon wissen. Da er ein ungemein korrekter und begabter junger Mann ist, habe ich ihm meine Tochter als Gattin versprochen. Ich wollte ihm mit etwas Reisegeld aushelfen, er war aber nicht zu bewegen, es anzunehmen. Mir war bange, er könnte auf seiner weiten Reise in Schwierigkeiten geraten, und so habe ich ihm die kleine Juwelenpagode geschenkt. – Ist es nicht sonderbar, daß sie heute wieder in meine Hände gekommen ist? Die Sache beunruhigt mich. Die Pagode muß ihm auf der Reise gestohlen worden sein. Der Mann, der sie hierhergebracht hat, scheint ein ganz übles Subjekt zu sein und sich auch unverantwortlich benommen zu haben. Daß er diese Juwelenpagode aber gerade in meinem Pfandhaus verkaufen wollte, das kann nur der Himmel selbst bewerkstelligt haben!»

«Diese Sache ist wirklich höchst merkwürdig», pflichtete ihm Herr Huang Liu Yeh bei.

«Sie müssen jetzt mit diesem Mann sprechen», befahl ihm Herr Tschen. «Machen Sie ihm vor, ich hätte die Absicht, das Stück zu kaufen, und möchte wissen, was er dafür verlangt. Mir liegt daran, daß Sie ihn zurückhalten, ihn mit Wein traktieren und trachten, etwas aus ihm herauszubekommen. Ich werde inzwischen veranlassen, daß er verhaftet wird.»

«Ich werde mein Möglichstes machen», versprach ihm Herr Huang Liu Yeh.

Nachdem er sich entfernt hatte, ließ Herr Tschen seinen Diener Wang Pen zu sich rufen. Er schrieb auf eine Visitenkarte ein paar Zeilen und befahl ihm, sie gleich in das Bezirksamt zu tragen und dem Präfekten die Sache genau zu erklären. Dieser möge dann sofort einige Gerichtsdiener schicken, um den Räuber festzunehmen. Herr Tschen trug Wang Pen auch noch auf, den Präfekten zu ersuchen, den Kerl sehr scharf, eventuell auch vermittels Foltern, einzuvernehmen.

Präfekt Liu Dschün hatte seine Karriere als Richter von Shang Yang begonnen und sich bald allergrößte Beliebtheit erworben. Seitdem er sein Amt angetreten hatte, blühte alles auf, überall herrschte Frieden und niemand brauchte mehr Mangel zu leiden. Als er die Zeilen des Generalzensors Tschen gelesen und sich Wang Pens Bericht angehört hatte, sagte er sich, dieser Räuber, der die Juwelenpagode gestohlen hatte, müsse ein gefährlicher Verbrecher sein. Er fürchtete, es werde seinen Gerichtsdienern vielleicht nicht leichtfallen, ihn zu verhaften, und schrieb daher einen Bericht über die Sache an den Gouverneur, mit dem Ersuchen, dieser möge ihm auch noch Soldaten schicken. Seine Bitte wurde sofort erfüllt und es wurden ihm fünfzig Soldaten zur Verfügung gestellt. Er gab darauf einen Haftbefehl heraus und befahl den Soldaten und seinen Gerichtsdienern, in die Purpursteinstraße in das Pfandhaus Tschen zu gehen und dort die Verhaftung des Räubers vorzunehmen.

Herr Huang Liu Yeh hatte inzwischen seinen Beamten in Gegenwart des Tschiu sechs Brücken vorgesagt, es sei nicht nötig, so aufgeregt über eine Sache zu sein, man könne doch auch ruhig mit dem Fremden reden, wozu brauche man denn gleich handgreiflich zu werden? Der Mann sei anscheinend von weit hergekommen, man dürfe mit ihm nicht so grob und brutal sein. Dann wandte er sich an Tschiu sechs Brücken selbst.

«Weshalb sind Sie denn so aufgeregt und unhöflich gewesen?» fragte er ihn sanft. «Es heißt schon im Sprichwort: Wenn man freundlich ist, vermehrt sich das Geld. Wozu grollen wie der Donner? Sie sind doch ein Held und sollten solcher Bagatellen wegen nicht in Zorn geraten! Der Herr Vorstand hat uns sehr scharf zur Rede gestellt, daß wir nicht höflich genug zu Ihnen waren. Bitte entschuldigen Sie unser unverantwortliches Verhalten und tragen Sie es uns nicht nach! Erlauben Sie mir jetzt, mit Ihnen wegen Ihrer Sache zu verhandeln!»

Tschiu sechs Brücken begann hellauf zu lachen.

«Ha! Ha!» rief er. «Ich möchte doch wirklich wissen, was Ihr Vorstand zu Ihnen gesagt hat!»

Herr Huang Liu Yeh bat ihn höflich, Platz zu nehmen, und befahl einem Diener, Tee zu bringen.

Alle Aufseher und Beamten steckten die Köpfe zusammen und tuschelten, was denn das zu bedeuten habe, daß Herr Huang Liu Yeh diesen Lümmel so besonders zuvorkommend behandle. Die Sache fing an, sie zu beunruhigen, und sie waren mit dieser Wendung durchaus nicht einverstanden.

«Woher kommen Sie, verehrter Herr?» begann Herr Huang Liu Yeh das Gespräch mit dem Räuber. «Wie ist Ihr werter Name? Was haben Sie für eine Beschäftigung?»

«Wollen Sie mich vielleicht zum Schwiegersohn haben, daß Sie sich so ausführlich um meine Familienumstände kümmern?» höhnte Tschiu sechs Brücken.

«Ich will mich keineswegs in Ihre Privatangelegenheiten mischen», entschuldigte sich Herr Huang Liu Yeh. «Ich habe mir bloß erlaubt, Sie um Ihren werten Namen zu fragen.»

«Wenn ich gehe, habe ich keinen Zunamen, und wenn ich sitze, habe ich keinen Vornamen», gab ihm der Räuber zur Antwort. «Genannt werde ich: Tschiu sechs Brücken, damit fertig! Und wenn Sie wissen wollen, wo ich lebe, dann sollen Sie es meinethalben wissen: Außerhalb von Huang Dschou. Ich bin derzeit in einer etwas bedrängten Lage und habe keinen Beruf...» Er wollte noch weiter sprechen, doch schien ihm plötzlich etwas durch den Kopf zu gehen und er hielt in seiner Erzählung ein.

«Warum sprechen Sie denn nicht weiter, verehrter Herr?» fragte Herr Huang Liu Yeh.

«Mich hat der Wind ganz zufällig in diese Straße geweht», erklärte Tschiu sechs Brücken.

Die beiden plauderten weiter, und als sie miteinander ein paar Tassen Tee geleert hatten, erteilte Herr Huang Liu Yeh dem Diener den Befehl, nun Wein zu bringen.

«Machen Sie sich keine Mühe, ich muß jetzt gehen», sagte Tschiu sechs Brücken und wollte aufstehen und sich entfernen.

«Aber bleiben Sie doch noch ein wenig hier und lassen Sie uns noch etwas länger plaudern, verehrter Herr», hielt ihn Herr Huang Liu Yeh zurück. «Haben Sie es denn schon so eilig?» Er hoffte, Tschiu sechs Brücken werde durch den Wein bald benebelt sein.

Der Räuber ahnte, daß hinter dieser Einladung etwas stecken müsse, da er aber große Lust auf ein gutes Essen und einen guten Wein hatte, blieb er weiter in seinem Fauteuil sitzen.

«Übrigens, – was die kleine Juwelenpagode betrifft», fuhr Herr Huang Liu Yeh fort, «so habe ich diese unserem Vorstand gezeigt, und er war ganz entzückt von ihr.»

«So?» fragte Tschiu sechs Brücken. «Hat ihm mein Schmuckstück gefallen?»

«Außerordentlich!» versicherte ihm Herr Huang Liu Yeh. «Man findet so schön gearbeitete Gegenstände heute schon sehr selten. Unter uns gesagt, er scheint Interesse zu haben, das Stück selbst zu kaufen. Würden Sie es für ein paar hundert Taels hergeben?»

Tschiu sechs Brücken lachte. «So? Er möchte also mein Schmuckstück kaufen?» wiederholte er. «Es ist aber ein sehr kostbares Stück und ich trenne mich nur schwer von ihm. Da ich aber gerade dringend Geld brauche, bin ich bereit, es ihm um dreitausend Taels zu lassen.»

«Das ist zu teuer, verehrter Herr!» tat Herr Huang Liu Yeh entsetzt. «Würden Sie sich mit dreihundert begnügen?»

«Nein!» rief Tschiu sechs Brücken. «Es fällt mir gar nicht ein, das Schmuckstück für so wenig Geld herzugeben!»

«Und wenn Ihnen der Herr Vorstand noch hundert Taels draufgeben würde? Was dann?» erkundigte sich Herr Huang Liu Yeh.

«Das ist zu wenig», erklärte Tschiu sechs Brücken. «Wieviel Taels würde er noch draufgeben?»

«Da Sie es nicht um den letztgenannten Preis hergeben wollen, werde ich ihm zureden, noch zweihundert Taels draufzugeben», antwortete Herr Huang Liu Yeh. «Wenn Sie jetzt aber noch mehr verlangen, dann kann der Kauf nicht zustande kommen.»

Der Räuber überlegte.

«Er hat nun schon so viel draufgegeben», sagte er sich. «Wenn ich ihm das Stück nicht für diesen Preis hergebe, wird vielleicht aus dem ganzen Handel nichts. Es ist besser, ich lasse es ihm für diesen Preis!» So erklärte er sich mit der angebotenen Summe einverstanden.

«Ausgezeichnet!» sagte Herr Huang Liu Yeh. «Ich werde Ihnen das Geld gleich auszahlen lassen.»

Während die beiden verhandelt hatten, waren die fünfzig Soldaten, begleitet von den Gerichtsdienern, bereits im Pfandhaus eingetroffen und schwärmten nun wie die Bienen in den Raum. Als Tschiu sechs Brücken sie mit ihren Stricken, Doppelspitzhaken, Hämmern und Peitschen hereinstürzen sah, nahm ihm der Schreck die Sprache. Erst wollte er mit den Fäusten auf sie losstürzen, doch schon von alters her heißt es «Ein Einzelner kann nicht gegen eine Masse ankämpfen», und so erkannte auch er, daß er machtlos war. Er mußte es sich demnach gefallen lassen, daß die Soldaten und Gerichtsdiener unter lauten Rufen «Packt den Räuber! Haltet den Dieb!» über ihn herfielen und ihn mit Stricken fesselten. Jeder Versuch zu fliehen, wäre umsonst gewesen, und so wurde er von ihnen in das Bezirksamt gebracht.

Wang Pen hatte mittlerweile auf Herrn Tschens Befehl die Juwelenpagode in das Bezirksamt gebracht. Dem armen Herrn Tschen war es jetzt klar, daß der Räuber seinem Neffen etwas angetan hatte. Wie wäre denn sonst das wertvolle Schmuckstück in seine Hände geraten? Als er gerade so überlegte, hörte er, wie die Amtstrommel geschlagen wurde.

Die Beamten waren in den Gerichtssaal gekommen. Der Präfekt setzte sich mit dem Gesicht nach Süden gewendet, die sechs Sekretäre zu seiner Seite, unterhalb von ihnen nahmen dann noch die drei Schriftführer Platz.

Als erster Zeuge wurde Wang Pen aufgerufen. Er trat vor und verbeugte sich tief.

«Sie heißen Wang Pen und sind Diener im Hause Tschen?» fragte ihn der Präfekt.

«Ja», antwortete Wang Pen.

«Erzählen Sie mir, hat Ihr Gebieter diese Juwelenpagode in seinem Hause oder auf einer Reise verloren?»

«Gestatten Sie mir, Herr Präfekt, Ihnen über die Sache genauen Bericht zu geben», bat Wang Pen.

«Gut», sagte der Präfekt. «Erzählen Sie mir genau, wie sich alles zugetragen hat.»

«Der Sohn meines früheren Gebieters in Ho Nan, Herr Fang Tzu Wen, ist der Neffe des Herrn Tschen», begann Wang Pen. «Vergangenes Jahr zu Wintersanfang kam er zu uns. Der gnädigen Frau war es unangenehm, daß er so ärmlich aussah. Sie fürchtete, dies könne ihrem Ansehen schaden, und hat ihn deshalb auf eine Art behandelt, die allen verwandtschaftlichen Gefühlen widerspricht. Obwohl Herr Fang Tzu Wen noch sehr jung ist, hat er doch einen sehr stolzen Charakter. Er war empört über den schmählichen Empfang von seiten seiner Tante und schwer entrüstet über ihre beschämenden Worte. Ohne von ihr Abschied zu nehmen, ist er davongegangen. Als mein Gebieter, Herr Generalzensor Tschen, erfuhr, daß seine Frau sich zu ihrem Blutsverwandten so lieblos benommen hatte, war er außer sich vor Wut. Er steckte etwas Geld zu sich, nahm die kleine Juwelenpagode und ist in meiner Begleitung dem jungen Herrn nachgeritten. Wir haben ihn beim Tempel der neun Fichten eingeholt. Mein Herr hat vergebens versucht, ihn zum Bleiben zu bewegen. Da ihm dies nicht gelang, wollte er ihm etwas Reisegeld und die Pagode geben, damit er im Notfalle einige Werte bei sich habe, aber der junge Herr hat sich geweigert, diese Sachen anzunehmen. Das stolze Verhalten dieses jungen Mannes hat auf Herrn Generalzensor Tschen einen großen Eindruck gemacht. Er hat ihm seine Tochter zur Gattin versprochen und ihn gebeten, die kleine Pagode gewissermaßen als Pfand anzunehmen. Die beiden Herren haben sich dann beim Tempel zu den neun Fichten das Wort gegeben, daß diese Ehe zustande kommen werde, und haben dann traurig voneinander Abschied genommen. Seither sind schon viele Monate vergangen und heute plötzlich ist diese Juwelenpagode von einem Mann hierher ins Pfandhaus gebracht worden. Da meinem Gebieter die Sache verdächtig vorkam, hat er die Anzeige erstattet.»

«Ich verstehe», sagte der Präfekt. «Wo befindet sich die Juwelenpagode?»

«Herr Tschen hat mir befohlen, sie hierher zu bringen und Ihnen, Herr Präfekt, zu zeigen», sagte Wang Pen.

«Bringen Sie mir sie herauf!» befahl ihm der Präfekt.

Wang Pen zog die Juwelenpagode hervor, und zwei Sekretäre reichten sie dem Präfekten weiter. Dieser öffnete den roten Beutel und sah sie an.

«Ist das aber ein wundervolles Stück!» rief er, die Pagode von allen Seiten betrachtend, aus. Er konnte sich nicht genug an dem Gefunkel der Perlen und Steine ergötzen. Bewundernd betrachtete er die feinen Goldfäden, die die Perlen miteinander verbanden und das Gehäuse der Pagode bildeten, und er sagte sich, daß dieses Kunstwerk äußerst wertvoll sein müsse. Nachdem er es lange liebevoll betrachtet hatte, legte er es beiseite und gab den Befehl, den Angeklagten vorzuführen.

«Den Angeklagten vorführen!» wiederholten die beiden Schriftführer mit so schallender Stimme, daß man hätte meinen können, der Himmel stürze ein und die Erde versinke.

Tschiu sechs Brücken wurde in den Saal geführt und mußte vor dem Richtertisch niederknien.

«Der Angeklagte hebe den Kopf!» befahl der Präfekt. «Wie heißen Sie und wo wohnen Sie?» fragte er den Räuber. «Auf welche Weise ist diese Juwelenpagode in Ihre Hände gekommen? Sagen Sie die Wahrheit und sprechen Sie klar und deutlich, sonst lasse ich Sie sofort bestrafen!»

«Meine Wenigkeit heißt Tschiu sechs Brücken», begann der Räuber. «Ich wohne in einer kleinen Ortschaft außerhalb von Huang Dschou. Da ich arm bin und mir das Kapital fehlt, mir eine Existenz zu gründen, hatte ich schon seit langem die Absicht, diese Pagode, die ein altes Erbstück meiner Familie ist, zu verkaufen. Bisher bin ich aber mit keinem Käufer über den Preis einig geworden, und so nahm ich mir vor, nach Shang Yang zu gehen und zu versuchen, hier einen besseren Preis für die Pagode zu erzielen. Als ich in der Purpursteinstraße an dem Pfandhause Tschen vorbeikam, entschloß ich mich, das Stück vorerst einmal zu verpfänden. Ein Herr hat auch mit mir über diese Sache verhandelt, aber plötzlich

– ich weiß nicht warum – hat man mich verhaftet und hierhergeführt. Wahrscheinlich ist der Vorstand des Pfandhauses selbst voll Gier nach der Pagode und will sie unter dem Vorwand, er bezweifle, es sei ein Familienerbstück, billig in die Hand bekommen.»

«Verlogenes Geschwätz!» fuhr ihn der Präfekt an. «Wie sollte ein Mensch wie Sie zu einem so kostbaren Schmuckstück kommen! Heraus mit der Wahrheit!»

«Ach, Herr Präfekt, warum glauben Sie mir nicht?» klagte Tschiu sechs Brücken.

«Vorwärts! Heraus mit der Wahrheit!» riefen jetzt auch die Sekretäre mit drohender Stimme.

«Mein Großvater war ein hoher Beamter, und ich habe das Schmuckstück, das er von einem Fürsten zum Geschenk bekommen hat, von ihm geerbt. Es ist schon über zwanzig Jahre in unserem Hause», erklärte der Räuber.

«Wenn Sie das Schmuckstück schon so lange besitzen, dann werden Sie wohl auch genau wissen, aus wie vielen Perlen es besteht und wie diese angeordnet sind», sagte der Präfekt. «Beschreiben Sie mir das Stück einmal!»

Obwohl Tschiu sechs Brücken die Juwelenpagode schon vor längerer Zeit geraubt hatte, war er doch ein viel zu roher und ungehobelter Mensch, um sie je genau angesehen zu haben, geschweige denn, etwas von der Anzahl der Perlen zu wissen. Er konnte daher auf die Frage des Präfekten, die ihm sehr unerwartet kam, keine rechte Antwort geben. Nach einigem Überlegen sagte er:

«Die Pagode besteht aus vierundachtzig Perlen, die mit Goldstäben zusammengesetzt sind.»

«Und wie sieht der Oberteil der Pagode aus?» fragte der Präfekt weiter.

«In ihrem Oberteil befindet sich eine Reihe Korallen verbunden mit Bernsteintropfen und Gehängen aus weißem Jade.»

Der Präfekt nahm die Pagode nochmals zur Hand und rief Wang Pen zu sich.

«Gehen Sie zu Ihrem Gebieter zurück und fragen Sie ihn, wieviele Perlen sich auf der Pagode befinden und in welcher Weise dieselben angeordnet sind», befahl er ihm. «Lassen Sie sich von ihm die Pagode genau beschreiben und kommen Sie dann wieder hierher zurück! Sie dürfen sich unterwegs nirgends aufhalten und müssen sofort wieder zurück kommen!»

Wang Pen eilte nach Hause und ging gleich ins Bibliothekszimmer, um Herrn Tschen, so wie es der Präfekt angeordnet hatte, zu befragen.

Herr Tschen dachte angestrengt nach. Dann sagte er: «Ich kann mich leider nicht erinnern, aus wie vielen Perlen die Pagode besteht, Kleinod wird vermutlich genaue Auskunft geben können. Ich werde sie aufsuchen und fragen.»

Er ging in den Frauentrakt und verlangte, Kleinod zu sehen. Buntapfel meldete ihn bei Kleinod an, und diese kam sogleich die Treppe heruntergelaufen.

«Du hast mich rufen lassen, Vater, was wünschest du von mir?» fragte sie ihn lächelnd.

Herr Tschen erzählte ihr, was der Präfekt zu wissen verlangt hatte.

«Ich weiß genau, wie die Pagode aussieht!» rief Kleinod augenblicklich. «Sie besteht aus einhundertsechzig Perlen, die mit vierundzwanzig Goldstäbchen verbunden sieben Stockwerke aufbauen. Den Abschluß der Pagode bilden Bernsteintropfen, die als Abwehr gegen böse Dämonen eine Windmühle darstellen. Der Pagodenbau selbst besteht aus zarten Hammelfettjade-Platten, in welche feine Schriftzeichen eingeritzt sind. Die Balustrade wird aus Korallen, die in Swastikaform aneinandergereiht sind, gebildet. Von den vier oberen Ecken hängen Goldglöckchen herab, die etwas mehr als sechs Tsun lang sind. Meine Mutter hat sie selbst daran befestigt. – Genügt dir diese Beschreibung, Vater?»

Herr Tschen übergab Wang Pen die genaue Beschreibung der Pagode, und dieser eilte, ohne sich anderswo aufzuhalten, in das Gerichtsgebäude zurück.

Der Präfekt betrachtete die Pagode nochmals, und es stellte sich heraus, daß alle Angaben Kleinods richtig waren, aber kein Wort von dem, was Tschiu sechs Brükken über sie gesagt hatte, stimmte. Er wollte es daher versuchen, ihn durch verschiedene Foltern zu einem Geständnis zu bringen.

Als man mit den ersten drei Folterwerkzeugen begann, wurde der Räuber, der Wehleidigkeit nicht kannte, beinahe bewußtlos vor Schmerzen.

«Wollen Sie ein Geständnis ablegen?» fragte ihn ein Sekretär.

«Ich habe nichts zu gestehen», erwiderte er, worauf ihm auf Befehl des Präfekten weitere zwanzig Foltern auferlegt wurden.

«Wollen Sie jetzt gestehen?» fragte der Sekretär zum zweiten Mal.

«Selbst wenn Sie mich töten, werden Sie nichts aus mir herausbringen!» beharrte Tschiu sechs Brücken.

«Ich fürchte, wir werden seinen Eigensinn durch das Anlegen des glühenden Bandes brechen müssen», meinte der Präfekt.

Dieses «glühende Band» war das schrecklichste aller Folterwerkzeuge, und man pflegte es nur bei den hartgesottensten Verbrechern anzuwenden.

Anfangs blieb Tschiu sechs Brücken standhaft, dann aber übermannten ihn die Schmerzen so sehr, daß seine Augen wie Walnüsse aus den Höhlen traten.

«Ich gestehe!» schrie er auf. «Herr des Himmels, rette mich! Ich gestehe!»

Der Präfekt ließ ihm das furchtbare Band abnehmen und forderte ihn nun persönlich auf, vernünftig zu sein und die Wahrheit zu sagen.

«Ich hatte in Huang Dschou keinen festen Beruf und verschaffte mir meinen Lebensunterhalt zum großen Teil durch Taschendiebstähle», begann Tschiu sechs Brücken. «Ich brachte es darin zu einer gewissen Geschicklichkeit, und da nie jemand etwas bemerkte, ist mir das Stehlen bald zur Gewohnheit geworden. Jedesmal, wenn ich einen Menschen allein durch den Wald gehen sah, beraubte ich ihn und schlug ihn nieder. Vergangenes Jahr, als gerade starker Schnee gefallen war, ging ich aus, in der Hoffnung, einen kleinen Fang zu machen. Da begegnete ich einem Studenten, der sehr ärmlich gekleidet war, und weil ich bemerkt hatte, daß er ein Reisebündel trug, stürzte ich mich von hinten auf ihn. Er fiel in den Schnee, ich entriß ihm sein Bündel, ließ ihn liegen und rannte davon. Als ich dieses Reisebündel später aufmachte, fand ich darin, unter verschiedenen Lebensmittelpaketen versteckt, den Beutel mit der kleinen Pagode. Ich sagte mir, sie müsse sehr wertvoll sein, und da ich es nicht wagte, sie im Orte selbst zu verkaufen, trug ich sie nach Hause und wollte sie in den nächsten Tagen in der Nachbarschaft veräußern. Am darauffolgenden Morgen hörte ich jedoch auf der Straße davon reden, einem Verwandten des Vizekommandanten sei eine Pagode gestohlen worden, und alle Bezirksämter der Umgebung hätten den Auftrag bekommen, verdächtige Personen zu verhaften. Ich stand bei den Bezirksämtern nicht in gutem Rufe, bekam Angst, man werde die Pagode bei mir finden, und floh daher nach Shang Yang, um sie hier zu verkaufen. Wie hätte ich ahnen können, daß der Himmel mich strafen und in ein Netz locken werde!»

«Und was ist aus dem jungen Studenten geworden?» fragte der Präfekt.

«Dem Studenten habe ich nichts angetan,» beteuerte der Räuber.

Der Präfekt überlegte eine Weile. Dann sagte er:

«Nachdem Sie so schamlos waren, dem Wehrlosen sein Bündel zu entreißen, können Sie schwerlich auf der Behauptung bestehen, dem Fremden kein Leid angetan zu haben. Folgen Sie meinem gutgemeinten Rat: Legen Sie ein ehrliches Geständnis ab, ich müßte Sie sonst nochmals foltern lassen, und das könnte Ihnen dann ans Leben gehen!»

«Ich habe dem Studenten kein Leid zugefügt!» beteuerte Tschiu sechs Brücken von neuem. «Der Himmel ist mein Zeuge, daß ich die Wahrheit sage!»

Der Präfekt, der ein guter Menschenkenner war, hatte bei diesen Worten den Eindruck bekommen, daß sie wirklich der Wahrheit entsprachen.

«Ich will Ihnen glauben, daß Sie den Studenten nicht getötet haben, und werde von weiteren Foltern absehen», erklärte er. «Ich stelle jedoch eine Bedingung: Verraten Sie mir, wer ihre Helfershelfer bei Ihren Überfällen und Diebstählen sind!»

«Einige Zeit hindurch hatte ich mehrere Kameraden», bekannte Tschiu sechs Brücken. «Sie haben sich mir gegenüber aber unkollegial benommen, und ich arbeite daher nur mehr allein.»

«Ich will Ihnen auch das glauben und von weiteren Fragen absehen, wenn Sie mir die Namen dieser Kameraden geben», sagte der Präfekt.

Tschiu sechs Brücken nannte ihm einige Namen, und der Präfekt stellte hierauf keine weiteren Fragen mehr, ließ ihm aber als Strafe für den Diebstahl der Juwelenpagode vierzig starke Stockhiebe versetzen und ihn dann in das Gefängnis abführen.

Als der Räuber den Saal verlassen hatte, verfaßte der Präfekt ein genaues Protokoll über den Fall und schickte es an seine vorgesetzte Behörde. Dann sandte er ein Schreiben an die Präfektur von Huang Dschou mit dem Ersuchen, die Verhaftung der Helfershelfer des Schuldigen vorzunehmen.

Die Amtshandlung war damit beendet, und Wang Pen ging zu Herrn Tschen zurück.

Mao, der Besitzer des Gasthauses, in dem Tschiu sechs Brücken eingekehrt war, hatte mittlerweile vergebens darauf gewartet, daß sein Gast zurückkommen werde, um seine Schulden zu bezahlen. Nachdem mehrere Tage vergangen waren und er sich immer noch nicht sehen ließ, öffnete er den von ihm zurückgelassenen Koffer, fand darin jedoch nur schäbige, zerfetzte Kleidungsstücke. Als er sie zu verkaufen versuchte, bekam er zu seiner großen Betrübnis bloß einige Kupfermünzen dafür. Er bereute es jetzt sehr, so ungeschickt gewesen zu sein, sich von einem Fremden prellen zu lassen.

Herr Tschen hatte sich von Wang Pen einen genauen Bericht über den Verlauf der Gerichtsverhandlung geben lassen. Der Ausgang der Sache beunruhigte ihn sehr.

«Kann man den Worten eines Räubers Glauben schenken?» fragte er sich. Auch Kleinod zweifelte an der Wahrheit der Worte des Räubers. Sie kamen deshalb überein, es werde wohl das beste sein, Wang Pen nach Ho Nan zu schicken, damit er dort Erkundigungen einziehe.

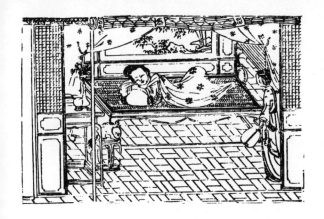

XI. KAPITEL

Ein Mädchen weint bitterlich über eine kleine Pagode

Kleinod ängstigte sich von Tag zu Tag mehr um das Schicksal des Geliebten. Was nützte es, daß der Räuber beteuert hatte, ihm nichts angetan zu haben? Die Tatsache, vom Vetter, seit er von ihr Abschied genommen hatte, keine Nachricht bekommen zu haben, gab ihr doch allen Grund, äußerst besorgt zu sein! Hatte sie nicht gehofft, ihn, wenn sich das erste Grün der Weiden zeigte, wiederzusehen? Sie schob den Perlenvorhang zur Seite und blickte in den Garten hinaus. Unzählige Blumen waren bereits erblüht, die Schwalben haschten nach den Schmetterlingen, alle Vögel sangen um die Wette, und die ganze Landschaft bot das Bild des Frühlings. Mußte sie nicht selbst dem Frühling zürnen? Sie zog den Vorhang wieder zu und befragte, wie schon so oft, das Münzorakel, wie es um den Vetter stehe, aber die Antworten waren nicht dazu angetan, sie zu beruhigen. Armer Vetter! Wie sehr mußte ihn der Überfall erschreckt haben!

Konnte sie noch hoffen, daß er am Leben geblieben war? Hatte er denn seine Reise ohne Geld fortsetzen können? War es ihm gelungen, in die Heimat zurückzukehren? Weshalb hatte er ihr dann nicht geschrieben? «Hat er es meiner Mutter wegen nicht gewagt, mir einen Brief zukommen zu lassen?» fragte sie sich. «Hat er mich vergessen? Schreibt er mir nicht, weil es ihm peinlich ist, daß ihm die Pagode gestohlen wurde?»

Sie wurde in ihrem Grübeln durch den Eintritt von Buntapfel unterbrochen.

«Fräulein, ich habe Ihnen ein wenig Tee gebracht», sagte diese.

«Stell ihn auf den Tisch, ich habe keine Lust zu trinken!» antwortete sie.

«Das kann doch nicht so weitergehen!» rief Buntapfel. «Seit Tagen wollen Sie nichts zu sich nehmen. Ihr zartes Blumengesichtchen ist schon ganz schmal geworden. Sie müssen auch an sich denken! Seien Sie doch nicht so verzagt!»

«Seit ich die Juwelenpagode wiedergesehen habe, quälen mich Tag und Nacht die schwersten Sorgen», erklärte Kleinod. «Mir fehlt jede Lust, etwas zu essen oder zu trinken, selbst den besten Delikatessen vermag ich keinen Geschmack abzugewinnen und auch an schönen Kleidern kann ich mich nicht mehr erfreuen. Alle zwölf Stunden des Tages denke ich nur an die Pagode.»

«Sie machen sich bestimmt unnötige Sorgen», versuchte Buntapfel sie zu beruhigen. «Wer weiß, vielleicht bekommen Sie bald eine Nachricht von Herrn Fang! Sie werden sehen, Fräulein, eines Tages wird hier ein goldberandetes Schreiben eintreffen mit der Botschaft von einem großen Prüfungserfolg!»

«Sprich nicht so verrücktes Zeug!» wies Kleinod sie zurecht. «Wie sollen mir nicht die Tränen über die Wangen herabfließen, wenn ich nicht einmal weiß, ob er noch unter den Lebenden weilt?»

«Wang Pen wird bestimmt bald mit Nachrichten von Ho Nan zurückkommen», tröstete sie Buntapfel.

«Muß ich diesen Nachrichten nicht mit Bangen entgegensehen?» fragte Kleinod. «Werden es gute oder schlechte Nachrichten sein, die er bringt? Vergiß nicht, Buntapfel, daß die Sorge um Fang Tzu Wen nicht die einzige ist, die mich quält! Nur du allein weißt, wie unglücklich ich über die Zwietracht zwischen den Eltern bin! Wenn ein Streit zwischen ihnen ausbricht, weiß ich nie, auf welche Seite ich mich stellen soll. Rede ich dem Vater gütlich zu, muß ich fürchten, mir seinen Groll zuzuziehen, trachte ich, die Mutter umzustimmen, wird sie entsetzlich böse auf mich. Erinnere dich, in welchen Zorn sie am Neujahrstage über deine Worte geraten ist! Was soll ich nur tun, um wieder Eintracht zwischen ihnen zu schaffen?»

Zwei Tage hindurch fühlte sie sich gar nicht wohl, sie fieberte, und Buntapfel riet ihr, liegenzubleiben und nicht aufzustehen.

Da sie Herrn Tschen nicht, wie üblich, am Morgen aufgesucht hatte, um sich nach seinem Befinden zu erkundigen, befahl er einer Kammerfrau namens Lu Hsien, Buntapfel zu fragen, weshalb seine Tochter nicht zu ihm gekommen sei.

«Das Fräulein liegt zu Bett und hat Fieber», meldete ihm Lu Hsien, als sie zurückkam.

Erschrocken eilte Herr Tschen zum Pavillon.

«Gnädiges Fräulein, der Herr Generalzensor ist gekommen», sagte Buntapfel zu Kleinod, die Vorhänge ihres Bettes beiseite schiebend.

Herr Tschen bemerkte gleich, daß Kleinods Wangen sehr rot waren. Ihre Brauen waren zusammengezogen, die Augen verschleiert. Er griff nach ihrer Stirne, die sich sehr heiß anfühlte.

«Mach den Mund auf, Kind!» sagte er zu Kleinod. «Aha! Die Zunge ist belegt! Wo hast du dir diese Erkältung zugezogen?»

«Ich bin nur ein wenig verkühlt, und das Fieber geht bereits zurück», antwortete Kleinod. «Mach dir meinetwegen keine Sorgen, Vater!»

«Wenn du auch nur eine leichte Erkältung hast, so mußt du doch sehr vorsichtig sein», ermahnte sie ihr Vater. «Das Wetter ist seit einigen Tagen recht unfreundlich. – Buntapfel! Warum hast du mich nicht verständigt, daß das Fräulein sich nicht wohl fühlt?»

«Buntapfel wollte es ohnedies tun», erklärte Kleinod, «ich habe es ihr aber verboten.»

«Bleib vorläufig ruhig liegen, ich werde gleich den Arzt kommen lassen», ermahnte sie Herr Tschen. Er ging betrübt die Treppe hinunter, begab sich in sein Bibliothekszimmer und sandte einen Boten um den Arzt.

Nachdem Kleinod zwei Tage verschiedene Arzneien zu sich genommen hatte, erholte sie sich zusehends, und der Arzt erlaubte ihr, aufzustehen. Die Ursache ihrer Krankheit war aber nicht behoben worden. Seit alters her vermochten Ärzte äußere Leiden zu erkennen und zu heilen; konnten sie aber auch die Brust öffnen und das Leid, das sich im Herzen befand, beheben?

Etwa einen Monat später saß sie eines Tages wieder verzweifelt und weinend in ihrem Zimmer, als Buntapfel zu ihr trat und sagte:

«Sie sind schon ganz entkräftet, Fräulein! Versuchen Sie doch, sich zu zerstreuen! Auf der Südterrasse sollen die gelben Rosen aufgeblüht sein, wollen Sie nicht mit mir dorthin kommen und sich an ihrem Anblick erfreuen? Die Luft ist heute sehr milde und es ist viel wärmer als in den letzten Tagen!»

«Früher war es für mich das größte Vergnügen, schöne Blumen anzusehen, doch heute – ich weiß nicht warum – machen mich selbst die Blumen traurig», gab Kleinod zur Antwort. Um Buntapfel, die es gut mit ihr meinte, nicht zu kränken, entschloß sie sich schließlich doch, mit ihr auf die Südterrasse zu gehen.

Die beiden stiegen langsam die Treppe hinunter. Obwohl Kleinod sich nicht umgekleidet hatte und nur ein einfaches Hauskleid trug, sah sie doch sehr anmutig und reizend aus. Wenn sie mit ihren zusammengezogenen Brauen zwischen den Blumen umherging, machte sie selbst den Eindruck einer aus dem Schlafe erwachten Blüte. Ihre zarte Gestalt schwankte wie eine Weidengerte im Frühlingswinde, und ihre Lotusfüßchen ließen auf dem weichen Moose nur kaum wahrnehmbare Spuren zurück.

Buntapfel gab sich alle Mühe, sie von ihren traurigen Gedanken abzubringen.

Nachdem sie sich ein wenig auf der Südterrasse niedergesetzt und durch ein kleines Fenster in den Garten geblickt hatten, gingen sie hinunter, um sich die Blumen näher anzusehen, doch ob es nun die Rosen waren oder andere schöne Blumen, immer erinnerten sie Kleinod an ihr Leid. Buntapfel beeilte sich, sie immer wieder auf andere Blumen aufmerksam zu machen und von ihrem Kummer abzulenken.

«Sehen Sie dort!» sagte sie, mit dem Finger auf die Myrtensträucher weisend. «Sind diese Knospen nicht reizend?»

«Myrten symbolisieren den Verlobten», erwiderte Kleinod. «Heute stehen sie noch in voller Blüte da, doch wer weiß, ob nicht schon morgen ein Sturm sie dahinfegen wird? Wo mag er wohl sein, mein Verlobter?»

«Kommen Sie hierher, gnädiges Fräulein», rief Buntapfel rasch.

«Diese Kuckucksazaleen sind doch einzig schön!»

«Wenn die ersten Kuckucksrufe ertönen, öffnen die Azaleen ihre Knospen», antwortete Kleinod. «Kaum sind sie erblüht, schneidet man sie von ihren Stengeln! Meinst du wirklich, daß Fang Tzu Wen noch am Leben ist? – Wie heißen diese Blumen dort auf dem Felsen?»

«Das sind die sogenannten ‚Lo Yang-Blumen'», klärte Buntapfel sie auf.

«Lo Yang liegt in Ho Nan», sagte Kleinod. «Wird der Vetter mir nie mehr eine Nachricht zukommen lassen?»

Alle Versuche Buntapfels, sie von ihren traurigen Gedanken zu befreien, waren vergebens. Der kurze Spaziergang hatte Kleinod so ermüdet, daß sie nicht fest auf den Füßen stehen konnte und Buntapfel sie auf dem Rückweg stützen mußte.

«Ich fühle mich gar nicht wohl», erklärte Kleinod, als sie in ihr Zimmer zurückgekehrt war. «Alles dreht sich um mich. Sieh nur, ich bin in kalten Schweiß gebadet!»

«Wenn ich geahnt hätte, daß Sie der kleine Rundgang so sehr anstrengen würde, hätte ich Ihnen nicht zugemutet, mit mir auf die Terrasse zu kommen», rief Buntapfel untröstlich. «Was soll ich nur tun?»

«Du darfst... mich... nicht... so... viel... fragen laß... mich die Augen... schließen... und... ein wenig... schlafen!» Sie legte sich in ihren Kleidern ins Bett, die Augen fielen ihr zu und sie versank in tiefen Schlaf.

Sie erwachte erst gegen Abend.

«Kann ich Ihnen jetzt ein wenig Tee bringen?» fragte

Buntapfel. «Oder wünschen Sie schon zu Abend zu essen?»

«Ich habe keinen Appetit», erwiderte Kleinod. «Bring die Lampen und hilf mir mein Kleid auszuziehen!» Als Buntapfel Licht gemacht hatte, stützte sie sich auf ihre Polster, und Buntapfel zog ihr das Kleid aus.

«Mein Körper schmerzt mich, als hätte man mich geschlagen», sagte Kleinod. «Mir ist wie einer Schlafwandlerin zumute. So schlecht habe ich mich noch nie gefühlt.»

«Bitte erlauben Sie mir, Ihren Vater zu verständigen, daß Sie nicht wohl sind», bat Buntapfel.

«Nein! Sag dem Vater nichts!» rief Kleinod aufgeregt. «Er wäre sehr besorgt, wenn er wüßte, wie elend ich mich fühle! Er liebt mich so sehr und ich möchte ihn nicht unglücklich machen. Du weißt doch, daß Wu Pai einst die Frage stellte, was Pietät sei, und der Heilige ihm die Antwort gab: Man soll die Eltern davor bewahren, sich um die Erkrankungen ihrer Kinder Sorgen zu machen.»

«Eine so tiefe Liebe wie die Ihres Vaters zu Ihnen wird es kaum mehr geben», antwortete Buntapfel. «Aber auch die Liebe und Pietät, die Sie zu ihm empfinden, ist ohnegleichen.»

«Wie kannst du das sagen!» rief Kleinod. «Vater und Mutter haben doch viel Ärger und Mühe mit mir gehabt. Ich bin ihnen zu großer Dankbarkeit verpflichtet. Ein Mädchen mag noch so pietätvoll sein, es bleibt ein unbrauchbares Wesen, das nicht einmal die Ahnenreihe weiterzuführen vermag. Der Gatte einer Tochter kann als Sohn angesprochen werden und die Ahnenreihe ergänzen. Ich unverheiratete Tochter aber bin ein vollkommen unnützes Wesen, das die Eltern zwecklos aufgezogen haben.»

«Sie sollten nicht so sprechen, Fräulein!» wies Buntapfel sie zurecht. «Eines Tages werden sich die Wolken teilen, der Mond wird hervorscheinen, und mit einem ale wird das Hochzeitsgemach für Sie bereitstehen!»

«Aber Buntapfel, kannst du denn nicht verstehen?» sagte Kleinod. «Ich weiß doch nicht einmal, ob Fang Tzu Wen noch unter den Lebenden ist! Das Verlöbnis bei den neun Fichten ist doch zunichte geworden!»

«Wenn nur Wang Pen schon zurück wäre!» klagte Buntapfel.

«Vielleicht ist er schon zurückgekommen und hat schlechte Nachrichten gebracht», meinte Kleinod. «Vater hat seine Rückkehr möglicherweise meiner Krankheit wegen geheimgehalten, weil die Nachrichten, die er brachte, so furchtbar waren.»

«Nein!» unterbrach sie Buntapfel. «Wenn Wang Pen zurückgekommen wäre, hätte ich es erfahren!»

Kleinod hatte sich bei diesem Gespräch sehr stark aufgeregt, ihr Gesicht war hochrot geworden, sie taumelte, es wurde ihr schwarz vor den Augen, und sie fiel bewußtlos in die Kissen zurück.

«Kammerfrauen! Zofen! Rasch!» schrie Buntapfel außer sich.

Die Dienerinnen kamen besorgt herein.

«Was ist geschehen? Was ist geschehen?» fragten sie.

«Seht nur, in was für einem Zustand das Fräulein ist!» rief Buntapfel verzweifelt.

Die Dienerinnen eilten zum Bett und waren entsetzt über Kleinods Aussehen.

«Wir werden sofort dem Herrn Generalzensor Meldung erstatten!» sagten sie.

«Nein! Bleibt hier und gebt auf das Fräulein acht!» hielt Buntapfel sie zurück. «Ich werde selbst zu Herrn Tschen gehen.»

«Geh nur rasch!» rieten ihr die Kammerfrauen und Zofen. «Sei unbesorgt, wir bleiben inzwischen hier.»

Buntapfel eilte die Treppe hinunter und lief geradewegs in das Bibliothekszimmer. Herr Tschen betrachtete gerade ein paar antike Jadegegenstände.

«Ach, gnädiger Herr, es ist entsetzlich!» rief Buntapfel, aufgeregt auf ihn zugehend.

«Was ist geschehen?» fragte Herr Tschen besorgt.

«Das gnädige Fräulein ist ohnmächtig geworden!»

Herr Tschen zuckte zusammen, als hätte ihn ein Schlag getroffen. Das Jadestück, das er in der Hand hielt, fiel zu Boden und zerschellte. Er stand auf, lief aus dem Zimmer und eilte in den Pavillon. Als er die Vorhänge von Kleinods Bett hob und sein Kind so bleich und elend in den Polstern liegen sah, rief er, seine Tränen unterdrückend:

«Das ist ja furchtbar! Wie ist sie denn in diesen Zustand geraten?»

«Vielleicht hat das gnädige Fräulein Cholera!» meinte eine der Kammerfrauen.

«Schickt sofort um den Arzt!» befahl Herr Tschen. «Buntapfel! Buntapfel! Wo ist denn Buntapfel hin?»

Buntapfel war, nachdem sie Herrn Tschen von Kleinods Zustand verständigt hatte, zu Frau Tschen gelaufen, um auch ihr die Mitteilung von Kleinods Erkrankung zu machen.

«Aufmachen! Aufmachen!» rief sie, wie wild an das Tor des Westtraktes klopfend.

«Wer macht denn hier mitten in der Nacht solchen Lärm?» fragte die Zofe Rotwolke ärgerlich von oben herab.

«Ich bin's, Buntapfel», rief Buntapfel. «Mach auf! Schnell!»

«Ich komme schon», erwiderte Rotwolke. «Was ist denn geschehen?»

«Ich muß sofort die gnädige Frau sprechen!» rief Buntapfel.

«Sie ist nicht zu Hause.»

«Wo ist sie?»

«Sie ist in den Tempel gegangen, um eine Andacht zu verrichten. Warum bist du denn so aufgeregt?»

«Fräulein Kleinod hat das Bewußtsein verloren», erklärte Buntapfel,» ich bin hergelaufen, um es der gnädigen Frau zu melden.»

«Ach so!» bemerkte Rotwolke kurz. «Ich habe schon gemeint, es sei wirklich etwas Ernstes geschehen! Wenn Fräulein Kleinod ohnmächtig geworden ist, dann ist dies doch kein Grund, sich so aufzuregen!»

Buntapfel sah, daß es keinen Zweck hatte, weiter mit Rotwolke zu sprechen, und eilte rasch in Kleinods Zimmer zurück.

«Buntapfel! Seit wann ist das Fräulein krank?» fragte Herr Tschen sie strenge.

«Ich bin mit dem Fräulein ausgegangen, die Blumen anzusehen, und das Fräulein hat sich dann plötzlich ganz elend gefühlt», sagte Buntapfel. «Das Fräulein wollte es nicht zugeben, daß ich dies dem Herrn Generalzensor sage.»

Herr Tschen wußte gleich, daß dies der Wahrheit entsprach und daß Kleinod ihre Zofe sicher davon abgehalten hatte, ihn zu beunruhigen. Er wußte auch, wie es Kleinod ums Herz war, und daß es keine Hilfe für sie gab.

Der herbeigerufene Arzt verschrieb Kleinod verschiedene Mittel, und als die vierte Morgenstunde angebrochen war, erwachte sie.

«Buntapfel! Wie spät ist es?» fragte sie leise.

«Es ist schon Morgen», antwortete diese. «Der Herr Generalzensor ist hier.»

«Ja, Kind, ich bin bei dir», sagte Herr Tschen. «Geht es dir besser?»

«Wie, Vater? Du bist hier?» fragte Kleinod. «Warum bist du noch nicht schlafen gegangen?»

«Ich bin erst seit Mitternacht hier,» antwortete Herr Tschen ausweichend.

«Du bist hoch an Jahren, Vater, und mußt besser für dich sorgen», rief Kleinod erschrocken. «Hoffentlich hast du dich nicht erkältet! Du hast dir sicher meinetwegen zu viel zugemutet! Bitte geh jetzt schlafen! Es ist mir schon bedeutend wohler. Du brauchst um mich wirklich keine Sorge zu haben.»

«Nein, nein», wehrte Herr Tschen ab. «Es macht mir gar nichts aus, noch ein wenig wach zu bleiben. Ich bleibe bei dir.»

«Ach bitte, Vater, begib dich zur Ruhe, ich werde jetzt auch wieder schlafen,» bat Kleinod.

«Dann warte ich, bis du eingeschlafen bist», erklärte ihr Vater.

«Wenn du dich nicht niederlegst, werde ich nicht ruhig schlafen können», behauptete Kleinod.

Die Kammerfrauen und Zofen kamen ihr zu Hilfe.

«Ich fürchte auch, daß das Fräulein Kleinod in der Sorge um Sie keinen Schlaf finden wird, Herr Generalzensor», mischte sich Buntapfel als erste ein. Die anderen Dienerinnen stimmten ihr bei.

«Gut also, ich gehe!» willigte Herr Tschen schließlich ein. «Gebt mir aber gut acht auf das Fräulein! Und du, Kleinod, gib auch du acht auf dich! Ich komme später wieder her, um nach dir zu sehen.»

«Es tut mir leid, Vater, daß ich nicht imstande bin, dich zu begleiten», entschuldigte sich Kleinod.

«Wie glücklich wäre ich, wenn du mich begleiten könntest!» sagte er. Während er sich entfernte, hielt er seine Tränen zurück.

«Ach Tschen Pei Te! Du hast das große Unglück gehabt, keinen Sohn zu besitzen», sagte er sich seufzend. «Ist dir etwa auch bestimmt, dies Mädchen nicht behalten zu dürfen? Du hast dieses Kind großgezogen und dich täglich darüber gefreut, was für ein liebenswertes und tugendhaftes Geschöpf es geworden ist. Soll es dir nach all diesen Jahren genommen werden? Ist es nicht traurig genug für dich, mit deiner Gattin in Feindschaft leben zu müssen? Sollst du jetzt in deinen alten Tagen ganz allein und verlassen zurückbleiben?»

In sein Bibliothekszimmer zurückgekehrt, saß er grübelnd und seufzend bei seiner Lampe. Erst um die fünfte Morgenstunde legte er sich zu Bette. Kurz darauf stand auch schon die Sonne am Himmel.

Die Diener und Zofen waren mittlerweile in das Nonnenkloster gefahren, um Frau Tschen die Mitteilung von Kleinods Erkrankung zu machen. Sie stieg gleich aufgeregt in ihre Sänfte und ließ sich nach Hause tragen. Beim Tore angekommen, ging sie nicht erst in den westlichen Trakt, sondern begab sich gleich zu Kleinod.

Schon als sie die Treppe hinaufstieg, wurde sie von den Kammerfrauen und Zofen aufgeregt umringt.

«Es geht dem Fräulein Kleinod sehr schlecht», riefen sie. «Sie ist vor kurzem eingeschlafen; sollen wir sie wekken?»

«Nein, weckt sie nicht, laßt sie schlafen», antwortete Frau Tschen. Sie begab sich in das Nebenzimmer und ließ Buntapfel zu sich rufen.

«Seit wann ist das Fräulein krank?» fragte sie sie strenge.

«Ach, leider schon seit längerer Zeit», seufzte Buntapfel.

«Warum ist mir dies erst heute gemeldet worden?»

«Gleich wie das Fräulein krank wurde habe ich dies dem Herrn Generalzensor gemeldet und er hat sofort den Arzt kommen lassen, um das Fräulein zu untersuchen», erwiderte Buntapfel.

«Also so ist das, du bösartiges Geschöpf! Ihm hast du die Meldung von der Erkrankung des Fräuleins gemacht, sie auch mir zu machen, hast du wohl für überflüssig gehalten?» fuhr Frau Tschen sie an. «Wer war es, der das Fräulein aufgezogen hat, ihr Vater oder ich? Du schamlose Person hast natürlich immer nur den gnädigen Herrn im Auge! Da sieht man wieder, wie gemein du bist!»

Seit Frau Tschen bemerkt hatte, daß ihr Gatte nichts über Buntapfel kommen ließ, haßte sie diese glühend.

«Du elende Kreatur!» schrie sie Buntapfel an. «Ich, die Herrin des Hauses, muß es mir gefallen lassen, vom gnädigen Herrn geringschätzig behandelt zu werden, du aber, du möchtest großtun! Für dich existiert wahrscheinlich nur *er* im Hause, und ich, ich bin überhaupt nicht vorhanden! Jetzt sehe ich erst, wie hinterlistig du bist! Du falsches Ding glaubst wohl, wenn du ihm schöntust, wird aus dir, der Sklavin, bald eine gnädige Frau werden? Meinst du, ich habe es nicht bemerkt, daß du dir immerfort in der Nähe meines Gatten zu schaffen machst? Die Haut sollte man dir abziehen und die Muskeln herausreißen!»

Sie hätte noch weiter auf Buntapfel losgeschrieen, wenn sie nicht plötzlich Kleinod leise nach der Zofe rufen gehört hätte.

«Buntapfel komm! Das Fräulein verlangt nach dir!» sagte eine Zofe, in das Zimmer tretend.

«Ich komme», erwiderte Buntapfel und eilte zu Kleinod.

Frau Tschen kam ihr sofort nach und stellte sich gleichfalls an Kleinods Bett.

«Kind! Deine Mutter ist da!» sagte sie.

«Ach Mutter!» seufzte Kleinod.

«Ich dachte, du seist nur etwas unwohl, Kind», sagte Frau Tschen. «Wie hätte ich ahnen können, daß es dir so schlecht geht? Woher sollte ich, deine Mutter, es auch wissen?» fuhr sie höhnisch fort. «Dein Vater, dieser elende Kerl, hat ja veranlaßt, daß unsere beiden Trakte vollkommen getrennt wurden, und deine Zofe, diese gemeine Person, hat mich natürlich auch nicht verständigt.»

«Sei nicht böse, Mutter, und nimm dir die Trennung vom Vater nicht so zu Herzen», bat Kleinod. «Er ist schon alt und etwas eigensinnig. Es heißt doch im Sprichwort: Wenn in einem Hause Uneinigkeit herrscht, folgt Übel. Frieden im Hause bringt jedoch zehntausend Goldstücke ein. – Wenn ihr euch wieder vertragt wie in früheren Tagen, wird meine Krankheit im Nu behoben sein. Nur das Gefühl, daß ihr euch versöhnt habt, kann sie samt der Wurzel vernichten.»

«Ich wollte dich gerade fragen», unterbrach sie Frau Tschen, «wie ist eigentlich diese Krankheit über dich gekommen?»

Kleinod schwieg. Plötzlich liefen ihr Tränen über die Wangen herab. Sie wußte sehr gut, daß die Mutter ihre Ansichten nicht teilte, und sie über ihre Herzensangelegenheiten unmöglich mit ihr sprechen konnte. Wie sollte sie auf ihre Frage Antwort geben, ohne sie wieder in helle Aufregung zu versetzen?

«Kind, Deine Mutter hat dich etwas gefragt», sagte Frau Tschen. «Warum sprichst du nicht? Glaubst du denn, ich kenne die Ursache deiner Krankheit nicht, auch wenn du schweigst?»

«Wie meinst du das, Mutter?» fragte Kleinod.

«Bist du etwa nicht krank geworden, weil dein Vater, dieser alte Ochse, eine so unsinnige Verlobung für dich angestiftet hat?» rief Frau Tschen. «Beruhige dich, Kind! Wenn er dich auch heimlich verlobt hat, seine Versprechungen sind ungültig. Diese Abmachung ist vollkommen wertlos. Es ist keine schriftliche Bestätigung ausgefertigt worden, es waren keine Zeugen dabei, es sind keine Verlobungsgeschenke geschickt worden, und es hat auch niemand den Heiratsvermittler abgegeben. Du brauchst dich also in keiner Weise aufzuregen und dir nicht die geringsten Sorgen zu machen. Diese Heirat wird nicht zustande kommen!»

Als Kleinod diese Worte hörte, wurde sie noch kummervoller als zuvor.

«Wenn der Himmel keinen Einspruch erhebt, wird aus einem Baum ein Schiff. Dies läßt sich eben nicht ändern», sagte sie.

«Du kannst vollkommen unbesorgt sein, Kind», fuhr Frau Tschen fort, «ich werde meine Einwilligung zu dieser Heirat mit diesem verhungerten Dämon Fang Tzu Wen unter allen Umständen verweigern, und dann kann sie nicht zustande kommen, selbst wenn der alte Ochse, dein Vater, noch so sehr darauf besteht!»

«Warum bist du so hart, Mutter?» fragte Kleinod. «Ich, euer einziges Kind, versuche es immer wieder, zwischen Vater und dir Eintracht zu schaffen. Wenn aber alle meine Bemühungen nichts nützen, dann ist es besser, wenn ich gar nicht gesund werde, und ihr mich sterben laßt!»

«Was redest du da?» rief Frau Tschen erschrocken.

«Du bist wahrscheinlich besorgt, Mutter, ich könnte später Armut erleiden, und willst mich deshalb nicht mit dem Vetter Tzu Wen verheiratet sehen», erklärte Kleinod. «Wenn ich dir aber folge und mich dem Vater gegenüber unfolgsam erweise, dann fürchte ich, würde dies einem starken Verstoß gegen die Vorschriften der Sitte gleichkommen...»

Kaum hatte Frau Tschen die Worte «Verstoß gegen die Vorschriften der Sitte» gehört, sagte sie sich heimlich «Kleinod will mir wohl mit diesen Worten zu verstehen geben, daß *ich* es bin, die gegen sie verstößt», und dies entrüstete sie schwer.

«Und du, Kleinod, findest es wohl sehr ‚sittlich‘, daß du mich im vergangenen Jahr hintergangen und deinem Vetter heimlich deine Juwelenpagode gegeben hast?» höhnte sie. «Ebenso ‚sittlich‘ war es wohl auch, daß er sie ohne weiteres angenommen hat? Meinst du, ich weiß nicht, daß sie nur dadurch, daß sie einem Räuber in die Hände gefallen ist, wieder in unser Haus zurückkam? Daß dieser verhungerte Dämon Tzu Wen es niemals zu etwas bringen wird, ist für jeden normalen Menschen offensichtlich!»

«Mutter! Sprich doch nicht so lieblos und häßlich über Vetter Tzu Wen!» bat Kleinod. «Nenne ihn doch nicht immer einen verhungerten Dämon!»

«Weshalb sollte ich ihn nicht so nennen?» fragte Frau Tschen spitzig.

«Du sprichst so verächtlich von ihm und kannst doch gar nicht wissen, was aus ihm noch einmal werden wird! Wie viele führende Männer des Altertums haben im ersten Teile ihres Lebens bittere Armut gelitten! Oft waren sie in der Jugend in einer sehr bedrängten Lage und sind später der Stolz des Reiches geworden. Warum sollte der Vetter, der ein so ehrgeiziger Mensch ist und so große Fähigkeiten besitzt, später nicht auch beträchtliche Erfolge haben? Du darfst ihn nicht so geringschätzen!»

Frau Tschen geriet bei diesen Worten in furchtbare Wut.

«So sind also Mutter und Tochter verschiedener Meinung?» rief sie empört. «Siehst du denn nicht ein, daß die Heirat mit ihm dir das ganze Leben verderben würde? Du würdest unausgesetzt Hunger und Kälte leiden, und ich müßte Tag und Nacht in Sorge um dich sein! Aber ich sehe jetzt: So werden einem die guten Absichten in böse verdreht! Weil ich mir deinethalben das Herz zerquäle, werde ich von dir ins Unrecht gesetzt. Ich hasse deinen Vater, diesen alten Mörder, der diese blödsinnige Verlobung bewerkstelligt hat! Er ist ja komplett verrückt! Du wirst sehen, er wird noch im Wahnsinn enden!»

Nicht ahnend, daß Herr Tschen, der eben die Treppe heraufgekommen war, alle ihre Worte mitangehört hatte, schimpfte sie wütend weiter. Er aber konnte sich nicht mehr länger zurückhalten und stürzte blind vor Zorn in das Zimmer herein.

«Du unmoralisches Geschöpf!» donnerte er seine Frau an. «Wie kannst du es wagen, vor Kleinod, die krank zu Bett liegt, so gemeine Reden zu führen! Schämst du dich nicht, ihr durch deine gehässigen Worte die Ruhe zu rauben?»

«Pack dich, du alter Verbrecher!» zischte Frau Tschen voll Haß. «Weil wir, du und ich, in einem früheren Leben erbitterte Feinde gewesen sind, muß ich mit dir altem Ochsen immer wieder das gleiche Schicksal ertragen!» Sie ballte die Fäuste und schlug tobend um sich.

Herrn Tschen riß die Geduld, er streckte die Hand

aus, und ein kleiner Tisch fiel mit den Leuchtern und allem anderen, was auf ihm lag, um. Der Anblick des Wütenden war furchterregend. Seine Barthaare waren so steif geworden wie Fichtennadeln. Mit geballten Fäusten stand er da, und als ihm seine Frau in die Nähe kam, gab er ihr einen Tritt, daß sie zu Boden stürzte. Sie raffte sich auf und wollte rasend vor Zorn auf ihn losgehen, doch er warf sie abermals zu Boden.

Die Kammerfrauen und Zofen liefen herbei, um die beiden Tobenden zu trennen, es entstand ein entsetzliches Gemenge, und alles im Zimmer zitterte und bebte. Herr Tschen war in eine solche Rage geraten, daß alle fürchteten, er werde sie erschlagen. Wild aufschluchzend rannte Frau Tschen die Treppe hinunter.

«Von heute an seid ihr alle für mich gestorben!» schrie sie. «Ich habe keinen Gatten mehr! Ich habe keine Tochter mehr! Ich bin jetzt ganz verlassen! Keiner von euch darf mir mehr in die Nähe kommen!» Haßerfüllt kehrte sie in den Westtrakt zurück.

Herr Tschen stampfte noch weiter mit den Füßen und vermochte sich noch immer nicht zu beruhigen.

Kleinods Seele aber war in die neun Himmel gefahren. Stumm und reglos lag sie da. Sie hatte wieder das Bewußtsein verloren.

XII. KAPITEL

*Eine Schwerkranke vertraut einer Zofe
ihre letzten Verfügungen an*

«Gnädiger Herr! Gnädiger Herr!» rief Buntapfel erschrocken. «Sehen Sie nur, das Fräulein!»

Herr Tschen näherte sich bestürzt dem Bette und sah Kleinod, den Mund fest zusammengepreßt, die Augen erloschen, dort liegen. Ihre Hände und Füße fühlten sich an wie Eis, der Körper aber heiß wie Feuer. Bei jedem Atemzug hob sich ihre Brust ganz schwer.

«Es bricht mir das Herz, dich so zu sehen!» sagte Herr Tschen, sich die Tränen von den Augen wischend. Es war ihm, als würde sein Herz von Messern zerschnitten. Sein Haß gegen seine Frau verstärkte sich noch mehr.

«Du alte unmoralische Person! Du Teufelin!» rief er voll Wut. «Du bist gekommen, um mein Kind ums Leben zu bringen!» Schmerzgebeugt blickte er auf Kleinod, die wie tot dalag.

«Kind erwache!» rief er immer wieder. «Kind, erwache!» Auch die Kammerfrauen begannen zu schluchzen und zu rufen: «Fräulein, erwachen Sie! Fräulein, erwachen Sie!»

Aber die drei Seelen Kleinods waren um diese Zeit ins Weite gezogen und schwebten ziellos umher. Ihre Sinne flatterten im Unendlichen dahin. Obwohl die Seelen sich von ihr getrennt hatten, war sie doch am Leben geblieben. Ihr Ohr vernahm noch das Rufen. Allmählich erwachte sie, und ihre Tränen begannen zu fließen. Sie war über alle Maßen unglücklich.

«Vater!» rief sie leise.

«Oh Kind! Du bist erwacht? Nun ist alles gut!» sagte Herr Tschen voll Freude. Er gab den Kammerfrauen und Zofen den Befehl, sofort Weihrauchstäbchen abzubrennen. «Sei außer Sorge, Kind!» beruhigte er Kleinod. «Weine nicht! Dein Vater ist bei dir!»

«Du hättest mich nicht zurückrufen sollen, Vater!» klagte Kleinod. «Das Zurücksein ist unerträglich!»

«Weshalb denn, Kind?» fragte Herr Tschen.

«Mein Geist wanderte jetzt ohne Ziel dahin, mein Körper schwebte, vom Wind getrieben, über die Meere, über endlose Berge und unendliche Ebenen, ohne bleibenden Ort. Er wußte weder mehr von Leben und Tod, noch von Leid und Schmerz. Als ich rufen hörte, erschrak ich so sehr und mir war, als sei ich von den Wolken auf die Erde gestürzt. Laß mich wieder ins Unermeßliche zurückgehen, Vater!»

«Du darfst jetzt nicht sprechen, Kind!» ermahnte sie Herr Tschen. «Schlafe und ruhe dich aus, du mußt dich schonen!»

Er ging, die Brauen kummervoll zusammengezogen, aus dem Zimmer.

«Die Krankheit scheint diesmal sehr schwer zu sein», sagte er sich sehr besorgt. «Hier im Hause scheint jetzt nur mehr Unglück und kein Glück mehr zu herrschen. Wie schwer ist dieses Schicksal zu ertragen! Wie kann man ihm entfliehen? Wenn mein Kind gerettet wird, bin ich gerne bereit, tausend Goldstücke dafür herzugeben.»

Als er schmerzbewegt so vor sich hin dachte, kam ein Diener und meldete, der Arzt, Doktor Huang, sei gekommen.

«Führ ihn sofort hierher!» befahl Herr Tschen.

Doktor Huang untersuchte Kleinod auf das genaueste. Herr Tschen saß neben dem Bette und wartete auf sein Urteil.

«Wie steht es mit der Krankheit meiner Tochter?» fragte er voll Bangigkeit.

Der Arzt schüttelte bedenklich den Kopf. «Ich fürchte, Herr Generalzensor, es wird schwer sein, Ihre Tochter am Leben zu erhalten», erklärte er, ihn voll Bedauern anblickend. «Gestern abend schien mir ihr Befinden sehr gebessert, der Puls war kaum mehr unterbrochen. Ich begreife es nicht, daß sich ihr Zustand plötzlich so verschlechtert hat! Ihre Glieder sind bedeckt mit kaltem Schweiß, der Puls ist äußerst unregelmäßig, die Nerven sind vollkommen wirr. Ich muß Ihnen leider sagen, Ihre Tochter macht auf mich den Eindruck einer Lampe, in der nur mehr ganz wenig Öl brennt!»

«Gibt es denn keine Rettung mehr für sie?» fragte Herr Tschen entsetzt.

«Ich fürchte, meine Fähigkeiten sind zu Ende», antwortete Doktor Huang. «Vielleicht könnten Sie noch einen anderen Arzt zu Rate ziehen!»

«Wen soll ich rufen lassen?» erkundigte sich Herr Tschen.

«Warten Sie noch ab, ob die Medizin, die ich ihr gebe, eine Wirkung hat», bemerkte der Arzt. Mit diesen Worten verabschiedete er sich rasch.

Herr Tschen war verzweifelt.

Nach einer Weile richtete sich Kleinod auf.

«Wohin ist der gnädige Herr gegangen?» fragte sie Buntapfel.

«Er hat den Arzt hinunterbegleitet und ist dann in sein Bibliothekszimmer gegangen,» antwortete diese.

«Bitte, sage ihm, daß ich heute keine Medizin mehr zu mir nehmen möchte», befahl ihr Kleinod.

«Aber Fräulein! Die Arznei ist doch sehr wichtig für Sie!» rief Buntapfel.

«Ob ich eine Medizin einnehme oder nicht, ist einerlei», erwiderte Kleinod. «Mein Zustand wird so oder so der gleiche bleiben. Das Leben der Menschen ist doch bloß ein Traum, und dem Willen des Himmels kann keiner entrinnen. Bitte, Buntapfel, schließe die Türe, ich möchte mit dir verschiedenes besprechen.»

Buntapfel schloß die Türe und kam zum Bette zurück.

«Was wollen Sie mit mir besprechen, Fräulein?» fragte sie.

«Weißt du, Buntapfel, ich werde dich jetzt sehr bald verlassen und zu den gelben Quellen gehen. Wenn ich in den Palast der Ewigkeit gekommen sein werde, wirst du sehr einsam zurückbleiben. Ich möchte, daß du dich nach meinem Tode um meinen Vater kümmerst, ihm mit allen deinen Kräften dienst und ihn in seinem hohen Alter tröstest. Wenn ich weiß, daß du um ihn bist und für ihn sorgst, werde ich bei den neun Quellen glücklich sein.»

«Ach Fräulein...!» rief Buntapfel.

«Ferner möchte ich dir folgendes auftragen», fuhr

Kleinod fort. «Meine Mutter ist äußerst reizbar, laß das geduldig über dich ergehen. Diene ihr mit Ehrfurcht, und wenn sie dir Vorwürfe macht oder dich bestraft, dann trage ihr dies nicht nach. Bist du lieblos zu ihr, dann ziehst du dir nur selbst Übles zu. Als drittes bitte ich dich, mit den Kammerfrauen und Zofen immer einträchtig und höflich zu sein. Vorläufig benehmen sie sich noch artig zu dir, weil sie Angst vor mir haben. Später aber werden sie ohne Zweifel versuchen, dich zu verleumden und dich zu entrechten. Ich fürchte, man wird dir nicht einmal den Rang einer Teezofe lassen.»

«Ach Fräulein, es schmerzt mich so sehr, Sie so sprechen zu hören!» unterbrach sie Buntapfel. «Mir ist, als wollte man mir die Eingeweide zerschneiden. Wie soll ich ohne Sie weiter leben können? Sie, gnädiges Fräulein, sind der Mond am Himmel, ich, Ihre Dienerin, bin bloß ein Stern. Steht der Mond am Himmel, dann leuchten die Sterne, verhüllen aber Wolken den Mond, herrscht überall Dunkel. Ihnen, Fräulein Kleinod, verdanke ich ein Glück, das sich mit zehntausend Goldstücken nicht erwerben läßt. Durch all diese Jahre habe ich von Ihnen nur Wohlwollen und Güte erfahren. Es wäre mein höchster Wunsch, früher zu sterben als Sie oder Ihnen in den Tod zu folgen!»

«Du irrst dich, Buntapfel», sagte Kleinod. «Das Leben und der Tod eines Menschen sind, bevor er noch das Licht der Welt erblickt hat, vorbestimmt worden. Es liegt nicht in seiner Macht, das, was das Schicksal festgesetzt hat, zu ändern. Bedenke auch, wenn du mir in den Tod folgen würdest, wäre niemand mehr da, der von meinen Gefühlen erzählen könnte! Nur du allein kennst meine verborgensten Gedanken, nur du allein weißt, was mein Herz bewegt! Höre mich an! Ich habe dir noch manches zu sagen!»

«Was haben Sie mir noch zu sagen, gnädiges Fräulein?» fragte Buntapfel.

«Die kleine Juwelenpagode war es, die meine Krankheit verursacht hat», erwiderte Kleinod. «Im Leben und im Tod bin ich mit meinem Verlobten Tzu Wen verbunden. Ist er tot, werde ich ihm am Wege zu den neun Quellen begegnen. Wenn er aber noch unter den Lebenden weilt, dann mußt du ihm, wenn er eines Tages hierherkommt, sagen, daß ich des Räubers wegen zu den ewigen Gefilden zurückgekehrt bin. Ach, wie ich sie hasse.»

«Wen hassen Sie, Fräulein?» fragte Buntapfel.

«Diese Juwelenpagode!» antwortete Kleinod. «Mein Schicksal hängt eng mit ihr zusammen. Bitte, lege sie mir, wenn ich sterbe, in meinen Sarg. Ich möchte mich auch im Tode nicht von ihr trennen! – Ich habe noch einen anderen Auftrag an dich, Buntapfel!»

«Was für einen anderen Auftrag, Fräulein?»

«In meiner Truhe befindet sich ein Schmuckkästchen, in dem ich fünfhundert Taels, die ich in den letzten zwei Jahren gespart habe, aufbewahre. Meine Mutter weiß nichts von diesem Gelde. Bitte, bring mir dieses Kästchen hierher zum Bett. Du hast so viele Mühe mit mir gehabt, ich möchte dir deshalb dieses Silber als Hochzeitsgeld zum Geschenk machen. Meine Kleider, Kopfbedeckungen und übrigen Toilettengegenstände lege in meine großen und kleinen Koffer, versiegle sie und übergib sie nach meinem Tode den Eltern.»

«Sie werden sich überanstrengen, wenn Sie so viel sprechen, Fräulein!» ermahnte sie Buntapfel. «Bitte, trachten Sie, wieder ein wenig zu schlafen!»

Das Urteil Doktor Huangs über Kleinods Zustand hatte Generalzensor Tschen in helle Verzweiflung gebracht, hatte er doch gesagt, es werde schwer sein, die Kranke am Leben zu erhalten.

«Was könnte ich nur tun, sie zu retten?» fragte er sich immer wieder. «Ich werde in den Tempel gehen und meine Ahnen um Hilfe anflehen!» ging es ihm durch den Kopf.

Er begab sich in den Tempel, brannte Weihrauchstäbchen ab und betete inbrünstig zu den Ahnen.

«Ich, Tschen Pei Te, habe nur dieses einzige, tugendhafte und gütige Kind», sagte er zu ihnen. «Könnte ich einen Schwiegersohn bekommen, dann könnte er euch, ihr Ahnen, dienen, und die Ahnenreihe würde weitergeführt werden. Ich setze alle meine Hoffnung auf euch, meine Vorfahren, und bitte euch flehentlich, meine Tochter von ihrer schweren Krankheit zu befreien und sie nicht sterben zu lassen. Wenn euch dies gelingt, wird meine Dankbarkeit euch gegenüber keine Grenzen kennen, und ich würde alles, was in meinen Kräften steht, tun, um mich eures Wohlwollens wert zu zeigen.»

Da es schon zu dunkeln begann, verließ er den Tempel und ging zu Kleinod zurück. Als er zum Pavillon kam, war dort kein einziger Laut zu hören. Ringsum herrschte tiefe Stille. Er stieg die Treppe hinauf und fand die Türe zu Kleinods Zimmer verschlossen. Auf sein Klopfen öffnete Buntapfel und begrüßte ihn höflich.

«Wie geht es dem Fräulein?» fragte er sofort.

«Fräulein Kleinod hat mir eine Reihe von Aufträgen gegeben», erwiderte Buntapfel. «Sie hat sehr viel gesprochen und ist jetzt eingeschlafen.»

«Du darfst sie nicht wecken, laß sie schlafen!» befahl Herr Tschen. «Warum habt ihr Zofen die Lampen noch nicht hereingebracht?»

«Ich bringe sie gleich. Hier sind sie schon!» antwortete Buntapfel, die Lampen holend.

Der Mond stand schon am Himmel und alles funkelte in seinem silbrigen Scheine. Herr Tschen ging zu Kleinods Bett, zog die Vorhänge beiseite und leuchtete mit der Lampe in das Bett hinein. Da lag Kleinod, das Gesichtchen bleich und eingefallen, die Augen fest verschlossen. Ihr Atem ging nur ganz leise, und sie machte den Eindruck einer Toten. Herr Tschen wollte laut aufschluchzen vor Schmerz, beherrschte sich jedoch, um Kleinod nicht zu wecken. Er trat wieder zurück, setzte sich mit gesenktem Kopfe nieder und sprach kein Wort. Zu wem hätte er auch von seinem grenzenlosen Leide sprechen können? Er vermochte seiner Tränen nicht Herr zu werden, kaum hatte er sie fortgewischt, liefen neue über seine Wangen herunter. Von Kummer gebeugt, überfiel ihn eine große Müdigkeit, und er versank in eine Art Halbschlaf, in dem er unzusammenhängende Worte von sich gab.

«Der gnädige Herr scheint mit Geistern zu sprechen», sagten sich die Kammerfrauen erschrocken. Er aber phantasierte weiter, bis er schließlich in tiefen Schlaf versank.

Nun war auch schon die Stunde des Hundes vergangen, und es brach bereits die Stunde des Ebers an. Der Wind blies durch den Bambushain, und man konnte sehen, wie sich, als der Mond langsam über die Terrasse herauf kam, die Schatten der Blumen bewegten. Die Kammerfrauen und Zofen schliefen bereits, nur Buntapfel war noch wach. Sie hörte die Wasseruhr die dritte Stunde schlagen, und obwohl sie sehr müde war, wagte sie nicht einzuschlafen; sie fürchtete, nicht gleich zur Stelle zu sein, wenn die Herrin sie rufen sollte.

Kleinod richtete sich plötzlich im Bette auf, und als sie die Schatten gewahrte, die die flackernde Lampe hervorbrachte, ängstigte sie sich so sehr, daß ihr der kalte

Schweiß über den Körper lief. Sie begann zu husten und wurde von einem argen Schüttelfrost erfaßt. Dann erbrach sie sich. Buntapfel eilte schnell herbei und schüttete den Inhalt des Spucknapfes zum Fenster hinaus.

Es herrschte ringsum tiefe Stille, nur mehr einige verdunkelte Sterne standen am Himmel, auf der Wiese lag der weiße Tau, die Gipfel der Bäume, die hinter der Mauer hervorragten, waren von Regenwolken verdeckt. Das Dunkel vertiefte sich immer mehr und plötzlich setzte ein starker Regenguß ein. Warum mußte er gerade jetzt einsetzen? Aber es heißt ja im Sprichwort: Für den Himmel kommt plötzlich Sonne oder Regen, für den Menschen kommt plötzlich Freude oder Schmerz.

Buntapfels Herz war wund, als hätte man es mit einer Nadel durchbohrt. Die schwere Krankheit Kleinods hatte sie vollkommen niedergeschmettert. Gab es denn gar keine Aussicht, sie vor dem Tode zu retten?

«Wie gütig ist Fräulein Kleinod immer zu mir gewesen! Nie habe ich ein hartes Wort von ihr gehört. Wer hätte gedacht, daß sie so schwer erkranken werde? Ach, Himmel! Hilf doch du meinem geliebten Fräulein!» schluchzte sie.

Sie blickte zu Herrn Tschen hin und sah, daß er eingeschlafen war.

«Vater! Vater!» hörte sie plötzlich die Kranke aufgeregt rufen und beeilte sich, den Schlafenden zu wecken.

«Gnädiger Herr!» rief sie ihn an. «Das Fräulein verlangt nach Ihnen!»

«Ja! Ja!» rief Herr Tschen aufspringend und sich über Kleinod neigend. «Da bin ich, Kind!»

«Vater! Ich möchte dir etwas sagen», erklärte Kleinod leise.

«Was willst du mir sagen, Kind?»

«Ach Vater, es bedrückt mich so sehr, daß ich dir die Güte, die ich zeitlebens von dir empfangen habe, nicht vergelten kann», klagte sie. «Ich habe mich pietätlos gegen dich verhalten und eine Schuld, hoch wie ein Berg, auf mich geladen. Trotzdem möchte ich dich um etwas bitten, Vater! Bedenke, daß Mutters Charakter hart und eigensinnig ist, du aber ein sehr großzügiger Mann bist. Habe Geduld mit ihr und versuche wieder Eintracht zwischen euch beiden zu schaffen!»

«Nur sie ist daran schuld, daß du so gefährlich erkrankt bist!» rief Herr Tschen böse.

«Mein Schicksal ist schon seit langem vom Himmel bestimmt worden, du kannst die Mutter nicht dafür verantwortlich machen», sagte Kleinod. «Du, Vater, bist es meinen mütterlichen Großeltern schuldig, mit Mutter nicht in Feindschaft zu leben, Du hast von ihnen doch so viele Wohltaten und so viel Liebe empfangen!»

Als Herr Tschen die Worte «mütterliche Großeltern» hörte, seufzte er tief.

«Sprechen wir nicht davon, Kind», sagte er. «Für mich ist es auch schwer zu tragen, mit deiner Mutter in Feindschaft zu leben, aber *sie* ist es, die immer Anlaß zu Streit gibt, und ich gebe zu, daß ich sie hasse.»

«Du sollst nicht länger Groll gegen sie hegen, Vater!» bat Kleinod. «Erlaube mir, dir noch zwei Dinge zu sagen.»

«Was sind das für zwei Dinge?» fragte Herr Tschen.

«Die eine Sache betrifft Buntapfel», antwortete Kleinod. «Ich flehe dich an, Vater, sie nicht fortzuschicken, wenn ich nicht mehr am Leben bin! Seit sie mit acht Jahren in unser Haus gekommen ist, hat sie sich immer als ein sanftes, ergebenes und braves Mädchen erwiesen. Du ahnst nicht, wie viel Mühe sie sich mit mir gegeben hat! Glaub mir, es gibt keine treuere Seele als sie! Buntapfel hat mich niemals im Stiche gelassen! Bitte, kümmere dich um ihre Heirat und suche einen anständigen und gebildeten Gatten für sie. Versprich mir, daß du sie nicht einem reichen Mann als Nebenfrau verkaufen wirst! Bewahre sie vor einem Schicksal des ewigen Streites! Ich möchte natürlich auch nicht, daß du sie einem Bauern zur Frau gibst, in dessen Hause sie dann schwerste Arbeit leisten müßte. Am besten wäre es, wenn du für sie einen unbemittelten, aber gewissenhaften Studenten finden könntest. Sie ist sehr genügsam und wird auch mit einfachen Kleidern glücklich sein. Wenn du es auf dich nimmst, für sie einen Gatten zu finden, wird sie es dir bestimmt zu danken wissen. Sie wird versuchen, dir deine Tochter zu ersetzen, du wirst mich verlieren, aber eine andere Tochter dafür eingetauscht haben.»

«Buntapfel einem unbemittelten Studenten zur Frau zu geben, ist eine höchst einfache Sache», meinte Herr Tschen. «Würde sie aber eine solche Heirat nicht später bereuen?»

«Du darfst Buntapfel nicht wie ein gewöhnliches Mädchen einschätzen», erklärte Kleinod. «Sie ist ein äußerst begabtes, gebildetes Wesen. Du hast keine Vorstellung davon, wie sie in Geschichte, Literatur und den Riten bewandert ist. Unglückseligerweise hat die Arme viel unter dem Neid und der Feindschaft der anderen Zofen zu leiden. Sie wissen genau, daß ich sie ihnen vorziehe und ihr sehr zugetan bin. Solange ich lebe, werden sie sich nicht trauen, etwas gegen sie zu tun, ich fürchte aber, daß sie, wenn ich nicht mehr am Leben bin, sehr hinterhältig zu ihr sein werden.»

«Du glaubst wirklich, daß sie das wagen würden?» rief Herr Tschen erzürnt.

«Sie werden natürlich nicht offen gegen sie vorgehen», erwiderte Kleinod. «Aber daß sie gegen sie intrigieren werden, ist gewiß. Sie werden der Mutter gegenüber abfällige Bemerkungen über sie machen, und du weißt, Vater, was dies dann für arge Folgen haben kann. Es liegt mir wirklich sehr daran, daß du dich ihrer annimmst!»

«Das versteht sich von selbst», versprach ihr Herr Tschen.

Buntapfel war die ganze Zeit wortlos daneben gesessen und hatte das Gespräch weinend mitangehört.

«Ach Fräulein, Sie sollten auf Ihre edlen Glieder achten und sich nicht meinetwegen Sorgen machen», sagte sie. «Wenn Sie am Leben bleiben, werde ich Sie nie verlassen, und wenn Sie sterben, will auch ich sterben!»

Herr Tschen war über ihre Worte sehr gerührt.

«Ich weiß jetzt um deine zwei Angelegenheiten Bescheid, Kind», wandte er sich an Kleinod. «Was ist die dritte?»

«Ach, Vater, die dritte Sache... die dritte Sache...!»

«Fällt es dir schwer, mir von dieser dritten Sache zu sagen?» fragte Herr Tschen. «Sprich dich aus, Kind! Was ist diese dritte Sache?»

Kleinod wußte nicht, wie sie ihre Gedanken in Worte kleiden sollte. Sie versuchte zu sprechen, brach jedoch in Weinen aus.

«Komm, Kind! Sprich offen zu mir!» bat Herr Tschen.

«Sagen Sie Ihrem Vater doch ganz frei, was Sie auf dem Herzen haben, gnädiges Fräulein!» mischte sich Buntapfel ein.

«Ich will dir also die dritte Sache sagen», begann Kleinod. «Tante Fang hat ihren Sohn vergangenes Jahr voll Hoffnung zu uns geschickt, aber alle ihre Erwartungen sind zunichte geworden. Sie ist sehr arm und befindet sich bestimmt in einer furchtbaren Lage. Wie hätte sie ahnen können, daß ihm auf der Reise so Furchtbares zustoßen werde? Wahrscheinlich weiß auch sie nicht, ob er am Leben ist oder tot. Du warst immer ein so gütiger und großzügiger Mann, Vater, und so bitte ich dich inständig, deine frühere Zuneigung zu Tzu Wen nicht erlöschen zu lassen.»

«Wie kannst du so sprechen, Kind!» rief Herr Tschen. «Es wäre mein größter Schmerz, wenn die Verbindung Tschen und Fang nicht zustande käme! Du machst dir unnötige Sorgen! Wang Pen wird schon in den nächsten Tagen zurück sein, und wenn ich dann Genaues von ihm erfahren habe, werde ich ihn nochmals nach Ho Nan schicken, um Tante Fang zu holen und zu uns zu bringen.»

«Wie kommt es, daß Wang Pen noch immer nicht zurückgekehrt ist?» fragte Kleinod voll Bangen.

«Auf einer so weiten Reise gibt es immer unzählige Hindernisse», beruhigte sie Herr Tschen.

«Was soll aber geschehen, wenn Wang Pen mit der Nachricht zurückkommt, daß Tzu Wen nicht heimgekehrt ist?» fragte Kleinod.

«Sollte das wirklich der Fall sein, dann werde ich Mittel und Wege finden, ihn zu suchen», erklärte Herr Tschen. «Selbst wenn ich alle Ufer des Meeres und alle Ränder des Himmels nach Tzu Wen absuchen müßte, werde ich nicht ruhen, ehe ich ihn gefunden habe. Seine Mutter muß jedenfalls zu uns kommen und bei uns bleiben!»

Es war inzwischen schon die Stunde des Rindes vergangen und die Stunde des Tigers angebrochen. Die Trommel schlug schon die fünfte Morgenstunde, und es machte sich schon starke Kälte fühlbar.

«Du hast genug gesprochen, Kind», sagte Herr Tschen. «Nimm jetzt ein wenig Tsan-Suppe zu dir! – Bringt Tsan-Suppe her!» befahl er den Kammerfrauen.

«Nein, ich möchte keine Tsan-Suppe essen, Vater», fiel ihm Kleinod ins Wort. «Ich möchte etwas Reis-Suppe haben!»

«Ausgezeichnet!» rief Herr Tschen. «Reis-Suppe wird dir sehr gut tun. – Bringt Reis-Suppe!»

«Hsiu Lien! Geh und hole schnell etwas Reis-Suppe für das Fräulein», sagte Buntapfel zur Teezofe.

«So eine Suppe haben wir nicht», erklärte diese.

«Bist du verrückt?» rief Buntapfel. «Mi-Suppe! Reis-Suppe!»

«Was ist das, Li-Suppe?» fragte Hsiu Lien.

«Mi-Suppe! Reis-Suppe!» habe ich gesagt, nicht Li-Suppe!» antwortete Buntapfel ärgerlich.

«Reis-Suppe haben wir nicht», erklärte Hsiu Lien von neuem. «Wir haben bloß Reisschleim-Suppe.»

«Das ist doch das gleiche!» rief Buntapfel. «Jetzt geh endlich!»

Nachdem die Suppe gebracht war, nahm Kleinod einige Löffel davon zu sich und schlief dann ein.

Herr Tschen trug den Kammerfrauen und Zofen auf, ja keinen Lärm zu machen und sich ruhig zu verhalten. Man hörte schon die ersten Hähne krähen, die Vögel begannen ihr Morgengezwitscher und flogen fröhlich hin und her. Die Bettvorhänge wurden vom leisen Morgenwind leicht bewegt. Im Tempel wurden die Glocken geläutet. Mit einem Male wurde der Himmel hell, und die Sonne ging auf.

Kleinod war fest eingeschlafen, und so entfernte sich auch Herr Tschen. Als er die Treppe hinabstieg, kam ihm Rotwolke, die Zofe seiner Frau, entgegen.

«Was hast du hier zu suchen?» fuhr er sie an.

«Die gnädige Frau hat mir befohlen, nach dem Fräulein zu sehen», gab Rotwolke zur Antwort.

«*Wer* hat dir angeschafft, nach dem Fräulein zu sehen?» rief Herr Tschen zornig. «Mach, daß du fortkommst, du elendes Geschöpf!»

«Geh schleunigst davon!» riefen die Kammerfrauen ihr zu. «Der gnädige Herr ist sehr übel gelaunt!»

Rotwolke drehte sich um und ging in den Westtrakt zurück. Unterwegs machte sie ihrem Ärger durch lautes Schimpfen Luft.

«Von mir aus soll sie sterben oder nicht sterben, mir ist es einerlei!» sagte sie vor sich hin. «Meinetwegen können sie alle drei sterben: Vater, Tochter und Buntapfel dazu!»

Sie ging zu Frau Tschen und erzählte ihr, daß Herr Tschen sie fortgewiesen hatte.

«Ein zweites Mal geh ich nicht mehr hinauf!» erklärte sie wütend.

Als Herr Tschen in sein Bibliothekszimmer kam und sich ein wenig niederlegte, hörte er vor dem Fenster die Vögel zwitschern.

«Ach, ihr glücklichen Vögel!» sagte er. «Warum bringt ihr mir keine freudigen Nachrichten? Ich muß immer nur Trauriges erfahren!»

Er war im Begriffe einzuschlafen, da trat Wang Pen zu ihm ins Zimmer.

«Herr Generalzensor, erlauben Sie mir, Ihnen zu melden, daß ich zurückgekommen bin!» sagte er.

«Wang Pen!» fuhr Herr Tschen aus dem Halbschlaf auf. «Wang Pen! Wie bin ich froh, daß du da bist!»

«Ach, gnädiger Herr, das sollten Sie nicht sagen», erwiderte der Diener.

«Nun erzähle! Wie war es bei ihm... zu Hause?»

«So wie Sie, Herr Generalzensor, mir befohlen hatten, bin ich in mein Heimatdorf zurückgegangen», begann

Wang Pen. «Ach! Wie anders ist doch alles geworden! Der Palast der Familie Fang bis auf die Mauern niedergebrannt! Nichts ist von ihm mehr übriggeblieben! Ich fragte nach Frau Fang, und da sagte man mir, daß sie auf dem Friedhofsgelände wohne und in dieser Einöde ganz auf sich selbst angewiesen sei. Ich suchte den Friedhof auf, sah aber nichts als ödes Gras, einige Strünke von Fichten und Tannen und eine alte verlassene Hütte. Mir brach fast das Herz bei diesem Anblick.»

«Hast du Frau Fang und ihren Sohn gefunden?» fragte Herr Tschen aufgeregt.

«Ich habe mich in der Nachbarschaft nach ihnen erkundigt, und man sagte mir, der junge Herr sei vor mehr als einem Jahr zu seinen Verwandten gereist, sei aber nicht zurückgekommen und habe auch keinerlei Nachrichten geschickt. Frau Fang habe voll Sehnsucht auf ihn gewartet, und da sie nichts mehr hatte, um ihr Leben zu fristen, sei sie schließlich fortgezogen. Niemand konnte mir sagen, wohin sie gegangen war. Ein Mann meinte, wenn sie nicht Selbstmord begangen habe, sei sie sicher an Hunger oder Kälte gestorben. Angeblich soll sie fortgegangen sein, um ihren Sohn bei den Verwandten zu suchen.»

«Du hast hoffentlich in allen nahegelegenen Gebieten Umfrage nach ihr gehalten?» fragte Herr Tschen, erschüttert über diese Nachrichten.

«Ach, gnädiger Herr! Ich habe überall nach ihr gefragt», beteuerte Wang Pen. «Ich konnte nirgends auch nur eine Spur von ihr entdecken. Da alles Forschen und Suchen vergebens war, bin ich hierher zurückgekehrt. Hier gebe ich Ihnen Ihren Brief an Herrn Fang zurück», sagte er, Herrn Tschen das Schreiben übergebend.

Herr Tschen war vollkommen gebrochen. Jetzt gab es keinen Zweifel mehr: Fang Tzu Wen mußte durch die

Hand des Räubers umgekommen sein! Aber nicht nur er, auch die Mutter war allem Anschein nach nicht mehr am Leben! Warum hatte der Himmel den beiden ein so grausames Schicksal beschieden?

«Du weißt noch gar nicht, daß meine Tochter sehr schwer erkrankt ist», sagte Herr Tschen. «Doktor Huang, der sie genau untersucht hat, meint, sie sei in höchster Gefahr, und man werde sie kaum am Leben erhalten können. Es handle sich nur noch um Tage! Nur die Sorge um Fang Tzu Wen hat sie in diesen furchtbaren Zustand versetzt. Sie wird die Sorge nicht los, er könnte ermordet worden oder im Schnee umgekommen sein. Und nun kommst du zurück und bringst die Gewißheit über sein böses Geschick! Wenn ich Fräulein Kleinod deine Worte mitteile, ist dies ihr sicherer Tod!»

«Die Krankheit des gnädigen Fräuleins ist durch die Sorge um Herrn Fang entstanden, ein Arzt kann da keine Abhilfe schaffen», antwortete Wang Pen. «Jede ärztliche Mühe muß in diesem Falle versagen. Ich wüßte aber einen Weg, das Fräulein Kleinod rasch wieder gesund zu machen.»

«Wie könnte man sie retten?» rief Herr Tschen aufgeregt.

«Niemand im Hause weiß noch von den schlechten Nachrichten, die ich gebracht habe», sagte Wang Pen. «Man müßte da eine Täuschung vornehmen. Ich schlage Ihnen vor, Herr Generalzensor, einen gefälschten Brief zu schreiben, der das Fräulein beruhigen wird. Ich werde ihr diesen übergeben und ihr auch persönlich berichten, Herr Fang Tzu Wen sei in seine Heimat zurückgekehrt, er sei in Huang Dschou überfallen und ausgeraubt worden, ein Landsmann habe ihn aber gerettet; und auf diese Weise sei er dann weiter gereist. Ich werde ihr auch sagen, der junge Herr studiere sehr fleißig und habe mir diesen Antwortbrief persönlich übergeben. – Sie werden sehen, Herr Generalzensor, sobald das Fräulein den Brief gelesen und meinen Bericht gehört hat, wird die Krankheit mit einem Mal behoben sein!»

«Dein Rat ist gut», pflichtete ihm Herr Tschen bei. «Ich werde sofort darangehen, diesen Brief zu schreiben.»

Er machte sich sofort an die Arbeit und bemühte sich, die Redeweise des Neffen nachzumachen und den Brief als sehr eilig verfaßt zu gestalten. Als er ihn fertig geschrieben hatte, zerknitterte er den Umschlag noch ein wenig, damit der Brief so aussehe, als habe man ihn längere Zeit in der Tasche getragen, und er sei auf der Reise etwas fleckig geworden. Dann befahl er Wang Pen mit ihm zu Kleinod zu gehen.

Die Kammerfrauen und Zofen waren selig, als sie Wang Pen erblickten.

«Wang Pen ist zurück! Wang Pen ist zurück!» riefen sie voll Freude und meldeten Fräulein Kleinod sofort die Ankunft des alten Dieners.

Kleinod war so aufgeregt über die Nachricht, daß sie aus dem Bette stieg.

Herr Tschen und Wang Pen näherten sich ihr, freudig lächelnd.

«Jetzt ist alles gut!» rief Herr Tschen ihr zu.

Wang Pen verbeugte sich tief und sagte:

«Gnädiges Fräulein, ich bin soeben aus Ho Nan zurückgekommen und soll Ihnen viele Grüße von Ihrer Frau Tante ausrichten.»

«Geht es ihr gut?» fragte Kleinod.

«Ihre Frau Tante und Ihr Herr Vetter führen ein sehr schweres, mühsames Leben, aber sie sind beide gesund», erwiderte Wang Pen.

«Wann ist der junge Herr zurückgekommen», wollte Kleinod wissen.

Herr Tschen mischte sich schnell in das Gespräch ein:

«Am fünfzehnten Tage des zwölften Monats», sagte er.

«Woher weißt du das, Vater?» fragte Kleinod erstaunt.

«Wang Pen hat ein Schreiben mitgebracht», antwortete Herr Tschen. «Warte, ich lese es dir vor!»

«Verehrter Schwiegervater und Onkel! Nimm dieses Schreiben entgegen von deinem Schwiegersohn.

Als ich den Tempel der neun Fichten verlassen hatte, ging ich nach Huang Dschou. Ein Räuber hat mich unterwegs überfallen und mir mein Reisebündel gestohlen. Nach vielem Kummer habe ich glücklicherweise einen Landsmann getroffen, der es mir möglich gemacht hat, in die Heimat zurückzukehren. Ich bin am fünfzehnten Tage des zwölften Monats zu Hause angelangt. Meine alte Mutter befindet sich wohl. Dein ergebener Schwiegersohn ist gleichfalls wohlauf.

Den von dir gütigst geschriebenen Brief habe ich ehrfurchtsvoll gelesen. Ich habe auch zur Kenntnis genommen, daß Du das mir Gestohlene zurückerhalten hast. Dies erfüllt mich mit Glück. Die einhundert Goldstücke hoffe ich baldigst zurückerstatten zu können.

Meine Mutter bittet mich, auch ihren Dank niederzuschreiben. So wie ich die Prüfungen abgelegt und mir einen Namen gemacht habe, werde ich nach Shang Yang kommen, damit dann die Heirat eingegangen werden kann.

Ich erlaube mir, meinen Schwiegereltern in Ehrfurcht Glück und Frieden zu wünschen.

Der armselige Schwiegersohn verbeugt sich untertänigst.»

Als Kleinod diese Worte hörte, kannte ihre Freude keine Grenzen. Ihre verkrampften Gedärme begannen sich allmählich zu lösen. Es heißt nicht umsonst im Sprichwort: Es gibt keine bessere Medizin als Glück und Frieden. Kleinod, die ja nicht ahnen konnte, daß ihr Vater den Brief geschrieben hatte, glaubte natürlich jedes Wort, das in ihm stand.

Als Frau Tschen von dem Schreiben erfuhr, war sie sehr unglücklich und hatte nur mehr den einen Gedanken, wie sie es Tzu Wen beibringen könnte, die Verlobung mit Kleinod zu lösen. So hatten Vater, Mutter und Tochter alle ihre eigenen Gefühle.

Herr Tschen schickte einige Tage darauf einen Boten in das Gerichtsgebäude und ließ den Präfekten ersuchen, den Räuber Tschiu sechs Brücken nochmals einzuvernehmen. Das Maß seiner Untaten sei voll, und falls er sich weiter weigere, die Wahrheit zu gestehen, solle man ihn hinrichten lassen. Der Befehl werde demnächst einlangen, und der Mörder werde dann schwerlich dem Schwerte entgehen.

Kleinods Zustand besserte sich von Tag zu Tag. Buntapfel sorgte in jeder Weise für sie und weigerte sich, zu essen oder zu trinken, wenn die Herrin nicht aus dem Bette stieg.

Als dann Kleinod soweit wiederhergestellt war, daß sie in das Kloster fahren konnte, um eine Andacht zu verrichten, hatte sie dort eine sehr seltsame Begegnung.

XIII. KAPITEL

*Vor dem Tempel zu den neun Fichten stürzt sich eine
leidgequälte Frau in den Fluß*

Frau Fang war, nachdem sie das Friedhofsgelände verlassen hatte, mit ihrem Bündel auf dem Rücken nach Kai Feng Fu gewandert. Die Straßen waren schon mit Eis und Schnee bedeckt, trotzdem aber ging sie tapfer weiter vom Morgen bis zum Abend. Leute, die Geld besitzen, können auf der Straße einen Wagen mieten oder eine Strecke Weges auf einem Schiffe zurücklegen. Die arme Frau Fang konnte dies freilich nicht. Sie war einzig und allein auf ihre beiden Füße angewiesen, sie litt Hunger, sie fror, ihr Herz war erfüllt von Kummer, sie war schon alt, es gab auf den Straßen hundert Hindernisse zu überwinden... wie sollte sie je ihr Ziel erreichen? Als sie in Sha Nan Fu angelangt war, konnte sie nicht mehr weiter. Mehr als einen Monat lang lag sie krank in einer ärmlichen Herberge. Das bißchen Geld, das sie im Beutel gehabt hatte, war verbraucht, und da der Wirt schon unangenehm wurde und sie zum Gehen drängte, machte sie sich von neuem auf den Weg. Trotzdem sie sich noch elend fühlte, schleppte sie sich doch weiter, aber mehr als acht bis neun Li am Tage vermochte sie nicht zurückzulegen. Durch das Mißgeschick ihrer Krankheit aufgehalten, hatte sie nach drei Monaten erst die halbe Strecke hinter sich. Ob sie nun weiter ging oder zurückkehrte, war einerlei. Beides war gleich schwierig. Es konnte sowohl in dem einen wie auch in dem anderen Falle geschehen, daß sie am Straßenrande liegen blieb, und nur ihr Geist mehr weiter wandeln konnte.

«Auf der Landstraße gibt es keine Edelleute» heißt es im Sprichwort. Sie aber vermochte es anfangs nicht über sich zu bringen, zu betteln. Als Tochter und Schwiegertochter von höchsten Beamten schämte sie sich, so etwas zu tun, und es fiel ihr unendlich schwer, sich den Umständen anzupassen. Trotzdem aber wollte sie ihr Leben um jeden Preis erhalten, um ihren Sohn wiederzusehen.

Die Granatäpfel standen gerade in Blüte, und es dauerte nicht lange, da dufteten schon die Lotusblüten. Als sie, trotz allen Mühseligkeiten, nach Shang Yang gelangte, herrschte dort schon glühende Hitze.

Warum legte sie ihre Kochgeräte nicht weg? Warum behielt sie sie noch immer bei sich? Weil sie sich sagte: gelingt es mir, mit meinem Sohne zusammenzukommen, dann brauche ich sie nicht mehr, gelingt mir dies aber nicht, dann darf ich mich nicht von ihnen trennen. Ich kann doch nicht in dem Aufzuge, in dem ich bin, vor meine Schwägerin hintreten. Es würde dies dem Ansehen der Familie Fang schaden. Sie hütete sich daher, gesehen zu werden, und hielt sich verborgen. Vorerst wollte sie versuchen, durch Fragen etwas zu erfahren. Wer in dieser selbstsüchtigen Welt des Geldes würde ahnen, wen sie suchte, und würde sie nicht höhnisch ansehen, wenn sie fragte, ob jemand ihren Sohn kenne. In der Riesenstadt Shang Yang den Sohn einer Bettlerin!

Vor dem Stadttore angelangt, wollte sie sich gerade erkundigen, wo sich der Palast des Generalzensors Tschen befinde, doch da strömten auf der Straßenkreuzung mit einem Male von allen Seiten Menschen wie Schwärme von Wespen oder Ameisen herbei. Das Getümmel wurde immer ärger, die Leute schrien und johlten und drängten rücksichtslos nach vorne.

«Fort! Geht fort!» klang eine befehlende Stimme an ihr Ohr.

«Was gibt's zu sehen? Was gibt's?» hörte sie fragen.

«Eine Hinrichtung soll stattfinden!» antwortete jemand.

Frau Fang wollte weitergehen, doch das Gedränge war viel zu dicht, als daß sie sich hätte durchzwängen können. Ein Berg oder ein Meer von Menschen wälzte sich heran. Die Neugierde hatte sie alle erfaßt, und Frau Fang hörte sie aufgeregt miteinander sprechen.

«Er wird gleich da sein!» sagte ein Mann.

«Er kommt! Er kommt!» klangen plötzlich Rufe.

Ein Gerichtsdiener mit einer Bambusgerte in der Hand erschien und drängte die Leute beiseite.

«Vorwärts gehen!» befahl er. «Macht Platz! Ich muß die Pallisaden für den Sträfling aufstellen!»

«Die Behörde kommt», riefen ein paar Leute.

«Macht Platz für die Lebensmittel- und Getränkebringer!»

«Der Straßenkehrer kommt! Macht ihm Platz!»

Das Getümmel vor der Richtstätte war mittlerweile noch stärker geworden.

Plötzlich hörte man von ferne laute Klagerufe und tiefe Gongschläge näherkommen. Eine Reihe von Aufsehern mit umgegürteten Messern erschien, den Leib behängt mit Bogen und Pfeilen. Ihnen voran ging ein Mann in rotem Gewande mit einem riesigen Beil in der Hand. Dicht hinter ihm sah man einen Mann, der eine Holztafel trug, auf der sich die Schriftzeichen: «Zum Tode verurteilter Verbrecher, Tschiu sechs Brücken» befanden.

Dann folgte der Verbrecher selbst. Er war auffallend groß und breit und hatte einen wirren, starken Bart. Seine Nase war tief eingebogen.

«Tschen Pei Te! Wang Pen!» rief er mit zornbebender Stimme. «Hört mich an! Ich habe diesen Studenten nicht ermordet! Ihr habt mich verleumdet! Ich bin unschuldig! Warum laßt ihr mich hinrichten, wenn ich nichts getan habe! Ich bin unschuldig! Hört ihr? Ich bin unschuldig! Gebt mir Wein!» brüllte er die Aufseher an. «Ich will Wein haben!»

«Vorwärts mit dir! Dort oben wirst du schon was kriegen!» sagten die Aufseher und schleppten ihn mit sich fort.

Frau Fang sah, wie der Verbrecher auf die Richtstätte geführt wurde, und hörte, wie der Kopf des Gerichteten mit einem Knall zur Erde fiel. Das große Menschengewühl löste sich jetzt allmählich. Sie konnte es sich nicht erklären, weshalb alle diese Leute herbeigelaufen waren, und was sie so sehr interessiert hatte. Als der Platz etwas leerer geworden war, ging sie langsam weiter und hielt dann vor dem Tempel der neun Fichten ein wenig Rast. Es tat ihr leid, daß niemand in der Nähe war, den sie nach ihrem Sohne hätte fragen können. Nach einer Weile sah sie mehrere Leute, die der Hinrichtung beigewohnt hatten, näherkommen. Es waren Melonen- oder Gelee-Verkäufer, Hausierer mit Arzneien und Straßensänger. Sie alle schienen noch ganz unter dem Eindruck des spannenden Schauspiels zu stehen. Heftig gestikulierend und laut debattierend, blieben sie vor dem Tempel stehen. Einer unter ihnen tat sich besonders hervor.

«Es heißt, daß in sechs Monaten wieder eine Hinrichtung stattfinden wird», hörte sie ihn mit lauter Stimme sagen. «Der Kerl heute hat mir wirklich leid getan. An einem so heißen Tag sollte man niemandem den Kopf abhauen.»

«Warum sollte er heute besonders gelitten haben?» fragte ein anderer.

«Wißt ihr denn nicht, daß an einem heißen Sommertag das Blut nur schwer aus dem Körper austritt?» antwortete der Wichtigtuer. «Warum hat man nicht bis zum Herbst gewartet, wenn das Wetter kühler geworden ist? Man hätte dann mit dem abgeschlagenen Kopf des Verbrechers das Gefängnis schmücken können!»

«Macht man das wirklich?» fragte einer.

«Warum sollte man das nicht machen können?» antwortete der erste. «Mich hat einmal im Gefängnis der herabgefallene Kopf eines Hingerichteten angefleht, ich solle ihn mitnehmen.»

«Mach keine schlechten Witze!»

«Oh! Da kommt Pai Hsiao!» rief einer aufgeregt. «He! Bruder Pai Hsiao! Sag, woher war der Mann, der heute geköpft wurde?»

«Aus Huang Dschou», antwortete der junge Mann, näher kommend.

«Warum ist er dann bei uns in Shang Yang hingerichtet worden?» wollte einer wissen.

«Das ist eine lange Geschichte», erwiderte Pai Hsiao.

«Erzähle! Erzähle!» baten die Umstehenden.

«Wenn ihr die Sache hören wollt, gut!» sagte Pai Hsiao. «Die ganze Angelegenheit hat ihren Ursprung in der Purpursteinstraße gehabt.»

«Erzähle! Erzähle!» drängten die Leute.

«Hört mich also an», sagte Pai Hsiao. «In der Purpursteinstraße wohnt Generalzensor Tschen, der Doktor dritten Grades der Han Lin Akademie. Er hat sich jetzt ins Privatleben zurückgezogen. Voriges Jahr im Winter, gerade an dem Tage, an dem er seinen fünfzigsten Geburtstag feierte, ging es bei ihm sehr lebhaft zu, und unzählige hohe Gäste kamen, um ihm zu gratulieren. An diesem Tage ist auch ein gewisser Fang zu ihm gekommen...»

«Was für ein Fang?» fragte ein Neugieriger. «Wie heißt er mit dem Vornamen?»

«Das weiß ich nicht», antwortete Pai Hsiao. «Ich weiß nur, daß er der Enkel des früheren Ministerpräsidenten Fang und Sohn eines hohen Beamten war. Obwohl er sehr arm war, hat er eigens die weite Reise von Ho Nan hierher zurückgelegt, um seine Verwandten zu besuchen. Aber oh Himmel! Seine Tante hat ihn nicht als Verwandten anerkennen wollen!»

«Warum hat sie ihn nicht als Verwandten anerkennen wollen?» fragte einer. «Wie ist denn das möglich?»

«Frau Tschen ist eine sehr hochmütige, auf ihren Reichtum stolze Person. Sie wollte nichts mit einem ärmlich gekleideten Menschen wie diesem Fang zu tun haben. Es heißt, daß sie ihn mit großer Verachtung behandelt hat. Der junge Fang ist zornig geworden und ohne Abschied zu nehmen davongegangen. Der Tochter des Herrn Tschen tat das Verhalten der Mutter leid, und sie befahl deshalb ihrer Zofe, ihn noch zurückzuhalten und ihm heimlich in sein Gepäck eine kleine Juwelenpagode, die ihr gehörte, hineinzugeben.»

«Hat Generalzensor Tschen gewußt, was seine Tochter getan hat?» wollte einer wissen.

«Natürlich nicht!» antwortete Pai Hsiao. «Wie hätte er davon wissen können? Er ist doch um diese Zeit mit seinen Gästen im Empfangszimmer gesessen und hat mit ihnen geplaudert. Den Neffen konnte er doch erst, nachdem sich seine Gäste verzogen hatten, begrüßen. Er hat ihn aber auch dann nicht gesehen, denn dieser junge Fang war schon auf und davon gegangen. Als er nach ihm fragte, erfuhr er, daß seine Frau sich so verächtlich zu dem jungen Manne benommen hatte. Er war äußerst erzürnt über ihr Verhalten, ritt ihm in heller Aufregung nach und hat ihn hier, vor dem Tempel der neun Fichten, eingeholt. Wie es heißt, soll er sich mit dem jungen Manne ausgezeichnet verstanden haben. Er wollte ihn unbedingt zum Bleiben bewegen und ihm auch etwas Geld für die Reise schenken, aber dieser junge Fang, der ein sehr stolzer Mensch war, hat weder eingewilligt zu bleiben noch Geld anzunehmen. Herrn Tschens Bewunderung und Respekt für sein nobles Verhalten war so groß, daß er ihm seine Tochter zur Gattin versprach. Dieser Tempel da war der Heiratsvermittler und vor ihm haben sie die Heirat vereinbart. Der junge Fang hat sich dann verabschiedet, um nach Huang Dschou zu gehen. Unterwegs hat ihn dieser Räuber Tschiu sechs Brücken überfallen und ihm die Juwelenpagode geraubt. Der arme Fang hat gerade nur mehr ein paar buddhistische Gebetsformeln herausbringen können. Aus!»

«Aus?» fragte der andere. «Und was war dann?»

«Der Himmel hat gute Augen», erklärte Pai Hsiao. «Dieser Tschiu sechs Brücken hat den jungen Fang zwar ermordet, aber der Geist des jungen Fang hat sich nicht entfernt, sondern sich an dem Mörder festgehakt. Und das merkwürdigste an der Geschichte ist, daß der Geist einen Himmelsboten nach Shang Yang geschickt hat und die Pagode durch Generalzensor Tschen hat ankaufen lassen. Ob ihr es glaubt oder nicht, Herr Tschen ist beim Anblick dieser Pagode sofort mißtrauisch geworden, er hat seine Tochter aufgesucht und hat sie ihr gezeigt. Sie ist furchtbar erschrocken, und da sie die Wahrheit nicht mehr verbergen konnte, hat sie dem Vater gestanden, daß es ihre eigene Pagode sei und sie der Zofe befohlen hatte, sie dem Vetter heimlich in sein Reisebündel zu stecken. Diesen Räuber Tschiu sechs Brücken hat man dann so lange in die Enge getrieben, bis er schließlich zugegeben hat, den jungen Fang überfallen und ihm die Pagode gestohlen zu haben. Du lieber Himmel! Da kann man wohl sagen: Der Mörder hat seine Tat mit dem eigenen Leben büßen müssen!»

«Das ist wirklich höchst sonderbar!» sagte einer der Zuhörer. «Wie nahe ist doch das Auge des Himmels den Menschen! Aber hast du nicht auch gehört, daß dieser Räuber auf dem Wege zur Richtstätte immer wieder gerufen hat, er habe dem jungen Fang nichts angetan, er sei unschuldig? Wer weiß, vielleicht ist es wahr und er hat ihn gar nicht umgebracht!»

«Kommt denn einem Räuber je ein wahres Wort über die Lippen?» rief Pai Hsiao lachend.

«Dort drüben steigen schwere Wolken auf!» unterbrach ihn plötzlich einer der Umstehenden. «Gehen wir nach Hause!»

Die Leute zerstreuten sich, und Frau Fang blieb allein vor dem Tempel zurück. Auf einem Stein sitzend, hatte sie das Gespräch Wort für Wort mitangehört. Ihre Seele wäre beinahe entflohen, und es war ihr, als würde ihre Brust mit zehntausend Pfeilen durchbohrt. Ihr Körper war in kaltem Schweiß gebadet und sie schluchzte herzzerbrechend.

«Ach, hätte ich doch geahnt, was ihm widerfahren wird!» stöhnte sie. «Wäre er doch bei mir geblieben und hätten wir uns weiter gegenseitig beschützt in unserer Armut! Warum habe ich ihn gedrängt, zu den Verwandten zu reisen und diesem Schicksal zu begegnen? Oh Kind! Wo werden deine armen Knochen liegen? Wo wird deine Seele sein? Siehst du jetzt in mir deine Mörderin? Oh du böse Schwägerin mit dem Herzen eines Wolfes oder wilden Hundes, was hast du uns beiden, die wir ganz ohne Stütze dastehen, angetan! Mit deinem Neffen aus deinem eigenen Stamme, deinem Blutsverwandten, wolltest du nichts mehr zu schaffen haben!»

Ganz in ihren Kummer versunken, sah sie die Abendwolken aufziehen und die rote Sonne allmählich untergehen. Es kamen jetzt nur mehr ganz wenige Menschen an dem Tempel vorbei. Sie blickte auf die grünen Berge, sah, daß sich die Straße in der Ferne gabelte, sie hörte das Murmeln der Wellen, den Gesang der Fischer und das Zwitschern der Vögel. Die Tränen fielen ohne Unterlaß auf ihr Kleid herab, und ihr war wie einem Vogel, der nach dem Süden zieht und keinen Ast vorfindet, auf dem er ruhen könnte. Es war ihr jetzt nur eines klar zu Bewußtsein gekommen: Für sie gab es nichts Besseres als den Tod!

«Ich habe tausend Mühen und zehntausend Leiden auf mich genommen, um meinen Sohn zu suchen, und habe bisher die Hoffnung niemals aufgegeben, ihn wiederzusehen», sagte sie sich. «Wie konnte ich ahnen, daß ihm ein so furchtbares Unheil zustoßen würde? Was soll mir jetzt noch mein Leben? Wozu weiter diese Straße entlang gehen? Ist es nicht klüger, mich in den Fluß zu stürzen und mich von den Wellen forttragen zu lassen?»

Sie stand auf, schleppte sich mühsam weiter bis zum Ufer des Flusses, warf ihre Körbe und Töpfe fort und dachte noch einmal über alles nach, was geschehen war. Sie sah dem schmutzigfarbigen Wasser nach, das dahinfloß, bis es sich in der Ferne mit dem Abendhimmel verband.

«Das also wird mein Grab sein!» rief sie schluchzend vor Schmerz. «Ach, was für ein erbärmliches Schicksal war mir beschieden! Gibt es auf dieser Welt noch andere Menschen, die so bedauernswert sind wie ich? Mein Weg ist mir heute morgen bestimmt worden, es gibt kein Entrinnen mehr! Mir, der Tochter eines der angesehensten Männer des Reiches ist nicht einmal ein Sarg vergönnt! Im Leben sind mir die höchsten Ehren zuteil geworden, und jetzt sehe ich als Bettlerin meinem Tod entgegen in fremdem Land. Ihr armen Ahnen meines Gatten, auch euch wird jetzt großes Leid angetan! Ihr, die ihr immer treu waret, habt es nicht verdient, daß die Nachfolgerreihe abgeschnitten wird! Du böse Schwägerin hast Mutter und Sohn in den Tod getrieben! Wo willst du unsere Seelen zurückrufen? Es ist zwecklos, hier auf Erden mit dir Abrechnung zu halten über dein Tun. Ich fürchte, selbst wenn ich bei den gelben Quellen gelandet sein werde, wird mein Haß gegen dich noch immer nicht geschwunden sein! Wer wird jetzt die Gräber meiner Schwiegereltern betreuen? Wer wird auf die Suche nach dem Leichnam meines Sohnes gehen? Ach, immer tiefer dringt der Schmerz in meine Eingeweide, und ich vermag dies Leid nicht länger zu ertragen! So mag mein Leib den Fischen hier als Nahrung dienen! Kind! Kind! Erwarte mich auf dem Wege, der ins ewige Dunkel führt!»

Gerade in dem Augenblicke, da sie in das Wasser gehen und ihrem Leben ein Ende machen wollte, nahm ihr Schicksal eine andere Wendung. Der ihr vom Himmel vorgeschriebene Weg war noch nicht vollends zurückgelegt, und aus diesem Grunde sandte er einen Boten aus, der sie von dem Schritte in den Tod abhielt. Und wer war dieser Mensch, der gerade im richtigen Augenblicke eintraf? Es war Tsching Fang, die Äbtissin des Klosters zu den weißen Lotusblüten!

Die Äbtissin Tsching Fang war an diesem Tage in den Palast der Familie Tschen gerufen worden, da Fräulein Kleinod sich vorgenommen hatte, am neunzehnten Tage des Monats im Kloster zu den weißen Lotusblüten eine Andacht vor der Göttin Kuan Yin abzuhalten. Sie hatte sich also zu ihr begeben, um die Sache mit ihr zu besprechen, und da es an diesem Tage zeitig zu dunkeln begann, beeilte sie sich, in das Kloster zurückzukehren. Als sie aus dem Stadttor kam, sah sie von allen Seiten drohende schwarze Wolken aufsteigen und konnte auch ein fernes Donnergrollen vernehmen. Die Mücken schwirrten aufgeregt hin und her, und der Wind blies ihr eine unerträgliche Hitze in das Gesicht. Auf den Feldern nahmen die Bäuerinnen rasch ihre Strohmatten um die Schultern, bedeckten ihre Köpfe mit Bambusdecken und liefen davon, um ein Obdach vor dem kommenden Gewitter zu suchen. Nun blitzte es auch schon fortgesetzt durch die schwarzen Wolken.

«Oh weh! Es scheint ein starker Regen zu kommen!» sagte sich die Äbtissin und trachtete in die Nähe des Tempels zu den neun Fichten zu gelangen. Plötzlich hörte sie eine klagende Stimme, die anscheinend von einer weiblichen Person herrührte. Sie horchte auf. Das Klagen schien von der Seite des Flusses zu kommen. Wollte da etwa jemand seinem Leben ein Ende machen? Teils von Neugierde und teils von Mitleid getrieben, ging sie ungeachtet der jetzt schon niederfallenden Regentropfen weiter gegen den Fluß zu. Es war schon dunkel, und Himmel und Erde verschwammen bereits ineinander. Plötzlich glaubte sie, etwas weiter vorne im Dickicht eine menschliche Gestalt wahrzunehmen, und als sie sich der

Stelle näherte, erblickte sie eine alte Frau, die bitterlich schluchzte und gerade im Begriffe war, sich in den Fluß zu stürzen. Sie eilte auf sie zu und riß sie rasch ans Ufer zurück. Dabei wäre sie selbst beinahe auch in das Wasser gefallen. Beide taumelten und fielen zu Boden.

«Ay ya!» rief die Äbtissin.

«Ay ya!» rief Frau Fang.

«Warum wollten Sie denn Ihrem Leben ein Ende machen, Mütterchen?» fragte die Äbtissin, nachdem sie sich vom Boden aufgerafft und die Fremde gleichfalls hochgezogen hatte. «Erzählen Sie mir, was ist Ihnen geschehen?»

«Geben Sie sich keine Mühe mit mir», erwiderte Frau Fang. «Mein Leben hat keinen Sinn mehr für mich!»

«Was sagen Sie da?» rief die Äbtissin. «Ihr Leben hat keinen Sinn mehr für Sie? Ein Tag Leben ist mehr wert als tausend Jahre Tod! Ich höre, Ihr Dialekt ist nicht der unseres Landes. Woher kommen Sie, wie heißen Sie und warum wollten Sie sich in den Fluß stürzen?»

«Ach dieses Leid!» seufzte Frau Fang.

Die Äbtissin blickte besorgt zum Firmament auf. «Der Himmel verhängt sich immer mehr», sagte sie. «Kommen Sie mit mir in mein Kloster und ruhen Sie sich ein wenig aus. Wir können dort ungestört miteinander sprechen.»

«Ich danke Ihnen vielmals, ehrwürdige Mutter», antwortete Frau Fang. «Ich ziehe es vor, hier zu bleiben.»

«Ay ya!» rief die Äbtissin. «Sie wollen also doch in den Fluß springen? Selbstmord wird bei uns als schweres Vergehen angesehen! Schnell! Kommen Sie! Es beginnt zu regnen!»

«Ich kann nicht», erklärte Frau Fang.

«Schnell! Kommen Sie! Sehen Sie denn nicht, was da für ein furchtbares Gewitter kommt?» Ohne viel Umstände zu machen, zog sie Frau Fang mit sich fort, denn schon stürzte ein heftiger Regen herab. Der Himmel hatte wieder in das Schicksal der Frau Fang eingegriffen.

Nachdem Frau Fang mit der Äbtissin etwas weiter gegangen war, erblickte sie, inmitten dichten Buschwerks, eine rote Mauer, welcher entlang Reihen von blauen Fichten und Tannen standen, die sich bis zu einem zinnoberroten Lacktore hinzogen. Auf das Klopfen der Äbtissin öffnete eine junge Nonne das Tor und ließ sie beide ein. Sie schien erstaunt, die Äbtissin mit einer alten Frau hereinkommen zu sehen.

«So ein Regnen und Blitzen!» sagte sie. «Kommen Sie schnell herein, ehrwürdige Mutter! Warum sind Sie nicht schon früher nach Hause gekommen? Ist es jetzt sicher, daß das Fräulein Tschen am neunzehnten Tage hierher kommt?»

«Ja, wir haben es so abgemacht», antwortete die Äbtissin.

«Wer ist diese alte Frau?» fragte die junge Nonne.

«Ich weiß es nicht», erwiderte die Äbtissin.

«Aber, ehrwürdige Mutter, weshalb haben Sie denn diese Bettlerin hierhergebracht?» wollte die Nonne wissen.

«Sie wollte sich in den Fluß stürzen, und ich habe sie gerettet.»

«Was geht Sie das an, wenn sie sich in den Fluß stürzen wollte», rief die junge Nonne. «Warum haben Sie sie davon abgehalten, wenn Sie sie doch gar nicht kennen?»

«Wie kann eine Frau, die der Welt entsagt hat, so fragen!» rief die Äbtissin entrüstet. «Mitgefühl sollte bei jeder Nonne an erster Stelle stehen! Es ist ein großes Vergehen von dir, so zu sprechen! – Kommen Sie nur weiter, Mütterchen!» wandte sie sich an Frau Fang. «Wie Sie mir unterwegs sagten, heißen Sie Fang und sind aus

Ho Nan! Sie sind also hierhergekommen, um Ihren Sohn zu suchen? Was hat Ihr Sohn hier gemacht?»

Unwillkürlich stiegen die Tränen wieder in Frau Fangs Augen. Dann fiel ihr das alte Sprichwort ein: Wenn du einem Fremden begegnest, sage ihm nur ein Drittel der Wahrheit, hüte dich, ihm gleich dein ganzes Innere zu zeigen. «Wenn ich ihr meinen wahren Namen sage, kann es in Shang Yang bekannt werden, daß ich hier bin, und ich habe dann vielleicht mit dem Hohn meiner bösen Schwägerin zu rechnen», sagte sie sich. «Da ich der Äbtissin aber bereits gesagt habe, daß ich Fang heiße, aus Ho Nan komme und meinen Sohn suche, muß ich diese Aussage wieder mit klugen Worten verdecken.»

«Wenn Sie es mir gestatten, ehrwürdige Mutter, will ich nichts vor Ihnen geheimhalten und Ihnen alles über mich erzählen», erklärte sie. – «Sprechen Sie, ich höre!»

«Ich lebe in Ho Nan und heiße Fang», begann Frau Fang. «Mein Gatte ist leider schon früh gestorben und hat mich als Witwe zurückgelassen. Ich habe nur ein einziges Kind zur Welt gebracht, einen Sohn.»

«Wie heißt er?» fragte die Äbtissin.

«Er heißt Sung Kuo», erwiderte Frau Fang.

«Und was hat er für eine Beschäftigung?»

«Unsere Familie lebt seit Generationen vom Handel.»

«Was sind die Hauptartikel, mit denen Sie handeln?»

«Wir kaufen und verkaufen verschiedene Waren», erklärte Frau Fang. «Unser Hauptabsatzgebiet ist Shang Yang.»

«Wie alt ist Ihr Sohn?»

«Er ist heuer fünfundzwanzig Jahre alt geworden.»

«Und wann ist er nach Shang Yang gegangen?»

«Er ist schon seit einigen Jahren nicht mehr in die Heimat zurückgekehrt.»

«Wieso sind Sie dann erst jetzt auf den Gedanken gekommen, Ihre Heimat zu verlassen und Ihren Sohn hier zu suchen?»

«Mein Haus ist abgebrannt, ich bin verarmt, und da ich mir nicht mehr zu helfen wußte, habe ich mich entschlossen, hierherzukommen.»

«Das ist aber wirklich sehr traurig, daß Sie Ihr Heim verloren haben», bedauerte die Äbtissin.

«Ich habe mich bis nach Shang Yang durchgebettelt», fuhr Frau Fang fort.

«Und haben Sie Ihren Sohn gefunden?»

«Ich habe überall nach ihm gefragt und die ganze Gegend nach ihm abgesucht, leider ist es mir aber nicht gelungen, auch nur die geringste Spur von ihm zu entdecken. Ich wußte daher, daß mir nur der Weg zu den neun Quellen blieb und wollte deshalb meinem Leben ein Ende machen und den Fürsten der Unterwelt nach ihm fragen.»

«Ach, deshalb also wollten Sie sich in den Fluß stürzen!» rief die Äbtissin. Sie hatte den Worten Frau Fangs aufmerksam zugehört und aus der Art und Weise, in der sie sprach, den Eindruck gewonnen, daß diese alte Frau aus recht ansehnlichem Hause stammen müsse. Sie hatte gute Manieren und ihre Erzählung klang durchaus glaubhaft.

«Erlauben Sie mir, daß ich mich jetzt wieder entferne, ehrwürdige Mutter», unterbrach sie Frau Fang in ihren heimlichen Überlegungen.

«Aber wo wollen Sie denn hin bei diesem starken Regen?» rief die Äbtissin. «Bleiben Sie doch hier und ruhen Sie sich erst eine Weile aus! Kommen Sie mit mir und nehmen Sie Platz!» Sie führte Frau Fang zu einer Bank und ging dann in das Innere des Klosters, um sich mit den Nonnen zu beraten.

«Hört mich an!» sagte sie zu ihnen. «Ich habe der alten Frau, die ich hierhergebracht habe, gesagt, sie dürfe sich draußen ein wenig hinsetzen. Wo soll die arme Frau denn hin? Seht nur, wie stark es regnet!»

Eine der Nonnen, die den Namen Pao Sheng trug, war eine sehr hartherzige und übelwollende Person.

«Aber ehrwürdige Mutter!» rief sie. «Sie können doch nicht eine Frau von zweifelhafter Herkunft hier sich ausruhen lassen! Jagen Sie sie doch fort! Wer weiß, was sie hier anstellen wird!»

«Wie redest du da?» wies die Äbtissin sie entrüstet zurecht. «Einem Menschen das Leben retten ist mehr wert, als eine siebenstöckige Pagode zu bauen. Weißt du denn nicht, daß gläubige Buddhisten immer die zwei Werte Mitgefühl und Güte beherzigen müssen?»

«Mitgefühl und Güte! Mitgefühl und Güte! Man kann doch nicht aus Mitgefühl und Güte Unheil herbeirufen!»

«Schweig!» herrschte die Äbtissin sie an. «Im übrigen geht dich die Sache gar nichts an!»

Shou Sheng, eine andere Nonne, die einen sehr ehrlichen und gutherzigen Charakter hatte, trat vor die Äbtissin hin und sagte:

«Sie haben vollkommen recht, ehrwürdige Mutter. Die alte Frau sieht sehr anständig aus, an ihr ist nichts Anrüchiges zu bemerken. Könnte sie nicht bei uns bleiben und die Aufwartefrau vertreten, die heute nach Hause gehen mußte, weil ihr Sohn erkrankt ist? Übermorgen soll doch die Tochter des Herrn Generalzensors Tschen hierherkommen, um eine Andacht abzuhalten, wir brauchen dann dringend eine Aushilfsperson.»

«Das ist ein sehr guter Einfall!» erklärte die Äbtissin. Nachdem sie alle notwendigen Einzelheiten mit den Nonnen besprochen hatte, kehrte sie zu Frau Fang zurück.

«Ich möchte Ihnen einen Vorschlag machen, Frau Fang», sagte sie. «Bleiben Sie eine Weile hier bei uns im Kloster. Es wird schon noch der Tag eines Wiedersehens zwischen Ihnen und Ihrem Sohn kommen! Wer soll von Ihrem Tod erfahren, wenn Sie an einem fremden Ort sterben? Lassen Sie sich erklären, Mütterchen: Daß Ihnen jetzt so viel Unheil widerfahren ist, kommt nur daher, daß Sie in Ihrem früheren Leben nicht sehr tugendhaft und gütig waren. Glauben Sie mir! In dieser Welt des Schmutzes und der Unruhe ist letzten Endes alles nur ein Wahn. Trennung, Zusammensein, Leid und Freude sind nichts anderes als Traumgebilde. Morgen, Abend, Umhereilen, Geschäftigsein, Wohlwollen, Groll, Geiz und Ärger sind nur leere Begriffe und nicht einmal ein Lächeln wert. Das Leben fliehen, den Tod suchen, sind Handlungen törichter Menschen, die weder ihnen selbst noch anderen irgendwelche Vorteile bringen. Selbstmord ist nach der Lehre der Bodhisattvas eine verdammenswerte Tat. Der Mensch hat sein Leben vom Himmel erhalten und muß trachten, seinen Körper dem Willen des Himmels anzupassen. Er muß den ihm vorgeschriebenen menschlichen Weg gehen, einerlei ob das Wasser versiegt oder die Berge vergehen; er muß mit seinem ganzen Herzen an Buddha glauben, muß den Bedrängten helfen und ihnen in Gefahr beistehen. Er muß mit allem, was ihm zu Gebote steht, zur allgemeinen Wohlfahrt beitragen, darf nicht für seine eigene Person Pläne machen und muß sich ganz der Nachfolge Buddhas weihen. Übt man sein Herz in umfassender Liebe und hat man sich ganz in die buddhistische Lehre versenkt, dann wird man bei jedem Flusse eine Fähre finden, die einen an das andere Ufer bringt. Wer andere Menschen erkennen will, muß an das denken, was ihm selbst gut oder übel tut. Wer sich nicht um das Wohl der

Allgemeinheit kümmert und nicht erkennt, daß die Welt ein großes Ganzes ist, der wird erfahren, daß sein Leben nicht einmal den Wert des Lebens einer Biene hat, die an einer Blume saugt. Das frühere und das spätere Leben sind immer im Traum eines derzeitigen Lebens zu finden. Mütterchen! Seit alters her heißt es: «Wenn das Meer des Leides keine Grenzen zu haben scheint, dann wende den Kopf und blicke ans Ufer zurück.» Geben Sie sich nicht länger einem irrigen Glauben hin, Mütterchen. Meiner Meinung nach wäre es für Sie das beste, wenn Sie die Welt verlassen und in unser Kloster eintreten würden. Ihr Herz könnte dann wieder ganz zur Ruhe kommen und Sie würden nicht mehr so törichte Gedanken hegen wie die, sich in den Fluß zu stürzen und sich das Leben zu nehmen. Immer wieder dreht sich das Rad und immer wieder kommt es zu einer Wiedergeburt. Beginnen Sie ein neues Leben im Sinne Buddhas und trachten Sie, durch einen tugendhaften, reinen Lebenswandel für Ihre nächste Wiederverkörperung bessere Bedingungen zu schaffen. Geben Sie sich Mühe, anderen zu helfen und Glück in ihr Leben zu bringen. Wenn Sie dann nach Ihrem Tode wiedergeboren werden, wird sich Ihr kummervolles Alter in eine Jugend von großem Glück verwandeln!»

Frau Fang hatte ihren Worten andächtig und schweigend zugehört.

«Wenn Sie so sprechen, ehrwürdige Mutter, dann, meine ich, müssen selbst die Sterne sich vor Ihnen verneigen», seufzte sie. «Ihre Worte von Gold und Jade schicken Strahlen nach allen Seiten, wie sollte ich mich da nicht vor Ihrer Weisheit beugen! Gewiß wäre es für mich das beste, der Welt zu entsagen und in das Kloster einzutreten, doch bin ich schon alt und ich besitze auch kein Geld, um hier bleiben zu können.»

«Aber wer will denn Geld von Ihnen?» rief die Äbtissin. «Sie brauchen sich auch nicht das Haar schneiden zu lassen. Doch lassen wir dies einstweilen und sprechen wir später weiter davon. Vorläufig müssen Sie einmal etwas Essen zu sich nehmen. Ich verlasse Sie jetzt, ich habe noch verschiedenes zu tun! Helfen Sie den Nonnen bei ihrer Arbeit und versenken Sie sich in Ihrer freien Zeit in Gebete zu Buddha. Bemühen Sie sich, den Weg zu gehen, den ich Ihnen gewiesen habe.»

«Wenn Sie wirklich die große Güte haben wollen, mich hierbleiben zu lassen, wird meine Dankbarkeit keine Grenzen kennen», sagte Frau Fang. «Seien Sie versichert, ehrwürdige Mutter, daß ich mir alle Mühe geben werde, Sie zufriedenzustellen!»

«Gut», erklärte die Äbtissin. «Kommen Sie also herein in das Innere des Hauses.»

Frau Fang folgte ihr, und nachdem sie ein Nachtmahl zu sich genommen und sich gewaschen hatte, stellte sie sich zu den Nonnen, die gerade daran gingen, ihre Nachtgebete abzuhalten. Wie spät mochte es wohl sein? In der Stille hörte sie plötzlich vom Wachtturm die erste Stunde schlagen. Die Nonnen verbeugten sich tief vor der Buddhastatue, die vom Scheine der Lampe erleuchtet war. Dann begannen sie Sutren vor sich hin zu sagen. Es folgte eine kleine Predigt, die von einer der älteren Nonnen abgehalten wurde. Frau Fangs Herz war bewegt von tausend Dankesgefühlen.

«Wo soll die alte Frau heute nacht schlafen?» erkundigte sich eine Novizin, als die Predigt beendet war.

«Sie kann das Bett der Aufwartefrau benützen», erwiderte die Äbtissin.

«Das geht nicht!» rief eine junge Nonne. «Die Aufwartefrau hat immer so großen Wert auf Reinlichkeit gelegt! Die alte Frau ist aber schmutzig!»

«Ob sauber oder schmutzig, geht dich nichts an!» erklärte die Äbtissin.

«Warum geht mich das nichts an?» murrte die Nonne. Sie ging ärgerlich zu Frau Fang und sagte: «Also kommen Sie, Mütterchen!»

«Danke, danke», sagte Frau Fang.

«Geben Sie acht auf die Kerze!» ermahnte sie die Äbtissin.

«Gewiß, gewiß», versicherte Frau Fang und ging in das ihr angewiesene Zimmer. Es war ein sehr schäbiger Raum, dessen Modergeruch ihr gleich unangenehm in die Nase stieg. Als sie sich auf den Rand des Holzbettes niedersetzte, wurde vom Turme gerade die zweite Stunde geschlagen. Sie hörte die Regentropfen auf die Bäume plätschern, tropf, tropf, tropf, klang es immer wieder an ihr Ohr. Das Zimmer war durch das Licht einer draußen brennenden grünen Lampe etwas erleuchtet. «Was wird aus mir werden?» fragte sich Frau Fang. «Werde ich bis an das Ende meiner Tage hier im Kloster bleiben?» Ihre Glieder waren steif wie Holz und das Kreuz schmerzte sie sehr. Sie dachte an das viele Leid, das sie seit einem halben Jahre erduldet hatte. «Wenn ich nur schlafen könnte!» seufzte sie. «Es ist schon tiefe Nacht.» Unruhig wälzte sie sich auf ihrem Lager hin und her und vermochte nicht die traurigen Gedanken loszuwerden. Die dritte Morgenstunde wurde geschlagen und sie hatte noch immer kein Auge zugemacht. Warum war alle Verbindung zu ihrem Sohne abgebrochen, warum erschien er ihr nicht einmal im Traume? Als die vierte Morgenstunde geschlagen wurde, schwärmten plötzlich unzählige Glühwürmchen in das Zimmer herein. Ab und zu hörte sie an den Wänden Mäuse knabbern. Sie fühlte sich elend, und ihr Körper brannte wie Feuer. Weshalb mochte der Räuber auf der Richtstätte immerfort gerufen haben, man tue ihm Unrecht, er habe den Fremden nicht ermordet? Wozu diese Beteuerungen, da er doch wußte, daß er sterben mußte? Mehr Unheil, als den Tod zu erleiden, konnte ihm doch gar nicht widerfahren! Er mußte einen anderen Grund gehabt haben, aber der war natürlich schwer zu verstehen. Unter ihren tausend Gedanken und zehntausend Überlegungen war nun auch schon die fünfte Stunde angebrochen und sie hatte noch keinen Schlaf gefunden. Noch immer wollten ihre Tränen nicht versiegen, unaufhörlich fielen sie über ihre Wangen hernieder. Die Vögel begannen schon auf den Ästen zu singen, und aus der Ferne klang der Ton einer Glocke herüber. Der Mond versank, die Nacht ging ihrem Ende zu und der Morgen brach an.

Frau Fang stand auf und machte sich gleich daran, den Saal auszukehren. Die Nonnen schienen sehr erfreut zu sein, sie so fleißig zu sehen. Auf Befehl der Äbtissin brachten sie ihr etwas Wäsche und einige Kleidungsstücke.

«Mütterchen!» sagte die Äbtissin zu ihr, «da Sie jetzt hier bei uns wohnen, will ich Sie ein wenig mit den Angelegenheiten dieses Klosters vertraut machen. Hören Sie also! Dieses Kloster hier wird das Kloster zu den weißen Lotusblüten genannt. Ich, die Äbtissin, stehe jetzt in meinem vierundfünfzigsten Lebensjahre. Mein Name ist Tsching Fang. Diese Nonne hier», sie wies auf eine der Nonnen, «ist meine erste Assistentin, sie ist zweiunddreißig Jahre alt, und ihr Klostername ist Shou Sheng. Diese hier ist meine zweite Assistentin, ihr wurde der Name Pao Sheng verliehen und sie ist jetzt fünfundzwanzig Jahre alt geworden. Die zwei Nonnen, die neben ihr stehen, sind zwei Novizinnen. Außer diesen leben noch einige Nonnen hier und eine Aufwartefrau, die aber der Erkrankung ihres Sohnes wegen nach Hause gehen mußte. Es ist noch ungewiß, wann sie wieder da sein wird. Weiters möchte ich Ihnen noch mitteilen, daß übermorgen, am neunzehnten, das Fräulein Tschen, die Tochter unseres Protektors, hierherkommen wird, um eine Andacht abzuhalten und Weihrauch abzubrennen. Da unsere Aufwartefrau vermutlich noch nicht zurück sein wird, möchte ich, daß Sie an ihrer Stelle die junge Dame bedienen. Wenn Sie aufmerksam und höflich sind, wird Ihnen das Fräulein sicher etwas Geld zustecken. Sie müssen sich in ihrer Gegenwart aber sehr zusammennehmen und dürfen sich in keiner Weise unmanierlich benehmen.»

«Gewiß nicht!» versicherte Frau Fang.

«Ist die Tochter des Herrn Tschen wieder ganz gesund geworden, ehrwürdige Mutter?» fragte die Nonne Pao Sheng.

«Sie fühlt sich recht wohl, ist aber noch nicht ganz wiederhergestellt», antwortete die Äbtissin.

«Sie scheint ja sehr schwer krank gewesen zu sein», bemerkte Pao Sheng. «Man sagt sogar, sie sei an einem Tage zwei Mal nahe dem Tode gewesen.»

«Ja, das ist leider wahr», bestätigte die Äbtissin.

«Ist es richtig, daß die Mutter des Fräuleins eine geborene Fang ist?» fragte Pao Sheng weiter. «Sie soll ja die Ursache der Erkrankung des Fräuleins gewesen sein. Wird sie ihre Tochter übermorgen hierher begleiten?»

«Was fällt dir ein!» rief die Äbtissin. «Mutter und Tochter haben sich doch ganz entzweit!»

Frau Fang, die das Gespräch mitangehört hatte, meinte anfangs, es gehe sie nichts an. Als sie dann aber die Nonne Pao Sheng sagen hörte, die Mutter des Fräuleins Tschen sei eine geborene Fang, und die Äbtissin erwähnte, Mutter und Tochter hätten sich entzweit, wurde sie von starker Unruhe und Neugierde erfaßt.

«Was hat der Vater dieses Fräuleins Tschen für einen Beruf?» erkundigte sie sich bei der Äbtissin.

«Der Vater des Fräuleins war früher Generalzensor, hat sich aber jetzt ins Privatleben zurückgezogen», berichtete diese. «Sein Vorname ist Pei Te. Seine Frau stammt aus Ho Nan und war die Tochter eines hohen Beamten. Sie hat ihrem Gatten bloß dieses eine Kind geboren, eine Tochter, deren Name Kleinod ist.»

«Ach so!» sagte Frau Fang. «Und darf ich mir erlauben zu fragen, weshalb sich die junge Dame mit ihrer Mutter so stark zerstritten hat, daß sie schwer erkrankt ist?»

«Das ist eine lange, verwickelte Geschichte,» gab ihr die Äbtissin zur Antwort. «Ich habe keine Zeit, sie Ihnen ausführlich zu erzählen!»

Sie berichtete nur in kurzen Worten, wie der junge Fang seine Tante besucht hatte, Kleinod ihm eine Juwelenpagode zugesteckt hatte, und ihr Vater sie dem jungen Manne anverlobt hatte. Dieser sei dann leider auf der Heimreise von einem Räuber überfallen worden. Man habe anfangs auch angenommen, daß er von ihm ermordet worden sei, doch Herr Tschen habe seinen alten Diener nach Ho Nan geschickt, um Erkundigungen einzuziehen, und dieser sei mit einem sehr beruhigenden Brief des jungen Fang zurückgekehrt. Der Gesundheitszustand des Fräuleins Kleinod habe sich darauf sehr rasch gebessert, und nun sei sie schon nahezu wieder ganz gesund.

Frau Fang war starr. Ganz benommen von dem Gehörten ging sie in ihr Zimmer zurück und setzte sich auf das Bett.

Was konnte dies nur bedeuten? Die Sache war doch vollkommen unerklärlich!

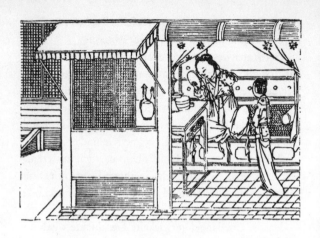

XIV. KAPITEL

*Im Kloster zu den weißen Lotusblüten wird eine
Andacht abgehalten*

«Das ist doch höchst merkwürdig!» sagte sich Frau Fang immer wieder. «Was die Äbtissin gesagt hat, deckt sich mit dem Gespräch, das ich gestern gehört habe. Was aber kann das nur heißen, daß Wang Pen aus Ho Nan gute Nachrichten mitgebracht haben soll? Solange ich noch im Hause war, hat mich niemand aufgesucht, und selbst wenn Wang Pen gekommen wäre, als ich mich schon auf der Reise befand, muß mein armer Sohn schon nicht mehr am Leben gewesen sein. Wie hätte er also einen beruhigenden Brief schreiben können?» Sie war ganz verwirrt über das Gehörte. «Ich fürchte, Wang Pen wird Kleinod hierherbegleiten!» ging es ihr durch den Kopf. «Es wäre mir entsetzlich peinlich, unserem früheren Diener in dem häßlichen Zustand, in dem ich bin, gegenüberzutreten! Ich muß mich verstecken, wenn sie kommen! Doch wozu rege ich mich auf? Ich kann mich ja stumm stellen oder taub!» Der angesagte Besuch Kleinods machte ihr aber doch große Sorgen, und Tag und Nacht wartete sie voll Bangen, wie die Sache ausgehen werde.

Nachdem Kleinod am Tage der Andachtsfeier schon früh aufgestanden war und sich gewaschen und frisiert hatte, bereitete sie das Kloster-Geld und die duftenden Kerzen vor. Die Kammerfrauen und Zofen waren eifrig damit beschäftigt, Puder und Schminke vorzubereiten, Blumen abzuschneiden, Sträuße zu binden und die Kleider für Kleinod herauszulegen. Buntapfel war noch nicht wiederhergestellt und konnte Kleinod nicht begleiten. Auch Wang Pen konnte nicht mit ihr zum Kloster fahren, da er eine wichtige Angelegenheit außerhalb der Stadt zu erledigen hatte.

Als alles vorbereitet war, begab sich Kleinod in das Bibliothekszimmer, um sich von ihrem Vater zu verabschieden.

«Wan fu! Zehntausendfaches Glück, Vater!» begrüßte sie ihn.

«Geh also in das Kloster, Kind, und komm bald zurück!» erwiderte er.

«Ja», sagte Kleinod.

«Habt ihr alles vorbereitet?» wandte sich Herr Tschen an die Zofen.

«Gewiß, es ist alles vorbereitet», antworteten diese.

«Gebt gut acht auf das Fräulein!» trug er ihnen auf.

«Gewiß! Gewiß!» versicherten sie.

«Gestatte, daß ich jetzt gehe, Vater», sagte Kleinod. Sie verbeugte sich tief und ging mit den Zofen in die Vorhalle hinaus.

Kurz darauf hielten die Wagen vor dem Empfangssaal. Kleinod stieg behutsam ein. Vor ihrem Wagen fuhren zwei Wagen mit den Bedienten und hinter ihm vier mit den Kammerfrauen und Zofen.

Die Leute, die den Zug vorbeifahren sahen, blieben alle vor Bewunderung stehen. Die Wagenreihe sah auch wirklich sehr imposant aus.

«Macht Platz! Macht Platz!» riefen die Bedienten, die Leute zur Seite drängend.

Die Nonnen des Klosters zu den weißen Lotusblüten, die gerade auf dem Bergtempel ihre Gebete abhielten, kamen, als sie von weitem die Wagen ankommen sahen, eiligst herbei, um Kleinod willkommen zu heißen.

«Das Fräulein Tschen kommt!» riefen sie in heller Freude.

Die Wagen blieben vor dem Hauptsaal stehen und Kleinod stieg würdevoll aus. Die Nonnen wetteiferten, sie zu begrüßen.

«Oh Fräulein!» riefen sie. «Wie geht es Ihnen?»

«Danke recht gut», erwiderte Kleinod freundlich. «Ich hoffe, auch Sie sind alle wohl!»

«Ist Ihre gnädige Frau Mutter wohlauf?» erkundigten sich die Nonnen.

«Ja, danke», antwortete Kleinod.

«Weshalb sind Sie so spät gekommen? Wir haben von dem Bergtempel aus schon den halben Tag lang nach Ihnen Ausschau gehalten!» fragten die Nonnen. Dann wandten sie sich an die Bedienten und luden sie ein, vor dem Hause Platz zu nehmen.

Die Zofen Kleinods erkundigten sich nun auch bei den Nonnen nach deren Befinden.

«Oh danke, wir sind alle gesund», erwiderten die Nonnen.

«Und wie ist das Befinden der ehrwürdigen Mutter?» fragten sie weiter.

«Danke, sie ist wohlauf», erklärten die Nonnen. «Warum ist die Zofe Buntapfel heute nicht mitgekommen?» fragten sie verwundert.

«Sie ist nicht ganz wohl und konnte das Fräulein deshalb nicht begleiten», erzählten die Zofen.

«Wie schade!» riefen die Nonnen und baten die Zofen, Platz zu nehmen.

«Oh danke, wir brauchen uns nicht zu setzen», sagten sie. Eine von ihnen bat die Nonnen, für sie eine Kerze abzubrennen, was diese ihr auch versprachen.

«Dürfen wir Sie bitten, gnädiges Fräulein, eine Tasse Tee anzunehmen», wandten sich die Nonnen an Kleinod. «Wenn Sie sich ein bißchen ausgeruht haben, können Sie dann die Weihrauchstäbchen anzünden.»

«Das Mütterchen soll gleich den Tee bringen!» befahl die Äbtissin.

«Wo ist denn das Mütterchen auf einmal hin?» riefen die Nonnen, sich vergeblich nach Frau Fang umsehend.

Frau Fang, in der Furcht, Wang Pen werde Kleinod begleiten, hatte es nicht gewagt, sich zu zeigen. Hinter einem Banner versteckt, hatte sie Kleinod aus dem Wagen aussteigen sehen. Was für eine Schönheit war sie geworden! Das Haar umrahmte wie schwarze Wolken ihr Gesicht und lag adrett am Kopfe an. Im Knoten stak eine Rhinozeroshornhaarnadel, die von unschätzbarem Werte war. Auch die mit blaugrüner Jade eingelegten Goldhaarnadeln waren äußerst kostbar. Die zwei Schmetterlinge, die sie angesteckt hatte, waren eine ungemein zarte Künstlerarbeit und wirklich allerliebst anzusehen. Auch die spiralförmigen Agraffen, die das Haar zusammenhielten, waren ein sehr künstlerischer Schmuck.

Ihre Ohrringe waren aus Perlen zusammengesetzt. Die Augenbrauen waren nicht mit Tusche nachgemalt worden, da sie von Natur aus sehr lieblich gewachsen waren. Kleinod hatte auch weder Puder noch Schminke aufgelegt. Ihr Gesichtchen war wohl noch etwas blaß, und man konnte noch die Spuren einer überstandenen Krankheit bemerken. Sie war gekleidet in ein langärmeliges schneeweißes Gaze-Unterkleid mit rotem Futter. Darüber trug sie eine mondfarbene geblumte Jacke, die mit Magnolien und Chrysanthemen bestickt war. Der Rock war hellrot und nach der Yang Kuei Fei Mode sehr weit. Man konnte unter ihren Kleidern die Linien ihrer zarten Glieder erkennen. Ihre winzigkleinen Lotusfüßchen berührten den Boden nur ganz leicht. Es war wirklich ein genußreicher Anblick, sie so ernst, gemessen und elegant daherschreiten zu sehen. Wenn sie lächelte, tat sie dies ganz ohne Koketterie. In der Hand hielt sie einen goldenen Fächer, den sie mit ihren zarten Jadefingern leicht hin und her bewegte. Ihre ganze Erscheinung erweckte den Eindruck der Vornehmheit und Bescheidenheit.

Je länger Frau Fang sie betrachtete, desto mehr schloß sie die Nichte in ihr Herz und desto mehr bemitleidete sie sie.

«In meiner Erinnerung sah ich dich immer noch als Kind vor mir, und inzwischen bist du ein so schönes Mädchen geworden!» seufzte sie. «Obwohl wir so viele Jahre voneinander getrennt waren, kann ich in deinen Zügen doch noch die Merkmale deines Kindergesichtchens wiederfinden. Du aber könntest mich bestimmt nicht mehr erkennen! Ach, wäre ich doch schon immer den Weg Buddhas gegangen! Du, meine Nichte, bist heute der Ehrengast und ich, deine Tante, bin hier die letzte aller Dienerinnen. Deine Zofen sind in Seide und

Gaze gekleidet, während ich rauhes, zerrissenes Tuch trage, und man meine Glieder durch die Löcher meines Kleides durchblicken sehen kann. Du schönes Mädchen in deinen bunten seidenen Kleidern ahnst es nicht, daß du bereits eine junge Witwe bist! Wie kannst du es auch wissen, daß dein Verlobter bei den neun Quellen weilt!»
Vom großen Banner verdeckt, wischte sie sich die Tränen aus den Augen.

Eine der Nonnen hatte sie inzwischen entdeckt und kam böse auf sie zugelaufen.

«Mütterchen!» flüsterte sie ihr aufgeregt zu. «Warum stehen Sie da hinten und weinen? Vorwärts! Alles wartet auf Sie! Bringen Sie endlich den Tee!»

«Gleich! Ich komme schon», antwortete Frau Fang verwirrt.

Was konnte sie anderes tun, als sich fügen und die Teekanne holen? Ihr höchster Wunsch aber wäre es gewesen, sich in eine Erdhöhle verkriechen zu können.

«Früher war ich die Frau eines der höchsten Beamten und jetzt bin ich die Aufwartefrau eines Klosters», seufzte sie. «Heute ist alles umgekehrt wie früher. Nicht die Schwiegertochter bedient die Schwiegermutter, sondern die Schwiegermutter muß die Schwiegertochter bedienen! Wenn ich dies bedenke, steigt mir die Schamröte ins Gesicht.»

Sie beeilte sich, den Befehl auszuführen, brachte aber bloß die Teekanne und keine Tassen.

Die Nonnen waren empört.

«He! Mütterchen!» fuhren sie sie wütend an. «Was soll denn das heißen? Sie bringen die Teekanne ohne Tassen! Stehen Sie nicht so dumm da! Vorwärts! Holen Sie endlich alles!»

Nachdem die Äbtissin den Tee zubereitet hatte, goß sie Kleinod vorsichtig eine Tasse ein und reichte sie ihr.

«Bitte, bedienen Sie sich, gnädiges Fräulein», sagte sie.

«Nach Ihnen, ehrwürdige Mutter!» erwiderte Kleinod. Sie nahm ein wenig Tee zu sich und befahl dann einer ihrer Zofen, die mitgenommene kleine Kassette zu holen. Als die Zofe sie gebracht hatte, öffnete sie diese und zog einen Barren Gold heraus.

«Ich bitte Sie, ehrwürdige Mutter, diese ärmliche Gabe gütigst von mir annehmen zu wollen», sagte sie, der Äbtissin das Gold überreichend.

«Ach gnädiges Fräulein, uns Nonnen ist es ja nicht erlaubt, dies anzunehmen.»

«Dann darf ich Sie aber bitten, für dies Gold für mich in der Wolkenhalle einige duftende Kerzen abzubrennen?» sagte Kleinod. «Ich hoffe, Sie werden mir diese Bitte nicht abschlagen, ich müßte sonst annehmen, daß Sie etwas gegen mich haben!»

«Wenn Sie das glauben könnten, dann wage ich selbstverständlich nicht, Ihr edles Geschenk auszuschlagen», rief die Äbtissin. – «Schnell, Schwestern! Steckt gleich duftende Kerzen an!» befahl sie den Nonnen.

«Bitte, kommen Sie jetzt mit mir, gnädiges Fräulein!» wandte sich die Äbtissin wieder an Kleinod. «Es ist alles bereit für Ihre Andacht.»

Kleinod schritt mit ihren kleinen Lotusfüßchen zum Altar, reinigte ihre Hände und steckte ein Weihrauchstäbchen in den Kessel hinein. Dann kniete sie auf dem Kissen nieder und begann zu beten.

«Für dieses erste Stäbchen hier bitte ich den erhabenen Buddha, meine Eltern vor Unheil zu bewahren und ihnen ein Leben von hundert Jahren zu verleihen. Mit diesem zweiten Stäbchen» – sie steckte ein neues Stäbchen an – «möchte ich Buddha meine Dankbarkeit ausdrücken, daß er mir meine Seelenruhe wiedergegeben hat, und ich von meiner Krankheit genesen konnte.» Sie dachte eine Weile nach und steckte ein drittes Stäbchen in den Kessel. «Für dieses dritte Stäbchen – – –» Sie zögerte ein wenig und wurde verlegen. «Für dieses dritte Stäbchen bitte ich Buddha, er möge Fang Tzu Wen in allen vier Jahreszeiten vor Unglück beschützen, ihn aus allen Gefahren retten und ihn möglichst bald als Tiger aus den Examen hervorgehen lassen. Auch möge er ihm dazu verhelfen, bald vor das Antlitz des Kaisers treten zu können.»

Sie erhob sich, verbeugte sich tief vor dem Altar und folgte den Nonnen in die Wolkenterrasse, um mit ihnen zu plaudern und einen kleinen Rundgang zu machen. Sie sah im Hofe die grünen Tannen und Fichten stehen, und die außerordentlich großen Phönixblumen, die gerade in Blüte waren, erregten ihr helles Entzücken. Auf der einen Seite des Hofes blühten Orchideen und Jasmin. Über die Orchideen hatte man ein Schutzdach aufgerichtet. Vor der Buddhahalle gab es zarte Lotusblüten und Astern. Der feine Rauch der Weihrauchstäbchen, der zum Himmel aufstieg, gab dem Raume eine Atmosphäre der Stille. Zu beiden Seiten des Kessels waren die Fischtrommeln, Gongs und Glocken aufgestellt. Die auf dem Fußboden aufliegenden Kissen aus gelbem Stroh milderten die Strenge des Raumes. Die Kristall-Lampen glitzerten, und das ewige Licht, das über dem Altare hing, verbreitete einen milden, warmen Schein. Auch eine immerwährende Uhr befand sich in dem Raume.

Die Äbtissin ließ es sich nicht nehmen, Kleinod persönlich durch den Garten zu führen. Sie ging mit ihr zum kleinen Flußpavillon, zeigte ihr die künstlich angelegten kleinen Felsen, die ganz mit Moos bewachsen waren, die lange Reihe der Fichten, die wie Soldaten Kopf an Kopf standen, und blieb mit ihr ein wenig auf der kleinen Brücke stehen, von der aus man die Fische, die sich im Wasser tummelten, beobachten konnte. Ein leiser Wind säuselte durch den nahegelegenen Bambushain, und die tiefe Stille wurde nur durch das Gezwitscher der Vögel unterbrochen. Kleinod bewunderte die reizenden Pavillons, die im Parke verstreut standen.

«Ist das hier oben der Turm der tausend Bodhisattvas?» fragte Kleinod, auf einen der Türme weisend.

«Ja, das ist er», erklärte die Äbtissin. Sie zeigte Kleinod noch verschiedene schöne Blumenbeete und bat sie dann, auf einer der Terrassen Platz zu nehmen, die Aufwartefrau werde gleich einige Erfrischungen bringen.

Auf ihren Befehl hatte Frau Fang allerlei Früchte und verschiedene kleine Bäckereien vorgerichtet, und sie ließ ihr nun sagen, sie solle diese bringen.

Es war Frau Fang sehr unangenehm, vor ihrer Nichte erscheinen zu müssen, doch konnte sie nichts anderes tun, als dem Befehle Folge zu leisten. Auf einer großen Schüssel hatte sie gefrorene Pfirsiche, weiße Lotusblütenstengel, Pflaumen in Syrup, zarte Pfirsichbäckerei und verschiedene süße Kuchen hergerichtet und auch eine Kanne mit aus Quellwasser aufgegossenem Orchideentee dazugestellt. Sie brachte sie nun herbei und stellte sie auf den Tisch.

«Bitte, bedienen Sie sich, Fräulein Tschen», sagte die Äbtissin zu Kleinod, ihr das Tablett hinreichend.

Kleinod nahm einige Bissen zu sich und trank dazu ein wenig Tee. Die Nonnen bedienten sie. Statt auch mitzuhelfen, stand Frau Fang regungslos daneben und blickte Kleinod bewundernd an.

«Als du noch ein Kind warst, bist du mir auf dem Schoß gesessen und jetzt bist du so groß und schön geworden», dachte sie. «Den Gesichtsschnitt hast du von deinem Vater, die Augen von der Mutter. Es heißt wirklich mit Recht: Die Züge eines Menschen gehen nicht aus dem Familienkreise hinaus. An dem Ausdruck deiner Augen kann ich es erkennen, daß dich etwas bedrückt. Warum sprichst du dich nicht aus? Ahnst du denn nicht, daß deine Schwiegermutter vor dir steht?» Je länger sie Kleinod betrachtete, desto trauriger wurde sie, und plötzlich liefen ihr die Tränen über die Wangen hinab.

«Benehmen Sie sich nicht so ungezogen!» flüsterte ihr eine Nonne, die dies bemerkt hatte, aufgeregt zu. «Was fällt Ihnen ein, in Gegenwart des Fräuleins zu heulen? Wenn Sie Kummer haben, dann weinen Sie sich an einem anderen Orte aus! Machen Sie, daß Sie fortkommen!»

Frau Fang wurde durch diese Worte noch verwirrter als zuvor. Mit vieler Mühe versuchte sie, ihre Tränen zu verbergen, und eilte davon.

«Seit wann ist diese alte Frau hier?» erkundigte sich Kleinod bei der Äbtissin.

«Erst seit kurzem», erwiderte diese. «Leider hat sie keine Ahnung von guten Manieren. Bitte nehmen Sie ihr ihr schlechtes Benehmen nicht zu übel, gnädiges Fräulein!»

«Selbstverständlich nicht!» rief Kleinod. «Wie ist sie denn hierhergekommen?»

«Als die ehrwürdige Mutter vorgestern aus der Stadt zurückkam, hörte sie plötzlich am Ufer des Flusses ein Schluchzen», berichtete eine der Nonnen. «Sie ging dem Schluchzen nach und erblickte diese alte Frau, die sich gerade in das Wasser stürzen wollte. Die ehrwürdige Mutter zog sie rasch fort und brachte sie hierher ins Kloster.»

«Das war wirklich eine edle Tat!» rief Kleinod.

«Das war es gewiß», sagte die Nonne. «Andererseits aber darf man nicht vergessen, daß wir nur sehr wenig Brennholz haben und der Reis doch auch sehr teuer ist!

Im Sprichwort heißt es so richtig: «Es ist besser, man legt sich ein Tou Reis zu als noch einen Mund!» Bedenken Sie, gnädiges Fräulein, daß so eine Frau doch täglich einige Schalen Reis zu sich nimmt!»

«Aber das ist doch wirklich nicht der Rede wert!» meinte Kleinod.

«Oh doch!» sagte die Nonne. «Für Sie, die Sie aus einem reichen Hause sind, spielt ein Scheit Brennholz oder ein wenig Reis freilich keine Rolle. Unser Kloster ist aber sehr arm, selbst ohne einen solchen Gast wie diese alte Frau müssen wir uns sehr stark einschränken. Das Leben hier ist sehr schwierig. Dazu kommt noch, daß diese alte Frau – wie Sie selbst gesehen haben – zu nichts zu brauchen ist. Sie kann nicht einmal den Boden aufreiben. Wir sind hier doch ein Kloster und keine Versorgungsanstalt!»

«Hat die alte Frau denn keine Verwandten?» fragte Kleinod.

«Das wissen wir nicht», antwortete die Nonne. «Sie kommt aus einer anderen Provinz.»

«Woher ist sie?» erkundigte sich Kleinod.

«Sie kommt von sehr weit her», erzählte die Nonne. «Wir wissen von ihr nur, daß sie Fang heißt und aus Ho Nan stammt.»

«Oh!» rief Kleinod erstaunt. «Sie heißt Fang und ist aus Ho Nan? Bitte, rufen Sie die Frau wieder her! Ich möchte einige Fragen an sie richten.»

Eine Nonne eilte fort, um Frau Fang zu holen.

«Fräulein Tschen möchte mit Ihnen sprechen», sagte sie zu ihr. «Kommen Sie schnell!»

«Ich komme», erwiderte Frau Fang und ging mit ihr zurück.

«Sie haben mich rufen lassen, gnädiges Fräulein», sagte sie zu Kleinod, sichtlich verlegen.

«Warum machen Sie keinen Kotau vor dem gnädigen Fräulein!» fuhr die Nonne sie an. «Was sind denn das für Manieren!»

«Ich bin schon so hoch an Jahren und es fällt mir so schwer mich zu bücken», entschuldigte sich Frau Fang.

«Lassen Sie nur, Mütterchen», rief Kleinod. «Das ist ja gar nicht nötig! Man sagte mir eben, daß Sie aus Ho Nan stammen und daß Ihr Name Fang ist. Warum haben Sie die weite Reise hierher nach Shang Yang gemacht?»

Frau Fang konnte nur schwer ihre Tränen zurückhalten.

«Ich bin hierhergekommen, um meinen Sohn zu suchen», sagte sie zögernd. «Aber obwohl ich in Sturm und Regen alle Berge und Gewässer nach ihm abgesucht habe, war es mir nicht möglich, eine Spur von ihm zu finden. Schließlich war ich weder mehr fähig, weiter zu gehen, noch zurück. In meiner Verzweiflung wollte ich mir das Leben nehmen und mich in den Fluß stürzen. Die ehrwürdige Mutter hat mich aber von diesem Schritt abgehalten und mich hierher ins Kloster gebracht.»

«In welchem Distrikt von Ho Nan leben Sie?» erkundigte sich Kleinod.

«In Kai Feng Fu», erwiderte Frau Fang.

«In welchem Ort?»

«In Jung Yang.»

«Was für einem Jung Yang?»

«In Jung Yang in der Nähe von Hsiang Fu.»

«Oh!» rief Kleinod. «Sie sind aus diesem Jung Yang?»

«Ja.»

«Er heißt auch Fang und ist aus Hsiang Fu», sagte sich Kleinod. «Soviel ich weiß, gehört Jung Yang zu Kai Feng Fu. Die zwei Orte können nicht weit voneinander entfernt sein. Seine Familie war in der ganzen Gegend berühmt, dieses Mütterchen wird vielleicht Näheres über deren Angelegenheiten wissen. Vielleicht hat der Himmel sie eigens hierhergeschickt, damit ich sie ausfragen kann. Aber dies ist nicht der Ort, um mit ihr zu sprechen, ich werde mit ihr einen Platz aufsuchen, wo wir ungestört sind.» –

«Bitte, Mütterchen, kommen Sie mit mir zur Halle des großen Leides», sagte sie zu Frau Fang. «Ihr Zofen könnt inzwischen hier bleiben, Ihr braucht mich nicht zu begleiten!»

Kleinod ging mit Frau Fang weiter zur Halle des großen Leides. Unterwegs kam ihnen schon der Duft des Sandelholzweihrauchs entgegen. In einer Nische befand sich eine tausendarmige Kuan Yin-Figur, oberhalb welcher eine Lampe aus durchsichtigem Porzellan hing. Vor dem Fenster stand ein Tischchen, auf dem eine gelbgebundene Subskriptions-Liste lag. Neben ihr befand sich noch eine zweite, rote Liste. An der Wand hing eine Tafel mit den Zeichen «Almosen für Lampen-Öl». Kleinod schenkte den Einzelheiten des Raumes keine Beachtung, sondern ging zum Fenster und setzte sich dort, an die Balustrade gelehnt, nieder. Frau Fang blieb neben ihr stehen.

«Wie viele Kinder haben Sie, Mütterchen?» begann Kleinod das Gespräch.

«Ach, Fräulein, ich habe nur einen einzigen Sohn», antwortete Frau Fang.

«Ihr Gatte?»

«Mein Gatte ist früh gestorben, ich bin schon seit vielen Jahren Witwe.»

«Was haben Sie für eine Beschäftigung?»

«Wir treiben Handel.»

«Wie ist der Vorname Ihres Sohnes?»

«Er heißt Sung... Kuo...», antwortete Frau Fang zögernd.

«Er ist also Kaufmann und heißt Sung Kuo», sagte Kleinod. «Wie lautet der Name Ihres Geschäftes?»

«Es hat keinen besonderen Namen», erwiderte Frau Fang. «Wir sind arm und befinden uns in einer sehr bedrängten Lage, früher aber ist es uns sehr gut gegangen. Unsere Familie war ursprünglich eine Gelehrtenfamilie.»

«Und was hat Sie veranlaßt, nach Shang Yang zu kommen?»

«Ich wollte meinen Sohn suchen.»

«Und Sie sind allein bis hierher gegangen?» fragte Kleinod. «Wie war es Ihnen nur möglich, eine so weite Reise durchzuhalten? Sie, eine alleinstehende, alte Frau!»

«Die Reise war sehr beschwerlich», gab Frau Fang zu. «Als ich die halbe Strecke zurückgelegt hatte, erkrankte ich und geriet in große Geldschwierigkeiten, denn alles, was ich hatte, war bald aufgebraucht. Ich mußte schließlich an den Straßenecken betteln, um bis hierher gelangen zu können.»

«Sie sind, wie es scheint, die Gattin eines angesehenen Mannes gewesen und jetzt in große Armut geraten», bemerkte Kleinod. «Das ist wirklich tief bedauernswert. – Sagen Sie mir, bitte, wie weit ist Ihr Heimatort von Hsiang Fu entfernt?»

«Hsiang Fu ist unser Nachbarort, er ist von meinem Heimatort kaum hundert Li weit entfernt», erwiderte Frau Fang.

«Hören Sie, Mütterchen!» fuhr Kleinod fort. «Der Zufall will es, daß ich Verwandte habe, die in Hsiang Fu in Ho Nan leben.»

«Wer sind Ihre Verwandten?» fragte Frau Fang.

«Es ist die Familie meiner Großeltern von der mütterlichen Seite», sagte Kleinod. «Sie heißt so wie Sie:

Fang. Mein Großvater hieß Fang Tien Chüeh, mein Onkel Fang Ching Hua. Er hatte einen hohen Posten im Ministerium.»

«Diese Familie ist auch mit der Familie meines verstorbenen Gatten verwandt», erklärte Frau Fang mit zitternder Stimme. «In Kai Feng Fu gibt es keine andere Familie namens Fang.»

«Oh Mütterchen! Ist das so?» rief Kleinod. «Meine Mutter hat mir nie davon gesagt, daß in Jung Yang noch Verwandte von uns leben!»

«Ach, gnädiges Fräulein!» sagte Frau Fang. «Wie sollte Ihre Mutter die verarmten Mitglieder der Familie kennen!»

Kleinod war sehr nachdenklich geworden.

«Was Sie da sagen, Mütterchen, ist alles sehr merkwürdig», erklärte sie. «Wenn Sie mit der Familie Fang in Hsiang Fu verwandt sind, dann werden Sie gewiß auch über deren Familienangelegenheiten unterrichtet sein?»

«Freilich, Fräulein!» antwortete Frau Fang. «Ihre Tante war die Gattin des Herrn Fang Ching Hua. Ihr Großvater Fang Tien Chüeh ist so wie er durch den Verräter Lo Tung um alles gebracht worden. Vater und Sohn wurden ermordet. Ihre Tante stammt aus der Familie Yang. Sie hat nur einen einzigen Sohn.» Ihr Schicksal ist ein sehr trauriges. Sie haust mit ihm in einer Hütte auf dem Friedhofsgelände.»

«Ihre Angaben sind in allen Punkten richtig!» rief Kleinod erstaunt. «In welcher verwandtschaftlichen Beziehung stehen Sie zu meiner Tante, daß Sie alles so genau wissen?»

«Mein Gatte und Ihr Onkel sind einander nahe gestanden wie Brüder. Daß sie von uns nie etwas gehört haben, kommt bloß daher, daß Sie schon seit so langer Zeit weit entfernt von uns leben», erklärte Frau Fang.

Kleinod war, als sie dies hörte, so erschrocken, daß sie wie erstarrt sitzen blieb und kein Wort zu sagen vermochte. Dann aber erhob sie sich schnell.

«Dann sind Sie also eine nahe Verwandte von mir, Mütterchen, und ich darf ‹Tante› zu Ihnen sagen!» rief sie aus. «Tante», wiederholte sie.

«Nein, nein!» wehrte Frau Fang ab. «Ich, die gänzlich Verarmte, und Sie, das reiche Mädchen, das sind Abgründe, die zu tief sind, um sie überschreiten zu können. Ich kann es unmöglich wagen, eine so vornehme Dame wie Sie als Verwandte anzusehen!»

«Wie können Sie das sagen!» antwortete Kleinod. «Für verwandtschaftliche Gefühle ist es doch einerlei, ob einer reich ist oder arm. Bitte, lassen Sie die konventionellen Worte und weisen Sie mich nicht zurück! Darf ich Sie fragen, wie es meiner Tante Fang geht? Und wissen Sie, ob mein Vetter fleißig studiert?»

«Ach Fräulein!» rief Frau Fang. «Soviel ich gehört habe, ist Ihr Vetter vergangenes Jahr zu seinen Verwandten gereist, es ist mir aber nicht bekannt, was seither aus ihm geworden ist.»

«Erlauben Sie mir, ganz offen zu Ihnen zu sein», bat Kleinod. «Mein Vetter ist im vergangenen Jahr zu uns gekommen. Da meine Mutter sehr verletzende Worte zu ihm gesagt hatte, ist er in Zorn geraten und gleich wieder fortgegangen. Eine Zofe hat mir davon Mitteilung gemacht, und da ich es sehr bedauert habe, daß er von meiner Mutter so schlecht behandelt worden ist, habe ich ihr befohlen, ihm nachzueilen und zu versuchen, ihn zum Bleiben zu bewegen. Weil ihr Zureden vergebens war, hat sie ihm heimlich in sein Reisebündel eine kleine Juwelenpagode hineingesteckt. Mein Vater, der erst nachträglich vom Verhalten meiner Mutter erfahren hatte, war sehr entrüstet, daß der junge Mann so schmählich empfangen wurde. Er ist ihm nachgeritten und es ist ihm gelungen, ihn einzuholen und mit ihm zu sprechen. Entzückt über die vornehme Haltung, die der Vetter bewies, hat mein Vater mich ihm vor dem Tempel der neun Fichten zur Gattin versprochen. Unglückseligerweise ist mein Vetter auf der Heimreise in Huang Dschou überfallen und ausgeraubt worden.» Kleinod berichtete dann ausführlich, wie die kleine Pagode lange Zeit darauf in die Hände ihres Vaters gelangt war, sie erzählte von ihrer schweren Erkrankung und davon, daß ihr Vater einen Diener nach Ho Nan geschickt hatte, um Erkundigungen einzuziehen, und dieser mit guten Nachrichten zurückgekommen sei.

«Und fühlen Sie sich jetzt wieder ganz wohl, gnädiges Fräulein?» fragte Frau Fang.

«An dem Tage, als unser Diener Wang Pen zurückkam, war ich dem Sterben nahe, und niemand glaubte mehr, daß ich mich je wieder erholen werde. Als mir mein Vater aber dann den Brief meines Vetters vorlas, bin ich sehr schnell wieder gesund geworden», sagte Kleinod lächelnd.

«Was hat Ihr Vetter geschrieben?» wollte Frau Fang wissen.

«Oh, das kann ich Ihnen Wort für Wort sagen!» rief Kleinod. «Als mein Vater mir die Zeilen vorlas, haben sie sich mir tief ins Herz eingeprägt.» Sie wiederholte Frau Fang den Wortlaut des Briefes.

«Mein Schwager wird diesen Brief selbst geschrieben haben, um Kleinod zu trösten», sagte sich Frau Fang. «Ich werde mich natürlich so stellen, als glaubte ich an diesen Brief. Wozu sollte ich ihr die Hoffnung rauben und ihr Leben zerstören? Im übrigen habe ich jetzt gesehen, was für ein tugendhaftes und kluges Mädchen Kleinod geworden ist, es hat keinen Sinn, sie im unklaren über mich zu lassen! Ich werde ihr die volle Wahrheit sagen!»

«Fräulein!» begann sie. «Sie haben mir Ihr volles Vertrauen geschenkt und zu mir aufrichtig über Ihre Herzensangelegenheiten gesprochen. Ich will Ihnen jetzt auch die volle Wahrheit sagen. Ihr Vater und auch Sie haben sich dem jungen Herrn Fang gegenüber sehr gütig und großzügig erwiesen. Wissen Sie aber auch, daß die Familie Fang sehr gütig und großzügig zu Ihrem Vater war, als er nach Ho Nan kam? Ihre Tante ist zu Ihrer Mutter immer sehr liebevoll gewesen. Da Ihre Mutter etwas schwächlich war, hat sich Ihre Tante alle Mühe gegeben, sie zu pflegen, und sie hat es sich auch nicht nehmen lassen, selbst alle Vorbereitungen für die Hochzeit zu treffen. Sie hat dem jungen Paare eine Unzahl von Einrichtungsgegenständen und Schmuckstücken zum Geschenke gemacht. Oh Fräulein! Ich kann mich genau an alles erinnern! Als Sie damals als Kind bei Ihrer Tante wohnten, da hatten Sie auf Ihrer Brust ein kleines Mal, kaum größer als eine kleine Perle. Sie waren erst vier Jahre alt, als Sie mit den Eltern nach Shang Yang übersiedelten. Ihr Geburtstag fällt um die Mitte des Herbstes und Sie sind im Jahre Hsin-Wei geboren, das, wie ich fürchte, dem Tierkreiszeichen Schaf angehört.»

Kleinod blickte sie fassungslos vor Staunen an.

«Wer sind Sie?» rief sie aufgeregt. «Wie können Sie von allen diesen Einzelheiten wissen?»

«Sie fragen mich, wer ich bin?...», erwiderte Frau Fang. «Ich will es Ihnen ehrlich sagen und nicht länger den Kopf verstecken und nur den Leib sehen lassen. Sie fragen mich, wer ich bin?... Ich bin... Ich bin... die Schwiegertochter Ihres Großvaters... ich bin Ihre Tante... die Mutter Ihres Vetters Fang Tzu Wen!»

Kleinod war so erschüttert über dieses Geständnis, daß sie kein Wort aus der Kehle zu bringen vermochte.

Am ganzen Körper zitternd, blickte sie die alte Frau, die vor ihr stand, an. Ihr war, als hätte man ihr Herz mit zehntausend Pfeilen durchbohrt. Ihre Brust war erfüllt von Mitleid.

«Wenn meine Tante so heruntergekommen aussieht, da muß die Armut in ihrem Hause allerdings unfaßbar arg gewesen sein», sagte sie sich.

«Aber Tante!» rief sie. «Du hast mir doch gesagt, daß du nach Shang Yang gegangen bist, um deinen Sohn zu suchen! Ja, ist er denn vergangenes Jahr nicht nach Hause gekommen?»

«Oh doch!» sagte Frau Fang. «Er ist in der Mitte des letzten Monats nach Hause gekommen.»

«Aber weshalb suchst du ihn dann hier in Shang Yang?»

«Das hat bestimmte Gründe.»

«Was für Gründe?»

«Höre mich an, Nichte!» sagte Frau Fang. «Mein Sohn hat mir, als er heimkam, erzählt, seine Tante habe ihn sehr lieblos behandelt, sein Onkel und seine Kusine aber seien voll Güte zu ihm gewesen, die Kusine habe ihm eine kleine Juwelenpagode geschenkt und der Onkel habe ihn zu seinem Schwiegersohn ausersehen. Auf der Heimreise sei er von einem Räuber überfallen worden, und dieser habe ihm sein Reisebündel gestohlen. Er selbst sei in den Schnee gefallen, dann aber von einem Landsmann gerettet worden. Dieser Bekannte habe ihm dann auch die Weiterreise ermöglicht. Heuer im Frühling kam euer Diener Wang Pen, und von ihm erfuhren wir, daß der Räuber verhaftet wurde und die Pagode wieder in euren Besitz gelangt ist. Wang Pen hat sich uns gegenüber äußerst mitfühlend benommen. Wir waren voll Freude, als er uns das Geldgeschenk deines Vaters überreichte. Ich habe meinem Sohne wiederholt zugeredet, nach Shang Yang zu reisen und sich dafür zu bedanken, er aber ist ein so stolzer Mensch, daß alle meine Worte vergebens waren. Er antwortete mir stets, wenn er nach Shang Yang ginge, könnte man sagen, er sei über seine Vorsätze nicht hinausgekommen, er nehme weiter Wohltaten an, ohne sich ihrer würdig zu zeigen. Er wolle nicht ein zweites Mal eine so verächtliche Behandlung von seiner Tante erfahren. Erst wenn er die Prüfungen bestanden und sich einen Namen gemacht habe, könne er daran denken, nach Shang Yang zu gehen.»

«Er wird also nach Shang Yang kommen?» rief Kleinod.

«Freilich!» erwiderte Frau Fang.

«Leider ist er bisher nicht eingetroffen», sagte Kleinod. «Aber du, Tante, weshalb bist du hierhergekommen?»

«Ein Unglücksfall hat mich dazu gebracht», antwortete Frau Fang. «Als Tzu Wen fortreiste, um die Prüfungen abzulegen, brach auf dem Friedhofsgelände ein Feuer aus und mein Haus wurde vollkommen eingeäschert. Ich entschloß mich daher, nach Shang Yang zu gehen, um meinen Sohn zu suchen. Ach, diese Reise war wirklich sehr beschwerlich!»

«Ja, aber warum bist du nicht zu uns gekommen, Tante?» fragte Kleinod.

«Deine Mutter ist hochmütig und hart», erklärte Frau Fang. «Wie hätte ich, eine Frau, die vollkommen heruntergekommen aussieht, deiner Mutter unter die Augen treten können? Ich, eine Bettlerin! Ich bin nur recht besorgt, daß mein Sohn noch nicht hier eingetroffen ist. Was kann dies nur zu bedeuten haben? Er wird doch nicht neuerlich in Gefahr geraten sein?»... Unwillkürlich liefen ihr Tränen über die Wangen herab.

Kleinod versuchte, sie nach besten Kräften zu beruhigen.

«Ängstige dich nicht, Tante, und mache dir keine unnötigen Sorgen. Mein Vetter wird bestimmt erst kommen, wenn er sich einen Namen gemacht hat. Ein so stolzer, junger Mann wie er mag sich keine höhnischen Bemerkungen gefallen lassen. Er ist fortgezogen mit den Wolken, die zehntausend Meilen weit fliegen, und wird geblieben sein, wo der Wind ihn hingeweht hat. Schon die Alten sagten: Ein Jüngling, der nach den vier Weltrichtungen strebt, wird sich sicherlich eines Tages einen großen Namen machen. Deine Sorgen sind bestimmt unbegründet, Tante! Du solltest jetzt an deine Gesundheit denken und in erster Linie für dich selbst sorgen. Meinst du nicht auch, daß unser heutiges Zusammentreffen hier im Kloster nur dem Eingreifen des Himmels zuzuschreiben ist? Erlaube mir, mich jetzt von dir zu verabschieden und nach Hause zu fahren. Wenn ich meinem Vater berichte, daß du hier im Kloster bist, wird er dich bestimmt gleich holen lassen, und du mußt bei uns im Hause bleiben!»

«Nein, nur das nicht!» rief Frau Fang erschrocken. «Wenn dein Vater mich holen läßt, nehme ich mir das Leben!»

«Weshalb weigerst du dich so hartnäckig, zu uns zu kommen, Tante?»

«Wenn ich zu euch hätte kommen wollen, dann wäre ich schon vor zwei Tagen gekommen.»

«Ich will dich nicht drängen, wenn du auf deinem Willen bestehst», erklärte Kleinod. «Erlaube mir aber, den Nonnen den Auftrag zu geben, dich gut zu betreuen. Da ist aber noch eine andere Sache, die mir sehr am Herzen liegt und die ich mit dir besprechen möchte.»

«Was ist dies für eine Sache?» fragte Frau Fang.

«Als ich heute mit den Bedienten und den Zofen hierherkam, ahnte ich nicht, daß ich mit dir hier zusammentreffen werde. Ich möchte es vermeiden, daß die Bedienten und Zofen etwas davon erfahren. Sie können den Mund nicht halten, und wenn meine Mutter hört, daß ich hier mit dir gesprochen habe, könnte dies zu großen Komplikationen führen. Meinst du nicht auch, daß es besser ist, wenn wir uns in Gegenwart der Zofen nichts anmerken lassen? Du mußt mir also verzeihen, wenn ich mich in der nächsten Zeit nicht persönlich nach deinem Befinden erkundige.»

«Ich bin ganz deiner Ansicht», stimmte ihr Frau Fang bei.

«Dann werde ich in Zukunft meine Zofe Buntapfel hierherschicken», sagte Kleinod. «Sie ist ein äußerst treues und kluges Mädchen, auf das ich mich unbedingt verlassen kann. Du kannst mit ihr vollkommen offen über alles sprechen.»

«Das ist sehr gut», rief Frau Fang erfreut.

«Sobald es angeht, wird auch Wang Pen kommen», setzte Kleinod hinzu. «Bitte, Tante, gib gut acht auf dich und sorge dich nicht zu sehr! Erlaube mir, mich jetzt zu entfernen!» Sie verbeugte sich tief vor Frau Fang und ging in den Saal zurück, um ihre Zofen zu rufen.

«Seht zu, daß die Wagen sofort kommen», befahl sie ihnen. «Ich möchte nach Hause fahren!»

Die Zofen beeilten sich, die Bedienten um die Wagen zu schicken.

«Was höre ich da, gnädiges Fräulein, Sie wollen uns schon verlassen?» rief die Äbtissin enttäuscht. «Das Essen ist schon vorbereitet!»

«Ich bedaure es unendlich, aber ich muß schon gehen, ehrwürdige Mutter», sagte Kleinod. «Haben Sie Dank für Ihre große Mühe!»

«Aber warum wollen Sie denn schon nach Hause fahren, gnädiges Fräulein?» mischte sich nun auch die Nonne Pao Sheng ein. «Bitte bleiben Sie doch noch ein wenig hier! Sie werden doch nicht ernstlich schon die Wagen holen lassen?»

«Nein, nein! Die Wagen müssen sofort geholt werden!» rief Kleinod irritiert.

Die Nonnen sahen einander erstaunt an und zerbrachen sich den Kopf, was denn dieser plötzliche Aufbruch zu bedeuten habe. Weshalb war wohl das Fräulein mit der alten Frau allein in die Halle des großen Leides gegangen? Und warum wollte sie nun so rasch nach Hause zurück?

XV. KAPITEL

Ein eigenartiges Zusammentreffen im Kloster

Die Nonnen tuschelten lange miteinander und vermochten es sich nicht zu erklären, was Fräulein Tschen bewogen haben konnte, so plötzlich aufzubrechen.

«Vielleicht hat sich die alte Frau schlecht benommen oder vielleicht hat sie etwas Unhöfliches zu ihr gesagt», meinte die eine.

«Natürlich! Das wird es sein!» pflichtete eine andere ihr bei. «In der Halle des großen Leides haben die beiden ein sehr langes Gespräch miteinander geführt. Zuerst wollten wir uns hinter der Wand verstecken, um zu horchen, dann aber bekamen wir Angst, das Fräulein könnte uns entdecken.»

«Ich glaube auch, daß der plötzliche Aufbruch des Fräuleins mit diesem Gespräch zusammenhängt», meinte nun auch eine dritte.

Während sich die Nonnen weiter ihre Vermutungen mitteilten, war Kleinod bereits in ihren Wagen gestiegen. Alles geschah wirklich in auffallender Hast und Aufregung. Auch die Kammerfrauen und Zofen konnten es nicht begreifen, warum Fräulein Tschen es plötzlich so eilig hatte, nach Hause zu kommen.

«Ich wäre Ihnen sehr verbunden, ehrwürdige Mutter, wenn Sie mich gleich aufsuchen könnten», sagte Kleinod zur Äbtissin beim Abschied vor dem Tore. Sie war ganz aufgewühlt von dem soeben Gehörten und hatte nur den einen Wunsch, so rasch wie möglich nach Hause zu kommen! Auf ihren Befehl mußte der Kutscher die Pferde zu höchster Eile antreiben, und die Wagen sausten jetzt wie der Wind durch die Straßen. Als sie in der Stadt eintrafen, war es erst Mittag geworden.

Kleinod stieg vor der Empfangshalle aus und begab sich sofort zu ihrem Vater in das Bibliothekszimmer.
«Wie? Du bist schon zurück?» fragte Herr Tschen erstaunt, als er sie vor sich stehen sah.
«Ach, Vater! Ich habe dir etwas von größter Wichtigkeit zu sagen!» rief Kleinod.
«Du bist ja ganz aufgeregt! Was gibt es denn?» fragte Herr Tschen.
«Vater! Ich muß dir eine ganz außergewöhnliche Sache mitteilen», sagte Kleinod.
«Eine außergewöhnliche Sache? Was für eine außergewöhnliche Sache?» wollte Herr Tschen wissen.
Kleinod war noch so verwirrt von dem Erlebten, daß sie kaum ein Wort zu sagen vermochte. Es war ihr, als hätte sie einen Pfirsich in der Kehle stecken.
«Tante Fang aus Ho Nan befindet sich im Kloster zu den weißen Lotusblüten!» preßte sie endlich hervor. Ohne daß sie es merkte, liefen ihr die Tränen über die Wangen herab.
«Ja, wie ist denn das möglich?» rief Herr Tschen, sie

entgeistert ansehend. «Wie ist sie denn dorthin gekommen?»

Unter Schluchzen und Weinen, teils von Freude, teils von Schmerz bewegt, erzählte Kleinod von ihrem Zusammentreffen mit Frau Fang. Ihr Vater hörte ihr, gleichfalls teils erfreut, teils erschrocken, zu.

«Wir müssen sie hierherbringen lassen!» erklärte er. «Sie steht doch vollkommen allein da, es wäre unverantwortlich von uns, wenn wir dies nicht tun wollten! Gib der Dienerschaft sofort den Befehl, in das Kloster zu fahren und sie zu holen!»

«Ich habe mit der Tante bereits darüber gesprochen, Vater!» sagte Kleinod. «Sie besteht aber fest darauf, auf keinen Fall in unser Haus zu kommen. Wenn du meine Ansichten hören willst, halte ich es auch für besser, wenn sie im Kloster bleibt. Glaubst du nicht auch, daß wir ihr Hiersein vor der Mutter verheimlichen sollten?»

«Du hast recht, Kind!» antwortete Herr Tschen. «Diese unmoralische alte Person braucht nichts davon zu wissen. Laß aber gleich die Äbtissin hierher rufen und trage ihr auf, die Tante auf das beste zu betreuen. Gib Wang Pen den Auftrag, sie dann ins Kloster zurückzubegleiten.»

«Das habe ich schon getan, Vater», sagte Kleinod. Sie waren noch in ihr Gespräch vertieft, da meldete schon eine Zofe, die ehrwürdige Mutter aus dem Kloster der weißen Lotusblüten sei eben angekommen und warte auf der Süd-Terrasse.

«Gut!» antwortete Kleinod. «Ich werde mit ihr alles Nähere besprechen», sagte sie zu Herrn Tschen.

«Bitte sie, es den Nonnen sehr ans Herz zu legen, alles nur mögliche für die Tante zu tun», riet er ihr.

Kleinod entfernte sich und gab der Zofe den Befehl, die Äbtissin in das erste Stockwerk hinaufzuführen. Sie selbst begab sich gleich in ihr Zimmer, und kurz darauf trat die Äbtissin bei ihr ein.

«Bitte, nehmen Sie Platz, ehrwürdige Mutter!» bat Kleinod.

Nachdem sich beide niedergelassen hatten, ergriff die Äbtissin als erste das Wort.

«Gnädiges Fräulein! Was haben wir Nonnen getan, daß Sie uns so rasch verlassen haben?» fragte sie bedrückt. «Womit haben wir Sie beleidigt?»

«Machen Sie sich keine falschen Gedanken über meinen plötzlichen Aufbruch», sagte Kleinod. «Er hat ganz andere Gründe gehabt.»

«Wollen Sie mir diese Gründe nicht sagen, gnädiges Fräulein?» fragte die Äbtissin.

«Es war nicht meine Absicht, Sie so rasch zu verlassen», erklärte Kleinod. «Ich mußte dies einer nahen Verwandten wegen tun.»

«Einer nahen Verwandten wegen?» wunderte sich die Äbtissin.

«Ja», erwiderte Kleinod. «Das alte Mütterchen in Ihrem Kloster ist meine Tante. Ich bitte Sie inständigst, ehrwürdige Mutter, dafür zu sorgen, daß sie nicht nachlässig behandelt wird. Sie ist die Witwe eines der höchsten Beamten des Reiches.»

Die Äbtissin war zutiefst erschrocken. Verzweifelt warf sie sich vor Kleinod auf die Knie und bat sie, ihr zu verzeihen, daß sie ihrer Tante nicht mit der ihr gebührenden Hochachtung entgegengetreten war.

«Wir haben sie ahnungslos als tieferstehende Frau behandelt», rief sie in heller Aufregung. «Wir verdienen dafür zehntausend Tode! Ich flehe Sie an, gnädiges Fräulein, tragen Sie uns unser Verhalten nicht nach! Wir haben uns nur aus Unwissenheit schlecht zu ihr benommen!»

«Stehen Sie auf, ehrwürdige Mutter!» rief Kleinod schnell. «Sie brauchen sich keine unnötigen Vorwürfe zu machen. Ich weiß doch, was für eine gütige Frau Sie sind! Hätten Sie meine Tante nicht gerettet, so wäre sie heute nicht mehr am Leben. Ich hatte anfangs die Absicht, die Tante zu uns nach Hause zu nehmen, aber – Sie werden verstehen – bei uns herrschen doch gewisse Unstimmigkeiten im Hause, und so sind Vater und ich überein gekommen, daß sie vorläufig bei Ihnen im Kloster am besten aufgehoben ist. Sie können überzeugt sein, daß unsererseits alles geschehen wird, damit sie Ihnen nicht zur Last fällt!»

Kleinod erhob sich und ging in den Nebenraum, aus dem sie kurz darauf mit zehn Taels Silber herauskam.

«Erlauben Sie mir, Ihnen dies zu überreichen», sagte sie zur Äbtissin.

«Wozu ist dieses Geld?» fragte diese.

«Es ist nur eine kleine Erkenntlichkeit für Ihre Hilfe», erklärte Kleinod.

«Nein», wehrte sich die Äbtissin. «Das kann ich unmöglich annehmen!»

«Sie werden mich doch nicht kränken wollen!» beharrte Kleinod. «Sollte Frau Fang etwas benötigen, dann bitte ich Sie, gleich zu mir zu kommen und sich bei mir alles zu holen, was sie braucht. Ich möchte Sie auch noch ersuchen, den Nonnen aufzutragen, mit niemandem über die Sache zu sprechen, es wäre mir unangenehm, wenn jemand davon erführe.»

«Ich verstehe! Ich verstehe!» sagte die Äbtissin.

«Dann will ich Sie jetzt nicht länger aufhalten, ehrwürdige Mutter», erklärte Kleinod, sich erhebend.

Die Äbtissin nahm unter vielen Ehrerbietungsbezeugungen Abschied von ihr und entfernte sich.

«Bitte, kommen Sie noch einmal zurück!» rief ihr

Kleinod, als sie das Zimmer bereits verlassen hatte, plötzlich nach.

«Haben Sie mir noch etwas zu sagen, gnädiges Fräulein?» fragte die Äbtissin.

«Daß Sie selbst, ehrwürdige Mutter, eine sehr gütige und diskrete Frau sind, weiß ich», sagte Kleinod. «Ich vertraue Ihnen auch in jeder Weise. Unter Ihren Assistentinnen und Nonnen wird es aber sowohl gute als auch weniger gute geben. Sollte die eine oder die andere selbstsüchtig sein oder eine Frau, die nur reichen Leuten schöntut, dann bitte, lassen Sie es nicht zu, daß sie sich über die alte Dame lustig macht! Beobachten Sie auf unauffällige Weise, wie Ihre Nonnen sich zu meiner Tante verhalten!»

«Das werde ich gewiß tun!» versicherte die Äbtissin. «Ich werde dafür sorgen, daß sie sich anständig benehmen! Sie brauchen sich darüber keine Sorgen zu machen, gnädiges Fräulein!»

«Dann ist ja alles gut», sagte Kleinod.

Die Äbtissin verabschiedete sich nochmals und eilte höchst aufgeregt, den Kopf voll von den unerwarteten Eröffnungen, in das Kloster zurück. Wie konnte sie ahnen, daß die Nonnen die Sache eben mit Frau Fang diskutierten.

«Kommen Sie einmal her, Mütterchen!» hatte eine der Nonnen Frau Fang wütend angefahren. «Was haben Sie mit Fräulein Tschen in der Halle des großen Leides gesprochen? Schnell! Antworten Sie!»

Frau Fang hielt sich vorsichtig zurück.

«Ich wüßte nicht, daß wir über etwas Besonderes gesprochen hätten», erwiderte sie ausweichend.

«Warum ist dann das Fräulein mit zusammengezogenen Augenbrauen in aller Eile nach Hause gefahren?» herrschte eine andere Nonne sie an.

«Woher sollte ich das wissen?» fragte Frau Fang.

«Keine Ausflüchte!» mischte sich eine dritte Nonne ein. «Bei uns können Sie kein doppelzüngiges Spiel treiben! Unsere ehrwürdige Mutter war so gütig, Sie hier aufzunehmen; statt ihr ihre Güte zu vergelten, wagen Sie es, hinter ihrem Rücken üble Dinge über sie zu sprechen!»

«O mi to fu!» rief Frau Fang. «Ich habe nichts Doppelzüngiges über sie gesprochen», beteuerte sie.

«Sie können sich weitere Erklärungen schenken», fuhr die erste Nonne sie an. «Fräulein Tschen hat die ehrwürdige Mutter zu sich rufen lassen. Wenn sie zurückkehrt, wird schon alles an den Tag kommen!»

Die Nonnen waren gerade dabei, ihren Zorn an Frau Fang auszulassen und sie in sehr rüder Weise zur Rede zu stellen, da hörten sie die Äbtissin von weitem nach ihnen rufen.

«Wir kommen schon, wir kommen schon!» erwiderten sie. Sie gingen schnell in den Saal zurück und fanden dort die Äbtissin, bleich, mit erschreckten Augen und dicken Schweißperlen auf der Stirne. Sie war so aufgeregt, daß sie kein Wort aus der Kehle zu bringen vermochte. Mit den Füßen stampfend und nach Atem ringend, blickte sie Pao Sheng zornfunkelnd an.

«Was ist geschehen, ehrwürdige Mutter?» fragte Pao Sheng. «Warum sehen Sie mich so böse an?»

«Du hast etwas Entsetzliches angerichtet!» herrschte die Äbtissin sie an.

«Ich?» fragte Pao Sheng verblüfft. «Was habe ich denn getan?»

«Wo ist die Dame?» fragte die Äbtissin, ohne sie einer Antwort zu würdigen.

«Welche Dame?» rief Pao Sheng. «Sie sind ja ganz verwirrt, ehrwürdige Mutter! Es ist doch keine Dame hier.»

«Das alte Mütterchen, dem ich das Leben gerettet habe, wo ist es?» fuhr die Äbtissin sie an.

«Da drinnen!» erwiderte Pao Sheng, auf den Nebenraum zeigend. «He, Mütterchen! Kommen Sie schnell einmal her!»

«Was?» rief die Äbtissin. «Du traust dich noch immer, sie ‚Mütterchen' zu nennen? Für diese Mißachtung allein gebührt dir der Tod!»

«Ja, wie soll ich die alte Frau denn sonst rufen?»

«Weißt du, wer sie ist?» schrie die Äbtissin.

«Wer soll sie denn sein?» fragte Pao Sheng.

«Sie ist die Tante des Fräuleins Tschen!» antwortete die Äbtissin gebrochen.

«Wer hat Ihnen das gesagt?»

«Fräulein Tschen hat mich zu sich rufen lassen und es mir persönlich mitgeteilt», erwiderte die Äbtissin. «Da! Sieh nur her! Diese zehn Taels hat sie mir aus Dankbarkeit dafür gegeben, daß ich ihrer Tante das Leben gerettet habe!»

«Aber das ist ja unfaßbar, daß die alte Frau die Tante des Fräuleins Tschen ist!» rief Pao Sheng in heller Aufregung. «Was sollen wir jetzt tun?»

«Geht sofort zu der alten Dame, macht einen tiefen Kotau vor ihr und bittet sie um Verzeihung!»

«Was haben wir da angestellt! Was haben wir da angestellt!» riefen die Nonnen und liefen zu Frau Fang. Eine nach der anderen warf sich vor ihr auf den Boden.

«Wir haben es nicht gewußt, daß Sie die Tante des Fräuleins Tschen sind, gnädige Frau!» beteuerten sie. «Wahrhaftig, wir haben Augen im Kopf gehabt und den hohen Tai Shan Berg nicht gesehen! Ach, was für eine große Schuld haben wir auf uns geladen! Wir bitten Sie zehntausendmal, so großzügig zu sein und das Tor der

Güte und der Vergebung für uns zu öffnen! Gestatten Sie uns, Ihnen unsere Ehrerbietung zu erweisen und Sie inständigst um Verzeihung zu bitten!»

«Auch ich bitte Sie flehentlich, uns zu verzeihen!» bat die Äbtissin.

«Aber, ehrwürdige Mutter!» rief Frau Fang. «Wie können Sie so sprechen? *Ich* bin es, die schwer in Ihrer Schuld steht! Bisher habe ich mich bei Ihnen weder für die Rettung meines Lebens, noch für die Aufnahme hier im Kloster dankbar erweisen können. Dies bedrückt mich wirklich sehr! Ich bin tiefunglücklich, daß ich mich in keiner Weise nützlich machen kann!»

«Bitte nehmen Sie Platz und lassen Sie uns Nonnen nochmals vor Ihnen Kotau machen und Sie um Verzeihung bitten!» rief die Äbtissin. Sie und die Nonnen warfen sich abermals vor Frau Fang auf den Boden.

«Nein, nein!» wehrte Frau Fang ab. «Bitte stehen Sie auf!» Sie faßte die Äbtissin bei der Hand und half ihr auf. Die Nonnen aber schlugen noch weiter mit ihren Köpfen auf den Boden, als wollten sie Kräuter zerstoßen. Je matter sich Pao Sheng von dem vielen Niederwerfen fühlte, desto kräftiger tat sie es immer wieder.

«Ich weiß, daß ich für mein Verhalten den Tod verdiene!» sagte sie tiefunglücklich. «Ich flehe Sie aber an, das Maß Ihrer edlen Taten voll zu machen und einen Pinselstrich über das Geschehene zu tun. Es heißt doch schon im Altertum: Der Edle trachte, die Verfehlungen eines Niederstehenden zu vergessen! Von nun an will ich Ihnen mit allen meinen Kräften dienen und das, was ich verbrochen habe, wieder gut zu machen versuchen! Ich wünsche Ihnen, daß alles Glück, das es auf Erden gibt, Ihnen zuteil werde! Sie sollen die größten Kostbarkeiten der Welt besitzen und es sollen Ihnen noch tausend glückliche Jahre beschieden sein.»

Frau Fang mußte über ihre Worte heimlich lächeln.

«Ich danke Ihnen», sagte sie kurz.

Pao Sheng lief aus dem Saal und stieß in der Halle mit einem grauköpfigen Manne zusammen.

«Ist niemand da?» murmelte dieser.

«Was wollen Sie hier? Wer sind Sie denn?» fragte ihn eine Nonne.

«Aber erkennst du ihn denn nicht?» rief eine andere ihr zu. «Das ist doch Wang Pen, der Diener des Generalzensors Tschen!»

Wang Pen war begleitet von einem Diener, der eine Unzahl von Paketen mit Reis, Kleidungsstücken und Bettsachen trug, und außerdem noch einige Schnüre mit Kupfermünzen umgehängt hatte.

«Kann ich mit der ehrwürdigen Mutter sprechen?» fragte Wang Pen.

«Hier bin ich, Herr Wang Pen», rief die Äbtissin, auf ihn zugehend. «Kann ich Ihnen irgendwie zu Diensten sein?»

«Der Herr Generalzensor hat mich hierhergeschickt, um mit Ihnen Verschiedenes zu besprechen, ehrwürdige Mutter», erklärte Wang Pen. «Herr Tschen wünscht, daß Frau Fang hier auf das beste betreut wird, und daß man ihr sofort einen sauberen und ordentlichen Raum zur Verfügung stellt.»

«Sie brauchen uns das gar nicht erst zu sagen, Herr Wang Pen», erwiderte die Äbtissin. «Wie könnte ich es wagen, die gnädige Frau nachlässig zu behandeln!»

«Wo ist Frau Fang?» erkundigte sich Wang Pen.

«Sie ist jetzt im Buddhaturm», antwortete die Äbtissin.

«Bitte melden Sie ihr, daß ich sie gerne aufsuchen möchte», bat Wang Pen.

Die Äbtissin eilte zu Frau Fang.

«Gnädige Frau, Wang Pen, der Diener des Herrn Generalzensors, ist da und fragt, ob er Sie begrüßen darf», sagte sie zu ihr.

Frau Fang ersuchte sie, ihn zu ihr zu führen, und als er dann bei ihr eintrat, blickte sie ihn forschend an. Sein Haar, das früher schwarz und glänzend gewesen war, schimmerte jetzt weiß wie Schnee, und dieser Umstand verlieh seinen Zügen einen ungewohnten Ausdruck.

«Ach, es sind jetzt schon so viele Jahre her, daß ich mich von Ihnen trennen mußte, gnädige Frau», seufzte Wang Pen. «Ich bin sehr traurig, Sie hier im Kloster wiederzufinden! Doch da sieht man wieder einmal, daß das Sprichwort: ‚Wenn zwei Menschen nicht vom Tode getrennt werden, dann gibt es ein Wiedersehen!' richtig ist! Kaum hat man noch den Kopf gewendet, sind schon unzählige Veränderungen in einem Leben eingetreten.» Unwillkürlich liefen ihm die Tränen über die Wangen herab. «Es kommt mir immer noch wie ein Traum vor, Sie vor mir zu sehen, gnädige Frau! Als Fräulein Kleinod gestern nach Hause kam und dem Herrn Generalzensor erzählte, daß Sie sich hier im Kloster befinden, war ich außer mir vor Glück. Das gnädige Fräulein war auch tief bewegt über das Wiedersehen mit Ihnen!»

Frau Fang brach in Tränen aus.

«Ach! Wang Pen! Der arme junge Herr!» schluchzte sie.

«Weshalb bedauern Sie den jungen Herrn so?» fragte Wang Pen.

«Er ist doch schon in die ewigen Gefilde zurückgekehrt», jammerte Frau Fang.

«Wie können Sie das sagen?» rief Wang Pen.

«Ich weiß alles!» stöhnte Frau Fang. «Ich stand an einer Straßenecke und war Zeugin, als der Mörder meines Sohnes enthauptet wurde. Aus den Gesprächen der

Leute, die um mich standen und nicht ahnten, wer ich war, habe ich den ganzen Sachverhalt erfahren.»

«Wann sind Sie denn nach Shang Yang gekommen?» fragte Wang Pen.

«Gerade am Tage der Hinrichtung des Mörders», antwortete Frau Fang. «Ich hörte die Leute erzählen, auf welche Weise er zu der Juwelenpagode der Familie Tschen gekommen war.»

«Der Herr Generalzensor hat mich nach Ho Nan geschickt, um über den Verbleib des jungen Herrn und über Ihr Befinden etwas zu erfahren», berichtete Wang Pen. «Als ich ankam, war aber weder ein Schatten eines Menschen zu sehen noch ein Laut zu hören. Es blieb mir nichts anderes übrig, als unverrichteter Dinge nach Shang Yang zurückzukehren. Fräulein Tschen war während meiner Abwesenheit lebensgefährlich erkrankt, und ich habe deshalb dem Herrn Generalzensor geraten, er solle, um das Fräulein zu trösten, einen fingierten Brief des jungen Herrn schreiben und mich diesen dem Fräulein Kleinod übergeben lassen. Ich war überzeugt, daß sie nur aus Sorge um den jungen Herrn erkrankt war. Und wirklich ist das Fräulein daraufhin sehr rasch wieder gesund geworden.»

«Ich habe so etwas geahnt», erklärte Frau Fang. «Deshalb habe ich auch vor dem Fräulein kein Wort über meine Befürchtungen fallen lassen.»

«Man muß Fräulein Kleinod unbedingt bei diesem Glauben lassen», meinte Wang Pen.

«Es gibt für mich jetzt leider keinen Zweifel mehr daran, daß mein Sohn nicht mehr unter den Lebenden weilt», sagte Frau Fang unter lautem Schluchzen.

«Grämen Sie sich nicht so sehr, gnädige Frau», versuchte Wang Pen sie zu trösten. «Was die Leute sagen, muß noch lange nicht richtig sein! Der Räuber hat doch immer wieder ausdrücklich erklärt, er habe dem Bestohlenen kein Leid angetan!»

«Aber einem Räuber kann man doch keinen Glauben schenken!» rief Frau Fang verzweifelt.

«Erlauben Sie mir, mich jetzt zu verabschieden, gnädige Frau», bat Wang Pen. «Der Herr Generalzensor wird schon auf mich warten. Ich werde mir aber gestatten, mich bald wieder nach Ihrem Befinden zu erkundigen. Das Kloster ist ja nicht sehr weit von der Stadt entfernt.»

«Bitte, richten Sie dem Herrn Generalzensor meinen tiefen Dank für seine Fürsorge aus», trug ihm Frau Fang auf.

«Noch eines möchte ich sagen», fiel es Wang Pen ein. «Buntapfel, die Zofe von Fräulein Kleinod, wird Sie demnächst aufsuchen. Es ist besser, Sie erzählen ihr nichts davon, daß der Brief fingiert war.»

«Selbstverständlich nicht!» stimmte ihm Frau Fang zu.

«Ich bin nur etwas besorgt, daß Sie vielleicht, wenn Sie mit Buntapfel sprechen, in Tränen ausbrechen werden», meinte Wang Pen. «Sie würde dies Fräulein Kleinod bestimmt erzählen, und diese könnte dann abermals erkranken. Ein zweites Mal könnten wir ihr nicht mit einem gefälschten Brief das Leben retten!»

«Sei unbesorgt», beruhigte ihn Frau Fang. «Ich werde mich ganz bestimmt beherrschen und vor der Zofe nicht in Tränen ausbrechen!»

Wang Pen eilte aus dem Zimmer.

«Ich gehe jetzt», sagte er im Vorübergehen zu den Nonnen.

«Besuchen Sie die gnädige Frau bald wieder!» baten ihn diese.

«Ja, ich werde bestimmt öfters herkommen», versicherte Wang Pen. Pao Sheng begleitete ihn mit den anderen Nonnen bis vor das Haus und suchte dann die Äbtissin auf.

«In welchem Zimmer soll die gnädige Frau heute nacht schlafen?» erkundigte sie sich. «Wir müssen doch alles sauber machen und schön für sie einrichten.»

«Das Nebenzimmer des dritten Saales wird das beste sein», meinte die Äbtissin nach einigem Überlegen.

«Nein, ehrwürdige Mutter, das ist kein sehr gutes Zimmer», rief Pao Sheng. «Das eignet sich nicht für die gnädige Frau.»

«Vielleicht könnte man ihr im Buddhaturm einen Raum einrichten?» sagte die Äbtissin.

«Dort ist es zu kalt, ehrwürdige Mutter!» protestierte Pao Sheng. «Die gnädige Frau hat über Rückenschmerzen geklagt. Sie könnte sich dort erkälten. Ich glaube, man müßte der gnädigen Frau auch jemanden zur Verfügung stellen, der ihr beim Ankleiden behilflich ist.»

«Das läßt sich leicht machen», erklärte die Äbtissin. «Man braucht doch bloß im Nebenzimmer ein Bett aufzustellen, und eine von euch Nonnen kann dort schlafen und tagsüber ihre Gesellschafterin sein.»

«Das geht!» rief Pao Sheng. «Darf ich ihre Gesellschafterin sein? Ich werde gleich nach einem guten Zimmer Umschau halten und alles vorbereiten.»

Unter eifrigem Geplauder suchten die Nonnen den besten Raum für Frau Fang aus. Sie rückten dann die Tische, fegten den Boden, machten das Bett bereit, hängten Vorhänge auf und gossen Öl in die Lampen. Nun wurde noch eine große Waschschüssel herbeigebracht, eine Kanne mit frischem Wasser, und das Zimmer war bezugsbereit. Gemeinsam gingen sie hinauf zu Frau Fang, um sie zu holen.

«Wünschen Sie, daß ich Ihnen eine Perlenhaube über das Haar gebe?» fragte eine der Nonnen geschäftig. «Ich verstehe das sehr gut zu machen.»

«Nein, nein! Geh fort!» fuhr die Nonne Pao Sheng dazwischen. «Ich werde es übernehmen, die gnädige Frau zu frisieren! Stelle dich neben sie und fächle ihr mit dem Fächer Kühlung zu!»

«Weshalb machen Sie sich denn solche Mühe mit mir?» fragte Frau Fang.

«Wie können Sie von Mühe sprechen, gnädige Frau!» rief Pao Sheng. «Wir tun nur unsere Pflicht und geben auch uns eine besondere Ehre, wenn wir Ihnen behilflich sein dürfen!»

Frau Fang mußte sich zurückhalten, nicht laut heraus zu lachen. «Was für ein Unterschied zwischen heute morgen und heute abend!» sagte sie sich. «Dieser schnelle Wechsel zwischen kalten und warmen Gefühlen ist wirklich bezeichnend für die Menschen!» Doch es war nutzlos, mit den Nonnen darüber zu disputieren. Schließlich hatte sich ja alles, dank Buddhas Gnade, zum besten gewendet.

In Nan Tschang hatte sich mittlerweile auch so manches geändert. Fang Tzu Wen hatte sich monatelang mit großem Fleiße seinen Studien hingegeben und war nun nach Peking gereist, um dort das Examen abzulegen. «Wenn ich nicht als Erster bei den Prüfungen hervorgehe, werde ich sowohl auf die eine wie auch auf die andere Ehe verzichten!» hatte er sich geschworen, ehe er sich auf den Weg gemacht hatte.

Auch Vizekommandant Pi hatte Nan Tschang verlassen. Der Kaiser hatte ihn, seiner hohen Verdienste wegen, nach Shang Yang versetzt, da dieses Gebiet politisch von großer Wichtigkeit war. Herr Pi war deshalb mit seiner Familie dorthin gereist.

Am Tage nach seiner Ankunft äußerte seine Mutter den Wunsch, in einem Kloster eine Andacht abzuhalten. Auf ihre Erkundigungen erfuhr sie, daß es in Shang Yang fünf berühmte Klöster gab. Da war das Regenblumen-Kloster, das Chi Hsiu-Kloster, das Kloster des großen Leides, das Kloster der Gnaden und das Kloster der Erkenntnis. Außerhalb der Stadt waren noch drei andere berühmte Klöster, das Fa Yün Kloster, das Kloster des kostbaren Duftes und das Kloster zu den weißen Lotusblüten. Das letzte war seiner guten Führung und großen Sauberkeit wegen besonders angesehen. Da es der Göttin Kuan Yin geweiht war, hatte sich Herrn Pis Mutter entschlossen, die Andacht dort abzuhalten. Damit die Nonnen nicht ihretwegen große Umstände machen sollten, hatte sie sich vorgenommen, das Kloster nicht persönlich aufzusuchen, sondern ihre Tochter und ihre Schwiegertochter dorthin zu schicken. Herr Pi veranlaßte, daß die Damen ohne viel Aufsehen, nur von seinem Adjutanten und einigen Zofen begleitet, das Kloster aufsuchen konnten.

Das Schicksal hatte es aber anders gewollt, als sie dachten. Die hochschwangere Gattin des Herrn Pi brachte in der Nacht ein Kindchen zur Welt, und Goldchen mußte allein in Begleitung der Zofen in das Kloster fahren.

Der Zufall wollte es, daß Buntapfel, die Zofe des Fräuleins Tschen, an diesem Tage gleichfalls in das Kloster zu den weißen Lotusblüten fuhr. Sie hatte sich von ihrer Krankheit bereits erholt, und Kleinod hatte gewünscht, daß sie sich nach dem Befinden der Frau Fang erkundigen solle. Sie machte auf die alte Dame gleich einen so guten Eindruck, daß sie beide bald ins Plaudern kamen, und Frau Fang ihr gegenüber ihr ganzes Herz ausschüttete. Als sie dann Buntapfel von dem furchtbaren Gespräche erzählte, das sie vor dem Tempel der neun Fichten mitangehört hatte, und ihr auch gestand, daß sie sich daraufhin hatte in den Fluß stürzen wollen, begann sie plötzlich laut zu schluchzen.

Wie? Frau Fang schluchzte? Sie, die doch, fast beleidigt, zu Wang Pen behauptet hatte: «Ich werde mich bestimmt beherrschen und vor der Zofe nicht in Tränen ausbrechen!» Doch! Sie tat es! Wer hätte auch gedacht, daß sich diese zwei Menschen so gut verstehen würden, daß alle Unterschiede des gesellschaftlichen Ranges wegfallen könnten? Ja, daß Frau Fang dann sogar, nein, nicht sogar, sondern ganz selbstverständlich, in Tränen ausbrechen würde!

«Mein armer Sohn!» schluchzte sie. «Wo wirst du wohl sein? Ich hatte doch nur dich auf der Welt, und nun hast du mich allein zurückgelassen! Ach, wüßte ich doch, ob du am Leben bist oder tot! Seit du im vergangenen Herbst Abschied von mir nahmst, habe ich nichts mehr von dir gehört, und selbst in meinen Träumen scheinst du nicht auf!»

Buntapfel sah sie entgeistert an. «Aber gnädige Frau!» rief sie entsetzt. «Was sprechen Sie da? Der junge Herr ist doch zu Ihnen zurückgekommen und hat einen Brief mit allen Details an den Herrn Generalzensor geschrieben!»

«Ach Buntapfel!» seufzte Frau Fang. «Das ist leider alles nicht wahr! Der Brief war bloß fingiert! Wie konntest du, ein so kluges Mädchen, dich so irreführen lassen! Hast du denn wirklich den Brief für echt gehalten?»

«Aber wer sonst sollte diesen Brief geschrieben haben?» fragte Buntapfel, noch immer ganz benommen von dem Gehörten.

«Komm! Ich werde dir alles erklären», antwortete Frau Fang. «Der Herr Generalzensor hat sich gemeinsam mit Wang Pen den Plan ausgedacht, einen fingierten Brief von Tzu Wen zu schreiben, um das Fräulein vor dem Tode zu retten.»

«Woher wissen Sie das?» rief Buntapfel.

«Wang Pen hat es mir gestanden», erwiderte Frau Fang. «Er hat mich gebeten, dir nichts davon zu sagen, aber als ich jetzt mit dir wie mit einer Verwandten gesprochen habe, sind mir unwillkürlich diese Worte entschlüpft. Du darfst Kleinod auf keinen Fall etwas davon verraten, es könnte ihr Tod sein!»

«Ich werde selbstverständlich schweigen», versicherte Buntapfel. «Der junge Herr ist also nicht nach Hause gekommen?» fragte sie tieftraurig. Sie wartete die Antwort Frau Fangs gar nicht ab, sondern sagte nach einigem Überlegen: «Wenn er nicht nach Hause zurückgekehrt ist, wo kann er denn dann sein? Haben Sie denn keine Spuren von ihm ausfindig machen können?»

«Ach Buntapfel, ich fürchte, der Hals meines Sohnes ist dem Schwerte des Räubers zum Opfer gefallen!» stöhnte Frau Fang. «Dieser hat zwar immer wieder beteuert, er habe dem Fremden nichts angetan, doch einem Räuber kann man doch keinen Glauben schenken! Ach, mein armes, armes Kind!» Der Schmerz überwältigte sie so sehr, daß sie neuerlich in herzzerbrechendes Weinen ausbrach.

Auch Buntapfel kämpfte mit den Tränen, sie versuchte jedoch, Frau Fang Trost und Hoffnung zuzusprechen.

«Machen Sie sich nicht solche Sorgen um ihn, gnädige Frau!» sagte sie. «Suchen und forschen Sie weiter nach ihm! Ich bin fest überzeugt, eines Tages werden die Blumen besonders schön sein, der Mond wird in vollem Scheine am Himmel stehen, der junge Herr wird zurückkommen, und Ihr Kummer wird sich mit einem Male in helle Freude verwandeln. Er ist ein so begabter, strebsamer Mensch und wird bestimmt einmal eine große Karriere machen. Achten Sie nur gut auf sich, gnädige Frau, damit Sie wohlauf und gesund sind, wenn er kommt!»

Sie wollte noch weiter sprechen, doch da kam eine Novizin aufgeregt herbeigelaufen.

«Ist denn niemand da?» fragte sie ganz verwirrt. «Die Schwester des Vizekommandanten Pi ist angekommen! Es muß ihr sofort jemand entgegengehen und sie hereinführen!»

Die Äbtissin war an diesem Morgen mit den anderen Nonnen in die Stadt gefahren, um bei einer angesehenen Familie Sutren zur Erhaltung des Lebens zu beten. Nur zwei Novizinnen waren im Kloster zurückgeblieben, und diese wußten sich jetzt vor Aufregung nicht zu helfen.

Buntapfel, die mitangehört hatte, es sei die Schwester des Vizekommandanten Pi gekommen, eilte rasch in die Halle und versteckte sich hinter einem Banner, ganz so wie Frau Fang es getan hatte, als Kleinod in das Kloster gekommen war. Sie wußte selbst nicht, weshalb sie plötzlich eine so große Neugier gepackt hatte, sich das Fräulein anzusehen.

Die Kutsche war bereits vor der Halle vorgefahren, und es entstieg ihr eine bezaubernde junge Dame mit tiefschwarzem, rückwärts zu einem hohen Knoten gebundenen Haar. Obwohl ihr einziger Schmuck eine sehr kostbare Halskette aus Edelsteinen war, sah sie doch äußerst vornehm aus. Ihr Gesichtchen war auch ohne Puder oder Schminke rosig angehaucht und wirkte gerade in seiner natürlichen Schönheit um so lieblicher. Sie trug ein Kleid, das einfach, aber sehr elegant war. Unter ihrem Rock lugten die winzig kleinen Lotusfüßchen hervor, mit denen sie behutsam weiterschritt. Ein paar Zofen eskortierten sie respektvoll.

«Was für eine entzückende junge Dame!» sagte sich Buntapfel. «Sie sieht so sanft und gütig aus!»

Die Novizinnen stellten ein paar höfliche Fragen an die junge Dame, und sie begann dann vor dem Altare Weihrauchstäbchen abzubrennen und zu beten.

Buntapfel schlich näher, um zu hören, was sie sprach.

«Die Dienerin Goldchen aus Nan Tschang wagt es, sich ehrfurchtsvoll der Göttin Kuan Yin zu nähern und sie um ihr Mitgefühl und ihre Hilfe anzuflehen», hörte sie die junge Dame sagen. «Dieses erste Stäbchen hier brenne ich ab, um für meine Mutter, eine geborene Tschang, Gesundheit zu erbitten. Lasse, oh Heilige, keine Krankheiten und Katastrophen an sie herankommen. Das zweite Stäbchen brenne ich ab, um Schutz für die in Ho...» sie hielt plötzlich im Beten ein und blickte sich rasch nach allen Seiten um. Als sie niemanden in der Nähe stehen sah, fuhr sie fort: «Durch dieses zweite Stäbchen bitte ich um Schutz für die in Ho Nan, Kreis Kai Feng Fu, im Orte Hsiang Fu lebende Frau Fang, eine geborene Yang, Tochter eines hohen Würdenträgers und Gattin des verstorbenen Fang Ching Hua. Ihre Familie hat viel Unheil erlitten und ist in tiefe Armut geraten. Der einzige Sohn dieser Frau Fang hat sie verlassen müssen, und sie steht jetzt ganz ohne Stütze da. In ihrem hohen Alter lebt sie allein in einer Hütte auf dem Friedhofsgelände und weiß nicht, wovon sie ihr Leben bestreiten soll. Mein Bruder hat einen Diener zu ihr geschickt, um sie einzuladen, zu uns zu kommen. Wir erwarten seine Rückkunft schon seit langem und machen uns große Sorgen, wo er denn bleiben mag. Wer weiß, ob die Frau in ihrer Verzweiflung nicht den Weg zu den neun

Quellen eingeschlagen hat!» Sie fing bei diesen Worten an, bitterlich zu weinen, wischte sich die Tränen aber rasch wieder ab.

Buntapfel konnte sich nicht mehr länger zurückhalten. Sie trat aus ihrem Versteck heraus und ging auf die junge Dame zu.

«Fräulein!» rief sie sie an.

Goldchen erschrak zutiefst, als sie plötzlich diese vor Aufregung zitternde Stimme vernahm. Sie blickte sich um und sah ein sehr hübsches, intelligent aussehendes Mädchen näherkommen. Ihre Augenbrauen waren nicht nachgezogen, sie mußte also noch unverheiratet sein.

«Wer sind sie?» fragte sie. «Wie kommen Sie hierher? Warum haben Sie mich gerufen, Fräulein?»

«Ich bin kein Fräulein, sondern nur eine Zofe», gab ihr Buntapfel zur Antwort. «Erlauben Sie mir, ausnahmsweise ein paar Fragen an Sie zu richten. Nehmen Sie bitte Platz. Ich werde Ihnen dann nachher alles genau erklären.»

«Gut», antwortete Goldchen. «Setzen Sie sich zu mir.»

«Aber gnädiges Fräulein!» wehrte Buntapfel ab. «Ich bin doch nur eine ganz einfache Dienerin, wie könnte ich es wagen, mich zu Ihnen zu setzen! Darf ich Sie um Ihren werten Namen fragen?»

«Ich heiße Pi», antwortete Goldchen. «Mein Vater war Tao Tai und mein Bruder ist Vizekommandant.»

«Wie alt ist Ihr geehrter Herr Vater?» erkundigte sich Buntapfel.

«Mein Vater ist schon vor langer Zeit gestorben», erwiderte Goldchen.

«Und ist Ihre geehrte Frau Mutter noch am Leben?»

«Ja», sagte Goldchen. «Meine Mutter ist eine geborene Tschang. Sie ist jetzt vierzig Jahre alt geworden.»

«Und darf ich fragen wie alt Sie selbst sind, gnädiges Fräulein?»

«Ich bin jetzt neunzehn Jahre alt.»

«Wieviele Schwestern haben Sie?»

«Ich habe weder eine ältere noch eine jüngere Schwester.»

«Darf ich auch wissen, ob Sie schon einen Bräutigam haben?»

Goldchen errötete und schwieg.

«Aber Fräulein, weshalb sollten Sie nicht eine ‚hundertjährige' Angelegenheit haben!» rief Buntapfel. «So etwas ist doch kein Geheimnis!»

«Ich bin verlobt, aber noch nicht verheiratet», antwortete Goldchen. «Wollen Sie noch etwas wissen?»

«Aus welcher Familie ist der junge Herr?» fragte Buntapfel.

«Er stammt nicht aus dieser Gegend, sondern kommt von einer anderen Provinz.»

«Darf ich wissen, aus welcher Provinz der junge Herr stammt?»

«Er ist aus dem Ort Hsiang Fu, in Kai Feng Fu in der Provinz Ho Nan.»

«Oh!» rief Buntapfel aufgeregt. «Haben Sie etwa gar vorhin für Frau Fang, geborene Yang aus Hsiang Fu gebetet?»

«Ja», gab Goldchen erstaunt zu.

«In welcher Beziehung steht sie zu Ihnen, gnädiges Fräulein?»

Goldchen wunderte sich immer mehr, weshalb Buntapfel sich so sehr für ihre Privatangelegenheiten interessierte.

«Wenn ich nicht in einer Beziehung zu ihr stünde, hätte ich doch nicht für sie gebetet», antwortete sie, mißtrauisch geworden.

«Ist sie vielleicht Ihre Tante?»

«Sie ist weder von der mütterlichen noch von der väterlichen Seite meine Tante.»

«Dann ist sie vielleicht die Cousine Ihrer Mutter oder Ihres Vaters?»

«Auch das nicht», sagte Goldchen. «Warum sollte ich nicht auch jemand anderen als Verwandte verehren?»

«Ach bitte, gnädiges Fräulein, verraten Sie mir, wie diese Frau Fang zu Ihnen steht?» bat Buntapfel von neuem.

«Sie fragen mich aber sehr gründlich aus!» erwiderte Goldchen. «Jetzt werde ich anfangen *Sie* auszufragen! Bei welcher Familie stehen Sie in Dienst?»

«Ich will Ihnen gerne auf Ihre Frage Antwort geben», erklärte Buntapfel. «Ich bin mit acht Jahren an eine Familie Tschen verkauft worden.»

«Hat dieser Herr Tschen einen besonderen Rang? Und wie heißt er mit seinem Vornamen?»

«Mein Gebieter war seinerzeit Generalzensor und sein Vorname ist Pei Te. Eine Verwandte von ihm lebt hier im Kloster.»

«Und wen hat er zur Gattin?»

«Seine Frau stammt aus der Familie Fang aus Ho Nan.»

«Hat der Herr Generalzensor eine Tochter?»

«Ja! Ein ungemein gebildetes, schönes Mädchen, das heuer zwanzig Jahre alt geworden ist.»

«Sind Sie ihre Zofe?»

«Ja, ich bin ihre Zofe und Gesellschafterin.»

«Dann werden Sie wahrscheinlich eine Zofe Ihres Fräuleins kennen, die den Namen Buntapfel hat?»

Buntapfel lachte. «Das bin ich!» sagte sie.

«Was? Sie sind Buntapfel?» rief Goldchen. «Ach wie lange wollte ich Sie schon kennenlernen! Jetzt müssen

Sie sich aber wirklich zu mir setzen. Lassen Sie uns rasch noch ein wenig miteinander Bekanntschaft schließen!»

«Wenn Sie darauf bestehen, daß ich mich zu Ihnen setze, will ich es gerne tun», antwortete Buntapfel. «Verraten Sie mir aber bitte, gnädiges Fräulein, woher wissen Sie, daß es eine Zofe namens Buntapfel gibt?»

«Ich habe mir eben gemerkt, was für einen guten Ruf diese Zofe Buntapfel hat», erwiderte Goldchen lächelnd.

«Wer hat Ihnen von mir erzählt?» wollte Buntapfel wissen.

«Ich weiß sogar von einem bestimmten Satz: ‚Ich bin die Zofe und Vertraute meines gnädigen Fräuleins. Bitte merken Sie sich, ich heiße Buntapfel! Buntapfel! Bitte vergessen Sie das nicht!' Von dorther kommt alles, was ich über Sie weiß!» erklärte Goldchen.

Buntapfel sprang außer sich vor Freude von ihrem Sitz auf.

«Dann ist der Herr, mit dem Sie verlobt sind, Herr Fang Tzu Wen aus Ho Nan!» rief sie in heller Aufregung.

«Ja, ich bin mit ihm verlobt, aber noch nicht mit ihm verheiratet,» gab Goldchen zu.

Buntapfel konnte das, was sie da gehört hatte, noch immer nicht fassen. Es war aber auch zu sonderbar!

«Ich bin noch ganz wirr», sagte sie. «Aber... gnädiges Fräulein, wenn Sie mit Herrn Fang verlobt sind und für seine Mutter gebetet haben, dann müssen Sie doch auch wissen, wo seine Mutter ist!»

«Nein, ich weiß es nicht», antwortete Goldchen. «Eben weil ich es nicht weiß, wo sie sich aufhält, bin ich hierhergekommen, um es durch meine Gebete in Erfahrung zu bringen. Ihr Gebieter, der doch ihr Schwager ist, muß es aber doch wissen.»

«Er wird es kaum wissen, aber ich werde mein gnädiges Fräulein fragen», erwiderte Buntapfel.

XVI. KAPITEL

Seltsames Zusammentreffen zwischen Schwiegermutter und Schwiegertochter

Goldchen hatte aus den Worten Buntapfels deutlich herausgehört, daß diese vor ihr etwas verheimlichen wollte. Sie nahm daher das Gespräch gleich wieder auf.

«Sprachen Sie nicht eben davon, daß sich eine Verwandte der Familie Tschen hier befindet?» fragte sie. «Sie wollen doch nicht etwa sagen, daß Frau Fang hier im Kloster ist?»

«Warum sollte das nicht möglich sein?» antwortete Buntapfel. «Die Heiligen können alles bewirken, was sie wollen. Auch meine Gebieterin, Fräulein Kleinod, ist mit ihrer Tante völlig unerwartet hier im Kloster zusammengetroffen.»

«Bitte führen Sie mich zu Frau Fang!» bat Goldchen.

Buntapfel ging mit ihr den Gang entlang, doch Goldchen blieb nach ein paar Schritten verlegen stehen.

«Ja... aber...» sagte sie und schwieg sodann.

«Ich weiß, weshalb Sie zögern, gnädiges Fräulein», erklärte Buntapfel. «Sie wollen sagen, die Sitte schreibe vor, daß eine jungverheiratete Frau erst drei Tage nach der Andacht für die Ahnen ihres Gatten den ersten Besuch bei ihren Schwiegereltern machen dürfe, und Sie fürchten jetzt, gegen die Sitte zu verstoßen, wenn Sie schon heute mit ihrer künftigen Schwiegermutter zusammenkommen. Meiner bescheidenen Ansicht nach ist es wichtiger, wenn Verwandte, die in Bedrängnis sind, an die verwandtschaftlichen Gefühle denken und nicht nur an die Sitte. Ihr Zurückschrecken davor, die Mutter Ihres zukünftigen Gatten aufzusuchen, könnte man auch als Mangel an Gefühl auslegen. Die Sitte entspringt aber aus Gefühlsbedingungen; sind keine Gefühle vorhanden, kann es auch keine Sitte geben. Lassen Sie das nicht außer acht, gnädiges Fräulein!»

Goldchen gab ihr beschämt recht, und so gingen die beiden weiter zur Halle des großen Leides.

Frau Fang betete gerade Sutras vor sich hin, als sie kamen.

«Gnädige Frau! Gnädige Frau! Herr Tzu Wen ist am Leben!» rief Buntapfel ihr strahlend zu. «Diese Dame hat es mir eben bezeugt!»

Frau Fang, die noch ganz in ihre Meditation vertieft war, blickte sich um und sah ein liebliches Mädchen mit graziösen Schritten näherkommen.

«Wer kann diese reizende junge Dame sein?» fragte sie sich verwundert. «Sie ist so schön, daß man sie für eine Zwillingsschwester der berühmten Shih Dschih halten könnte.»

In ihrer gewählt einfachen Kleidung sah Goldchen wirklich bezaubernd aus, und Frau Fang faßte vom ersten Augenblick an große Zuneigung zu ihr.

Da Goldchen mit Tzu Wen noch nicht verheiratet war, konnte sie Frau Fang nicht gut als «Schwiegermutter» ansprechen. Um einer Ansprache auszuweichen, ging sie auf sie zu und sagte:

«Ich bin Goldchen Pi. Erlauben Sie mir, Ihnen meine Aufwartung zu machen.» Dabei verneigte sie sich sehr ehrerbietig vor ihr.

Frau Fang wollte die Begrüßung auf die gleiche Weise erwidern, doch Buntapfel ließ es nicht zu, daß sie sich vor Goldchen verneigte.

«Aber Buntapfel!» rief Frau Fang bestürzt. «Es versteht sich doch von selbst, daß ich mich vor der jungen Dame verneige!»

«Nein, gnädige Frau!» beharrte Buntapfel. «Ich habe bestimmte Gründe, Sie davon abzuhalten. Bitte nehmen Sie Platz, das Fräulein soll sich an Ihre Seite setzen und Ihnen selbst alles erklären.»

«Buntapfel! Du hast doch gesagt, mein Sohn sei gefunden!» sagte Frau Fang aufgeregt. «Wo ist er? Wo ist er?»

«Es ist wahr, gnädige Frau! Ihr Sohn ist gefunden!» wiederholte Buntapfel. «Und denken Sie nur! Bei dieser jungen Dame hier ist er gefunden worden!»

Zitternd vor Aufregung wandte sich Frau Fang an Goldchen und flehte sie an, ihr zu sagen, wo sich ihr Sohn befinde.

«Erlauben Sie mir, Ihnen alles der Reihe nach zu erzählen», bat Goldchen. «Mein Vater hieß Pi Dschung Tscheng. Wir leben in Nan-Tschang. Meine Mutter hatte den Mädchennamen Tschang. Mein Bruder ist Vizekommandant und hat eine junge Dame, die aus der Familie Tschiang stammt, geheiratet. Sie ist äußerst gebildet, und ich bin von früh bis abend mit ihr zusammen. Vergangenes Jahr hat mein Bruder, da meine Mutter schwer erkrankt war, Urlaub genommen, um sie zu besuchen. Als er auf der Heimreise durch Huang Dschou kam, herrschte dort bittere Kälte, und es schneite sehr stark. Mein Bruder, der sich über den Zustand der Mutter große Sorgen machte, trieb seine Bootsleute zur Eile an und versprach ihnen eine hohe Belohnung, wenn sie sich durch das Eis einen Weg bahnen würden und er rasch ans Ziel kommen könne. Plötzlich, gegen Mitternacht, war ihm, als hörte er am Ufer jemanden um Hilfe rufen. Er befahl seinen Leuten, ausfindig zu machen, woher diese hilferufende Stimme gekommen war, und es stellte sich heraus, daß ein junger Mann in einen tiefen, schneebedeckten Graben gefallen war. Als man ihn zum Schiff brachte, schien es zuerst, er sei tot, doch nach verschiedenen Wiederbelebungsversuchen konnte man ihn ins Bewußtsein zurückrufen. Nachdem man ihn gestärkt und ihm frische Kleider gegeben hatte, fragte man ihn aus, woher er komme und wer er sei. Er erzählte, er stamme aus Ho Nan und heiße Fang.» Goldchen hielt in ihrer Erzählung inne.

«Sie wollen doch nicht etwa sagen, daß dieser junge Mann mein Sohn war?» rief Frau Fang außer sich vor Freude.

«Ja, gnädige Frau! Ja! Er war es!» sagte Buntapfel beglückt. «Hatte ich nicht recht, wenn ich sagte, der junge Herr sei bei dieser Dame gefunden worden?»

«Da war also Ihr geehrter Herr Bruder der Retter meines Sohnes?» rief Frau Fang bewegt. «Wie kann ich ihm dies je danken? Erzählen Sie mir aber nun, bitte, noch, was aus meinem Sohne geworden ist! Ich fühle mich immer noch wie in einem Traum befangen! Was hat Sie in dieses Kloster geführt?»

«Das gnädige Fräulein ist ebenso aufrichtig und ehrlich wie Fräulein Kleinod», mischte sich Buntapfel ein. «Sie brauchen ihr gar nicht viele Dankesworte zu sagen, und sie hat keine Ursache, Ihnen etwas zu verschweigen. Wenn Sie jetzt hören werden, wie alles gekommen ist, werden Sie Ihre Augenbrauen nicht mehr traurig zusammenziehen. Alle Sorgen und Zweifel, die Sie in Ihrem Herzen getragen haben, werden mit einem Male dahin sein! Bitte Fräulein! Erzählen Sie der gnädigen Frau, wie rasch Ihr Gebet Erhörung gefunden hat!»

Goldchen errötete und wurde verlegen. Da Buntapfel ihr aber gleich wieder zuredete, offen zu Frau Fang zu sprechen, tat sie dies denn auch und erzählte ihr, wie Fang Tzu Wen in ihr Haus gekommen war, sie ihn beim Laternenfest gesehen und später als Tiger erblickt hatte. Dann gestand sie ihr auch, daß sie sich mit ihm verlobt hatte, und er jetzt, nach Beendigung seiner Studien, nach Peking gereist sei, um dort seine Prüfungen abzulegen.

Frau Fang hatte ihr anfangs mit großer Freude zugehört, und ihre Hände und Füße hatten vor Erregung gezittert. Als Goldchen dann aber auf ihre Verlobung zu sprechen gekommen war, verfinsterte sich ihre Miene immer mehr und mehr und sie stand entrüstet auf.

«Wie?» rief sie. «Er hat es gewagt, sich mit Ihnen zu verloben? Wie konnte er so pietätlos sein, sich ohne mein Wissen zwei Bräute auszuwählen! Er ist doch von seinem Onkel vor dem Tempel der neun Fichten seiner Cousine Kleinod anverlobt worden! Diese Heirat war eine fest beschlossene Sache! Es ist doch nicht möglich, daß er dieses Verlöbnis, als er in Ihr Haus kam, fallengelassen hat? Oder hat er etwa gar die Verlobung mit seiner Cousine vor Ihrer Mutter verheimlicht? Ich bin außer mir über diese Nachricht! Ich kann es gar nicht fassen, daß er imstande war, hinter meinem Rücken eine Ehevereinbarung mit Ihnen zu treffen und Sie, ein so moralisches, vornehmes Mädchen zu hintergehen!»

Frau Fang hatte ihrer Empörung unverhohlen Ausdruck gegeben. Goldchen stand blutübergossen da, sagte aber kein Wort. Sie hatte sich bei diesem Wutausbruch Frau Fangs gesagt, daß die alte Dame eigentlich vollkommen recht hatte, und es wohl das beste sein würde, wenn Tzu Wen in eine andere Provinz ziehen würde. Dann aber erinnerte sie sich, wie liebevoll er immer von der Mutter gesprochen und wie große Sorgen er sich um sie gemacht hatte. Durch die drei Bedingungen, die er gestellt hatte, konnte man doch deutlich sehen, daß er sowohl pietätvoll wie auch äußerst gewissenhaft war. Sie selbst hatte ihn doch auch als einen aufrichtigen Menschen mit tiefen Gefühlen kennengelernt. Obwohl sie sich das alles vorhielt, brachte sie doch kein Wort über die Lippen.

«Sie dürfen dem jungen Herrn seine Handlungsweise nicht so übel auslegen, gnädige Frau», wandte sich Buntapfel an Frau Fang. «Er ist weder unaufrichtig noch undankbar! Für sein Verhalten wird es sicherlich eine Erklärung geben. Bitten Sie doch das Fräulein, Ihnen alles genau zu erzählen!»

Goldchen senkte tiefbeschämt den Kopf.

«Er... hat... sich... anfangs... geweigert... in diesen Heiratsplan... einzuwilligen...», sagte sie stokkend. «Erst auf vieles Zureden meiner Mutter und meines Bruders hat er sich bereit erklärt, die Ehe mit mir einzugehen, aber erst, nachdem drei Bedingungen, die er stelle, erfüllt sein würden.

«Was waren das für Bedingungen?» wollte Frau Fang wissen.

Goldchen nannte ihr die Bedingungen und erzählte ihr, wie viele Skrupel und Sorgen er sich gemacht hatte, bevor er mit der Verlobung einverstanden war.

«Glücklicherweise brauchen wir nicht zu fürchten, daß er bei den Prüfungen keinen Erfolg haben wird, und die Heiraten daher nicht zustande kommen könnten», meinte Frau Fang.

«Für den Fähigen kommt seine Zeit, für den Ehrgeizigen kommt sein Erfolg», stimmte Buntapfel ihr bei. «Wir sind alle von seinem Können überzeugt.»

Nun aber wollte Goldchen auch Verschiedenes wissen, das Frau Fang betraf, und sie bat sie, ihr zu erklären, wie sie in das Kloster gekommen war. Frau Fang erzählte ihr darauf von ihrem langen Leidensweg nach Shang Yang und verschwieg ihr auch nicht, daß sie von der Äbtissin davon abgehalten worden war, sich das Leben zu nehmen. Goldchen hörte ihr voll Mitgefühl zu und vermochte es nicht, ihre Tränen zurückzuhalten.

«Mein Bruder hat vor einigen Monaten einen Diener nach Ho Nan geschickt, um Sie auffordern zu lassen, bei uns im Hause zu bleiben», berichtete Goldchen. «Er ist noch nicht zurückgekehrt.»

Frau Fang hatte sie, während sie sprach, gemustert. «Dieses Mädchen ist reizend», sagte sie sich heimlich. «Was habe ich doch für ein Glück, zwei so entzückende und tugendhafte Schwiegertöchter zu bekommen!» Das Leid, das sie erlitten hatte, war durch die Güte des Himmels tatsächlich in helle Freude verwandelt worden!

Es war inzwischen schon spät geworden, und Goldchen war sehr betrübt, sich von Frau Fang trennen zu müssen. Sie bedauerte es auch sehr, nicht noch länger mit der Zofe Buntapfel plaudern zu können und sie nicht zur ständigen Gefährtin zu haben. Aber ihre Zofe Jadeflöte kam schon gelaufen, um sie zu holen.

«Gnädiges Fräulein! Der Wagen steht bereit!» meldete sie. «Ihre Mutter hat mir aufgetragen, Sie sehr bald wieder nach Hause zu bringen!»

Es blieb Goldchen nichts anderes übrig, als schweren Herzens von den beiden Abschied zu nehmen. Buntapfel begleitete sie noch bis zur Halle und kehrte dann zu Frau Fang zurück.

Auf der Rückfahrt war Goldchen sehr schweigsam und ließ sich in keine Gespräche mit Jadeflöte und den anderen Zofen ein.

Als Buntapfel sich von Frau Fang verabschiedet hatte und nach Hause gefahren war, eilte sie sogleich in Kleinods Zimmer.

«Da bist du endlich!» rief Kleinod, als sie sie erblickte.

«Heute muß ich Ihnen eine sehr unerfreuliche und eine sehr erfreuliche Nachricht bringen!» sagte Buntapfel. «Die Unerfreuliche ist auch erfreulich und die Erfreuliche ist auch unerfreulich.»

«Was redest du da für wirres Zeug?» fragte Kleinod.

«Ich habe, so wie Sie wünschten, Frau Fang aufgesucht», begann Buntapfel. «Die Arme hat mir bitterlich weinend erzählt, ihr Sohn sei im letzten Spätherbst aus dem Hause gegangen und seither noch nicht zurückgekommen.»

«Aber Buntapfel!» rief Kleinod. «Sprich doch nicht solchen Unsinn! Der Vetter ist doch am fünfzehnten Tage des letzten Monates in die Heimat zurückgekehrt! Er hat dies in seinem Briefe an den Vater doch ganz deutlich gesagt!»

«Sie irren sich, Fräulein!» erwiderte Buntapfel. «Der Brief, von dem Sie sprechen, war gefälscht! Nicht Herr Fang, sondern Ihr Vater hatte ihn geschrieben! Er tat es, damit Sie von Ihrer schweren Krankheit genesen sollten!»

«Aber Frau Fang wußte doch auch von diesem Brief!» rief Kleinod bestürzt.

«Wang Pen hatte ihr davon erzählt», gestand Buntapfel. «Sie hat sich der Täuschung angeschlossen, da sie fürchtete, Sie könnten, wenn man Ihnen die Wahrheit sage, an Ihrer Gesundheit Schaden nehmen!»

«Soll das am Ende heißen, daß man nicht weiß, wo der Vetter ist?» fragte Kleinod erbleichend.

«Ja, Fräulein!» gab Buntapfel zu. «Ich habe Ihnen ja gesagt, daß ich Ihnen eine sehr unerfreuliche Nachricht zu bringen habe.»

«Nein!» fuhr Kleinod auf. «Du hast von einer sehr unerfreulichen Nachricht gesprochen, die aber auch sehr erfreulich ist! Ich weiß wirklich nicht, was ich an dieser Nachricht erfreulich finden könnte!»

«Doch! Die Nachricht ist auch erfreulich!» bestand Buntapfel. «Herr Fang ist gefunden worden!»

«Wo ist er?» fragte Kleinod aufgeregt.

«Hören Sie mich an, gnädiges Fräulein!» sagte Buntapfel. «Ich werde Ihnen alles genau erzählen. Heute erschien plötzlich eine vornehme junge Dame im Kloster zu den weißen Lotusblüten und brannte vor dem Altar der Kuan Yin Weihrauchstäbchen ab. Sie betete um Schutz und Hilfe für ihren Gatten. – Was glauben Sie, Fräulein, wer ihr Gatte ist?»

«Sprich nicht so dummes Zeug», wies Kleinod sie zurecht. «Wie soll ich wissen, wer der Gatte einer Fremden ist!»

«Der Gatte der jungen Dame ist niemand anderer als Herr Fang Tzu Wen aus Ho Nan!» rief Buntapfel. «Er lebt und ist wohlauf! Ist das nicht eine erfreuliche Nachricht?»

«So? Ihr Gatte ist Herr Fang Tzu Wen aus Ho Nan», fragte Kleinod, sich beherrschend. «Ob er die Dame auf der Reise geheiratet hat oder daheim, ist ja einerlei», sagte sie kurz. «Wie aber ist diese Dame in das Kloster zu den weißen Lotusblüten gekommen? Das ist es, was ich wissen möchte! Dein anderes Geplapper interessiert mich nicht!»

«Ich glaube, gnädiges Fräulein, Sie halten das, was ich Ihnen gesagt habe, nicht für wahr?» fragte Buntapfel. «Sie dürfen mir nicht so Unrecht tun! Ich habe die volle Wahrheit gesprochen! Hören Sie mir zu! Heute haben sich im Kloster zu den weißen Lotusblüten Schwiegermutter und Schwiegertochter kennengelernt. Frau Fang war über die unverantwortliche Handlungsweise ihres Sohnes sehr erzürnt.»

«Wirklich?» fragte Kleinod. «Wahrscheinlich wollte er auf seiner einsamen Reise endlich ein Heim finden! Er war wie ein Vogel, der ein Nest sucht, oder ein Fisch, der ins Wasser will. Allem Anschein nach hat er Glück gehabt und das gefunden, was er suchte! – Wie sieht die junge Frau aus?» erkundigte sie sich voll versteckter Neugier.

«Das ist eben eine sehr unerfreuliche Sache», antwortete Buntapfel. «Sie ist von gedrungener Gestalt, ihr borstiges Haar ist von einem mit Perlen und Juwelen überladenen Netz bedeckt. Ihre Wangen sind eingefallen und ihr Gesicht ist teils mit greller Schminke, teils mit einer dicken Schicht Puder überzogen. Trotzdem kann man ihre Pockennarben erkennen. Die Nase gleicht der eines Falken, ihre Augen sind glanzlos und ihre Augenbrauen struppig und ausgezackt. Wenn die Dame den Mund aufmacht, sieht man ihre breiten, gelben Zähne. Ihre Mundwinkel sind voll Speichel, ihre Stimme gleicht der einer Krähe. Sie hat sehr starke Brüste, die hin und her wackeln wie Katzenköpfe. Ihre Kleidung ist auch nichts weniger als schön! Von ihrer Taille hängt ein Rock herunter, den sie nachschleppt und mit dem sie den Boden fegt. Hin und wieder sieht man ihre riesigen

Füße unter ihm hervorscheinen. Trotz all diesen Mängeln scheint die Dame sehr eitel zu sein und sich für eine unwiderstehliche Schönheit zu halten, oder gar für die Frau im Mond! Wie kann eine solche Person einen Mann glücklich machen? Ach Fräulein! Ich weiß nicht, wie Sie sich mit dieser Frau werden vertragen können! Mit ihr zu leben muß eine wahre Hölle sein! Sie wird bestimmt von früh bis abends keifen und Streit suchen!»

Kleinod hatte ihr lächelnd zugehört.

«Du hast die junge Frau sehr klar beschrieben», sagte sie. «Aber hast du mich mit dieser Beschreibung nicht nur auf die Probe stellen wollen? Herr Fang hätte bestimmt nicht in diese Heirat eingewilligt, wenn seine Frau nicht ein sehr wertvoller Mensch wäre.»

«Ach Fräulein, über die Schönheit oder Häßlichkeit dieser jungen Frau wollen wir lieber nicht länger debattieren!» antwortete Buntapfel. «Es ist da eine andere Person, auf die ich sehr böse bin!»

«Wer ist denn das wieder?» fragte Kleinod.

«Ich bin empört über Herrn Fang, diesen Menschen ohne Herz und Gefühl!» erklärte Buntapfel. «Er scheint alle ihm erwiesenen Wohltaten vergessen zu haben und nicht das geringste Pflichtgefühl zu besitzen! Ich mag gar nicht daran denken, daß der Herr Generalzensor ihn zu Ihrem Gatten bestimmt hat! Es ist äußerst bedauernswert, daß Sie mit einem so hemmungslosen Menschen eine eheliche Verbindung eingehen sollen! Frau Fang hat vollkommen recht, wenn sie sich über das Verhalten ihres Sohnes entsetzt!»

«Man kann ihm sein Verhalten nicht so sehr verargen», versuchte Kleinod sie zu beschwichtigen. «Er hat sicherlich seine Gründe gehabt, diese Heirat einzugehen. – Sag mir, was hat die junge Frau noch von ihm erzählt?»

«Sie hat Frau Fang erzählt, daß ihr Bruder, der ein sehr liebevoller Sohn zu sein scheint, vergangenes Jahr nach Hause gereist ist, da seine Mutter erkrankt war. In Huang Dschou hat er diesen herzlosen und gefühlsarmen Herrn Fang aufgefunden, der halberfroren im tiefen Schnee lag. Er hat Herrn Fang mit sich nach Hause genommen und bei sich behalten, damit er seinen Studien nachgehen könne. Dann hat dieser sich mit der Schwester verlobt und die beiden sind bald darauf ein Paar geworden. Man sieht, er hat ganz vergessen, daß ihm der Herr Generalzensor seine einzige Tochter zur Gattin versprochen hatte. Auch die kleine Juwelenpagode, Ihr kostbares Geschenk, war ihm aus dem Sinn gekommen! Kaum war er im Hause Pi gelandet, hat er an das alles nicht mehr gedacht. Man sollte es nicht für möglich halten, daß jemand so undankbar und pflichtvergessen sein kann wie er! Ist das, was er Ihnen angetan hat, etwa nicht ein furchtbares Unrecht?»

Kleinod hatte ihr aufmerksam zugehört. Nach einigem Überlegen sagte sie sich: «Buntapfel will mich zweifellos dazu bringen, Tzu Wen zu hassen. Da sieht man wieder, was für eine engstirnige Denkungsart diese Zofen haben! Sie ist, wie man sieht, ein verständnisloses, unversöhnliches Geschöpf. Aus ihr wird nie eine verträgliche Nebenfrau werden. Aber es gibt leider viele solche streitsüchtige und eigensinnige Charaktere auf der Welt. An den Sinn der menschlichen Beziehungen denken solche Menschen überhaupt nicht! Ich darf das, was sie gesagt hat, nicht ernst nehmen!»

«Wenn ich so kleinlich dächte wie du, würde ich mich schämen», sagte sie zu Buntapfel kurz.

«Sie werden mir doch nicht einreden wollen, Fräulein, daß Sie in Ihrem Inneren nicht auch voll Zorn sind auf Herrn Fang!» rief Buntapfel.

«Weshalb sollte ich ihm zürnen?» fragte Kleinod. «Ich bin überzeugt, daß diese Heirat, die er eingegangen ist, eine Notwendigkeit war. Er mußte sich Herrn Pi doch für die Lebensrettung dankbar erzeigen. Glaubst du, es wäre mir lieber gewesen, zu hören, er sei im Schnee erfroren? Er hat jetzt einen Platz gefunden, um ungestört seinen Studien nachzugehen, und wird sich bei den Examen bestimmt einen großen Namen machen! So junge, leidenschaftliche Menschen wie er werden doch selbstverständlich, wenn sie im gleichen Hause mit einem Mädchen wohnen, den Wunsch bekommen, sich mit diesem zu vereinigen und mit ihm schlafen zu gehen. Vizekommandant Pi wird sehr bald bemerkt haben, was für ein außergewöhnlich talentierter Mensch Herr Fang ist. Sein großes Wissen wird ihm Respekt eingeflößt haben, und so wird er mit dieser Verbindung sicherlich gleich einverstanden gewesen sein. Herr Fang hat gehandelt, wie es den Umständen angemessen war. Er ist ein Mann mit Takt und Gefühl. Im übrigen hat diese Sache für mich natürlich auch eine erfreuliche Seite.»

«Eine erfreuliche Seite?» fragte Buntapfel. «Was kann für Sie an ihr erfreulich sein?»

«Bedenke doch! Wenn Herr Fang zurückkommt, werde ich eine sehr liebe Gefährtin haben und mich nie mehr einsam fühlen», erwiderte Kleinod. «Seine Gattin und ich werden immer beisammen sein und uns gegenseitig bei allem helfen!»

«Sie wollen doch nicht ernstlich behaupten, gnädiges Fräulein, daß Sie sich darauf freuen mit dieser häßlichen jungen Frau beisammen zu sein!» rief Buntapfel. «Mit dieser Person können Sie sich doch unmöglich vertragen!»

«Weshalb nicht?» wunderte sich Kleinod. «Beginnt sie zu streiten, weil sie die Erste sein möchte, werde ich sie eben die Erste sein lassen, und wenn sie findet, daß sie die Bedeutendere von uns beiden ist, werde ich ihr recht geben. Wenn ich immer nachgebe und keinen Streit aufkommen lasse, werden wir sehr gut miteinander auskommen!»

Buntapfel lächelte schelmisch.

«So ein Mädchen wie Sie, Fräulein Kleinod, kann man wirklich schwer wieder finden!» rief sie begeistert aus. «Ich wage es nicht, Sie noch länger anzuschwindeln und will Ihnen jetzt die volle Wahrheit sagen! Es ist eben eine, wie ich Ihnen sagte, unerfreuliche aber doch erfreuliche Angelegenheit! Hören Sie mich an, Fräulein! Die junge Dame ist ein ebenso kultiviertes und gutgesittetes Mädchen wie Sie. Herr Fang ist weder pflichtvergessen noch undankbar.» Sie erzählte Kleinod von den drei Bedingungen, die er für die Eingehung der Ehe mit Fräulein Pi gestellt hatte. «Jetzt muß erst von beiden Seiten gewartet werden, bis er sich einen großen Namen gemacht hat», sagte sie. «Dann aber werden alle Herzenswünsche erfüllt werden können. Sie sehen, gnädiges Fräulein, es ist eine sehr erfreuliche Sache!»

«Gewiß!» gab Kleinod zu. «Aber es gibt auch etwas sehr Unerfreuliches an dieser Angelegenheit!»

«Ja, was denn?» fragte Buntapfel erstaunt.

«Als ich vorhin durch das Bibliothekszimmer ging, habe ich auf dem Tisch die Liste der Erfolgskandidaten liegen gesehen», berichtete sie. «Der Name Fang aus Ho Nan befand sich nicht darauf. Die Heiraten werden daher nicht zustande kommen und eine bloße Hoffnung bleiben. Wenn Herr Fang bei der Prüfung keinen Erfolg gehabt hat, wird er es nicht wagen, meiner Mutter unter die Augen zu treten.»

Buntapfel kam sich bei diesen Worten wie eine von einem Donnerschlag aufgescheuchte Ente vor. Erst blieb sie wie erstarrt stehen, dann aber faßte sie sich und rief:

«Ich kann es nicht glauben! Herr Fang muß auf der Liste sein! Wer weiß, vielleicht hat er seinen Namen oder seinen Wohnort geändert?»

«Nein, Buntapfel! Weshalb sollte er seinen Namen oder seinen Wohnort geändert haben, er hat doch keine Feinde! Nein, wir müssen uns damit abfinden, er ist nicht unter den Kandidaten, die sich bei den Examen ausgezeichnet haben! Hätte er Erfolg gehabt, wäre er schon nach Shang Yang gekommen. Mein Vater hat sein Versagen wahrscheinlich vor mir verheimlichen wollen. Ich verstehe jetzt auch, weshalb er in den letzten Tagen so bedrückt war. Du mußt über diese Heiratsangelegenheit mit Fräulein Pi strenges Stillschweigen bewahren, es würde ihn nur noch trauriger machen, wenn er von ihr erführe. Wer weiß, ob er nicht sogar schwer erkranken könnte! Meine Mutter darf selbstverständlich auch nichts von dieser Sache erfahren, sie würde sich bestimmt wieder über Herrn Fang lustig machen. Versprich mir, auch zu Wang Pen nicht davon zu sprechen.»

Buntapfel versprach ihr, die Sache streng geheim zu halten.

Goldchen hatte auf der Fahrt nach Hause den Zofen aufgetragen, kein Wort über das, was sich im Kloster zugetragen hatte, zu verraten. Sie wollte das Zusammentreffen mit Frau Fang sowohl vor der Mutter wie auch vor ihrem Bruder und der Schwägerin geheimhalten. Da sie sich aber als gute Schwiegertochter erweisen wollte und in Sorge um das Befinden von Frau Fang war, zerbrach sie sich den Kopf, wie sie es bewerkstelligen sollte, mit ihr wieder in Verbindung zu treten.

Einige Tage später sagte sie ihrer Mutter, sie habe,

als sie im Kloster zu den weißen Lotusblüten vor dem Altar der Kuan Yin ihre Andacht verrichtet hatte, ein seidenes Taschentuch und einen Fächer dort liegen lassen.

«Ich muß sie holen lassen», erklärte sie. «Da es aber Dinge aus dem Frauengemach sind, wäre es unschicklich, einen Bedienten damit zu betrauen. Ich möchte, daß Jadeflöte in das Kloster fährt.»

Frau Pi gab gleich den Auftrag, einen Wagen bereitzustellen, und befahl Jadeflöte, in das Kloster zu fahren und das Taschentuch und den Fächer zu holen.

Goldchen war inzwischen in ihr Zimmer geeilt und hatte die hundert Goldstücke, die ihr der Bruder vor kurzem für den Ankauf von Haarschmuck geschenkt hatte, hervorgeholt und sie in einen selbstverfertigten Beutel gegeben. Dann richtete sie noch ein Paar warme Bettschuhe, Kniewärmer und verschiedene Toilettengegenstände bereit und gab Jadeflöte den Auftrag, diese Sachen im Kloster Frau Fang zu übergeben.

Wie es nun schon so ist, daß gute Werke Glück nach sich ziehen, war Buntapfel an diesem Tage auch wieder in das Kloster zu den weißen Lotusblüten gefahren. Beide Zofen suchten Frau Fang auf und beide erzählten ihr von den tiefen Gefühlen, die ihre Gebieterinnen für sie hegten. Buntapfel und Jadeflöte fanden bald solchen Gefallen aneinander, daß sie sich vor dem Altar der Kuan Yin Schwesterschaft gelobten. Frau Pi hatte Jadeflöte aufgetragen, rasch wieder nach Hause zu kommen. So verabschiedete sie sich bald von Frau Fang und ihrer neuen Freundin und fuhr heim.

Buntapfel leistete Frau Fang noch über Mittag Gesellschaft; als sie am Abend nach Hause fahren wollte, setzte mit einem Male ein wütender Sturm ein, und es begann in Strömen zu regnen. Es blieb ihr daher nichts anderes übrig, als im Kloster zu bleiben und mit Frau Fang das Lager zu teilen. Sie hatte einen sehr leisen Schlaf, und da sie hörte, daß Frau Fang sich schlaflos von einer Seite auf die andere wälzte, fragte sie sie, ob sie sich nicht wohl fühle oder Schmerzen habe. Frau Fang hatte sich durch ihre vielen Sorgen und die Strapazen der weiten Reise ein Magen-Herz-Leiden zugezogen. Auf Buntapfels Frage gestand sie ihr diese Krankheit, trug ihr aber auf, Kleinod nichts davon zu sagen.

«Wenn Sie es nicht wollen, daß ich zu ihr von dieser Krankheit spreche, dann werde ich es natürlich nicht tun», versicherte Buntapfel. «Aber warum lassen Sie sich nicht von einem Arzt eine Arznei verschreiben?»

«Meine Krankheit ist nicht mit Medizinen zu heilen», erklärte Frau Fang. «Ich kenne den Ursprung von Hunderten von Krankheiten und weiß, mit welchen Mitteln man sie vertreiben kann. Die Krankheit, die ich habe, kann nur durch ein Wiedersehen mit meinem Sohne gut werden.»

Buntapfel versuchte es, so gut es ging, sie mit Worten zu trösten, und als es Morgen geworden war, stieg sie in die Kutsche und fuhr nach Hause.

Unglückseligerweise war es der Zofe Rotwolke zu Ohren gekommen, daß Buntapfel die Nacht im Kloster verbracht hatte.

«Oho!» sagte sie sich. «Sie ist über Nacht bei den Nonnen geblieben! Das ist eine sehr merkwürdige Sache! Das muß ich gleich der gnädigen Frau erzählen!»

«Gnädige Frau! Gestern hat sich etwas sehr Merkwürdiges ereignet!» berichtete sie Frau Tschen, als diese aufgewacht war.

«Warum bist du denn so aufgeregt?» fragte Frau Tschen. «Was ist denn geschehen?»

«Denken Sie nur, gnädige Frau, diese Dirne Buntapfel ist gestern über Nacht bei den Nonnen des Klosters zu den weißen Lotusblüten geblieben!» erzählte sie. «Es ist draußen schon ganz licht, und sie ist noch immer nicht nach Hause gekommen! Da muß doch etwas dahinterstecken! Die Sache gibt jedenfalls zu denken!»

«Das ist wirklich eine sehr verdächtige Angelegenheit!» rief Frau Tschen überrascht. «Es möchte mich gar nicht wundern, wenn meine Tochter selbst auch so etwas Unsittliches täte! Wie kann sie ihre Zofe über Nacht im Kloster bleiben lassen! – Geh gleich in das Empfangszimmer und warte dort, bis Buntapfel zurückkommt! Wenn sie aus der Kutsche gestiegen ist, sag ihr, sie soll sofort zu mir kommen!»

«Gut, gnädige Frau!» antwortete Rotwolke. «Aber ich bin sicher, diese raffinierte Person wird sich schon die Hilfe der anderen Zofen gesichert haben!»

«Das kann schon sein», stimmte ihr Frau Tschen bei. Da ihr die Worte Rotwolkes zu denken gaben, befahl sie ein paar Dienerinnen, sofort dafür zu sorgen, daß «der Vogel nicht aus dem Käfig entwischen könne». Sie trug ihnen auch auf, sich sehr still zu verhalten, damit ihr Gatte im Bibliothekszimmer nichts erfahre. Ohne viel Aufsehen zu machen, sollten sie im Raume neben dem Empfangszimmer auf Buntapfel warten.

Als nun Buntapfel ahnungslos aus der Kutsche stieg, sah sie sich plötzlich von allen Seiten von den Zofen Frau Tschens umringt. Erst erschrak sie sehr, doch dann faßte sie sich schnell und fragte:

«Die gnädige Frau hat wohl nach mir gefragt?»

«Ja, so ist es», erwiderten die Dienerinnen. «Komm nur rasch, sie wartet auf dich!»

Obwohl Buntapfel sehr aufgeregt war, antwortete sie

doch sehr gelassen: «Gut, ich komme! Ich habe ja nichts zu fürchten!»

Rotwolke klatschte in die Hände und brach in schallendes Gelächter aus.

«So? Du tust ja, als hättest du nichts auf dem Gewissen!» sagte sie. «Sag mir doch, mit wem hast du gestern nacht zusammen gesegelt?»

«Wieso bist du so gut unterrichtet über das, was ich tue?» fragte Buntapfel. «Ich gestehe, ich habe gestern etwas Außergewöhnliches erlebt. Die Schönheiten Shih Dschih und Wang Mu sind meine Bettgefährtinnen gewesen. Ich habe mit ihnen geschlafen bis zum Morgengrauen!»

«So? So?» riefen die Dienerinnen. «Das ist wirklich ein außergewöhnliches Erlebnis! Du hast die gestrige Nacht also mit der Shih Dschih und der Wang Mu verbracht! Heute wird es wohl die Hsüan Nü der neun Himmel sein!» Als sie noch weiter höhnten, erblickten sie plötzlich Frau Tschen, die sich mittlerweile in die Halle gesetzt hatte. Sie eilten schnell zu ihr und riefen:

«Gnädige Frau! Buntapfel ist soeben gekommen! Da ist sie!»

Frau Tschens Gesicht verfärbte sich vor Zorn.

«Du gemeines Geschöpf!» fuhr sie auf Buntapfel los. «Du machst ja feine Sachen! Warum kniest du nicht nieder vor mir?»

«Wenn Sie es befehlen, werde ich es nicht wagen, nicht vor Ihnen niederzukunien, gnädige Frau», antwortete Buntapfel, niederkniend. «Ich begreife nicht, weshalb Sie so böse auf mich sind!»

«Bist du etwa nicht heimlich ins Kloster gegangen, du gemeines Geschöpf!» herrschte Frau Tschen sie an.

«Ich bin nicht heimlich ins Kloster gegangen», wehrte sich Buntapfel. «Das Fräulein Kleinod hat mir den Auftrag gegeben, dort Weihrauchstäbchen abzubrennen!»

«Und hast du etwa nicht bei den Novizinnen übernachtet?» schrie Frau Tschen.

«Ich wollte schon abends nach Hause fahren, doch gerade als ich mich aufmachen wollte, brach ein furchtbares Gewitter los. Es blieb mir nichts anderes übrig, als im Kloster zu übernachten», erwiderte Buntapfel.

«Mit wem bist du im Bett gelegen?» wollte Frau Tschen wissen.

«Mit der Äbtissin», log Buntapfel.

«Gemeine Person!» rief Frau Tschen. «Na warte, du bekommst jetzt die Prügel, die du verdienst!»

«Sie sind doch auch oft in Ihrem Kloster über Nacht geblieben, gnädige Frau», wehrte sich Buntapfel. «Weshalb finden Sie es so anstößig, wenn ich es diesmal tat?»

«Was?» schrie Frau Tschen außer sich vor Wut. «Du willst auch noch frech werden, du Luder!» Blind vor Zorn ließ sie Buntapfel von den Dienerinnen die Kleider vom Leibe reißen und schlug mit Rotwolke mit aller Kraft auf sie ein.

«Schlag nur fest zu, Rotwolke!» befahl sie der Zofe. «Du brauchst kein Mitleid zu haben mit ihr! Schlag sie tot, diese niederträchtige Hure!»

Unter den Dienerinnen befanden sich auch einige, die mit Buntapfel befreundet waren. Sie knieten sich vor Rotwolke nieder und flehten sie an, Buntapfel zu schonen.

Rotwolke aber lachte nur höhnisch.

«Ich tue das, was mir die gnädige Frau befohlen hat», erklärte sie brutal und schlug wie wild mit ihrer Peitsche auf Buntapfel ein.

Die kleine Zofe Hsiu Lien, die den Dienst des Teebereitens versah, und die von Buntapfel immer sehr freundlich behandelt worden war, hatte die Schlägerei mitangesehen und war in heller Aufregung zu Kleinod gelaufen. Auf der Treppe stieß sie mit Herrn Tschen zusammen, dem es auffiel, wie verstört sie war.

«Ja, was ist denn mit dir, Hsiu Lien?» fragte er sie. «Warum bist du so aufgeregt?»

«Oh, Herr Generalzensor!» antwortete Hsiu Lien. «Die gnädige Frau und Rotwolke schlagen Buntapfel halbtot!»

Voll Empörung stürzte Herr Tschen in den Saal und sah Buntapfel auf dem Boden liegen. Die Dienerinnen hatten ihr die Kleider vom Leibe gerissen. Grüngelb vor Wut schimpfte seine Frau auf Buntapfel los: «Du gemeines Geschöpf! Du Dirne!»

Ihre Worte erregten Herrn Tschen nur noch mehr. Ohne zu fragen, was geschehen war, brüllte er mit Donnerstimme:

«Ihr gewissenlosen Leute! Wie könnt ihr es wagen, dieses brave Mädchen zu schlagen!»

Buntapfel war, als sie seine Stimme vernahm, schnell aufgesprungen und davongelaufen, und auch Rotwolke suchte rasch das Weite.

Frau Tschen sah, daß sie jetzt machtlos geworden war, und knirschte mit den Zähnen vor Haß.

«Du sollst nur wissen, daß deine Lieblingskonkubine heimliche Liebschaften hat!» fuhr sie ihn an.

Herr Tschen ahnte sofort, daß Rotwolke wieder Verleumdungen verbreitet hatte. Diesmal aber, das schwor er sich, sollte sie ihm nicht entkommen! Jetzt wollte er den Zorn in seiner Brust an ihr entladen und sie so schlagen, wie sie Buntapfel geschlagen hatte.

Rotwolke pflegte jeden Morgen in den Garten zu gehen, um für Frau Tschen frische Blumen zu pflücken. Wie hätte Frau Tschen auf den Gedanken kommen können, ihr Gatte werde seinen Dienern befehlen, sie im Garten abzufangen? Rotwolke sah sich plötzlich von ein paar Dienern gepackt, und diese brachten sie zu Herrn Tschen.

«Du bösartige Intrigantin!» schrie Herr Tschen sie an. «Ich werde dir zur Strafe für deine Machenschaften die Haut vom Leibe reißen und dir die Muskeln freilegen!»

«Aber gnädiger Herr!» rief Rotwolke. «Warum sind Sie denn so böse auf mich? Ich habe doch nichts getan! Ach, jetzt weiß ich's! Das ist wahrscheinlich die Vergeltung für Buntapfel! Die gnädige Frau hat erfahren, daß Buntapfel über Nacht im Kloster geblieben ist, und da sie sehr darauf hält, daß man sich in ihrem Hause an die Regeln der Sitte hält, hat sie mir befohlen, Buntapfel zu schlagen. Wenn eine Zofe die Nacht in einem Kloster verbringt, dann kann man das doch nicht ungestraft lassen! Warum soll ich, die ich vollkommen unschuldig bin, gestraft werden? Ich habe doch nichts getan»!

«Du niederträchtiges Ding!» rief Herr Tschen. «Du willst dich jetzt wohl mit schönen Worten herausreden? Du bekommst deine Hiebe für die Lügen, die du fortgesetzt verbreitest, und die bösen Pläne, die du immer im Herzen hast!» Er schob die Diener beiseite und stieß Rotwolke in das Bibliothekszimmer hinein, um ihr dort ihre wohlverdienten Schläge zu verabfolgen.

Buntapfel wußte sehr gut, daß es ihretwegen war, daß es Rotwolke jetzt so erging, wie es ihr zuvor ergangen war. Sie ging aufgeregt zu Kleinod, um ihr zu erzählen, was geschehen war. Kleinod eilte in das Bibliothekszimmer. Als Herr Tschen sie erblickte, legte sich seine Wut ein wenig.

«Helfen Sie mir, Fräulein Kleinod!» flehte Rotwolke. «Retten Sie mich!»

«Bitte, Vater, verzeih ihr, was sie getan hat», bat Kleinod den Vater. «Du bist schon hoch in den Jahren, laß sie laufen, sie ist es nicht wert, daß deine Gesundheit Schaden nimmt. Wenn du sie schlägst, wird der Haß der Mutter gegen Buntapfel nur noch ärger werden!»

«Pack dich, Rotwolke», sagte Herr Tschen.

«Vielen Dank, Fräulein Kleinod», rief diese, rasch davon eilend.

Frau Fang hatte ein tiefes Dankgebet an die Göttin Kuan Yin gerichtet, die ihr zu zwei so wunderbaren Schwiegertöchtern verholfen hatte. Sie nahm sich vor, die hundert Goldstücke, die ihr Jadeflöte gebracht hatte, Kuan Yin zum Opfer zu bringen und aus ihnen goldene Blätter für ihre Statue anfertigen zu lassen. «Sollte ich hier in diesem Kloster auch meinen Sohn wiedersehen, und sollte er sich bei den Examen ausgezeichnet haben, dann will ich eine siebenstöckige Pagode errichten lassen und dafür sorgen, daß die buddhistische Lehre im ganzen Lande verbreitet wird!» gelobte sie.

XVII. KAPITEL

Fang Tzu Wen begibt sich, verkleidet, in den Garten des Palais Tschen

Fang Tzu Wen hatte sich, nachdem er seine Studien in Nan Tschang abgeschlossen hatte, in die Kandidatenliste für das Staatsexamen in Peking als Fang Ting aus Nan Tschang einschreiben lassen. Seine Leistungen waren so hervorragend, daß er bei allen Prüfungen als der Erste hervorging. Sehr beglückt über diesen großen Erfolg richtete er ein Schreiben an den Hof, in dem er auf die große Wichtigkeit der Lebensmittelversorgung des Landes hinwies und verschiedene Anregungen zu der Lösung dieser Frage gab. Der Kaiser war über seine klaren Darlegungen sehr erfreut und verlieh ihm den hohen Posten eines Inspektors über sieben Provinzen. Fang Tzu Wen hatte noch ein anderes Schreiben an den Hof gerichtet, in dem er seine Absicht kundgab, sich mit der Tochter des Generalzensors Tschen und der Schwester des Vizekommandanten Pi zu verehelichen. Sein Ansuchen wurde bewilligt, und er erhielt auch die Erlaubnis, da beide Familien sich derzeit in Shang Yang aufhielten, die beiden Hochzeiten am gleichen Tage stattfinden zu lassen und seine Inspektionsreise erst nach seiner Verheiratung antreten zu müssen. Er schickte darauf gleich einen Boten nach Ho Nan, um seine Mutter holen zu lassen, und beeilte sich, so rasch wie möglich nach Shang Yang zu kommen. Was war dies doch für eine glanzvolle Reise! In jedem Hafen und an jeder Poststation, durch die er kam, sah man die Amtsgebäude mit bunten Guirlanden geschmückt, und überall wurde er mit Musik empfangen. Die Offiziere und hohen Beamten erschienen in ihren Galauniformen mit blitzenden Helmen und Waffen. In jedem Distrikt wurden für ihn festliche Bankette gegeben, und jedermann sprach ihn mit «Seine Exzellenz» und «Hoher alter Herr» an. Sein Schiff machte aber auch einen höchst imposanten Eindruck. Rote und grüne Banner, auf denen die Zeichen «Vom Hofe ernannter Inspektor» standen, wehten von den Masten. Auf rotlackierten Tafeln stand in Lettern aus Gold «Träger des ersten Preises bei den kaiserlichen Examen» und auf den großen roten Laternen waren seine Ranginsignien verzeichnet.

Es dauerte nicht lange, da hatte das Schiff das Gebiet von Shang Yang erreicht.

«Wir sind angekommen», meldete ihm sein Adjutant.

«Veranlassen Sie, daß keiner der Beamten mich begrüßen kommt!» befahl ihm Fang Tzu Wen. «Jeder soll in seinem Yamen bleiben und seiner Arbeit nachgehen!» Er hatte vom Hofe den Befehl bekommen, in erster Linie alle Korruptionsfälle aufzudecken und rücksichtslos gegen alle bestechlichen Beamten vorzugehen. Aus diesem Grunde wollte er unerkannt bleiben. Er nahm sich vor, verkleidet durch die Straßen zu gehen und sich auf diese Weise mit den Meinungen der Bevölkerung vertraut zu machen. Gleichzeitig wollte er auch seiner Tante verkleidet entgegentreten und ihre Gesinnung auf die Probe stellen. Bei dieser Gelegenheit konnte er dann auch in Erfahrung bringen, ob Herr Tschen und Kleinod ihn nicht in der langen Trennungszeit vergessen hatten.

Bevor er an das Ufer stieg, gab er den Matrosen den Auftrag, sofort sämtliche Banner und Inschriften-Tafeln zu entfernen, keine Gongs anzuschlagen und über seine Ankunft strengstes Stillschweigen zu bewahren. Sollte Vizegouverneur Pi nach ihm fragen, solle man ihm ausrichten, er sei in die Purpursteinstraße in das Palais Tschen gegangen, aber auch er möge niemandem verraten, daß er bereits angekommen sei.

«Wünschen Sie sich jetzt umzukleiden?» fragte ihn sein Diener.

«Ja», antwortete Fang Tzu Wen. «Bring mir meine Fischtrommel, die Bambus-Schreibtafel und meine Taoistenkappe!»

Er legte seinen schwarzseidenen Beamtenhut ab und stülpte sich eine alte Taoistenmütze auf den Kopf, dann zog er seine schwarzen Lederschuhe aus und wählte statt ihrer alte Filzpantoffeln. Dann vertauschte er seine Beamtenuniform mit einer Mönchskutte und versteckte in deren Taschen ein wenig Gold und Silber. Nun brauchte er sich nur mehr einen Strick um die Hüften zu binden und seine Verkleidung war fertig. Jetzt sah er wirklich kaum anders aus als damals, da er das erste Mal nach Shang Yang gekommen war.

Er trat an den Bug des Schiffes und blickte um sich.

«Seine Exzellenz will ans Ufer steigen, seid ihm behilflich!» rief einer der Matrosen seinen Kameraden mit lauter Stimme zu.

«Du Dummkopf!» flüsterte Fang Tzu Wen ihm zu. «Habe ich euch nicht befohlen, euch ruhig zu verhalten und kein Aufsehen zu machen!»

«Verzeihen Sie, Herr Inspektor!» entschuldigte sich der Mann. «Wir werden uns jetzt streng an Ihren Auftrag halten.»

Als Fang Tzu Wen ans Ufer kam, wehte ihm ein kalter Wind entgegen, und er sah, daß die meisten Bäume bereits ihre Blätter verloren hatten. Es ging ja schon dem Herbste zu! Er erinnerte sich daran, wie er damals diesen Damm entlang gegangen war und wie verloren er sich vorgekommen war. Wie hätte er ahnen können, daß er noch einmal in diese Gegend kommen werde! Der Frost schien schon früh eingesetzt zu haben, denn man sah nur mehr die Blätter der Ahornbäume rot wie Feuer leuchten. Nirgends konnte man mehr das Grün von Weiden erblicken, es war dahingeschwunden wie der Blitz.

«Das Heute kann das Gestern nicht mehr zurückholen», sagte er sich. «Hätte ich mir nicht Ruhm und Erfolg errungen, gäbe es keine Möglichkeit für mich, mein Eheversprechen einzulösen.» Er seufzte.

«Mein Aussehen, als ich das erste Mal in das Palais Tschen kam, muß meiner Tante wirklich großen Kummer bereitet haben», sagte er sich. «Meiner armseligen Kleidung wegen hat sie sich vor ihrer Dienerschaft geschämt und darüber vergessen, daß wir doch dem gleichen Stamme entwachsen sind. Wie sicher war sie, daß aus mir niemals etwas werden würde! Aber es heißt doch: ‚Ein Jüngling muß aus eigenem Antrieb zur Macht gelangen‘, und ‚Mißerfolg stärkt den Ehrgeiz.‘ Heute werde ich ihr Herz auf die Probe stellen, sie, die es nicht ahnt, daß in der Tasche meiner Kutte mein goldenes Beamten-Siegel steckt! Wird sie mit ihren vornehmen Augen in mir den Preisträger bei den kaiserlichen Examen erkennen? Ich fürchte, nein.»

Unter solchen Überlegungen war er bald in der Stadt angelangt. An den Stadtmauern sah er überall große Aufschriften kleben. Auf einer derselben waren die von Tao Tai anbefohlenen Dammarbeiten angeführt, auf einer anderen standen strenge Verbote gegen Bordelle und Spielhöllen, dann gab es Anschlagtafeln mit der Anführung der Strafen wegen Betrunkenheit und wieder auf einer anderen konnte er eine Veröffentlichung über die staatliche Einziehung alter Kupfermünzen lesen. Auch gab es der Mauer entlang Holzpfähle, an denen Verbrecher oder Diebe angebunden waren.

«Ich habe schon gehört, daß der hiesige Präfekt ein sehr korrekter und fähiger Mann ist», fiel ihm ein. «Er scheint jedenfalls sehr tatkräftig und streng zu sein.»

Als er in die Nähe des Stadttores kam, sah er dort ein großes Gedränge. Die Läden waren bereits geöffnet. Aus allen Provinzen des Landes wurden hier Gegenstände feilgeboten. Da gab es tausenderlei Arzneien, Damaste, Gaze und Seide aus Ssu Dschou und Han Kau, reinweißes Porzellan, geflochtene Matten, Pinsel und Tusche aus verschiedenen Gegenden, dann Reis, Öle und Spirituosen, künstliche und frische Blumen, Tuchwaren und hundert Dinge mehr zu kaufen. Auf den Terrassen produzierten sich Sänger und Musiker, und in den kleinen Höfen waren Teestuben untergebracht. Auf anderen Plätzen wieder priesen Kaufleute Kupfer- und Messinggegenstände an, man konnte sehr schöne Holzreliefs sehen mit reichgeschnitzten Blumen, und natürlich gab es auch eine Reihe von Astrologen und anderen Schicksalsdeutern.

Fang Tzu Wen erinnerte sich plötzlich an die Worte,

die der Wahrsager in Huang Dschou zu ihm gesagt hatte. «Dieser Hsü Hsi war eigentlich gar nicht so übel!» sagte er sich. «Er hat mir doch prophezeit, daß ich an den Hof kommen werde. Auch alles andere, das er vorausgesagt hat, war richtig. Wo mag der Mann heute wohl sein?» Er ging, in Gedanken vertieft, weiter.

«Bei dieser Straße muß ich abbiegen und dann nach Osten weitergehen», ging es ihm durch den Kopf. Er blickte sich nach allen Seiten um und mußte sich eingestehen, daß Shang Yang wirklich eine sehr schöne Stadt war. «So breite Straßen und Plätze kann man in anderen Städten nicht finden», stellte er fest. «Auch die Passanten sehen alle wohlhabend und vornehm aus. Das Leben hier ist eben viel leichter als in Ho Nan, wo die Bevölkerung so viel unter den Überschwemmungen zu leiden hat.»

Er war jetzt vor dem Stadttempel angelangt, und hier war das Treiben noch lebhafter als in der Stadt selbst. Da gab es Märchenerzähler, Wundärzte, Boxkämpfer, Ringer, Schwertschlucker, Arzneienverkäufer, Jongleure, Spielwarenbuden und unzählige andere kleine Läden. Man vermochte gar nicht alles zu übersehen. Die Frauen und Mädchen, die hier spazierengingen, waren fast durchwegs sehr anmutig und hübsch, und auch die Jünglinge sahen recht gepflegt und sympathisch aus.

Plötzlich bemerkte Fang Tzu Wen einen Wahrsager, der gerade einem Kunden aus den Gesichtszügen die Zukunft voraussagte.

«Ob er wohl aus meinen Gesichtszügen herauslesen würde, daß ich als Erster bei den kaiserlichen Examen hervorgegangen bin und als Gast in den Himmelswolken weilte?» fragte er sich. «Ich glaube eher, er wird mich für den Bettelmönch halten, der ich zu sein vorgebe, und mir nicht viel Gutes sagen.» Er wollte gerade auf den

Mann zugehen, da bemerkte er, daß er ja schon vor dem Seitentore des Palais Tschen stand. Da das Tor nur angelehnt war, öffnete er es und trat ein. Sogleich umfing ihn der berückende Duft unzähliger Blumen, und der Anblick des schöngepflegten Gartens ergötzte ihn sehr. Kaum war er aber ein paar Schritte durch die moosbewachsenen Wege gegangen, da hatte ihn der Torhüter bemerkt.

«Wie können Sie es wagen, den Blumengarten eines Privathauses zu betreten!» schrie der Mann ihn an. «Hier ist es nicht erlaubt, zu betteln!»

«Erkennen Sie mich nicht?» fragte ihn Fang Tzu Wen.

«Wie sollte ich Sie denn kennen?» brummte der Torhüter.

«Sehen Sie mich nur genau an, vielleicht erkennen Sie mich doch!» drängte ihn Fang Tzu Wen.

«Ach, achtfüßige Schlange! Sind Sie nicht der Taoistenmönch, der im vergangenen Jahr den Sutra vom Erhalten des Lebens rezitiert hat?» meinte der Alte.

«Nein, der bin ich nicht», antwortete Fang Tzu Wen.

«Dann weiß ich nicht, wer Sie sind!»

«Ich bin der Neffe der Frau Tschen», erklärte Fang Tzu Wen.

«Was? Sie sind der Herr Fang aus Ho Nan?»

«Sehr richtig, der bin ich.»

«Warum tragen Sie denn eine Kutte? Sind Sie denn Mönch geworden?»

«Ja, ich bin seit einem Jahr Mönch.»

«Was für einem Glauben gehören Sie an?»

«Ich bin Taoist.»

«Und worin besteht da Ihre Aufgabe?»

«Ich wandere durch die Wolken und durch die vier Meere und verdiene mir meinen Lebensunterhalt durch das Singen von Liedern.»

«Das muß ein ganz angenehmes Leben sein», meinte der Mann. «Der Herr Generalzensor spricht oft von Ihnen. – Was hat Sie denn heute hierhergeführt?»

«Ich möchte meinen Onkel und meine Tante besuchen», antwortete Fang Tzu Wen.

«Nun, Sie kennen ja den Weg, gnädiger Herr», sagte der Torhüter. «Bitte gehen Sie also weiter.»

Man wird sich fragen, wie es kommt, daß der Mann diesmal viel freundlicher zu Fang Tzu Wen war. Das ist aber sehr einfach zu erklären. Herr Tschen hatte Rotwolke wegen ihres unverschämten Benehmens gegenüber Fang Tzu Wen beinahe zu Tode geschlagen, und da der Torhüter natürlich davon erfahren hatte, wagte er es nicht, unhöflich zu sein.

Diesmal ging Fang Tzu Wen mit ganz anderen Gefühlen durch den Garten als das letzte Mal. Aber nicht nur seine Stimmung hatte sich geändert, auch die Stimmung der Landschaft war eine andere geworden. Dichte gelbe Chrysanthemen waren überall zu sehen und auf den Wegen lagen abgefallene Blätter. Bewundernd blickte Fang Tzu Wen von der Brücke aus in das klare Wasser, das sich durch das Schilfgras einen Weg bahnte. Alte und neue Gedanken strömten verwirrend auf ihn ein.

Plötzlich erblickte er ein Mädchen von etwa dreizehn oder vierzehn Jahren, das sein Haar nach Art der Dienerinnen zu einem Knoten geflochten trug und gemächlich durch die Wege spazierte. Er trat von rückwärts auf die Kleine zu und sprach sie an.

«Fräulein! Darf ich Sie ein wenig stören?» fragte er leise.

Die Zofe hatte gerade frische Blumen gepflückt und dabei an ein vergangenes Erlebnis gedacht. Bei seinem Anruf erschrak sie sehr.

«Wer sind Sie?» fragte sie entsetzt. «Wie kann ein Bettelmönch es wagen, sich hinter mich zu schleichen und mich anzusprechen?»

«Ich bin nicht hierher gekommen, um zu betteln, sondern um eine Verwandte zu besuchen», erwiderte Fang Tzu Wen.

«Eine Verwandte? Wer ist Ihre Verwandte?»

«Ich suche eine Verwandte, die hier als Zofe angestellt ist und Buntapfel heißt», antwortete er. «Bitte sage ihr, daß ich sie sprechen möchte.»

Die Kleine blickte ihn voll Mißtrauen an.

«Buntapfel hat doch gar keine Verwandten», sagte sie sich. «Was kann dieser Mensch von ihr wollen? Er scheint nicht aus dieser Gegend zu sein, er ist zwar ganz hübsch, kommt mir aber nicht sehr vertrauenswürdig vor. Daß er mit Buntapfel verwandt ist, kann nur eine Lüge sein! Aber was liegt daran, ich werde Buntapfel sagen, daß er sie sprechen will.» Sie ging zum Hause zurück und rief in das erste Stockwerk hinauf:

«Buntapfel, komm schnell in den Garten, ich habe dir etwas auszurichten!»

Buntapfel blickte zum Fenster hinunter und sah die Zofe «Kleine Mandelblüte» unten stehen.

«Was willst du denn? Warum schreist du so?» fragte sie.

«Ich muß dir etwas sehr Komisches erzählen», antwortete Kleine Mandelblüte lachend. «Ein Bettelmönch wartet bei der Brücke auf dich. Er ist ein recht hübscher Mann, dürfte in deinem Alter sein und behauptet, er sei mit dir verwandt.»

«Du willst mich wohl zum Narren halten, du freches Ding!» rief Buntapfel. «Du weißt doch, daß ich keine Verwandten habe. Was will denn dieser Mönch von mir? Oder ist vielleicht gar niemand gekommen, und du willst mich bloß in den Garten locken? Wehe dir! Wenn das so ist, erzähle ich es Fräulein Kleinod und du wirst deine Hiebe bekommen!»

«Aber Buntapfel! Es ist wahr! Komm und sieh selbst, ob ich gelogen habe!» wiederholte die Kleine.

«Nein, nein», erklärte Buntapfel. «Ich gehe nicht hinunter. Du bist eine falsche Person und hast bestimmt nur dummes Zeug daher geredet!»

«Wie kannst du behaupten, daß ich falsch bin!» rief Kleine Mandelblüte beleidigt. «Sei nicht so ungerecht zu mir. Sieh dir den Mönch doch endlich an!»

«Das tue ich auch! Das tue ich auch!» stimmte sich Buntapfel plötzlich um. Sie kam die Treppe herunter, ging in den Garten und blickte sich nach allen Seiten um. Tatsächlich! Dort bei der Brücke neben dem Felsen stand ein Mann mit einer Taoistenmütze auf dem Kopf und einem Mönchsgewand! Kaum hatte sie aber noch einen Blick auf ihn geworfen, erkannte sie, daß dieser Mönch niemand anderer war als Fang Tzu Wen. «Ich komme! Ich komme!» rief sie ihm zu.

«Nun?» fragte Mandelblüte. «Habe ich nicht recht gehabt?»

Ohne auf sie zu hören, eilte Buntapfel auf Fang Tzu Wen zu. Die Freude, ihn zu sehen, hatte helles Rot in ihre Wangen getrieben. Sie besann sich aber gleich wieder, und ihre Freude machte einer hellen Empörung Platz. Wie hatte er es wagen können, sich mit Fräulein Pi zu verloben! Trotz ihrer Entrüstung wollte sie aber doch mit ihm sprechen.

«Eben fragte ich mich, wer denn dieser Mönch sein kann, der mich sehen will, und jetzt stellt es sich heraus, daß Sie es sind», sagte sie zu ihm. «Wo waren Sie denn die ganze Zeit? Warum haben wir nie mehr etwas von Ihnen gehört? Haben Sie denn nie an uns gedacht?

Wußten Sie nicht, wie sehnlich im Mädchengemach auf Sie gewartet wird? Was für ein Wind hat Sie denn heute hierher geweht?»

«Ich bin durch Shang Yang gekommen und möchte Ihren Gebieter und Ihre Herrin besuchen», antwortete er.

«Wer ist dieser Mann?» fragte Kleine Mandelblüte voll Neugierde.

«Der Herr ist der Neffe des Herrn Generalzensors, sein künftiger Schwiegersohn», klärte Buntapfel sie auf.

«Oh!» rief Kleine Mandelblüte. «Herr Fang aus Ho Nan?»

«Ja, Herr Fang aus Ho Nan.»

«Dann werde ich ihn aber gleich bei Herrn Tschen anmelden», sagte Kleine Mandelblüte.

«Nein, warte noch ein wenig», hielt Buntapfel sie zurück. – «Bitte, Herr Fang, nehmen Sie inzwischen in der Halle zur aufsteigenden Morgenröte Platz!» wandte sie sich an Fang Tzu Wen.

«Gerne», erklärte er.

Buntapfel eilte, so rasch ihre Goldlilienfüßchen sie tragen konnten, zum Hause zurück und in Kleinods Zimmer.

«Gnädiges Fräulein!» rief sie voll Aufregung. «Denken Sie nur! Vor ein paar Augenblicken hat mir Kleine Mandelblüte gesagt, ein Mann warte auf mich im Garten. Und was glauben Sie, wer dieser Mann war?»

«Nun?» fragte Kleinod.

«Herr Fang aus Ho Nan!» Buntapfel strahlte. «Wie lange haben wir auf ihn gewartet, und jetzt ist er endlich gekommen!»

In Kleinods Wangen war ein leises Rot gestiegen. Einesteils war sie voll Freude, daß er gekommen war, andernteils bedrückte es sie doch sehr, daß er bei den

Prüfungen keinen Erfolg gehabt hatte. Sie verstellte sich aber, um ihre Gefühle nicht zu verraten.

«Warum meldest du es mir, daß Herr Fang gekommen ist, und nicht meinem Vater?» fragte sie. «Wie sieht er denn aus?»

«Er trägt eine Taoistenmütze und seine Kleider sind genau so abgetragen und zerrissen wie früher. In der Hand hat er eine Fischtrommel und ein Almosenkörbchen», antwortete Buntapfel. «Trotzdem er sehr armselig aussieht, habe ich doch den Eindruck gewonnen, daß er sich verändert hat. Von ihm geht eine Atmosphäre der Vornehmheit und hohen Ansehens aus. Es ist schwer zu sagen, ob er jetzt hoch oben oder tief unten steht. Er schien sich sehr zu freuen mich wiederzusehen und war auch gar nicht befangen, als er mit mir sprach.»

«Du hättest ihn fragen sollen, ob er sich irgendwelche Verdienste erworben hat», tadelte sie Kleinod. «Geh, und melde ihn bei meinem Vater an!»

Buntapfel machte sich auf den Weg zu Generalzensor Tschen, und Kleine Mandelblüte beeilte sich, die seltsame Sache der übrigen Dienerschaft zu unterbreiten.

«Prunusblüte! Kleiner Frühling! Habt ihr schon gehört? Herr Fang aus Ho Nan ist angekommen! Er trägt noch genau so abgetragene Kleider wie früher!» teilte sie den Zofen aufgeregt mit. «Auf mich hat er aber doch nicht den Eindruck eines niedrigstehenden Menschen gemacht!»

«Jetzt sind alle Hoffnungen des gnädigen Fräuleins wieder zunichte geworden», meinte eine der Zofen bedauernd. «Was für eine schwere Schuld muß Fräulein Kleinod in einem früheren Leben auf sich geladen haben, daß sie dafür jetzt so arg büßen muß! Man kann es ihrer Mutter eigentlich nicht verargen, daß sie gegen diese Verlobung ankämpft! Schuld an dieser Sache ist der Herr Generalzensor! Kein Schwiegersohn war ihm gut genug und jetzt bekommt seine Tochter einen Mann, der es in seinem ganzen Leben zu nichts bringen wird.»

«Sei vorsichtig, was du sprichst!» ermahnte sie eine andere. «Denk daran, wie es Rotwolke ergangen ist, als sie gegen diesen Herrn Fang gesprochen hat!»

Die Nachricht von der Ankunft Fang Tzu Wens hatte sich mit Windeseile verbreitet und war natürlich auch in den Westtrakt gedrungen. Daß Frau Fang, als sie hörte, wie ihr Neffe aussah, in helles Lachen ausbrach, versteht sich von selbst.

«Herr Fang aus Ho Nan ist angekommen», meldete Buntapfel, in Herrn Tschens Bibliothekszimmer eintretend.

«Wie? Was sagst du da?» fragte er.

«Herr Fang aus Ho Nan ist angekommen», wiederholte Buntapfel.

«Wo ist er?» rief Herr Tschen aufgeregt.

«Er ist durch das rückwärtige Tor gekommen, und ich habe schon mit ihm gesprochen», erzählte Buntapfel.

«Was hat er gesagt?» wollte Herr Tschen wissen.

«Er sagte mir, er sei heute durch Shang Yang gekommen und möchte Ihnen und der gnädigen Frau einen Besuch abstatten», antwortete Buntapfel.

«Laß sofort Tee und Wein vorbereiten!» befahl Herr Tschen.

Als Buntapfel sich entfernt hatte, blieb er ganz verwirrt zurück. «Wie kann das nur sein?» überlegte er. «Mein Neffe ist doch von diesem Räuber ermordet worden und längst unter den Geistern!» Er blickte in den Garten hinunter und sah dort einen Mönch stehen. Fang Tzu Wen in dieser Kleidung zu sehen, verwirrte ihn nur noch mehr. Es mußte doch sein Geist sein, der sich hierherbegeben hatte! Vielleicht war bloß sein Körper gestorben, seine Seele aber heil aus der Katastrophe hervorgegangen! Zögernden Fußes ging er in den Garten hinunter.

Fang Tzu Wen eilte auf ihn zu und verbeugte sich tief vor ihm.

«Erlaube mir, verehrter Onkel, dir meinen tiefsten Respekt zu erweisen», bat er.

«Laß alle Förmlichkeiten und erzähle mir, wie es möglich ist, daß du da bist. Wir glaubten doch alle, der Räuber habe dich ermordet.»

«Wie? Du weißt, daß mich der Räuber überfallen hat?» fragte Fang Tzu Wen überrascht.

«Freilich weiß ich davon», erwiderte Herr Tschen. «Der Kerl – er hieß Tschiu sechs Brücken – hat mir doch die Juwelenpagode, die er dir geraubt hat, zum Kaufe angeboten. Man hat ihn sofort vor Gericht geführt, und er ist vor sechs Monaten hingerichtet worden. – Jetzt erzähle mir aber, was du gemacht hast, nachdem er dich überfallen hatte.»

«Ich werde dir alles genau erzählen», antwortete Fang Tzu Wen. «Als ich von dir Abschied nahm, schlug ich die Richtung nach Huang Dschou ein. Es war mir sehr darum zu tun, so rasch wie möglich weiter zu kommen. Ich merkte gar nicht, daß es schon zu dunkeln begann. Plötzlich setzte ein furchtbarer Schneesturm ein, der binnen kurzem alle Wege verwehte. Ich verirrte mich und wußte nicht, wohin ich mich wenden sollte. Der Räuber, der mich anscheinend beobachtet hatte, überfiel mich und raubte mir meine ganze Habe. Du kannst dir vorstellen, verehrter Onkel, wie verzweifelt ich war, stand ich doch nun ohne Geld da, mitten im Walde im tiefen Schnee! Das Glück wollte es, daß dann aber ein Mönch des Weges kam, der sich meiner annahm. Ich wurde später sein Schüler und seither ziehe ich durch das Land und singe den Leuten meine Lieder vor. Selbstverständlich hat mich mein Meister auch in alle Geheimnisse des Tao eingeweiht.»

Generalzensor Tschen zog mißmutig die Augenbrauen zusammen.

«Warum hat er nicht studiert und sich bei den Prüfungen einschreiben lassen?» dachte er sich.

«Neffe, ich möchte hier ein Wort als Schwiegervater zu dir sprechen», sagte er. «Warum hast du gerade diesen Beruf gewählt? Wenn einer viel Leid mitgemacht hat, darf er nicht den Kopf danach zurückwenden. Ich sehe ein, daß der Überfall dich in helle Verzweiflung gestürzt haben muß. Vergiß aber nicht, daß die Männer von Talent, die es spät zu etwas gebracht haben, sehr selten sind! Der Frühling vergeht und bleibt nicht stehen. Du kannst doch nicht dein ganzes Leben lang umherwandern und Lieder singen!»

Fang Tzu Wen freute sich innerlich sehr über diese Worte.

«Du brauchst dir keine Sorgen zu machen, Onkel», sagte er. «Ich habe es in dieser Kunst zu einer solchen Vollendung gebracht, daß ich mir meinen Lebensunterhalt sehr gut damit bestreiten kann. Seitdem ich mich in das Studium des Tao vertieft habe, gibt es für mich weder Recht noch Unrecht mehr, es gibt keine Verführungen mehr und keine Zweifel. Die vier Meere sind meine Heimat und meine Familie. Sind denn Reichtum und Ehren etwas anderes als am Himmel dahinziehende Wolken?»

«Aber Neffe! Wie kannst du so sprechen!» rief Herr Tschen.

«Ach Onkel, ich bin eben so. Mich kannst du nicht ändern. Gib dir keine Mühe, mich anderer Meinung zu machen.»

«Nun sage mir aber, Neffe, woher bist du heute gekommen?» fuhr Herr Tschen fort. «Bist du denn nicht in Peking gewesen? Ich habe deinen Namen vergeblich auf der Liste der Kandidaten gesucht.»

«Nach dem Überfall bin ich umhergewandert ohne bestimmtes Ziel und ohne festen Aufenthalt», log Fang Tzu Wen. «Die Erreichung eines großen Namens oder der Wunsch nach einer Heirat waren Begriffe, die es für mich nicht mehr gab. Heute bin ich auf meiner Wanderschaft durch Shang Yang gekommen und da wollte ich mir erlauben, dich und meine Tante aufzusuchen.»

«Was? Zu meiner Frau, dieser unausstehlichen Person, willst du auch?» fragte Herr Tschen.

«Eine Tante ist doch fast eine Mutter», antwortete Fang Tzu Wen. «Es wäre sehr unhöflich von mir, wenn ich ihr keinen Besuch abstattete.»

«Du willst sie besuchen, trotzdem sie dich so schlecht behandelt hat?» fragte Herr Tschen.

«Vielleicht wird sie mich heute nicht so schlecht behandeln wie das letzte Mal», meinte Fang Tzu Wen. «Aber selbst wenn sie mich wieder beschimpfen sollte, möchte ich doch nicht die Sitte außer acht lassen.»

«Hör auf meinen Rat, Neffe! Suche sie nicht auf!» sagte Herr Tschen.

«Verzeih, Onkel, aber mir liegt doch daran, meine Tante zu sehen,» gab Fang Tzu Wen zur Antwort.

Sein Eigensinn verstimmte Herrn Tschen sehr, wußte er doch genau, daß seine Frau wieder alles tun werde, um ihren Neffen zu demütigen.

XVIII. KAPITEL

*Ein Mitglied der Han Lin Akademie trägt lächelnd
eine kleine Ballade vor*

Frau Tschen hatte sehr bald von Fang Tzu Wens Ankunft erfahren und gleich eine Zofe zu ihm geschickt. Als diese in den Garten kam, sah sie dort Generalzensor Tschen und Fang Tzu Wen miteinander plaudernd sitzen.

«Die gnädige Frau bittet Sie, in den Orchideenwolken-Pavillon zu kommen und sie dort zu besuchen», meldete sie.

«Danke», sagte Fang Tzu Wen. «Ich werde die gnädige Frau sofort aufsuchen.»

Er stand auf, schüttelte seine Ärmel, nahm seine Fischtrommel und die Bambus-Schreibtafel und richtete sich ganz so wie ein Bettelmönch zurecht.

Generalzensor Tschen blickte ihn teils besorgt, teils mitleidig an.

«Wenn dir sehr daran liegt, deine Tante zu besuchen, will ich dich nicht daran hindern», sagte er. «Ich möchte dir aber doch raten, deine Kleider zu wechseln, ehe du zu ihr gehst.»

«Verzeih, aber ich möchte so bleiben wie ich bin», erwiderte Fang Tzu Wen. «Jeder Mensch soll so gekleidet gehen wie es seinem Rang entspricht, heißt es im Sprichwort. Ich mag mir keinen höheren Rang zumessen als den, den ich habe.»

«Könntest du nicht wenigstens diese Fischtrommel und die Bambus-Schreibtafel ablegen?» fragte Herr Tschen.

«Wie könnte ich mich so leichtfertig von diesen Dingen trennen!» lehnte Fang Tzu Wen den Rat des Onkels ab. «Sie sind doch die Werkzeuge meines Berufes! ‚Ein Beamter soll nie sein Siegel ablegen‘, sagte man schon im Altertum.»

«Kommen Sie bitte, gnädiger Herr!» wandte sich die Zofe an ihn. «Meine Herrin hat mir befohlen, sie nicht warten zu lassen.»

«Gut, gehen wir!» antwortete Fang Tzu Wen.

Herr Tschen sah äußerst bekümmert vor sich hin. «Das wird wieder eine furchtbare Szene geben!» sagte er sich. – «Hast du etwas dagegen, wenn ich bei dem Besuch anwesend bin?» fragte er den Neffen.

«Aber durchaus nicht!» erwiderte Fang Tzu Wen.

Herr Tschen überlegte eine Weile und erklärte dann, er habe sich die Sache überlegt, der Neffe solle voraus zur Tante gehen, er selbst werde etwas später nachkommen.

«Bitte, kommen Sie mit mir, Herr Fang!» sagte die Zofe und führte ihn durch moosbewachsene Pfade und durch Laubengänge, um die sich grüne Kletterpflanzen rankten, durch den Garten. Beglückt atmete er den zarten Duft der unzähligen Blumen ein und erfreute sich an dem fröhlichen Gezwitscher der Vögel.

Er blieb stehen und konnte sich nicht sattsehen an dem lieblichen Bild, das dieser stille Garten bot.

«Hier geht es weiter», weckte ihn die Zofe aus seinen Träumen.

Er folgte ihr weiter durch die gewundenen Pfade, und sie gelangten bald darauf zu dem etwas abseits stehenden reizenden Orchideenwolken-Pavillon. Die Zofe begab sich sogleich zu Frau Tschen und meldete ihr den Besuch des Neffen an.

Schon nach dem ersten Blick, den Frau Tschen auf den Neffen gerichtet hatte, sagte sie sich: «Ein fürchterlicher Anblick!»

Fang Tzu Wen verbeugte sich besonders tief und ehrfurchtsvoll vor ihr.

«Erlaube deinem Neffen, dich zu begrüßen, verehrte Tante», sagte er.

«Nimm Platz!» antwortete ihm Frau Tschen.

«Nach dir, verehrte Tante!» erklärte Fang Tzu Wen und setzte sich, nachdem sie sich auf einem Diwan niedergelassen hatte, etwas seitlich nieder. Er bemühte sich, einen recht verlegenen und armseligen Eindruck zu machen, und sprach kein Wort. Die Brauen fest zusammengezogen, trachtete er, möglichst bekümmert und angsterfüllt dreinzuschauen.

«Er sieht wirklich noch ärger aus als früher!» sagte sich Frau Tschen in ihrem Inneren.

«Neffe!» wandte sie sich an ihn. «Soviel ich mich erinnere, bist du damals, nachdem du so ausfällig zu mir warst, ohne Abschied zu nehmen, davongelaufen. Gefühle der Achtung und Ehrerbietung für ältere Menschen scheinst du um jene Zeit nicht gehabt zu haben. Um so erstaunter bin ich, daß du dich heute herabgelassen hast, wieder hierher zu kommen. Man konnte doch damals schon sehen, was für ein stolzer und ehrgeiziger Mann du bist. Inzwischen wirst du gewiß schon tief in alles Wissen eingedrungen sein! Erfolg und die Erreichung eines großen Namens hast du ja schon immer für als im Handumdrehen erreichbar angesehen. Du bist sicher schon längst die goldenen Stufen zum Thron hinaufgestiegen und durftest vor das Antlitz des Kaisers treten. Ich weiß daher die Ehre deines Besuches besonders zu schätzen. Sie ist eine große Auszeichnung für mein bescheidenes Haus!»

Fang Tzu Wen hatte ihr mit gesenktem Kopfe zugehört, jetzt aber blickte er auf.

«Du darfst dich heute nicht über mich lustig machen, Tante», sagte er. «Meine Horoskop-Aspekte waren bisher überaus schlecht und haben mein Schicksal sehr schwer gestaltet. Ich hatte keine Möglichkeit, gegen sie anzukämpfen. Aus diesem Grunde habe ich meine früheren Pläne aufgegeben und mich entschlossen, mir meinen Lebensunterhalt durch einen andern Beruf zu verdienen.»

«Wie? Du hast deine Pläne geändert?» fragte Frau Tschen bissig. «Willst du etwa sagen, daß du das Studium aufgegeben hast?»

«Ja», antwortete Fang Tzu Wen. «Die Alten sagten zwar: ‚Studieren ist die höchste Rangstufe‘, das will aber nicht heißen, daß man nicht auch ohne Studium sich sein Leben verdienen kann.»

«So! Du hast also das Studium aufgegeben!» sagte Frau Tschen. «Darf ich vielleicht erfahren, was für einen anderen großartigen Beruf du jetzt gewählt hast?»

«Hast du nicht die Gegenstände, die ich in der Hand trage, gesehen?» fragte Fang Tzu Wen.

«Freilich habe ich sie gesehen», erklärte Frau Tschen.

«Eine Fischtrommel und eine Bambus-Schreibtafel. Was machst du mit dem Zeug?»

«Du darfst von diesen zwei Dingen nicht so geringschätzig sprechen, Tante!» rief Fang Tzu Wen. «Es sind Dinge von höchstem Nutzen!»

«Dinge von höchstem Nutzen?» fragte Frau Tschen verächtlich.

«Diese Fischtrommel, Tante, kann, wenn ich sie anschlage, Menschen, die nur nach Ruhm und Gewinn streben, zur Besinnung bringen», sagte er und schlug die Trommel an, als würde er seine Gedanken in sie hineinlegen. Dann nahm er die Schreibtafel, schlug auch sie an und sagte: «Diese Schreibtafel da kann die Menschen, die inmitten eines Meeres von Leid in einem Traum befangen sind, aus ihm erwecken. Als einstens niemand im Lande mehr den Sinn der Begriffe ‚Rechtlichkeit und Sitte‘ kannte, schlug der Unsterbliche, Meister Tschang Kuo, leicht an seine Bambus-Schreibtafel an und begann vom Wesen des Tao zu singen. Ich habe mir seine Kunst angeeignet und gehe nun als Musikant durch das Land.»

«So!» rief Frau Tschen. «Du hältst also nichts vom Purpurgewand und dem goldenen Gürtel eines Beamten? Wahrscheinlich verstehst du dich schon vollkommen auf das Tao und meinst, niemand komme dir gleich an Weisheit. Sicherlich verstehst du es auch, Lieder wie ‚Die Jadeflöte vom gelben Kranichturm‘ und ‚Die Prunusblüten fallen im fünften Monat in den Fluß‘ zu singen. Laß mich doch eines dieser herrlichen Lieder hören!»

«Wenn du so großen Gefallen an ihnen findest, will ich gerne deinem Befehl folgen», sagte Fang Tzu Wen. «Erlaube mir, dir eine kleine Vorführung zu geben.»

Er wollte gerade an seine Fischtrommel schlagen, da trat Herr Tschen, der sich vom Hofe aus in das Zimmer geschlichen hatte, ein und klatschte Fang Tzu Wen mit den Händen Beifall zu.

Fang Tzu Wen sah ihn nicht gleich, doch Frau Tschen hatte ihn sofort erblickt. Ihr Gesicht verfärbte sich vor Wut.

«Oh! Dein Schwiegervater ist gekommen!» sagte sie höhnisch zu Fang Tzu Wen. «Weil er in dir einen so großartigen, moralisch so hochstehenden Schwiegersohn gefunden hat, wurde ich, seine Frau, von ihm verstoßen! Deinetwegen leben wir seither getrennt! Nur weil du, ein so hoher Ehrengast, bei mir bist, ist er hier erschienen. Wie gut, daß er gerade zurecht kommt, den herrlichen Gesang seines Schwiegersohnes zu hören!»

Herr Tschen war in furchtbaren Zorn geraten. Er schämte sich maßlos um ihrer Worte willen, und es fiel ihm schwer, die Wut, die er in seinem Inneren hatte, zurückzuhalten. Er beherrschte sich aber, senkte den Kopf und schwieg.

«Komm, Schwiegersohn!» rief er nach einer Weile Fang Tzu Wen zu. «Wir wollen ein wenig in den Garten gehen!»

«Was? Du willst ihn entführen?» fragte Frau Tschen höhnisch. «Jetzt, da ich ihn gerade gebeten habe, mir eines seiner schönen Lieder vorzusingen? Warum willst du mich um diesen Genuß bringen? – Neffe! Bitte bleibe hier! Ich möchte unbedingt deine herrliche Stimme hören!»

«Wenn du es wünschest, Tante, werde ich dir gewiß ein Lied vorsingen», erklärte Fang Tzu Wen. «Bitte nimm es aber nicht zu übel, wenn ich vielleicht nicht gut bei Stimme sein sollte.»

«Wie kannst du so sprechen, Neffe!» rief Frau Tschen. «Du singst bestimmt ganz wunderbar!»

Fang Tzu Wen nahm seine Fischtrommel und schlug

sie an. ‚Ping... Ping...' kamen die Töne hervor. Obwohl sie nur sehr leise waren, hatte Buntapfel hinter dem Wandschirm sie doch vernommen.

«Ach du ungeschickter Fang Tzu Wen!» sagte sie sich. «Der Herr Generalzensor hat dich doch gewarnt! Warum bist du nicht mit ihm fortgegangen? Du kennst doch den Charakter deiner Tante und weißt, wie feindselig sie dir gesinnt ist! Wie unvernünftig war es auch von dir, in einem solchen Aufzug hier zu erscheinen! Jetzt wird sich wieder jeder im Haus über dich lustig machen! Schon Fräulein Kleinods wegen hättest du das nicht tun dürfen!» Sie war so irritiert, daß sie unausgesetzt hin und her ging und ihr alles aus den Händen fiel. Sie mußte sich sehr beherrschen, ihre Gedanken nicht laut werden zu lassen. Auf der einen Seite des Wandschirmes stand jetzt Buntapfel, zitternd vor Ärger, und auf der anderen Seite des Wandschirmes Fang Tzu Wen, der unbekümmert mit wundervollster Stimme sang. Wie rein kam doch jeder Ton aus seiner Kehle! Und was für herrliche Melodien er seiner Fischtrommel zu entlocken vermochte! Er sang so deutlich, daß man die Worte des Textes genau verstehen konnte:

Hört mich an, ich will euch sagen,
Von vergangenen alten Tagen!
Arm und verlacht war einst Han Hsin,
Bald hätte der Hunger getötet ihn!
Piao Mu, die Wäscherin, nahm sich seiner an
Und rettet' das Leben dem verhöhnten Mann.

Später, gemeinsam mit Liu Pang,
Er einen Sieg um den andern errang.
Als er dann Prinz geworden und reich,
Blieb sein Wesen doch immer gleich.

In Dankbarkeit hat er an Piao Mu gedacht
Und ihr zehntausend Goldstücke gebracht.

Ach, wie glücklich wären die Menschen und froh,
Handelten die Leute auch heute noch so!
Warum müssen reiche Verwandte sich schämen,
Wenn sie sich verarmter Gelehrter annehmen?
Frauen wie Piao Mu gibt's nur mehr wenig auf Erden,
Da selbst engste Verwandte jetzt zu Feinden werden!

Ping pang, ping pang, ping pang, ping pang.

Nach einer kleinen Pause begann er sein zweites Lied.

Erlaubt mir, nun auch von Ssu Dschin zu singen,
Dem anfangs es unmöglich war, Erfolg zu erringen.
Weil seine Schwägerin ihn verhöhnt und verlacht,
Hätte er beinahe seinem Leben ein Ende gemacht.
Tiefunglücklich, daß ihm bisher alles mißlungen,
Wäre er fast in den tiefen Brunnen gesprungen.
Doch ein guter Geist hielt ihn zurück,
Und er versuchte von neuem sein Glück.
Und, oh Freude! Sein Fleiß hat Früchte getragen!
Nun würde niemand ihn zu höhnen mehr wagen!
Hochangesehen kehrt er zurück im Purpurgewand,
Geadelt, geehrt, das goldene Siegel in der Hand.
Jetzt schmeicheln und kriechen die Leute vor ihm,
Wie rasch hat sich doch geändert ihr Sinn!

Ach, leider gibt es heute auf dieser Welt
So viele, denen nur Ansehen und Reichtum gefällt!
Sie sehen nur das Äußere, nicht aber das Herz.
Was kümmert sie armer Verwandter Schmerz?
Ahnen die Törichten nicht, daß vielleicht die Zeit,
Da auch er ein goldenes Siegel trägt, nicht mehr weit?

Ping pang, ping pang, ping pang, ping pang.

Herr Tschen, der andächtig zugehört hatte, brach jetzt in schallendes Gelächter aus.

«Ausgezeichnet!» rief er. «Ausgezeichnet! Der tiefe Sinn deiner Worte belustigt mich wirklich sehr!»

«Quatsch!» herrschte Frau Tschen den Neffen an. «Du Schlange du! Du willst wohl deine Tante mit diesen blöden Worten beschimpfen! Wenn du mich der Schwägerin des Ssu Dschin gleichstellst, dann erkläre mir doch, warum du dir keine Verdienste erworben und dir keinen Namen gemacht hast! Warum hast du dir nicht wie Han Hsin eine Wäscherin gesucht, sondern kommst zu mir, um mich mit deinem Taoistengeplapper zu beleidigen? Ehe du es zu etwas bringen wirst, werden meine Knochen schon zu Asche zerfallen sein!»

«Aber Tante! Wie kannst du glauben, ich hätte dich mit den Worten dieser Lieder beleidigen wollen!» erwiderte Fang Tzu Wen lächelnd. «Ich habe dir kleine Balladen vorgesungen, und das ist alles! Warum hat dich der Text der Lieder in solchen Ärger versetzt? Hast du dich durch ihn getroffen gefühlt? Du bist doch nicht der Charakter, der beschrieben ist!»

«Halt den Mund!» fuhr ihn Frau Tschen außer sich vor Wut an. «Hast du nicht damals, als du davongelaufen bist, großartig gesagt, du werdest erst wieder herkommen, wenn du Beamter geworden bist? Nun? Was bist du für ein hoher Beamter geworden?»

«Ich war damals sehr aufgeregt und wußte nicht, was ich sagte», erklärte Fang Tzu Wen.

«Was willst du eigentlich hier?» rief Frau Tschen. «Du hast nichts, nichts, gar nichts erreicht. Wozu bist du also wieder hergekommen?»

«Ich kann es dir nicht übelnehmen, wenn du mir vorwirfst, daß ich noch genau so dastehe wie früher», antwortete Fang Tzu Wen. «Es kränkt mich aber zu hören, ich hätte nicht wieder hierher kommen dürfen. Bin ich denn nicht dein Neffe? Meine verwandtschaftlichen Gefühle zu dir sind heute noch tief. Vergiß auch nicht, daß ich doch als dein Schwiegersohn ausersehen wurde, und es schon aus diesem Grunde begreiflich ist, daß ich wieder hierhergekommen bin. Oder willst du etwa sagen, die Ehe könne nicht zustande kommen, da ich in bedrängter Lage bin? Ich kann es verstehen, wenn du mir vorwirfst, arm geblieben zu sein. Wenn du es mir aber übel nimmst, hierhergekommen zu sein, dann bedauere ich es sehr, daß der Räuber, der mich überfiel, mich nicht auch getötet hat!»

Herr Tschen strahlte bei seinen Worten.

«Sehr gut geantwortet!» rief er aus. «Ich habe zwar erwartet, du werdest ein Schwiegersohn sein, der auf dem Drachen reitet und großen Glanz in unser Haus bringen wird, und bin etwas enttäuscht, daß du das Leben eines Taoistenmönchs führst. Meine Tochter ist ein hochgebildetes, tugendhaftes Mädchen, und ich weiß, daß ihr, auch wenn du nicht die Beamtenlaufbahn ergriffen hast, das Glück und die Ehre unseres Hauses sein werdet, wie einst Liang Hung und Meng Kuang.»

Frau Tschen fuhr bebend vor Zorn auf.

«Schweig, du Mörder! Du Verbrecher du!» schrie sie. «Du betonst diesem Kerl gegenüber die Bildung und Tugendhaftigkeit unserer Tochter. Bin ich, deine Frau, etwa nicht gebildet und tugendhaft? Eines sage ich dir! Wenn dieser Fang Tzu Wen hier im Hause als Schwiegersohn bleibt, dann bin ich hier überflüssig! Hast du alter Idiot dir etwa deinen Han Lin Akademie-Grad durch das Singen von taoistischen Liedern erworben? Hast nicht gerade *du* immer gesagt: Dieser Tzu Wen wird noch einmal ganz Großes leisten und sich außergewöhnliche Verdienste erwerben? Schau selbst, wozu er es bisher gebracht hat! Mit seiner Liedersingerei kann er es höchstens noch zu einem Gärtnergehilfen bringen! Das werden die außergewöhnlichen Verdienste sein, die er sich erwirbt! Mit diesem Bettelmusikanten da hast du dir wahrhaftig einen sehr hochstehenden Schwiegersohn ausgewählt!»

«Ich weiß genau, warum ich mir gerade ihn und keinen anderen Mann als Schwiegersohn ausgewählt habe!» fuhr Herr Tschen sie an. «Hast du denn keine Augen im Kopf?»

«Du bist wohl hergekommen, um Streit anzustiften!» rief Frau Tschen wütend.

«Schamlose Person!» schrie Herr Tschen. «Wer ist es, der immer Streit hervorruft, du oder ich?»

«Du Verbrecher!» rief Frau Tschen. «Du wagst es, diesen Fang Tzu Wen da, diesen hergelaufenen Musikanten, in Schutz zu nehmen und mich, deine Frau, eine schamlose Person zu nennen? Pfui! Von heute an sind wir zwei miteinander fertig! Jetzt ist es endgültig aus zwischen uns!»

«Bitte beruhigt euch doch», bat Fang Tzu Wen die beiden Tobenden.

Herr Tschen aber konnte sich nicht länger beherrschen und ging mit geballten Fäusten auf seine Gattin los. Auch Frau Tschen war in solche Wut geraten, daß sie sich nicht länger zurückhalten konnte. In diesem Augenblick trat Wang Pen ahnungslos in das Zimmer. Er kam gerade zurecht, als das Gewitter losbrach, der Donner rollte, die Blitze durch den Himmel flammten, und der wilde Sturm die Erde aufzureißen drohte. Rasch auf die beiden Wütenden zutretend, versuchte er es, sie zu beschwichtigen.

«Beruhigen Sie sich, gnädige Frau! Lassen Sie das, gnädiger Herr!» bat er die beiden. «Sie sollten doch beide voll Freude sein, daß der junge Herr am Leben geblieben und wieder hierhergekommen ist!»

«Blödian!» schrie ihn Frau Tschen an.

«Gut, gut!» sagte Wang Pen. «Ich werde nicht mehr weiter sprechen! Wäre es nicht besser, Herr Generalzensor, wenn Sie sich mit dem jungen Herrn in das Nebenzimmer begeben würden?»

«Ja, komm, gehen wir, Schwiegersohn! Bleiben wir nicht länger hier bei dieser schamlosen, ehrlosen Frau!» gab Herr Tschen nach.

Frau Tschen knirschte mit den Zähnen vor Wut und ging, haßerfüllte Worte vor sich hin schreiend, in den westlichen Trakt zurück. Sie versperrte ihre Türe und nahm sich vor, sie niemandem mehr zu öffnen.

Herr Tschen führte Fang Tzu Wen zur Süd-Terrasse und bat ihn, dort mit ihm Platz zu nehmen.

«Setz dich zu mir, Schwiegersohn, und verzeih, was dieses unhöfliche und unmoralische Geschöpf zu dir gesagt hat!» ersuchte er den Neffen.

«Aber selbstverständlich!» antwortete Fang Tzu Wen. «Ich kann es meiner Tante doch nicht verübeln, wenn sie mir Vorwürfe macht!»

Herr Tschen hatte bemerkt, daß Buntapfel beim Terrassen-Tor hereingeschaut hatte.

«Buntapfel!» rief er sie an. «Geh zu Fräulein Kleinod und bitte sie, hierher zu kommen!»

«Gleich!» erwiderte Buntapfel und lief fort, um den Auftrag auszuführen.

Kleinod saß verärgert in ihrem Zimmer, und Gefühle des Kummers und der Aufregung erfüllten ihre Brust. Soeben war eine Zofe zu ihr gekommen und hatte ihr erzählt, wie herrlich Fang Tzu Wen jetzt gesungen hatte. «Sie ahnen nicht, gnädiges Fräulein, was für eine wunderbare Stimme er besitzt!» hatte sie erklärt. «Und was für prachtvolle Töne er aus der Fischtrommel und Schreibtafel herauszubringen versteht! Aber denken Sie nur, Fräulein! Kaum hatte er seine Balladen vorgetragen, ist Ihre Mutter in furchtbaren Zorn geraten und hat ihn auf das schwerste beschimpft! Ihr Vater hat dann für den jungen Herrn Partei ergriffen, und jetzt ist zwischen Ihren Eltern ein entsetzlicher Streit ausgebrochen. Wang Pen versucht es jetzt, ihnen gütlich zuzureden, doch es ist alles umsonst!» Diese Nachricht war Kleinod sehr nahe gegangen, und sie hatte sich nicht zu helfen gewußt. «Nur *ich* bin daran schuld, daß die Eltern uneinig geworden sind», hatte sie sich gesagt. «Im ganzen Hause herrscht jetzt Unfriede und nichts ist mehr so, wie es sein soll. Selbst die Dienerschaft ist von Machtgier erfüllt. Tag für Tag gibt es Streit unter den Zofen. Ich bin diesen Zuständen gegenüber vollkommen machtlos.» Als sie so vor sich hin sann, trat Buntapfel ein und teilte ihr mit, ihr Vater wünsche, daß sie zur Süd-Terrasse komme und ihm und Fang Tzu Wen dort Gesellschaft leiste.

«Was soll ich dort?» fragte Kleinod traurig. «Sag meinem Vater, er möge es mir nicht übel nehmen, aber ich ziehe es vor, hier zu bleiben!»

«Ich werde es dem Herrn Generalzensor sagen», erwiderte Buntapfel und ging zur Süd-Terrasse zurück.

«Ich habe dem gnädigen Fräulein Ihren Auftrag ausgerichtet», sagte sie zu Herrn Tschen. «Das Fräulein bittet Sie, von Ihrem Wunsche abzustehen und es ihm nicht übelzunehmen, wenn es nicht kommt!»

«Ja, warum will das Fräulein nicht kommen?» fragte Herr Tschen. «Bleibe du hier, Schwiegersohn!» wandte er sich an Fang Tzu Wen. «Ich werde meine Tochter selbst holen gehen!»

«Wie es dir beliebt, Onkel!» antwortete Fang Tzu Wen.

Herr Tschen entfernte sich und begab sich in Kleinods Zimmer.

«Ich bin dich holen gekommen, Kind», sagte er zu ihr. «Komm mit mir zur Süd-Terrasse. Du brauchst nicht verlegen zu sein, wenn ich dich dort mit deinem Vetter zusammenbringe. Ich habe eine wichtige Sache zu besprechen.»

«Kannst du sie nicht hier mit mir besprechen?» fragte Kleinod.

«Ich muß dir ein Geständnis machen, Kind», erwiderte Herr Tschen. «Ich habe mich vergangenes Jahr gezwungen gesehen, dich zu hintergehen. Jetzt, da dein Vetter gekommen ist, möchte ich euch beiden den Grund meines Handelns erklären.»

«Was ist das für eine Sache?» wollte Kleinod wissen.

«Komm mit mir, du wirst schon alles hören», bestand Herr Tschen. «Warum zögerst du? Du hast doch nichts zu befürchten, wenn ich bei dir bin! Komm nur! Komm!»

Kleinod konnte nichts anderes tun als aufzustehen und dem Vater zu folgen. Stockenden Schrittes ging sie mit ihm. Sie war ein wenig befangen und auch ein wenig verärgert.

«Wie kann mein närrischer Vater von mir verlangen, daß ich mich meinem künftigen Gatten zeige?» fragte sie sich unterwegs immer wieder. «Was will er damit?» Je näher sie der Süd-Terrasse kamen, desto ängstlicher wurde ihr zu Mute. Innerlich fürchtete sie sich wie ein junges Reh. Als sie, auf Buntapfels Arm gestützt, zum Wandschirm kam, senkte sie den Kopf und brachte kein Wort aus der Kehle. Sie wurde rot, als hätte man ihre Wangen mit tausend Nadeln gestochen. Tiefverlegen blickte sie an Fang Tzu Wen vorbei geradeaus ins Weite, und auch er richtete, als er sie kommen sah, seinen Blick starr und steif vor sich hin ins Leere. Die Situation war für die beiden äußerst peinlich.

«Komm, begrüße deinen Vetter!» sagte Herr Tschen zu Kleinod. «Komm, begrüße deine Cousine!» wandte er sich dann an Fang Tzu Wen.

Fang Tzu Wen fühlte sich sehr bedrückt. Daß er sich mit Fräulein Pi verlobt hatte, erschien ihm jetzt als eine große Undankbarkeit. Er fürchtete, seine Handlungsweise werde ihm sehr übelgenommen werden, und entschloß sich daher, über diese Sache noch zu schweigen.

«Cousine Kleinod, erlaube mir, dich zu begrüßen», sagte er kurz, sich tief vor Kleinod verbeugend.

Kleinod verbeugte sich gleichfalls, hielt aber die Augen tief niedergeschlagen.

«So, nun setzt euch zu mir, ich habe Verschiedenes mit euch zu besprechen», sagte Herr Tschen. «Zuerst einmal zu dir, Schwiegersohn! Du bist doch vergangenes Jahr von einem Räuber überfallen worden, glücklicherweise aber mit dem Leben davongekommen. Sage mir, warum hast du mir nie mehr eine Nachricht zukommen lassen? Dieser Räuber, Tschiu sechs Brücken, der dich beraubt hat, ist vom Gericht ausfindig gemacht worden und hat den Überfall gestanden. Man hat ihn bereits hingerichtet. Ha! Ha! Der Kerl ist mit der Juwelenpagode zu mir gekommen und wollte sie mir verkaufen! Ich habe natürlich sofort erkannt, daß es unsere eigene Pagode war. Kleinod war ganz entgeistert, als sie das Stück in meinen Händen sah. Sie hat es dann nicht länger gewagt, mir zu verschweigen, daß sie dir diese Juwelenpagode heimlich in deinen Reisebeutel hat geben lassen. Als sie erfuhr, du seist überfallen worden, machte sie sich furchtbare Sorgen um dich. In der Meinung, du seist von diesem Räuber ermordet worden, ist sie damals lebensgefährlich erkrankt. Wir fürchteten alle, sie nicht am Leben erhalten zu können, denn auch die Ärzte hatten schon die Hoffnung aufgegeben. Wang Pen, den ich nach Ho Nan geschickt hatte, um Erkundigungen nach dir einzuziehen, war unverrichteter Dinge zurückgekehrt. Wir beide beschlossen darauf, einen Brief zu fälschen und Kleinod mit diesem zu beruhigen. Sie ist dann auch tatsächlich bald gesund geworden. Hätte ich damals nicht, vom Himmel beeinflußt, diesen Brief geschrieben, wäre es heute nicht zu diesem Beisammensein gekommen! Reichtum, Ehren, Armut und Niedrigkeit sind alles Dinge, die dem Willen des Himmels unterstehen. Wenn der Mensch sich dem Willen des Himmels anpaßt und die ihm auferlegten Pflichten erfüllt, wird er im Leben Gelingen haben. Tut er es nicht, bleibt sein Streben vergebens. Wer Gurken pflanzt, wird Gurken ernten. Wer Bohnen anpflanzt, erntet Bohnen! Der Himmel wird niemanden zwingen, aber er verlangt, daß die Menschen Redlichkeit und Pflichtgefühl zu ihrer Richtschnur machen. – Ich will nicht übertreiben, Schwiegersohn, aber ich kann von meiner Tochter ehrlich sagen, daß sie außergewöhnlich begabt und tugendhaft ist. – Nun zu dir, Kleinod! Der Brief, den ich dir, als du krank warst, vorgelesen habe, war von meiner Hand geschrieben. Das ist es, was ich euch beiden sagen wollte.»

«Wang Pen war also in Ho Nan?» rief Fang Tzu Wen erfreut. «Hat er meine Mutter wohlauf vorgefunden? Erzähle mir, wie geht es meiner Mutter, Wang Pen!»

«Die...gnädige...Frau?...» stammelte Wang Pen.

«Ja. Die gnädige Frau, meine Mutter! Wen sonst sollte ich meinen?» fragte Fang Tzu Wen. «Ist sie gesund?»

«Ach...!» seufzte Wang Pen. «Die... gnädige... Frau... war... bereits... bereits...»

«Was war sie bereits? Was war sie bereits?» rief Fang Tzu Wen bestürzt.

«Ich habe in Ihrem Hause... niemanden angetroffen...,» sagte Wang Pen. «Auf meine Erkundigungen... erfuhr ich nur... daß die gnädige Frau... fortgegangen sei... es hieß... sie habe sich aufgemacht... um Sie zu suchen... Kein Mensch wußte, wohin sie... gegangen war.»

Fang Tzu Wen war es, als müsse ihm die Seele entfliehen.

«Du hast sie nicht gefunden? Du hast sie nicht gefunden?» rief er entsetzt. «Wang Pen! Das ist doch nicht möglich! Du kannst doch nicht zurückgekommen sein, ohne eine Spur von ihr entdeckt zu haben! Du warst ihr doch immer so sehr zugetan und ein so treuer Diener! Wo ist sie? Wo ist sie?»

Wang Pen wollte gerade mit der Wahrheit herausrücken, da machte ihm Herr Tschen schnell ein Zeichen.

Wang Pen verstand sofort, was er wollte.

«Ach, gnädiger Herr, ich kann Ihnen leider nur wiederholen, daß ich überall nach Ihrer Mutter gefragt habe, aber nirgends etwas über ihren Aufenthaltsort erfahren konnte», sagte er, sich bekümmert stellend.

«Aber es ist doch nicht möglich, daß du nichts erfahren konntest. Hast du selbst denn auch keine Ahnung, wo sie sein könnte?» fragte Fang Tzu Wen.

«Wie sollte Wang Pen es wissen?» mischte sich Herr Tschen ein. «Du warst schon so lange von zu Hause fort, und sie war ganz ohne Nachrichten von dir. Hast du dir denn keine Gedanken darüber gemacht, wie diese arme, alte Frau allein ihr Leben fristen werde? Sie mußte sich wahrscheinlich an einen anderen Ort begeben, um sich einen Lebensunterhalt zu schaffen.»

Fang Tzu Wen brachte kein Wort aus der Kehle, sondern seufzte nur schwer. Es war ihm, als habe ihn ein Blitzschlag getroffen oder man habe ihn mit kochendem

Öl übergossen. Er wandte sich zur Seite und begann bitterlich zu weinen.

In diesem Augenblick kam ein Diener auf die Terrasse und meldete:

«Herr Vizekommandant Pi ist soeben eingetroffen. Er ist gerade vor dem Empfangssaal vorgefahren.»

«Entschuldige mich bitte, Schwiegersohn», bat Herr Tschen aufgeregt und eilte fort, um den Gast zu begrüßen.

Fang Tzu Wen wandte sich wieder tiefbesorgt an Wang Pen.

«Wang Pen! Du mußt doch wissen, wo die gnädige Frau ist!» fragte er ihn immer wieder.

«Ich weiß es nicht», beteuerte Wang Pen.

«Wenn es mir nicht gelingt, sie zu finden, will ich in tausend Stücke zerschnitten werden!» rief Fang Tzu Wen. «Ich werde sie suchen, auch wenn ich alle vier Meere und alle Ecken der Erde nach ihr durchforschen muß.» Er erhob sich und wischte sich die Tränen aus den Augen.

«Wo wollen Sie hin?» versuchte Wang Pen ihn zurückzuhalten.

«Meine Mutter suchen!»

«Sie werden Sie nicht finden, auch wenn Sie mit eisernen Schuhen alle Straßen der Welt ablaufen. Es wäre nur unnötiges Zeitverlieren!» erklärte Wang Pen.

«Du weißt also, wo sie ist!» rief Fang Tzu Wen. «Sag es mir, sag es mir gleich!»

«Ich weiß es nicht», beharrte Wang Pen.

Fang Tzu Wen hatte bemerkt, daß Buntapfel bei seinen Worten gelächelt hatte, und er sagte sich, daß hinter diesem Lächeln etwas stecken müsse.

«Warum lächeln Sie, Buntapfel?» fragte er.

Buntapfel schwieg.

«Ihr Lächeln muß doch einen Grund haben!» bestand Fang Tzu Wen.

«Vielleicht hat mein Lächeln einen Sinn gehabt und vielleicht hat es keinen Sinn gehabt», wich Buntapfel aus. «Warum haben Sie es nicht für nötig gehalten, an die Mühsale zu denken, denen Ihre Mutter ausgesetzt war? Wenn Sie wissen wollen, wo sie sich befindet, wäre es besser, Sie würden Fräulein Kleinod fragen und nicht mich. Mag sein, daß sie vielleicht etwas Näheres weiß, mag aber auch sein, daß dem nicht so ist.»

«Cousine! Lasse mich nicht länger so entsetzlich leiden, sage mir, wo meine Mutter ist?» wandte er sich an Kleinod.

«*Mich* fragst du?» antwortete sie, ihn mit kühlen Augen messend. «Woher sollte *ich* das wissen? Ich bin ein Mädchen, das nicht aus dem Frauengemach heraus kommt. Ich weiß doch auch nicht, wo *du* die lange Zeit seit unserer Trennung warst! Heißt es nicht im Sprichwort: ‚Solange die Eltern am Leben sind, soll man nicht in die Ferne reisen?' Während du dich in der Fremde herumgetrieben hast, ist sie, ohne einen einzigen Menschen zur Stütze zu haben, arm und allein zurückgeblieben. Deine Vergnügungen haben dir wohl keine Zeit gelassen, auch einmal an sie zu denken? Hätte sie die schwere Zeit nicht überlebt, dann wärest nur du allein schuld gewesen an ihrem Tode!»

Fang Tzu Wen war über ihre harten Worte tief erschrocken. Er saß da wie aus Holz geschnitzt, und der kalte Schweiß rann über seinen Körper herab. Er senkte den Kopf und schwieg.

«Aus ihren Worten geht aber doch hervor, daß sie den Aufenthaltsort meiner Mutter kennt», sagte er sich. «Sie will, wie es scheint, ‚den Kopf verstecken und nur den Schwanz hervorsehen lassen'. Eines ist sicher: Meine

Mutter lebt! Hatte sie das Haus schon verlassen, als Herrn Pis Diener nach Ho Nan kam, um sie zu holen? War ihre Not so groß, daß sie nicht mehr in der Heimat bleiben konnte? Wo kann sie nur sein? Hat etwa mein Schwiegervater sie hierherkommen lassen, und ist sie hier im Hause?» Warum quälten ihn alle so sehr und ließen ihn im ungewissen? Wußten sie denn nicht, wie es ihm ums Herz war? Ahnten sie nicht, welch tiefe Reue er fühlte, die Mutter allein gelassen zu haben?

«Habe Mitleid mit mir, Cousine, quäle mich nicht länger, sag mir, wo meine Mutter sich aufhält!» bat er Kleinod geradeheraus. «Wenn du es mir verschweigst, mache ich Schluß mit meinem zerstörten Leben und gebe mir vor deinen Augen den Tod!»

Er hatte diese Worte schluchzend hervorgestoßen, und seine Tränen liefen in Strömen über seine Wangen herab.

Kleinod war so bewegt von seinem Leid, daß sie ihr Mitgefühl kaum mehr zu verbergen wußte. Sie wischte rasch ihre Tränen fort, doch bevor sie zu sprechen begann, zog sie die Augenbrauen fest zusammen, als fiele es ihr schwer, ein Wort zu äußern.

«Sagen Sie doch Herrn Fang, was Sie wissen, gnädiges Fräulein!» mischte sich Buntapfel ein.

Kleinod schwieg noch immer.

«Wenn Fräulein Kleinod nicht sprechen will, dann werde *ich* es tun!» wandte sich Buntapfel an Fang Tzu Wen.

«Schnell, Buntapfel! Sagen Sie mir, was Sie wissen!» rief Fang Tzu Wen aufgeregt.

«Hätte Fräulein Kleinod nicht Weihrauchstäbchen abgebrannt, dann wäre Ihre Mutter heute nicht mehr am Leben», erklärte Buntapfel kurz.

«Was soll das heißen?» fragte Fang Tzu Wen.

«Fräulein Kleinod war Ihretwegen schwer erkrankt», erzählte Buntapfel. «Wir glaubten alle, sie sei verloren. Einzig der gefälschte Brief hat wieder ihre Genesung herbeigeführt. Das Fräulein hat dann im Kloster eine kleine Andacht abgehalten.»

«In welchem Kloster war das?» fragte Fang Tzu Wen.

«Im Kloster zu den weißen Lotusblüten, nicht weit vom Tempel der neun Fichten», antwortete Buntapfel. «Als Fräulein Kleinod in das Kloster kam, fiel ihr dort ein betagtes, hinfälliges Mütterchen auf. Das Haar der alten Frau war weiß und wirr, das Gesicht verhärmt und schmutzig. Man sah sogleich, daß sie viel mitgemacht haben mußte. Sie trug eine hundertmal eingestückelte und tausendmal geflickte Jacke, und die Novizinnen kommandierten sie hin und her und machten sich lustig über sie. Fräulein Kleinod kam gerade dazu, wie sie die arme alte Frau beschimpften. Sie sprach die Frau an, und da begann diese plötzlich, überwältigt von Leid, bitterlich zu weinen. Dem Fräulein tat sie leid, und auf die Frage, wer sie sei und woher sie komme, gewann Fräulein Kleinod den Eindruck, sie wolle etwas vor ihr verschweigen. Erst als sie in sie drang, es ihr zu sagen, und das Mütterchen sah, daß es ihr vertrauen konnte, rückte es mit der Wahrheit heraus. Und, was glauben Sie, wer diese alte, abgehärmte Frau war?» Ohne eine Antwort abzuwarten, sagte sie: «Ihre Mutter! Herr Fang!»

Fang Tzu Wen war sehr erschrocken, aber doch auch wieder erfreut.

«Sie ist also am Leben!» rief er aus. «Wie ist sie denn in dieses Kloster gekommen?» fragte er aufgeregt.

Buntapfel erzählte ihm hierauf, daß seine Mutter aus dem Hause gegangen war, um ihn zu suchen, daß sie sich unter tausend Mühen bis nach Shang Yang geschleppt hatte und hier Zeugin der Hinrichtung des Räubers Tschiu sechs Brücken gewesen war. Aus dem Gespräche der Umstehenden hatte sie den Eindruck gewonnen, ihr Sohn sei nicht mehr am Leben, und sich aus Verzweiflung in den Fluß stürzen wollen.

«Die Äbtissin des Klosters, die Nonne Tsching Fang, hat sie in letzter Minute vom Tode errettet», fügte sie hinzu.

«So ist sie jetzt im Kloster?» fragte Fang Tzu Wen.

«Als Fräulein Kleinod wußte, wer das alte Mütterchen war, gab sie den Nonnen gleich den Auftrag, Ihre Mutter mit höchster Achtung zu behandeln. Sie hat sie auch mit Kleidern und Lebensmitteln versorgt», berichtete Buntapfel. «Ich selbst habe sie auch wiederholt aufgesucht.»

«Wie bin ich glücklich, daß ihr euch meiner Mutter angenommen habt!» rief Fang Tzu Wen gerührt. «Selbst wenn ich als Pferd oder Hund für euch arbeiten würde, könnte ich euch dies nie vergelten. Meine Schuld lastet auf mir wie ein Berg. Auch mit dem Purpurgewand und dem goldenen Gürtel des höchsten Beamten könnte ich nicht mehr gutmachen, was ich liebloser Sohn verbrochen habe!»

«Genug mit diesen leeren Phrasen!» unterbrach ihn Kleinod zornig.

«Du bist vollkommen im Recht, wenn du mir vorwirfst, müßig umhergewandert zu sein, statt mich um meine einsame alte Mutter zu kümmern», sagte Fang Tzu Wen. «Das Geschehene ist leider nicht mehr ungeschehen zu machen. Sei versichert, daß ich es mein ganzes Leben bereuen werde! Laß mich dir aber jetzt ein Geständnis ablegen! Ich bin nicht mehr der verarmte Student, der ich früher war! Meine persönlichen Angelegenheiten haben sich seit einigen Monaten sehr stark verändert. Ich habe das Glück gehabt, bei den Prüfungen in Peking als der Erste hervorzugehen. Der Kaiser hat mir den hohen Posten eines Inspektors über sieben Provinzen verliehen, und der Grund, weshalb ich nach Shang Yang gekommen bin, ist der, daß ich jetzt mein Heiratsversprechen einlösen möchte.»

Kleinod konnte sich nicht fassen vor Erstaunen.

«Warum trägst du das Gewand eines Wandermönchs, wenn du Inspektor über sieben Provinzen bist?» fragte sie nach einer Weile.

«Weil ich deine Mutter auf die Probe stellen wollte», gab Fang Tzu Wen zu. «Dir gegenüber bin ich nicht fähig, noch länger über die Sache zu schweigen. Sei mir nicht böse, daß ich auch dir nicht gleich gestanden habe, Erfolg gehabt zu haben und nicht mehr bettelarm zu sein.»

«Wie kommt es, daß ich dich auf der Liste der Preisträger nicht gefunden habe? Weshalb habe ich deinen Namen vergeblich gesucht? Ist das, was du uns erzählst, auch wahr?» fragte Kleinod mißtrauisch.

«Ich bin auf der Liste als Fang Ting aus Nan Tschang eingetragen, statt als Fang Tzu Wen aus Ho Nan», antwortete er.

Kleinod wagte es noch immer nicht, seinen Worten Glauben zu schenken, und auch Wang Pen war seine Zweifel noch nicht losgeworden. Nur die kluge Buntapfel, die schon beim Wiedersehen mit Fang Tzu Wen erkannt hatte, daß aus seinen Zügen Zufriedenheit und Selbstvertrauen hervorleuchteten, war überzeugt, daß das, was er erzählt hatte, in allen Punkten richtig war. Für sie war es selbstverständlich, daß er jetzt höchstes Ansehen genoß. Ebenso wie eine Lotusblüte, die noch geschlossen ist, warten muß, bis sie sich öffnen kann, mußte Fang Tzu Wen eben warten, bis seine Zeit gekommen war.

«Ich kann es noch immer nicht glauben», erklärte Wang Pen. «Können Sie uns Beweise für die Wahrheit Ihrer Worte geben?»

«Wie? Du glaubst mir noch nicht?» rief Fang Tzu Wen lachend. «Das kränkt mich aber sehr von dir, Wang Pen! Komm! Ich werde dir etwas zeigen!» Er zog langsam einen kleinen gelben Beutel aus seinem Mönchsgewand, öffnete ihn und zog ein herrlich glitzerndes goldenes Siegel heraus. Wang Pen konnte die darin eingeritzten archaischen Zeichen natürlich nicht entziffern, doch Kleinod erkannte sogleich, daß es das Siegel eines der höchsten Beamten war. Sie schämte sich jetzt sehr, den Vetter so hart zur Rede gestellt zu haben.

«Sie haben zwar eine sehr hohe Stellung errungen, Herr Fang, aber dies ist noch keine Entschuldigung für Ihre Flatterhaftigkeit», mischte sich Buntapfel ein.

«Was wollen Sie damit sagen?» fragte Fang Tzu Wen.

«Erkundigen Sie sich bei Ihrer Mutter, Sie werden dann schon verstehen, was ich meine!» gab ihm Buntapfel zur Antwort. «Die Scheltworte, die Sie bald zu hören bekommen werden, die werden Sie nicht so rasch vergessen!»

Ihre Worte beunruhigten ihn sehr.

«Ich glaube, ich weiß, worum es sich handelt», sagte er. «Es ist dies eine Sache, die ich nicht zu verheimlichen brauche, über die ich aber noch nicht sprechen möchte. Es wird schon die Zeit kommen, alles zu erklären. Jetzt aber, verzeiht mir, möchte ich zu meiner Mutter. Ich kann es nicht erwarten, sie wiederzusehen! Mein Herz droht vor Sehnsucht nach ihr zu zerspringen! Vielleicht wird Vizekommandant Pi, der eben zu Besuch bei meinem Onkel weilt, bereits erzählt haben, was ich mir habe zuschulden kommen lassen. Verzeiht mir, ich kann nicht länger hier verweilen, ich möchte zu meiner Mutter fahren! – Wang Pen! Begleite mich in das Kloster zu den weißen Lotusblüten!» wandte er sich an Wang Pen.

«Soll ich das Siegel mitnehmen?» fragte dieser.

«Nein, bitte Fräulein Kleinod, es inzwischen in Verwahrung zu nehmen! Komm, Wang Pen, fahren wir in das Kloster!»

XIX. KAPITEL

Bei einem Besuche im Hause des früheren Lehrers werden freundschaftliche Beziehungen vertieft

Sowie Vizekommandant Pi erfahren hatte, daß Fang Tzu Wen in das Palais Tschen gegangen war, ließ er sich gleichfalls, ohne irgendwelches Aufsehen zu machen, in einer kleinen Sänfte dahin bringen. Als er in das Tor eintrat und seine Visitenkarte abgab, eilte der Torhüter sofort zur Süd-Terrasse, um den hohen Besuch anzumelden.

Generalzensor Tschen, der sich eben noch mit Fang Tzu Wen und Kleinod unterhalten hatte, ging dem Gaste mit großer Freude entgegen.

«Verehrter Herr Vizekommandant», rief er, ihn begrüßend. «Ich fühle mich ungemein geehrt durch Ihren Besuch! Verzeihen Sie mir bitte, daß ich Sie nicht schon beim Tore willkommen geheißen habe! Nehmen Sie mir meine Unhöflichkeit bitte nicht übel!»

«Gestatten auch Sie mir, Sie zu begrüßen, verehrter Meister!» erwiderte Vizekommandant Pi, der früher Herrn Tschens Schüler gewesen war.

Die beiden Herren hatten sich schon seit langem nicht mehr gesehen und freuten sich beide über das Wiedersehen. Sie blieben plaudernd beisammen sitzen und tauschten alte Erinnerungen aus.

«Als ich mir das letzte Mal erlaubt habe, Sie aufzusuchen, verehrter Meister, waren Sie leider ein wenig indisponiert und konnten mich nicht empfangen», sagte Herr Pi. «Es war sehr unhöflich von mir, mich seither nicht mehr nach Ihrem Befinden erkundigt zu haben. Ich hoffe, Sie sind jetzt wieder ganz wohl!»

«Oh gewiß!» antwortete Herr Tschen. «Auch ich muß mich entschuldigen, daß ich damals nicht in der Lage war, Sie, verehrter Herr Pi, zu begrüßen.»

«Ich habe mir heute die Kühnheit erlaubt, Sie aufzusuchen, verehrter Meister, um Ihnen zu dem freudigen Ereignis zu gratulieren», sagte Herr Pi.

«Zu welchem freudigen Ereignis?» fragte Herr Tschen erstaunt. «Ich sitze hier in einem Winkel der Welt, was sollte es hier für freudige Ereignisse geben?»

«Seit wann ist Seine Exzellenz, Ihr verehrter Herr Schwiegersohn, hier?» erkundigte sich Vizekommandant Pi.

«Mein Schwiegersohn ist doch bloß ein armseliger Student, wie können Sie von ihm als ‚Seine Exzellenz' sprechen?» fragte Herr Tschen.

«Ich bin gekommen, um Ihnen meine Glückwünsche zu dem hohen Rang auszusprechen, den er sich errungen hat», erklärte Herr Pi.

«Ich weiß nicht, was Sie meinen, verehrter Herr Pi», rief Herr Tschen. «Mir ist nichts davon bekannt, daß er sich einen Rang erworben haben sollte.»

«Wie? Sie wissen nicht, daß Ihr Schwiegersohn bei den kaiserlichen Examen als der Erste hervorgegangen ist?» rief Herr Pi ganz aufgeregt. «Der Kaiser hat ihn doch mit der hohen Stelle eines Inspektors über sieben Provinzen betraut! Man hat mir mitgeteilt, daß er sich zu Ihnen begeben hat, und ich bin daher gekommen, um auch ihm zu gratulieren.»

Herrn Tschen war es, als wandere er in einem fünf Li weit ausgebreiteten Nebel umher. Er konnte es nicht fassen, daß alles sich mit einem Male so sehr verändert haben sollte.

«Ich fürchte, Sie sind in einem Irrtum befangen, verehrter Herr Vizekommandant!» sagte er. «Ich habe die Prüfungsliste genau durchgesehen, ich fand auf ihr nur einen einzigen Mann namens Fang, und zwar einen Fang Ting aus Nan Tschang. Mein armseliger Schwiegersohn stammt aber aus Ho Nan. Er hat sich leider noch in keiner Weise einen Namen gemacht. Sie dürften leider falsch unterrichtet worden sein.»

Herr Pi brach in lautes Lachen aus.

«Aber verehrter Meister!» rief er. «Ihr Schwiegersohn hat sich doch in Nan Tschang registrieren lassen und ist dann nach Peking gereist, um die Prüfungen abzulegen! Glauben Sie mir! Was ich gesagt habe, ist richtig! Ich werde Ihnen gleich alles genau erzählen. Wenn Sie erlauben, möchte ich dann auch noch über eine andere Sache mit Ihnen sprechen.»

Er erzählte Herrn Tschen, auf welche Weise er Fang Tzu Wen gerettet hatte und wie dieser dann bei ihm im Hause geblieben war.

«Es ist wirklich wunderbar, mit welch unermüdlichem Eifer er seinen Studien nachgegangen ist», berichtete er. «Man kann es sehr gut verstehen, daß er jetzt zum Inspektor über sieben Provinzen ernannt wurde! Seine

Leistungen verdienen höchste Bewunderung! Der Glanz seines hohen Aufstieges wird auch auf Sie niederfallen, verehrter Meister!»

Herr Tschen war ganz wirr vor Freude über die so beglückende Nachricht. Er zweifelte noch immer, ob das alles nicht doch nur ein Traum war. Die Überraschung hatte ihn so gepackt, daß er gar nicht zu sprechen vermochte. Er stand erst nach einer Weile auf und verbeugte sich tief vor Herrn Pi.

«Daß Sie mir diese Nachricht gebracht haben, werde ich Ihnen nie vergessen», sagte er tiefbewegt. «Nur Ihrer Protektion und Ihrer Hilfe verdankt mein Schwiegersohn die Ehre, die ihm widerfahren ist, und ich, sein nutzloser Schwiegervater, diese Auszeichnung.»

Herr Pi fiel ihm rasch ins Wort.

«Was ich für meinen Freund und Bruder Tzu Wen getan habe, war eine selbstverständliche Sache», wehrte er bescheiden ab. «Darüber braucht man doch kein Wort zu verlieren. – Da ist aber eine andere, leider etwas peinliche Angelegenheit, die ich mit Ihnen besprechen möchte, verehrter Meister und Gönner! Ich fürchte nur, Sie werden vielleicht ungehalten sein über das, was ich sage, und scheue mich daher, mit der Sprache herauszurükken...»

«Wie könnte ich Ihnen, der Sie mir so viel Gutes erwiesen haben, etwas übelnehmen, Herr Pi!» rief Herr Tschen. «Sprechen Sie doch offen und ohne Scheu zu mir!»

«Ich habe eine große Schuld auf mich geladen», begann Herr Pi, hielt dann aber gleich wieder ein. «Nein, nein, ich wage es doch nicht, zu Ihnen von der Sache zu sprechen!»

«Aber machen Sie doch keine Umstände, verehrter Herr Pi», redete Herr Tschen ihm zu.

Herr Pi verbeugte sich tief vor ihm, konnte aber aus Befangenheit noch immer kein Wort aus der Kehle bringen.

Herr Tschen, dem seine tiefe Verlegenheit naheging, versuchte, ihn zu beruhigen.

«Zögern Sie nicht länger, verehrter Herr Vizekommandant!» sagte er, «Sagen Sie mir unbesorgt, was Sie so sehr bedrückt!»

«Ich will es versuchen», antwortete Herr Pi. «Als Ihr Schwiegersohn in mein armseliges Heim kam, neigte sich der Winter schon seinem Ende zu. Am Tage des Laternenfestes habe ich ein kleines Bankett veranstaltet und mir dabei einen kleinen Rausch angetrunken. Ich legte mich bald zur Ruhe, und als meine Mutter später durch das Bibliothekszimmer ging, sah sie Tzu Wen dort weinend sitzen. Sie war sehr begeistert über seine edlen Züge. ‚Das ist ein außergewöhnlicher Mensch, der es einmal noch sehr weit bringen wird!‘ sagte sie sich. ‚Er wäre der richtige Mann für meine Tochter Goldchen!‘ Sie teilte mir ihren Wunsch mit, und ich sagte ihr, daß er leider nicht durchführbar sei, da sich mein Freund bereits mit einem Fräulein Tschen aus Shang Yang verlobt habe. Meine Mutter hatte aber so großen Gefallen an ihm gefunden, daß sie sich durch meine Einwände nicht von diesem Plane abbringen ließ.»

«Ich verstehe», sagte Herr Tschen. «Wie Sie wissen, verehrter Herr Pi, ist einst Liu Huang die Ehe mit zwei Mädchen eingegangen und hat sich dann auch noch mit der Schwester von Sung Chüan verheiratet. Wie viele Minister der Mandschu-Dynastie haben nicht auch bis zu drei Frauen und vier Nebenfrauen? Man kann schließlich auch Kompromisse schließen! Es ist ja gesetzlich gestattet, eine Frau und eine Nebenfrau zu haben. Wenn sich alle Beteiligten lieben, dann kann ein

Gatte mit einem festen Charakter das Frauengemach sehr gut in Ordnung halten. Daß die Hauptfrau ihrem Gatten gegenüber großzügig sein muß, versteht sich von selbst. Wenn sie der Nebenfrau liebevoll entgegenkommt, dann sehe ich keine Schwierigkeiten für eine solche Ehe.»

Herr Pi fuhr in seiner Erzählung fort.

«Einige Tage später ließ ich meinen Freund Tzu Wen zu mir bitten und wollte ihn mit meiner Schwester verloben. Er aber weigerte sich trotz meinem beharrlichen Zureden, dieses Verlöbnis einzugehen. Ich befand mich in einer sehr unangenehmen Lage, da ich fürchten mußte, von meiner Mutter die bittersten Vorwürfe zu bekommen, wenn die Sache scheitern sollte. Es blieb mir nichts anderes übrig, als den Präfekten zu bitten, die Rolle des Heiratsvermittlers zu übernehmen. Ihr Schwiegersohn weigerte sich jedoch weiter, die Ehe einzugehen. Meine Mutter ließ nichts unversucht, um ihren Willen durchzusetzen, sie wollte schon einen glücklichen Tag für die Vermählung auswählen lassen, stieß aber immer wieder auf den Widerstand Tzu Wens. Nach unablässigen Bemühungen konnte ich es aber schließlich doch erreichen, daß er sich zu dieser Eheverbindung bereit erklärte, er verlangte aber, daß sie erst nach der Erfüllung von drei Bedingungen zustande kommen dürfe.»

«Was waren das für Bedingungen?» fragte Herr Tschen.

«Die erste Bedingung, die er stellte, war, daß er vorerst noch seine Mutter aufsuchen dürfe, die zweite, daß er Ihnen, verehrter Herr Generalzensor, als Schwiegersohn seine Aufwartung machen könne, und die dritte, daß die Hochzeit erst nach der Ablegung seiner Prüfungen stattfinde. – Meine Mutter sah ein, daß diese drei Bedingungen ein neuer Beweis des vornehmen und zielbewußten Charakters meines Freundes waren, und erklärte sich daher mit ihnen einverstanden. Nun habe ich Ihnen alles wahrheitsgetreu erzählt, verehrter Meister. Sagen Sie mir, bitte, wie stehen Sie zu dieser Sache?»

Herr Tschen hatte seinem Bericht schweigend zugehört. In seinem Inneren war ihm etwas bange, Kleinod werde auf die zweite Braut eifersüchtig sein, und die Vereinbarung werde ihr vielleicht nicht passen. Aber, der Baum wird zum Schiff, so wie die Angelegenheit stand, nützte es ja doch nichts, mit Herrn Pi darüber zu streiten. Kleinod mußte eben später trachten, mit seiner Schwester gut auszukommen.

«Verehrter Herr Vizekommandant», sagte er nach einer kleinen Pause, «ich finde diese Sache großartig! Sie ist eine hohe Ehre für mein Haus. Ich freue mich wirklich sehr herzlich, mit Ihnen nun auch in verwandtschaftliche Beziehungen zu treten. Ihre Schwester und meine Tochter werden beide sehr glücklich sein, einem so überragenden Manne wie Fang Tzu Wen den Kamm und das Handtuch zu reichen.»

«Wie schön Sie das gesagt haben, verehrter Meister!» bewunderte ihn Herr Pi.

«He du!» rief Herr Tschen einen Diener herbei. «Geh zu Herrn Fang und bitte ihn, gleich hierher zu kommen! Rasch! Eil dich!» Dann befahl er einem anderen Diener, im Empfangszimmer Wein vorzubereiten.

Der Diener war, so schnell ihn seine Füße tragen konnten, davongelaufen. Als er aber zur Südterrasse kam, traf er dort niemanden an. Er lief darauf zu Kleinods Trakt und rief zum ersten Stockwerk hinauf:

«Ist jemand da?»

«Wer ist unten?» fragte eine Zofe.

«Ich bin's, der Diener Tschang», erwiderte er.

«Was willst du?»

«Der Herr Generalzensor möchte bitten, daß der gnädige Herr zu ihm kommt», antwortete er.

«Welcher gnädige Herr?»

«Nun, Herr Fang aus Ho Nan!»

«Seit wann ist das ein ‚gnädiger Herr'?» fragte die Zofe höhnisch.

«Sprich nicht so verächtlich von Herrn Fang!» wies Tschang sie zurecht. «Er ist ein ganz hoher Beamter!»

«Was kann der schon für ein ‚hoher' Beamter sein!» spottete die Zofe.

«Ich habe mit meinen eigenen Ohren gehört, wie der Herr Vizekommandant Pi dem Herrn Generalzensor berichtet hat, daß Herr Fang bei den kaiserlichen Prüfungen als Erster hervorgegangen ist!» antwortete Tschang.

«Das ist doch nicht möglich!» rief die Zofe. «Das muß ich gleich dem Fräulein Kleinod melden!» Sie lief in heller Aufregung davon und eilte in Kleinods Zimmer.

«Fräulein! Gnädiges Fräulein! Herrliche Nachrichten!» rief sie schon bei der Türe. «Wer hätte gedacht, daß es so leicht ist, ein Beamter zu werden! Im Nu ist man schon in den blauen Wolken!»

«Was erzählst du da?» fragte Buntapfel.

«Der junge Herr Fang ist ein hoher Beamter geworden!» wiederholte die Zofe. «Der Herr Generalzensor hat den Diener Tschang hergeschickt, um ihn zu sich zu bitten.»

«So wie er gekleidet ist, kann Herr Fang doch kein hoher Beamter sein!» sagte Buntapfel, als zweifle sie an der Sache.

«Aber Buntapfel, es ist wahr! Er ist wirklich ein hoher Beamter!» bestand die Zofe auf ihrer Aussage.

«Ich glaube es nicht!» erklärte Buntapfel. «Er sieht doch wie ein Bettler aus!»

«Er hat sich verkleidet, weil er uns alle auf die Probe stellen wollte», meinte die Zofe.

Kleinod unterbrach ihr Geschwätz.

«Sprecht nicht so viel, sondern sagt dem Diener Tschang, daß Herr Fang sich in das Kloster zu den weißen Lotusblüten begeben hat!» befahl sie ihnen.

Die Zofen gaben ihre Antwort dem Diener Tschang weiter.

«Was soll ich sagen, daß Herr Fang im Kloster macht?» fragte Tschang.

«Geh nur und richte aus, was Fräulein Kleinod gesagt hat!» mischte sich Buntapfel ein. «Der Herr Generalzensor wird damit schon alles wissen.»

Die überraschende Nachricht von Fang Tzu Wens hohem Aufstieg hatte sich natürlich bald im ganzen Hause herumgesprochen. Als der Torhüter davon erfuhr, wollte auch er es nicht glauben, daß Fang Tzu Wen, der so armselig gekleidet in den Garten gekommen war, ein hoher Beamter geworden sein sollte.

«Er hat doch so ausgesehen, daß man niemals vermutet hätte, er werde je zu einer besseren Stellung kommen!» sagte er sich. «Aber es kommt eben für jeden einmal sein Tag!»

Auch die Zofe Rotwolke hatte sehr bald von der Sache Kenntnis bekommen. Mit hochroten Wangen und atemlos vor Aufregung lief sie in den westlichen Trakt.

«Daß es so etwas gibt! Daß es so etwas gibt!» sagte sie sich unterwegs immer wieder. «Es ist ja nicht zu fassen! Ich habe geglaubt, er wird sein ganzes Leben ein Bettler bleiben! Nein, nein! Ich hätte es niemals für möglich gehalten, daß der einmal ein hoher Beamter wird!» Wie eine Verrückte eilte sie in Frau Tschens Zimmer.

«Was ist denn mit dir?» rief Frau Tschen, als sie sie so verstört hereinkommen sah.

«Wehe! Wehe! Gnädige Frau! Es ist etwas Entsetzliches geschehen! Ich habe die anderen Zofen von einer unglaublichen Sache sprechen gehört. Was wird jetzt werden! Was wird jetzt werden!» antwortete sie.

«Ja, was ist denn das für eine schreckliche Sache, die dir solche Furcht eingejagt hat?» fragte Frau Tschen.

«Was ich gehört habe, kann einem wahrhaftig die Seele aus dem Leibe reißen!» erwiderte Rotwolke. «Es ist ja nicht zu glauben! Man hätte mir ebensogut erzählen können, ein Hund habe sich in ein Einhorn verwandelt, oder eine Henne sei als Phönix auf einen Wu Tung Baum geflogen, ein Regenwurm sei aus einer Pfütze herausgekrochen und fliege als Drache durch die Wolken, oder ein schäbiger grauer Kater sei mit einem Male ein schneeweißer Löwe geworden! Nein, so etwas ist noch nie vorgekommen! Das konnte wirklich nur in unserem Hause geschehen!»

«So sag doch endlich, was vorgefallen ist!» drängte Frau Tschen.

«Gnädige Frau! Wer hätte es für möglich gehalten, daß aus diesem Herrn Fang einmal so etwas werden könnte!» sagte Rotwolke gebrochen.

«Was ist denn schon wieder mit ihm?» fragte Frau Tschen ärgerlich.

«Dieser als Bettelmönch verkleidete Herr Fang ist in Wirklichkeit ein hoher Beamter!» antwortete Rotwolke. «Er hat sich verkleidet, weil er uns alle auf die Probe stellen wollte! Ihm gebührt das Purpurgewand eines Mandarinen! Herr Vizekommandant Pi hat dem Herrn Generalzensor diese unfaßliche Nachricht gebracht. Zahllose Zivilbeamte und Offiziere haben sich schon eingestellt, um ihm ihre Glückwünsche darzubringen!

Er selbst ist nirgends aufzufinden. Die Herren sitzen jetzt beim Herrn Generalzensor und plaudern einstweilen mit ihm.»

«Wo hast du denn dieses blöde Gerücht her?» fuhr Frau Tschen sie an. «Du glaubst auch jeden Unsinn, den man dir aufbindet! Geh noch einmal zu den Zofen und horche sie aus, ob an der Sache überhaupt etwas Wahres ist!»

«Die Sache ist wahr!» versicherte Rotwolke. Kaum hatte sie noch ausgesprochen, kam bereits eine Schar von Zofen herein, um Frau Tschen ihre Glückwünsche auszusprechen.

«Wir gratulieren Ihnen, gnädige Frau!» riefen sie in freudiger Aufregung. «Was für ein Glück! Ihr Schwiegersohn soll als Allererster bei den kaiserlichen Prüfungen hervorgegangen sein! Das Empfangszimmer ist schon voll von Beamten, die ihm ihre Glückwünsche darbringen wollen, er ist aber leider nicht zu Hause.»

«Wo ist er?» fragte Frau Tschen, ohne auf ihre Gratulationen irgendwie einzugehen.

«Er soll in das Kloster zu den weißen Lotusblüten gefahren sein», bemerkte eine der Zofen.

«In das Kloster zu den weißen Lotusblüten?» wunderte sich Frau Tschen. «Was hat er dort zu suchen?»

«Ja, wissen Sie denn nicht, gnädige Frau, daß seine Mutter schon seit langem dort wohnt?» rief eine der Zofen. «Der Herr Generalzensor schickt dem Kloster doch immer Geld für ihren Unterhalt! – Hören Sie nur, was draußen für ein Lärm ist! Immer wieder kommen neue Leute, um zu gratulieren. Es ist aber auch wirklich ein seltenes Glück, das Ihnen da beschert wurde!»

«Was soll das für mich für ein Glück sein?» antwortete Frau Tschen gereizt. Sie hatte nun auch den Lärm der ankommenden Wagen gehört. Ihr Gesicht war vor Wut bleigrün geworden. «Was ist da schon Besonderes daran, wenn jemand sein Examen bestanden hat?» sagte sie verächtlich. «Kommt mir nicht mehr mit solchen lächerlichen Nachrichten daher. Ich will nichts mehr von der Sache hören!»

Die Zofen zogen sich enttäuscht zurück. Als sie gegangen waren, rief Frau Tschen Rotwolke zu sich und befahl ihr, das Tor zuzusperren. Sie wollte es noch immer nicht glauben, daß die Nachricht zutraf. Dieser armselig aussehende Neffe mochte möglicherweise gewisse Begabungen haben, aber er konnte unmöglich ein hoher Beamter geworden sein. Wütend gedachte sie der harmlos scheinenden Worte seiner Lieder, die in Wirklichkeit eine gegen sie gerichtete Beschuldigung waren. Ihr Ärger über ihn wuchs immer mehr, und der Gedanke, daß seine Mutter im Kloster zu den weißen Lotusblüten wohnte, rief auch große Beunruhigung in ihr hervor.

Herr Tschen hatte mittlerweile den Auftrag gegeben, ein kleines Bankett zu richten.

«Wo wünschen Sie, daß aufgetragen wird, Herr Generalzensor?» fragten die Diener, als alles vorbereitet war.

«Bringt alles hier herauf!» antwortete Herr Tschen.

«Bitte, machen Sie doch keine Umstände!» wehrte Vizekommandant Pi ab.

«Einen Becher Wein darf man niemals verachten», erklärte Herr Tschen. – «Kommt mein Schwiegersohn nicht?» fragte er einen Diener.

«Herr Fang ist in das Kloster zu den weißen Lotusblüten gefahren», erwiderte dieser.

«Was macht er denn im Kloster zu den weißen Lotusblüten?» erkundigte sich Herr Pi verwundert. Er wußte nicht, daß Frau Fang sich dort aufhielt, denn Goldchen hatte den Zofen eigens aufgetragen, niemandem etwas davon zu sagen.

«Ich werde Ihnen das sofort erklären», antwortete Herr Tschen. «Seht nach dem Wein!» befahl er den Dienern.

«Ich will Ihnen jetzt nichts mehr verheimlichen», sagte Herr Tschen zu Herrn Pi, als sie ein paar Becher Weins getrunken hatten. «Mein Schwiegersohn ist in das Kloster zu den weißen Lotusblüten gefahren, um seine Mutter zu besuchen.»

«Wie? Seine Mutter ist dort?» rief Herr Pi, starr vor Staunen. «Ja, wie ist sie denn dorthin gekommen?»

«Das ist eine traurige Sache», erwiderte Herr Tschen und erzählte Herrn Pi, auf welche Weise Frau Fang nach ihrer langen, mühevollen Reise in das Kloster gekommen war.

«Ich habe im Vorfrühling einem meiner Diener dreihundert Taels gegeben und ihm befohlen, nach Ho Nan zu gehen und Frau Fang zu holen», erklärte Herr Pi. «Es ist doch nicht möglich, daß er sie damals nicht mehr angetroffen hat! Dieser Hundskerl hat die dreihundert Taels wahrscheinlich unterschlagen! Ich werde gleich einen Haftbefehl gegen ihn herausgeben lassen!»

«Ärgern Sie sich nicht über ihn, das ist doch keine so große Angelegenheit», versuchte Herr Tschen ihn zu beschwichtigen. «Was bedeutet das schon gegenüber der Tatsache, daß sich Mutter und Sohn wiedergefunden haben! Nehmen sie die Sache nicht tragisch!»

«Sie haben recht», gab Herr Pi nach. «Jetzt würde es mich aber sehr interessieren, ob meine Schwester Goldchen, die doch auch im Kloster war, Frau Fang kennengelernt hat», setzte er hinzu.

«Ich glaube kaum, daß die beiden zusammengekommen sind», meinte Herr Tschen. «Man hat es im Kloster streng geheimgehalten, daß Frau Fang sich dort befindet. Im übrigen ist es jetzt, da die Heirat doch bald zustande kommen wird, einerlei, ob sie mit ihr dort gesprochen hat oder nicht.»

Während die beiden noch weiter miteinander plauderten, kamen unausgesetzt Beamte und Offiziere an, um ihre Visitenkarte abzugeben und Fang Tzu Wen ihre Glückwünsche darzubringen. Endlos war die Reihe von Besuchern, die gekommen waren, um ihre Hochachtung auszudrücken.

«Sagen Sie den Herren, daß Seine Exzellenz sich im Kloster zu den weißen Lotusblüten befindet und es daher besser wäre, wenn sie sich dorthin begeben würden», befahl Herr Tschen ihrem Wortführer, worauf sofort ein lebhaftes Gedränge ausbrach, und sich alle Besucher beeilten, wieder in ihre Sänften oder Wagen zu steigen und sich in das Kloster bringen zu lassen. Das war wirklich ein prächtiger Zug, der nun durch die Straßen von Shang Yang fuhr! Alles, was Rang und Namen hatte, war zu sehen. Kein Wunder, daß die Straßen blockiert waren von Neugierigen, die alle die hohen Offiziere zu Pferd, die Zivilbeamten in ihren Wagen und Sänften und die Soldaten mit ihren glitzernden Helmen sehen wollten! Auch der Gouverneur von Shang Yang hatte sich in Galauniform, hoch zu Pferde, eingefunden. War das ein Lärm von Gongs und Trommeln! Die Gendarmen und Straßenordner bemühten sich vergeblich, die Neugierigen zurückzudrängen, und nur zu oft mußten sie von ihren Bambusgerten Gebrauch machen, wenn die Leute ihren Befehlen nicht Folge leisten wollten. Manche von ihnen trugen Tafeln, die oben mit imposanten Tigerköpfen verziert waren und die Zeichen «Nicht vordrängen!» «Ruhe!» und ähnliches vorwiesen. In den Vororten blieben die Leute wie angewurzelt stehen, denn einen so prächtigen Zug hatten sie noch nie gesehen. Schade, daß der aufgewirbelte Staub ihnen oft viel von der Sicht wegnahm. «Seht nur, dieser Zug fährt in das Kloster zu den weißen Lotusblüten, um Herrn Fang Tzu Wen, das neue Mitglied der Han Lin Akademie, willkommen zu heißen», hörte man da und dort rufen. «Vergangenes Jahr war er noch ein Student wie jeder andere und jetzt ist er Inspektor über sieben Provinzen geworden! Nehmt euch ein Beispiel an ihm, Kinder! Da sieht man, wie weit man mit Fleiß und Ehrgeiz kommt!» Am liebsten wären alle Fußgänger auf der Straße auch noch bis zum Kloster zu den weißen Lotusblüten mitgekommen. Aber das ging denn doch nicht, denn es war selbst für die vielen Wagen, Sänften und Pferde schwer, vor den Mauern des Klosters Platz zu finden.

XX. KAPITEL

*Bei dem Wiedersehen zwischen Mutter und Sohn fließen
Tränen der Freude*

«Schneller! Schneller!» rief Fang Tzu Wen auf der Fahrt nach dem Kloster Wang Pen zu. Er war viel zu aufgeregt, um sich um das Gewimmel der Menschen auf der Straße oder um das Getriebe auf dem Markte zu kümmern. Er wollte nur eines: So rasch wie möglich seine Mutter wiedersehen! Erst als der Wagen das Stadttor hinter sich gelassen hatte, sah er um sich und erquickte sich an der lieblichen Landschaft. Wie anders fühlte er sich doch heute als damals! Heute genoß er Ansehen und Ehren und besaß Geld genug, um seine Mutter glücklich zu machen und ihr seine Dankbarkeit zu erzeigen.

«Ach, Wang Pen!» seufzte er, «wenn ich daran denke, wie ich damals im Winter durch diese Gegend gekommen bin, dann weiß ich erst, wie einsam ich war. Ein eisiger Sturm blies mir durch die Kleider bis auf die

Knochen, die Ahornblätter flogen umher und die Berge hatten alles Grün verloren. Wie anders ist heute das Bild! Damals saßen die Krähen in langen Reihen auf den Bäumen, es war eiskalt und die Sonne neigte sich schon gegen Westen. Heute sitzen die Vögel auf den dünnen Weidenzweigen, und man hört weithin ihr fröhliches Gezwitscher. Damals sah ich unter der Brücke im vereisten Wasser erfrorene Prunusblüten liegen, heute sehe ich schon die Wildgänse zurückkommen. Kaum hatte es damals aufgehört zu stürmen, begann es zu schneien. Heute bläst eine leise Brise durch das Land, und ich sehe, daß ein milder Regen vor kurzem den Boden erfrischt hat. Ach, Wang Pen, der Maulbeergarten ist ein unendliches Meer geworden. Wie sehr verändert sich doch die Welt! Ist dies nicht alles ergreifend? Mit Worten läßt es sich ja gar nicht schildern.»

«Wenn Sie damals mit dem Herrn Generalzensor wieder zurückgekommen wären, hätten Sie sich alle Leiden dieser Reise ersparen können», meinte Wang Pen. «Herr Tschen hat Sie doch immer wieder gebeten, mit ihm zu kommen und bei ihm zu bleiben. Er war so unglücklich, als er allein zurücktritt, und ich habe gesehen, wie er sich, ohne sich zu schämen, die Tränen abwischte, die ihm über die Wangen rollten. Warum haben Sie auch meine Begleitung abgelehnt? Sie ahnen nicht, wie leid Sie mir getan haben, als Sie so allein in die Heimat zurückreisen wollten! Sie mußten doch so viele Flüsse überqueren und über so viele hohe Berge steigen! Ganz ohne Gefährten haben Sie diesen weiten Weg unternommen, und wie furchtbar muß dieser Überfall durch den Räuber gewesen sein!»

«Der Himmel wollte mich wahrscheinlich prüfen», sagte Fang Tzu Wen. «Das Unheil, das uns begegnet, ist stets vom Himmel bestimmt.»

«Jetzt ist alles wieder gut geworden», erwiderte Wang Pen. «Der Himmel hat Sie für Ihren Fleiß belohnt und hat es Ihnen ermöglicht, sich einen großen Namen zu machen. Nach einer Zeit so großen Kummers und so vieler Entbehrungen haben Sie sich die Ihnen nun zuteilwerdende Anerkennung wirklich verdient. Auch für Fräulein Kleinod ist nach einer Zeit der schwersten Sorgen jetzt eine Zeit der Freude und des Glückes gekommen. Eines aber kann ich Ihnen sagen, gnädiger Herr! Hätten Fräulein Kleinod und Buntapfel nicht für die Betreuung Ihrer Mutter gesorgt, dann wäre sie heute nicht mehr am Leben!»

«Ich möchte dich etwas fragen, Wang Pen», unterbrach ihn Fang Tzu Wen. «Buntapfel hat da eine Bemerkung fallen lassen, die Nonnen hätten meine Mutter beleidigt und verächtlich behandelt. Ist das wahr?»

«Sie hätte Ihnen das nicht sagen sollen», antwortete Wang Pen. «Wankelmut gibt es überall auf der Welt. Warum sollten nicht auch Nonnen Sünden begehen? Ihre Mutter war so verarmt, daß sie sich auf der Reise das Geld für ihr Essen zusammenbetteln mußte. Da versteht es sich von selbst, daß ihr auch verschiedenerlei Erniedrigungen und Kränkungen zugefügt wurden. Was hat es für einen Sinn nachzuforschen, wieviele es waren? Es ist besser, man läßt so eine Sache auf sich beruhen und ärgert sich nicht unnötig darüber.»

«Du hast recht, Wang Pen», stimmte Fang Tzu Wen ihm bei.

Als sie vor dem Tore des Klosters eintrafen, befahl ihm Fang Tzu Wen, nach Hause zu fahren, ihn aber später abzuholen. «Du hast gewiß noch viel zu tun», sagte er zu ihm.

Wang Pen fuhr in das Palais Tschen zurück, und Fang Tzu Wen beeilte sich, zu seiner Mutter zu kommen. Er durchschritt schnell die gewundenen Pfade, überquerte den kleinen Bach und ging dann weiter, bis er das halb mit Ziegeln und halb mit Schilfgras bedeckte Dach des Klosters sah. Ringsum herrschte tiefe Stille, nur ab und zu hörte man einige Grillen zirpen. Ach, was für ein schönes, friedliches Bild war dies! An der einen Seite des Baches lief ein Pfad aus weißen Kieselsteinen entlang, der in einen Bambushain führte. Im Walde zwitscherten die Vögel, als zitierten sie buddhistische Sutren. Fang Tzu Wen konnte sehen, wie sich der Weg in der Ferne mit den weißen Wolken vereinigte. Der Klostermauer entlang standen Fichten und Tannen aneinandergereiht wie eine Reihe von Soldaten. Freudige und schmerzliche Gefühle wetteiferten in seiner Brust.

«Mutter!» sagte er sich. «Du, die elegante, verwöhnte Frau, die Tochter eines hohen Beamten, lebst jetzt in einem Kloster! Du hörst nur mehr das Schlagen der Gongs und Trommeln, das Schreien der Affen und das Gezwitscher der Vögel. Kannst du in diesen Wänden zufrieden und glücklich geworden sein? Können sich Menschen, die in der großen Welt gelebt haben, in ein solches Leben eingewöhnen? Während ich nach Ruhm und Ehren strebte, bist du hier allein zurückgeblieben. Ich habe wahrhaftig einen Berg von Schuld auf mich geladen!» Aufgeregt eilte er zum Tore, fand es aber verschlossen. Alles war still ringsum, und nirgends war ein menschlicher Schatten zu sehen. Er schlug mit dem Klingelknopf an das Tor, worauf die Aufwartefrau, die auch den Dienst einer Pförtnerin versah, erschrocken aus ihrem Halbschlaf auffuhr. Sie war hochbetagt, und ihr Haar war schon schneeweiß geworden. Für sie war jeder Windstoß und jedes sich bewegende Gras schon etwas Störendes und Beunruhigendes.

«Ich komme! Ich komme!» rief sie hinaus. «Wer ist denn da?»

Sie schleppte sich langsam bis zum Tore, öffnete es und sah zu ihrem großen Erstaunen einen Mönch draußen stehen.

«Was wollen denn Sie hier?» fragte sie ihn.

«Ich bin durch alle vier Weltgegenden gewandert und hierhergekommen, um eine Verwandte zu besuchen», erwiderte Fang Tzu Wen.

Sie blickte ihn verwirrt an und bemerkte, daß sein Gewand nicht das eines buddhistischen Mönches war. Er trug die viereckige Mütze, das Kennzeichen der Taoistenmönche. Auch seine Kutte war die eines Taoisten.

«In diesem Hause hier wird nach der buddhistischen Lehre gelebt», sagte sie. «Mit Taoisten haben wir keine Verbindung. Sie müssen sich im Weg geirrt haben, oder ich habe Ihre Frage falsch verstanden. Von den Nonnen, die hier im Kloster sind, ist keine mit einem Taoisten verwandt. Was für eine Verwandte suchen Sie denn?»

«Ich suche meine Mutter», erklärte Fang Tzu Wen.

«Wollen Sie sich über mich lustig machen?» fuhr die alte Frau auf. «Es schickt sich nicht für einen Mönch, mit Klosterbewohnerinnen dumme Scherze zu treiben. Haben Sie nicht Angst, im nächsten Leben dafür bestraft zu werden? Wie können Sie es wagen, sich in einem Kloster so etwas zu erlauben! Schämen Sie sich nicht vor dieser Buddhastatue auf dem Lotusthron?»

«Sie werden doch nicht ernstlich glauben, daß ich so gemein sein könnte, in einem Kloster schlechte Witze zu machen!» rief Fang Tzu Wen. «Ich bin hierhergekommen, um Frau Fang aufzusuchen.»

«In welcher Beziehung stehen Sie zu Frau Fang?» fragte die Aufwartefrau.

«Frau Fang ist meine Mutter», antwortete Fang Tzu Wen kurz.

«Wie? Frau Fang ist Ihre Mutter?» rief die alte Frau. «Bitte, warten Sie ein wenig, ich werde die Äbtissin von Ihrem Kommen verständigen, sie wird Sie dann selbst zu Frau Fang führen.» Kopfschüttelnd humpelte sie davon.

«Die Kinder anderer Leute bleiben jahrelang von ihrer Familie fern, eines Tages kommen Sie dann aber doch zurück», sagte sie sich bitter. «Mein armes Kind, das liegt schon bei den neun Quellen. Für uns beide gibt es kein Wiedersehen mehr! Wer wird mir in meinem Alter eine Stütze sein? Ach, was habe ich doch für ein Hundelos! Am besten wäre es, ich wäre schon tot!» Bitterlich schluchzend ging sie zur Äbtissin.

«Aber! Warum weinen Sie denn so? Was ist denn geschehen?» fragte die Äbtissin.

«Ich habe gerade an das unglückselige Schicksal meines Kindes gedacht», antwortete die alte Frau.

«Es ist gewiß sehr traurig, daß Ihr Sohn gestorben ist», sagte die Äbtissin. «Auch mich hat der Tod Ihres Kindes sehr bewegt. Aber was nützt das Weinen, wenn ein Mensch gestorben ist? Sie sind hier im Kloster doch gut aufgehoben, und auch wenn Sie ein Alter von hundert Jahren erreichen sollten, werden Sie von uns Nonnen immer gut behandelt werden.»

«Ich danke Ihnen für Ihre gütigen Worte, ehrwürdige Mutter», sagte die Aufwartefrau. «Es hat mich eben so traurig gemacht, zu sehen, daß die Kinder anderer Mütter eines Tages wieder zu ihnen zurückkommen, es für mich und mein Kind aber keine Hoffnung mehr auf ein Wiedersehen gibt.»

«Von welchen Kindern anderer Leute sprechen Sie denn da?» fragte die Äbtissin.

«Der Sohn der Frau Fang ist gekommen», antwortete die alte Frau.

«Wo ist er?»

«Er wartet draußen vor dem Tore.»

«Führen Sie ihn herein!» befahl die Äbtissin. Sie war sehr ärgerlich über diese Nachricht, eilte aber rasch hinaus, um den jungen Besucher willkommen zu heißen. Unter den üblichen Begrüßungsformalitäten führte sie ihn in den Buddhasaal und forderte ihn auf, ein wenig Platz zu nehmen.

«Bitte, nehmen auch Sie Platz, ehrwürdige Mutter», bat Fang Tzu Wen.

«Ich armselige Nonne habe nicht gewußt, daß Sie uns heute mit Ihrem Besuch beehren werden, und habe es daher versäumt, Ihnen entgegenzugehen. Bitte, nehmen Sie mir dies nicht übel», begann die Äbtissin das Gespräch.

«Meine Mutter hat von Ihnen so viel Güte empfangen, und es war mir leider bisher nicht möglich, mich dafür dankbar zu erzeigen», erwiderte Fang Tzu Wen.

«Wie können Sie das sagen?» rief die Äbtissin. «Die gnädige Frau ist bei uns viel zu unhöflich behandelt worden. – Schwestern!» rief sie in den Nebensaal hinein. «Kommt rasch alle her und begrüßt Herrn Fang!» Die Nonnen erschienen, und eine nach der anderen verbeugte sich tief vor Fang Tzu Wen.

«Erlauben Sie uns, vor Ihnen Kotau zu machen», sagten sie zu ihm.

«Schon gut! Schon gut!» wehrte Fang Tzu Wen sie ab.

Die Nonnen ärgerten sich, daß er mit ihnen so kurz angebunden war, und begannen heimlich miteinander über ihn zu diskutieren.

«Ein sehr unhöflicher Mann!» flüsterten sie sich gegenseitig zu. «Unhöflich und unmanierlich! Seht nur, wie er angezogen ist! Wie kann ein Mönch es über sich bringen, Frauen, die gleich ihm die Welt verlassen haben, so schroff zu behandeln! Ein Mönch und eine Nonne sind doch beide aus der gleichen Erde gemacht. Wie kann er nur so hochmütig sein! Er gibt sich hier, als wäre er weiß der Himmel wer. Seine hochfahrenden Manieren sind wirklich abscheulich!»

Fang Tzu Wen schenkte ihren teils hinter seinem Rücken, teils vor ihm gesprochenen Worten keine weitere Beachtung.

«Wo befindet sich meine Mutter?» fragte er.

«Im Pavillon», erwiderte eine Nonne.

«Dann will ich jetzt zu ihr gehen», erklärte er.

«Gestatten Sie uns, Sie zu begleiten», baten die Nonnen.

«Bitte, lassen Sie das», wehrte Fang Tzu Wen sie ab. «Meine Mutter und ich waren lange Zeit getrennt, und wir haben uns vieles zu sagen.»

«Gut, dann soll die Aufwartefrau Sie begleiten», schlug die Äbtissin vor.

Fang Tzu Wen erklärte sich einverstanden.

«Ist der Pavillon weit von hier entfernt?» fragte er die Aufwartefrau, als sie durch den Garten gingen.

«Oh nein», antwortete sie. «Wir brauchen nur an diesem kleinen Flußtempel vorüberzugehen, und dann sind schon die Stufen des Pavillons zu sehen...»

Fang Tzu Wen war in höchster Erregung. Schon nach einigen Schritten kamen sie zum Flußtempel, der von klarem, blauem Wasser umspült war. Als sie dann zum Pavillon kamen, schlug sein Herz noch schneller als zuvor.

«Mutter! Mutter!» rief er in das obere Stockwerk hinauf.

Frau Fang war gerade in ein buddhistisches Gebet vertieft. Als sie plötzlich durch diesen Ruf aufgeschreckt wurde, stand sie auf und blickte in den Garten hinunter. Sie konnte sich nicht erklären, wer dieser Taoistenmönch war, der dort auf den Stufen zum Pavillon kniete. Ihre Augen waren durch ihr Alter schon etwas schwach geworden, und da sie meinte, sich versehen zu haben, blickte sie nochmals in den Garten hinunter. Es war tatsächlich ein Taoistenmönch, der da kniete!

«Wer sind Sie und was machen Sie hier?» rief sie hinunter.

«Mutter! Ich bin's! Dein Sohn!» rief er zu ihr hinauf.

«Kind! Mein Sohn!» schrie sie vor Freude auf. «Bist du denn wirklich aus dem Jenseits in diese Welt zurückgekehrt? Bist du, wie einst Ssu Dschin, gekommen, um deine Mutter zu sehen? Nein, nein! Es kann nicht sein! Es ist bestimmt nur ein Traum, der mich irreführt!»

«Nein, Mutter! Es ist kein Traum, es ist Wirklichkeit!» antwortete Fang Tzu Wen, als er dann bei ihr im Zimmer saß. «Ich bin in Huang Dschou das Opfer eines Räubers geworden, und seither hat es immer wieder Hindernisse gegeben, dich wiederzusehen!»

«Daß du in Huang Dschou überfallen wurdest und jemand dich dann gerettet hat, weiß ich», sagte Frau Fang. «Wo warst du aber diese ganze lange Zeit? Und wie kommst du plötzlich hierher?»

Fang Tzu Wen erzählte ihr alles, was sich zugetragen hatte, seit sie sich nicht mehr gesehen hatten. Er berichtete ihr von der schlechten Behandlung, die er von seiten der Tante erfahren hatte, von der liebevollen Fürsorge und dem heimlichen Geschenk von Kleinod, von der Verlobung vor dem Tempel der neun Fichten, von dem Überfall durch den Räuber, von der Rettung durch Vizekommandant Pi und von den Studien, die er in dessen Hause gemacht hatte. Nur über seine zweite Verlobung sprach er kein Wort.

«Es ist mir jetzt gelungen, bei den Examen als Erster hervorzugehen», erzählte er ihr hierauf. «Der Kaiser hat mich mit der Würde eines Inspektors über sieben Provinzen betraut», beendete er seinen Bericht.

«Du wirst mir doch nicht weismachen wollen, daß du wirklich eine so hohe Stellung bekommen hast?» sagte Frau Fang ärgerlich.

«Ja, Mutter, es ist wahr!» versicherte ihr Fang Tzu Wen. «Wie könnte ich es wagen, dich zu belügen!»

«Wie kommt es dann, daß du so ärmlich gekleidet bist?» fragte sie, da sie noch immer an seinen Worten zweifelte.

«Einesteils wollte ich mich unerkannt mit der Bevölkerung vertraut machen und andererseits wollte ich das Herz meiner Tante durch diese Verkleidung auf die Probe stellen», erwiderte er.

«Und wie hat sich die Tante verhalten?»

«Genau so wie früher. Sie hat sich wieder über mich lustig gemacht, und es ist in der Folge zwischen ihr und dem Onkel zu einem furchtbaren Streit gekommen.»

«Und deine Cousine?» fragte Frau Fang. «Wie hat sie sich zu deiner Verkleidung gestellt?»

«Sei unbesorgt, Mutter, ich habe ihr schon alles erklärt», sagte Fang Tzu Wen.

«Du hast wirklich Glück, Kind, eine so wertvolle Cousine zu haben», bemerkte Frau Fang. Sie wollte gerade das Gespräch auf die Verlobung mit Fräulein Pi lenken, da unterbrach sie Fang Tzu Wen und sagte:

«Jetzt erzähle mir aber du, Mutter! Wie bist du hierhergekommen?»

Frau Fang erzählte ihm hierauf von der schweren Bedrängnis, in der sie gewesen war, und wie sie sich gezwungen gesehen hatte, die paar Sachen, die ihr noch geblieben waren, zu verkaufen und auf die Suche nach ihm zu gehen.

«Vizekommandant Pi hat doch einen Diener mit dreihundert Taels zu dir geschickt und ihm den Auftrag gegeben, dich zu holen», berichtete Fang Tzu Wen. «Ist er denn nicht zu dir gekommen?»

«Wann war es, daß Herr Pi ihn schickte?» fragte Frau Fang.

«Er ist am neunzehnten Tage des ersten Monats aufgebrochen.»

«Und ich habe am vierzehnten Tage des ersten Monats das Haus verlassen», sagte Frau Fang. «Da hat er mich natürlich nicht mehr antreffen können.»

«Wann bist du nach Shang Yang gekommen?» fragte Fang Tzu Wen.

«Am sechzehnten Tag des sechsten Monats», erzählte Frau Fang. «Ich bin unterwegs schwer erkrankt, und da ich kein Geld mehr hatte, mußte ich mir mein Essen durch Betteln verschaffen.» Sie erzählte ihm, wie sie der Hinrichtung des Räubers, der ihn überfallen hatte, beigewohnt hatte und durch das Gespräch der Umstehenden mit Sicherheit hatte annehmen müssen, der Räuber habe ihn ermordet.

«Aus Verzweiflung wollte ich mich in den Fluß stürzen, doch die Äbtissin dieses Klosters hat mich in letzter Minute davon abgehalten und mich hierhergebracht.»

«Ach, Mutter!» seufzte Fang Tzu Wen tiefbewegt über ihr furchtbares Schicksal.

«Seither lebe ich hier im Kloster zu den weißen Lotusblüten», fuhr Frau Fang fort. «Man hat mich anfangs als Dienerin behandelt.» Sie erzählte ihm hierauf, wie Kleinod eines Tages in das Kloster gekommen war, um Weihrauchstäbchen abzubrennen, und sie in ihrer Gegenwart plötzlich in Tränen ausgebrochen war und ihr gestanden hatte, wer sie war.

«Hätte mich Kleinod nicht mit allem versorgt, wäre ich heute bestimmt nicht mehr am Leben», sagte sie.

«Ach, Mutter! Für das, was ich an dir verbrochen habe, verdiene ich zehntausend Tode!» rief Fang Tzu Wen. «Wie bin ich Cousine Kleinod dankbar, daß sie sich deiner angenommen hat! Wie soll ich ihr dies je vergelten?»

Bei seinem Worte «Vergelten» kam Frau Fang das Verlöbnis mit Fräulein Pi in den Sinn.

«Sprich nicht von Vergeltung!» rief sie böse. «Statt an Vergeltung zu denken, hast du dich an einem anderen Ort sofort wieder mit der Blüte einer anderen Familie verlobt! Du hattest mit deiner Cousine Kleinod die Verbindung von Flötenton und Lautensaite verabredet und dann, ohne Überlegung, mit einem anderen Mädchen den Gesang von Phönixmännchen und Phönixweibchen besprochen!»

Fang Tzu Wen fühlte sich über ihre Worte sehr beschämt.

«Ich wage es nicht, dir die Sache länger zu verheimlichen», sagte er und erzählte ihr in allen Einzelheiten, wie es zu dieser Verlobung gekommen war. Zum Schlusse berichtete er ihr auch von den drei Bedingungen, die er gestellt hatte.

«Daß Kleinod ein äußerst nachgiebiges und gutes Mädchen ist, weiß ich», sagte er. «Leider ist mir nicht bekannt, was für einen Charakter das andere Mädchen hat, und ich mache mir große Sorgen, ob sich die beiden jungen Frauen vertragen werden.»

«Darüber brauchst du dir keine Gedanken zu machen», beruhigte ihn Frau Fang. «Die beiden werden sich bestimmt sehr gut verstehen.»

«Hast du Fräulein Pi denn gesehen, daß du so sprichst?» fragte Fang Tzu Wen. «Wie kennst du den Charakter des anderen Mädchens? Ist dir Fräulein Pi etwa im Traume begegnet?»

«Wir wollen morgen weiter darüber sprechen», antwortete Frau Fang. «Jetzt möchte ich gleich in das Palais Tschen fahren und mich bei deinem Onkel bedanken. Diese Heiratsangelegenheit muß auch rasch zu Ende gebracht werden. Man wird dir natürlich vorwerfen, diese zweite Verlobung sei eine Undankbarkeit. – Geh schnell und laß einen Wagen anspannen!»

«Ich werde sofort alles veranlassen», antwortete Fang Tzu Wen. «Willst du denn auch mit der Tante sprechen?»

«Wenn sie unmenschlich ist, entbindet mich das noch nicht von meinen Pflichten», erklärte Frau Fang. «Ein Verwandter soll es nie versäumen, sich als Verwandter zu bewähren, und ein Freund es nie versäumen, sich als Freund zu erweisen. Das ist eine sehr weise Regel!»

«Was du da sagst, ist wirklich sehr edel», gab ihr Fang Tzu Wen recht. «Darf ich dich fragen, ob die Tante weiß, daß du hier bist?»

«Was fällt dir ein!» rief Frau Fang. «Sie weiß natürlich nichts von meinem Aufenthalt hier im Kloster. Ich hätte hier doch niemals Ruhe finden können! Ach Kind! In anderen Häusern ist es gewöhnlich so, daß die Männer kaltherzig sind, und die Frauen sich bemühen müssen, sie zu beeinflussen; im Hause Tschen ist es umgekehrt. Wenn viele Zweige einen Baum bilden, wird er dann nicht immer prächtig werden? Gefühllosigkeit gegen Geschwister und Schwäger ist eine sehr verletzende und böse Sache. So etwas sollte niemals vorkommen.» Die Tränen drängten sich bei diesen Worten in ihre Augen.

In diesem Augenblicke trat die Äbtissin Tsching Fang ein.

«Aber, gnädige Frau, warum sind Sie so traurig?» rief sie, als sie Frau Fang weinen sah. «Wenn Mutter und Sohn sich wiedersehen, ist das doch ein Grund zur Freude und nicht zur Traurigkeit!»

«Bitte nehmen Sie Platz, ehrwürdige Mutter, und erlauben Sie mir, Ihnen einige Worte zu sagen», bat Frau Fang. «Als ich hierher kam, war mein Herz gebrochen vor Kummer. Daß ich heute mit meinem Sohn zusammensein kann, danke ich einzig Ihrer Güte. Ich werde es Ihnen niemals vergessen, daß Sie mich vor dem Tode bewahrt haben. Zu meiner großen Erleichterung habe ich eben erfahren, daß mein Sohn Erfolg gehabt hat, und so hoffe ich, daß es mir binnen kurzem möglich sein wird, Ihnen Ihre Wohltaten zu vergelten.»

«Was für einen Beruf hat Ihr Herr Sohn?» erkundigte sich die Äbtissin.

«Mein Sohn hat bei den kaiserlichen Examen den ersten Platz errungen und ist jetzt zum Inspektor über sieben Provinzen ernannt worden», antwortete Frau Fang voll Stolz.

Die Äbtissin war starr vor Erstaunen.

«Dann haben wir Nonnen schwere Schuld auf uns geladen», rief sie verzweifelt.

«Das dürfen Sie nicht sagen», beruhigte sie Frau Fang. – «Die ehrwürdige Mutter ist meine große Wohltäterin», wandte sie sich an Fang Tzu Wen. «Hätte sie mir nicht das Leben gerettet, wäre es zwischen uns nie mehr zu einem Wiedersehen gekommen.»

Fang Tzu Wen ging auf die Äbtissin zu und verbeugte sich in tiefer Dankbarkeit vor ihr. Darauf kniete sie sich ihrerseits vor ihm nieder und machte einen tiefen Kotau.

XXI. KAPITEL

Eine Mutter verläßt das Kloster

Mittlerweile war die endlose Schar der Beamten und Gratulanten bis zum Fichtenwalde gefahren und hatte dem Ortsgendarmen befohlen, sie im Kloster anzumelden.

«Bitte, verhalten Sie sich möglichst still, um die Nonnen nicht zu erschrecken», bat sie der Gendarm. «Warten Sie inzwischen hier noch ein wenig, ich werde mich erkundigen, ob sich Seine Exzellenz, Herr Fang, wirklich im Kloster befindet.» Er ging zum Tore und klopfte leise an.

«Ich komme, ich komme», hörte er die Aufwartefrau sagen und langsam zum Tore kommen, um es zu öffnen. «Was wünschen Sie?» fragte sie erschrocken, als sie ihn draußen stehen sah. «Sind Sie gekommen, um Geld einzutreiben?»

«Halten Sie mich nicht mit Fragen auf!» erwiderte er barsch. «Diese Herren dort», er wies mit der Hand nach dem Fichtenwalde, wo die unzähligen Kutschen standen, «sind hierhergefahren, um Seiner Exzellenz, Herrn Fang, ihre Glückwünsche darzubringen.»

Die alte Pförtnerin hatte ihm gar nicht recht zugehört, und als sie jetzt das ganze Klostergebäude wie von einem Gürtel von Wagen und Pferden umringt sah, glaubte sie, ihren Augen nicht trauen zu dürfen. Die in Galauniform wartenden Beamten und Offiziere boten aber auch wirklich einen äußerst imposanten Anblick.

«Was soll das heißen? Warum sind alle diese Beamten hierhergekommen?» fragte sie zitternd vor Schrecken. «Unsere Äbtissin hat doch alle Getreideabgaben bereits erledigt und auch alle Steuern bezahlt! Sie können doch nicht schon wieder Geld von uns wollen? Erst gestern wieder haben wir so viele Sachen in das Pfandhaus schicken müssen.»

«Hören Sie auf mit Ihrem dummen Geschwätz», antwortete der Gendarm. «Ich habe Ihnen doch schon gesagt, daß diese Herren gekommen sind, um Seiner Exzellenz, Herrn Fang, ihre Glückwünsche darzubringen! Ich will wissen, ob Herr Fang sich im Kloster befindet!»

«Ist vielleicht eine Diebstahlsanzeige erfolgt?» fragte die alte Frau weiter, ohne sich darum zu kümmern, was er sagte.

«Aber nein!» rief der Gendarm ungeduldig. «Geben Sie doch endlich Ruhe mit diesen albernen Fragen! Sagen Sie mir: Ist Herr Fang hier im Kloster? Ja oder nein?»

«Diebstahls- und Betrugsanzeigen haben doch mit unserem Kloster nichts zu tun», beharrte die Aufwartefrau.

«Jetzt aber genug!» fuhr der Gendarm sie an. «Ist die Äbtissin zu sprechen?»

«Die ehrwürdige Mutter ist ausgegangen», antwortete sie.

Das Gespräch, das zu keiner Klärung führte, wurde durch das Hinzukommen der Nonne Pao Sheng unterbrochen.

«Was gibt es denn hier für Debatten?» erkundigte sie sich.

«Der Klosterinspektor ist gekommen», erklärte die alte Frau. «Wir haben aber doch schon alle Steuern bezahlt!»

«Was führt Sie hierher?» fragte Pao Sheng den Gendarmen, ohne auf das Geschwätz der Aufwartefrau zu achten. «Und was wollen denn alle diese Beamten da draußen?» Der Anblick der vielen Wagen hatte auch sie erschreckt. Ihr Gesicht wurde fahl wie Asche, und sie vermochte kaum ein Wort zu sprechen.

«Ist heute jemand in das Kloster gekommen?» fragte der Gendarm.

«Ja», sagte sie... «Wen meinen Sie?...»

«Ich möchte wissen, ob ein Herr namens Fang hier ist?» erkundigte er sich.

«Ja, ein Herr namens Fang ist hier, ein Taoistenmönch», antwortete Pao Sheng.

«Hören Sie mich an, Schwester!» sagte der Gendarm. «Dieser Herr Fang, der sich in Ihrem Kloster befindet, ist der neue Inspektor von Shang Yang. Alle diese Beamten, die draußen vor dem Fichtenwalde warten, sind gekommen, um ihm ihre Gratulationen darzubringen und ihn willkommen zu heißen.»

«Ist denn das möglich?» rief Pao Sheng ganz starr vor Staunen. «Das muß ich aber gleich drinnen melden!» Sie lief wie der Wind in den Saal und rief den anderen Nonnen zu:

«Eine hochinteressante Neuigkeit, Schwestern!»

«Was gibt es denn?» fragten diese voll Neugierde.

«Herr Fang, der junge, schäbig gekleidete Mönch, ist ein sehr hoher Beamter!» berichtete Pao Sheng aufgeregt. «Eine riesige Schar von Beamten wartet vor dem Kloster, um ihm zu gratulieren.»

«Dieser junge Mann ist mir gleich sehr ehrfurchtgebietend vorgekommen», erklärte eine der Nonnen.

«O weh! Jetzt werden wir für unser unwürdiges Benehmen ihm gegenüber schwer bestraft werden!» meinte eine andere.

«Das glaube ich nicht», nahm die erste wieder das Wort. «Er scheint kein nachtragender Mensch zu sein. Er hat sehr breite Lippen, und diese sind nicht nur ein Zeichen hohen Aufstieges, sondern sie deuten auch an, daß er großmütig ist und Freude an gütigen Handlungen hat. Leute mit solchen Merkmalen kommen heute nur sehr selten vor. Zu schade, daß die ehrwürdige Mutter sich keine Kenntnisse in der Charakterbeurteilung nach den Gesichtszügen erworben hat! Sie hätte es sonst bestimmt nicht zugegeben, daß wir ihn nachlässig behandeln. Daß ein so vornehmer Herr in unser Kloster gekommen ist, wird überall großes Aufsehen erregen und auch auf die buddhistische Lehre wieder ein schönes Licht werfen.»

«Jetzt muß ich aber schnell in den Pavillon und melden, daß so viele Beamte auf Herrn Fang warten!» rief Pao Sheng. Sie wollte sich gerade zu Frau Fang begeben, da traf Wang Pen, ganz schweißgebadet von seinem schnellen Ritte, ein.

«Ist Herr Fang hier?» fragte er aufgeregt.

«Ja, er ist bei seiner Mutter», antwortete eine Nonne. Er eilte hierauf sogleich zum Pavillon.

«Erlauben Sie mir, Ihnen meine herzlichsten Glückwünsche zum großen Aufstieg Ihres Sohnes zu sagen», begrüßte er Frau Fang. «Heute ist dies nicht nur für Sie ein Freudentag, auch die verstorbene Seele Ihres Gatten bei den neun Quellen wird sich überglücklich fühlen! – Bitte, kleiden Sie sich rasch um und kommen Sie in den Saal, gnädiger Herr!» wandte er sich an Fang Tzu Wen. «Das Kloster ist umringt von hohen Beamten, die Sie willkommen heißen wollen.»

«Meine Mutter wünscht in das Palais Tschen zu fahren», antwortete Fang Tzu Wen. «Richte den Herren aus, daß ich sie jetzt leider nicht sprechen kann, sie aber morgen in meinem Namen offiziell begrüßen werde.» Er kleidete sich rasch um und befahl den Nonnen, für seine Mutter noch rasch ein kleines Mahl zu bereiten.

Wang Pen wartete noch, bis die Beamten sich zurückgezogen hatten, und ritt dann in das Palais Tschen zurück, um dort zu melden, daß Herr Fang mit seiner Mutter bald eintreffen werde.

Vizekommandant Pi war nach dem Bankett wieder in seine Sänfte gestiegen und nach Hause gefahren.

Allein zurückgeblieben, quälte sich Herr Tschen mit zehntausend Sorgen. Es war ihm äußerst peinlich, Kleinod von der Verlobung Fang Tzu Wens mit Fräulein Pi in Kenntnis setzen zu müssen. Er fürchtete, sie werde über diese Nachricht sehr unglücklich sein. Tiefbekümmert begab er sich zu ihr.

«Ich habe mit dir über etwas sehr Ernstes zu sprechen», sagte er, als er in ihr Zimmer trat. «Es ist heute zwar schon allgemein üblich, viel zu großen Wert auf die äußere Erscheinung eines jungen Mannes zu legen, aber man darf einen jungen Mann auch nicht, so wie deine Mutter es tut, seiner Armut wegen verachten», begann er das Gespräch. «Wenn alle Leute so ungebildet denken würden, dann stünde es schlecht um diese Welt. – Ich habe heute den Besuch des Vizekommandanten Pi bekommen, und es ist da eine Sache zur Sprache gekommen, die dir vielleicht große Sorgen bereiten wird. Herr Pi hat mir nämlich mitgeteilt, dein Vetter Tzu Wen habe sich, als er bei ihm in Nan Tschang wohnte, mit seiner Schwester verlobt. Ich war anfänglich äußerst empört und entrüstet, bin dann aber, als ich hörte, wie es zu dieser Verlobung gekommen war, anderer Meinung geworden. Wie mir Herr Pi erzählte, hat er deinen Vetter, nachdem dieser von dem Räuber überfallen worden war, in einem tiefverschneiten Graben gefunden. Zuerst hielt er ihn für tot, dann aber kam dein Vetter doch wieder zum Bewußtsein, und Herr Pi ließ ihn auf sein Schiff tragen und nahm ihn mit sich nach Nan Tschang, wo er dann ganz als Familienmitglied behandelt wurde. Er studierte dort mit größtem Eifer, und man schätzte und liebte ihn sehr. Herrn Pis Mutter hatte so großen Gefallen an ihm gefunden, daß sie nichts unversucht ließ, ihn zu überreden, sich mit ihrer Tochter zu verloben. Trotzdem er sich lange weigerte, konnte er schließlich doch nichts anderes tun, als seine Einwilligung zu dieser Verlobung zu geben. Ich sehe es ein, daß er so handeln mußte, er war der Familie Pi doch sehr verpflichtet, dankte er Herrn Pi doch sogar seine Rettung. – Nimm es nicht zu schwer, Kind! Du und Fräulein Pi, ihr werdet euch gewiß wie zwei Schwestern verstehen und euch auch immer gut vertragen.»

Kleinod war bei seinen Worten errötet. Sie stellte sich taub und stumm und schwieg. Hatte sie denn nicht schon längst von dieser zweiten Verlobung gewußt und nur aus Angst, der Vater könnte gegen sie Einspruch erheben, ihre Gefühle geheimgehalten?

Herr Tschen sah, zu seiner großen Erleichterung, daß sie keineswegs ärgerlich oder wütend war und sogar freudig bewegt schien. Wie ein zarter Weidenzweig, der sich im Frühlingswind wiegt, stand sie vor ihm. Buntapfel, die das Gespräch mitangehört hatte, ließ sich auch nichts anmerken und schwieg gleichfalls. Überglücklich, Kleinod so einsichtsvoll zu sehen, ließ Herr Tschen alle seine Bedenken fallen. Was war seine Tochter doch für ein liebenswertes Mädchen!

Als Wang Pen nach Hause kam, eilte er gleich in das Bibliothekszimmer. Da er Generalzensor Tschen dort nicht antraf, sagte er sich, er werde wahrscheinlich bei Fräulein Kleinod sein und traf ihn dort auch tatsächlich an.

«Wo ist mein Schwiegersohn?» fragte ihn Herr Tschen, als er erschien.

«Herr Fang ist zurzeit noch im Kloster zu den weißen Lotusblüten», antwortete Wang Pen. «Er wird aber in Kürze in Begleitung seiner Mutter hier eintreffen. Ich bin rasch hergeeilt, um Ihnen dies zu melden.»

«Wie? Frau Fang will auch hierher kommen?» rief Herr Tschen aufgeregt.

«Ja, sie möchte Ihnen und der gnädigen Frau einen Besuch abstatten», berichtete Wang Pen.

«Das wird eine schreckliche Sache werden!» sagte sich Herr Tschen. «Sicherlich kommt sie nur her, um meine Frau, diese unmoralische Person, zur Rede zu stellen!» Seine Augenbrauen zogen sich kummervoll zusammen.

«Kleinod, deine Schwiegermutter wird in kurzer Zeit hier eintreffen», sagte er, seinen Bart streichend. «Ich fürchte, es wird zwischen ihr und deiner Mutter zu einem entsetzlichen Streit kommen. Meinst du nicht auch?»

«Nein, Vater! Beunruhige dich nicht! Es wird zu keinem Streit kommen!» antwortete sie mit Bestimmtheit.

«Warum sonst sollte sie deine Mutter aufsuchen wollen, wenn sie nicht die Absicht hätte, ihr eine Szene zu machen?» fragte er.

«Ich bin überzeugt, daß sie es nicht im Sinn hat, mit der Mutter einen Streit zu beginnen», beharrte Kleinod. «Ich bin mit ihr im Kloster zusammengekommen und weiß, wie großmütig sie denkt. Sie urteilt über alles sehr milde und ist eine besonders höfliche und liebenswürdige Frau. Vergiß nicht, daß sie dir für deine Fürsorge doch sehr verpflichtet ist. Wahrscheinlich kommt sie nur hierher, um sich zu bedanken. Wäre es nicht gut, wenn wir eine Zofe mit einem Mantel und einer Kopfbedekkung für sie in das Kloster schicken würden?»

«Was du da sagst, ist liebevoll und auch sehr vernünftig», gab Herr Tschen ihr recht. «Es ist schon wahr: ‚Ein kluges Mädchen übertrifft jeden noch so belesenen jungen Mann!' – Wang Pen! Laß sofort eine prächtige Kutsche bereitstellen! Sage dann Buntapfel, sie solle für eine besonders schöne Kopfbedeckung und einen eleganten Mantel sorgen und gleich mit ein paar anderen Zofen in das Kloster zu den weißen Lotusblüten fahren, um Frau Fang abzuholen!»

Wang Pen befolgte sogleich seine Befehle, und es dauerte nicht lange, da fuhr die Kutsche schon vor der Buddhahalle des Klosters vor. Die Zofen begaben sich gleich zu Frau Fang.

«Fräulein Kleinod hat uns mit diesen Kleidungsstükken hergeschickt und uns befohlen, Sie, gnädige Frau, abzuholen», sagten sie, vor ihr einen tiefen Kotau machend.

«Steht der Wagen für meine Mutter bereit?» erkundigte sich Fang Tzu Wen.

«Ja, er steht bereit», antwortete Wang Pen.

«Es beginnt schon zu dunkeln, gnädige Frau», sagte Buntapfel zu Frau Fang. «Bitte erlauben Sie mir, Ihnen beim Ankleiden behilflich zu sein!»

Frau Fang verlangte einen Spiegel und blickte voll Bangen hinein.

«Oh!» rief sie entsetzt. «Mein Haar ist ja schneeweiß geworden! Ich bin nicht mehr zu erkennen! Sollen diese verhärmten Züge, die mir da entgegenblicken, wirklich die meinen sein?» Es kam ihr wieder in den Sinn, wie sie als Bettlerin hatte durch die Straßen ziehen müssen. Obwohl die Sonne drückend brannte, hatte sie das zerrissene alte Winterkleid getragen und jetzt sollte sie plötzlich diese herrliche Kopfbedeckung aufsetzen und diesen prachtvollen Mantel anlegen? Das Gesicht, das ihr aus dem Spiegel entgegensah, stimmte sie so traurig, daß ihr die Tränen in die Augen drangen. Tieftraurig legte sie ihn beiseite und ließ sich von Buntapfel und den Zofen ankleiden.

«Die Kopfbedeckung sitzt jetzt richtig», bemerkte Buntapfel. «Erlauben Sie mir, Ihnen den Mantel anzuziehen, und kommen Sie bitte mit uns zum Wagen.»

Frau Fang ging langsam, begleitet von Buntapfel und den Zofen, die Stufen hinunter. Als die Nonnen sie erblickten, lächelten sie ihr voll Bewunderung zu. Der himmelblaue Mantel und die kostbare Perlenhaube waren aber auch wirklich besonders schön.

«Seht nur, wie vornehm die gnädige Frau aussieht!» rief eine der Nonnen. «Sind ihre Kleider nicht herrlich! Selbst das Unterkleid ist aus dem kostbarsten Brokat!»

«Die Kutsche steht bereit, gnädige Frau», mahnten die Zofen. «Bitte steigen Sie ein!»

«Bitte kommen Sie bald wieder hierher!» riefen die Nonnen.

«Gewiß werde ich wieder hierherkommen», versicherte ihnen Frau Fang.

Fang Tzu Wen wartete, bis seine Mutter in ihrer Kutsche gut untergebracht war. Er hatte den Beamten, die ihn abholen gekommen waren, aufgetragen, auf den Straßen nicht viel Aufsehen zu machen, da er nicht amtlich, sondern aus privaten Gründen unterwegs sei. Sie sorgten also dafür, daß die Wege frei waren und sie nicht unnötig aufgehalten wurden. So fuhren die Wagen nun dahin, voran die Kutsche mit den Beamten, dann die der Frau Fang, hinter ihr der Amtswagen Fang Tzu Wens und als letzter der mit den Zofen.

Bald waren die Wagen um die letzte Ecke gefahren und in die Purpursteinstraße eingebogen. Der Torhüter gab die Meldung der Ankunft gleich weiter, und Herr Tschen ließ Kleinod ausrichten, die Tante sei bereits eingetroffen, sie solle sie sofort begrüßen kommen.

«Ich komme!» rief Kleinod, die schon ungeduldig auf die Ankunft der Kutschen gewartet hatte, und lief rasch die Stufen hinunter.

«Verehrte Tante, verzeih mir bitte, daß ich dir nicht entgegengekommen bin», sagte sie zu Frau Fang.

Frau Fang lächelte glücklich und faßte sie bei der Hand. Fang Tzu Wen, der hinter seiner Mutter ging, warf heimlich einen Blick auf Kleinod, und sein Herz war erfüllt von Freude über ihre Lieblichkeit. Kleinod war sehr verlegen und wagte es nicht, den Kopf nach ihm zu wenden. Sie führte die Gäste in das Empfangszimmer und ging dann mit Frau Fang in ihr Zimmer hinauf. Fang Tzu Wen blieb im Empfangszimmer zurück, wo ihm Herr Tschen Gesellschaft leistete.

«Erlaube mir, verehrte Tante, dich ehrfurchtsvoll zu begrüßen», sagte Kleinod, sich tief vor Frau Fang verbeugend.

«Laß nur», rief Frau Fang, doch Kleinod ließ es sich nicht nehmen, einen tiefen Kotau vor ihr zu machen. Frau Fang half ihr rasch auf, und sie setzten sich dann beide an den Tisch. Die Zofen hatten inzwischen Tee hereingebracht.

«Es freut mich sehr, dich wieder ganz wohl zu wissen», sagte Frau Fang zu Kleinod. «Als ich dich im Kloster sah, sahst du so blaß und traurig aus. Ich habe täglich auf der Lotusterrasse für dich gebetet und Weihrauchstäbchen für dich abgebrannt.»

«Wie gütig von dir, Tante, sei herzlichst bedankt», sagte Kleinod. «Ich habe damals wirklich gemeint, ich würde das Leid, das ich mitgemacht hatte, nicht überstehen.»

«Wer hätte es für möglich gehalten, daß eine Klosterhalle der Platz unseres Wiedersehens sein werde!» fuhr Frau Fang fort. «Und wer hätte gedacht, daß ich dort auch meine beiden Schwiegertöchter antreffen werde! Du bist am neunzehnten Tage des sechsten Monats gekommen, und gerade zwei Monate später, am neunzehnten Tage des achten Monats, kam Goldchen. Buntapfel wird dir gewiß von ihr erzählt haben! Ich war anfangs sehr empört über diese Verlobung meines Sohnes und habe sie als ein großes Unrecht dir gegenüber empfunden. Ich habe dann aber eingesehen, daß er sich wirklich nicht gegen sie wehren konnte. Wie mir Buntapfel sagte, hast du ihm die Sache auch nicht verargt. Ein so hochstehendes und großmütiges Mädchen wie dich findet man wirklich selten! Wenn du mich im Kloster nicht so gut mit allem versorgt hättest, wäre ich schon längst bei den neun Quellen.»

Kleinod brach bei ihren Worten in Tränen aus.

«Ach Tante!» rief sie. «Wie sehr habe ich es bedauert, dir nicht dein Essen zubereiten zu können und dich nicht von früh bis abends betreuen zu dürfen! Auch mein Vater war immer sehr um dein Wohlbefinden besorgt.»

«Ja, dein Vater hat mir sehr viel geholfen», bestätigte Frau Fang. «Selbst im Altertum hat es nur wenige Menschen gegeben, die einen so lauteren Charakter hatten wie er. Ich werde ihm das, was er für mich getan hat, auch in zehntausend Wiederverkörperungen nicht vergelten können. Es war mir deshalb ein dringendes Bedürfnis, hierherzukommen und mich persönlich für seine Güte zu bedanken. Bei dieser Gelegenheit möchte ich ihm auch erklären, wie es zu dieser Verlobung mit Fräulein Pi gekommen ist. – Bitte, lasse deinen Vater fragen, ob ich ihn jetzt sprechen kann.»

«Geh zum Herrn Generalzensor und bitte ihn, hierher zu kommen», befahl Kleinod einer Zofe. Diese eilte fort, und als sie in das Empfangszimmer trat, fand sie Herrn Tschen dort mit Fang Tzu Wen plaudernd vor. Sie bemerkte natürlich gleich, daß Fang Tzu Wen einen schwarzen Seidenhut trug und ein purpurrotes Hofgewand anhatte. Sein Unterkleid war von fichtengrüner Farbe, der Gürtel war aus Gold, Silber und Jade. Was war er doch für ein schöner Mann!

«Ich bedauere es sehr, daß deine Mutter meine Einladung, in unser bescheidenes Haus zu ziehen, nicht annehmen wollte», sagte Herr Tschen gerade zu Fang Tzu Wen. «Sie hat Kleinod gegenüber geäußert, sie fühle sich im Kloster recht wohl. Wahrscheinlich hat sie gefürchtet, meine Frau werde sich über sie lustig machen, da sie so gealtert war, und hat es deshalb vorgezogen, im Kloster zu bleiben. Dich hat meine Frau ja auch so schwer verletzt, daß du davongegangen bist.»

«Ich war damals sehr unbeherrscht», entgegnete Fang Tzu Wen. «Ich sehe es ein, daß ich ihr gegenüber viel zu aufbrausend war und es verdient habe, von ihr beschämt zu werden. Es war auch sehr unrecht von mir, ihr dieses taoistische Lied vorzusingen, und ich hätte auch nicht als Mönch verkleidet hierherkommen dürfen.»

«Herr Generalzensor! Das gnädige Fräulein läßt Sie bitten, in ihr Zimmer zu kommen. Frau Fang ist bei ihr und möchte mit Ihnen sprechen!» unterbrach eine Zofe ihr Gespräch.

«Gut, ich komme», antwortete Herr Tschen. «Bitte, Schwiegersohn, bleibe hier, ich bin bald wieder zurück.»

Er entfernte sich gesenkten Kopfes. Ihm war recht unbehaglich zumute.

«Sie wird natürlich über die Überheblichkeit meiner Frau, dieser unmoralischen Person, mit mir sprechen wollen», sagte er sich. «Es bleibt mir leider keine Möglichkeit, dieser unangenehmen Auseinandersetzung zu entgehen.» Er ging zögernd weiter und mußte sich Gewalt antun, um nicht umzukehren.

«Der Herr Generalzensor ist gekommen», meldete ihn eine Zofe bei Frau Fang und Kleinod an.

Frau Fang erhob sich, als sie ihn kommen sah.

Nachdem die üblichen Begrüßungsformalitäten vorüber waren, begann sie als erste das Gespräch.

«Ich weiß gar nicht, wie ich dir für alles, was du für mich getan hast, danken soll, verehrter Schwager», sagte sie. «Ich bin mir auch voll bewußt, daß mein Sohn die vielen Ehren, die er empfängt, nur dir allein verdankt. Es hat mich daher gedrängt, hierher zu kommen und dir persönlich zu sagen, wie glücklich du uns gemacht hast. Leider ist da aber auch eine etwas peinliche Sache, über die ich mit dir sprechen möchte.»

Herr Tschen erschrak.

«Ich weiß schon, was das für eine peinliche Sache ist», erklärte er. «Über diese Sache bist nicht nur *du* empört, sondern auch *ich*! Wenn ich daran denke, wie sich meine

Frau deinem Sohne gegenüber benommen hat, ergreift mich ein furchtbarer Zorn. Aber, was kann ich dagegen tun, daß sie so böse und dumm ist?»

«Aber Schwager, was sagst du da?» rief Frau Fang. «Ich habe dich doch nicht aus diesem Grunde aufgesucht! Daß deine Frau meinem Sohne gegenüber schroff war, ist doch keine so große Sache! Er ist manchmal sehr eigensinnig. Wenn er von ihr zurechtgewiesen worden ist, hat er das seinem eigenen Verhalten zuzuschreiben. Das Holz muß auch erst zurechtgeschnitten, der Stein auch erst zur Gemme gefeilt werden. Es wäre sehr engherzig von mir, wenn ich alte Frau mit meinen weißen Haaren in der Zurechtweisung, die mein Sohn durch meine Schwägerin erfahren hat, eine böse Tat sehen würde.»

«Sehr schön gesagt, sehr schön gesagt!» erklärte Herr Tschen. «Du wolltest aber doch mit mir über eine ‚peinliche' Sache sprechen! Was ist das für eine Sache?»

«Ich möchte darüber in Gegenwart deiner Gattin sprechen und euch beiden dann alles erklären», antwortete Frau Fang. «Meine Schwägerin und ich waren jetzt so viele Jahre getrennt, und ich freue mich darauf, sie wiederzusehen. Sicherlich wird auch sie sich freuen, wieder einmal mit mir beisammen zu sein.»

Herr Tschen blickte hilfesuchend zu Kleinod hinüber.

«Meine Frau ist eine durch und durch schlechte Person. Sie ist vollkommen herzlos», sagte er verbittert zu Frau Fang. «Selbst das Wiedersehen mit dir wird auf ihrem Gesicht keinen Glanz hervorbringen. Sie und ich, wir leben voneinander vollkommen getrennt, und ich habe mir geschworen, mein Schlafgemach nie mehr mit ihr zu teilen.»

«Das betrübt mich aber wirklich sehr», sagte Frau Fang. «Leider weiß ich nur zu gut, daß nur mein Sohn die Schuld an diesem Unfrieden in eurem Hause trägt! Ich möchte deshalb deine Frau auch um Verzeihung bitten für sein Verhalten. – Kleinod! Wo ist deine Mutter?»

«Wer weiß, vielleicht wird durch das Wiedersehen meiner Mutter mit der Tante auch die Beziehung zwischen ihr und dem Vater wieder gut!» sagte sich Kleinod.

«Geh zu meiner Mutter und bitte sie, hierherzukommen», befahl sie Buntapfel. «Teile ihr mit, daß Frau Fang hier auf sie wartet.»

Buntapfel lief eilends davon, den Auftrag auszuführen.

XXII. KAPITEL

Überall herrscht Freude und Harmonie

«Frau Tschen wird bestimmt nicht kommen», sagte sich Buntapfel auf dem Wege zum westlichen Trakt. «Nach all dem, was vorgefallen ist, kann sie ihrer Schwägerin doch gar nicht gegenübertreten! Sie war doch überzeugt, Fang Tzu Wen werde nie mehr etwas von sich hören lassen. Wie soll sie ihm jetzt in die Augen sehen, da er eine so hohe Stellung errungen hat und von allen Seiten Ehrungen empfängt? Sie, die sich doch über Fräulein Kleinod immer lustig gemacht und ihr vorgehalten hat, sie habe keine Augen im Kopf! Und wie böse sie auf sie war, als sie nicht glauben wollte, aus dem Vetter werde nie etwas werden! Und vor ihrem Gatten hat sie sich noch mehr blamiert! Mit ihm hat sie doch immer wieder über Herrn Fang gestritten und ihrem Mann vorgeworfen, es fehle ihm jede Menschenkenntnis, wenn er von ihm etwas erwarte. Jetzt wird sie zugeben müssen, daß

Herr Tschen sogar sehr viel Scharfblick hat!» In solchen Gedanken ging sie zum westlichen Trakt und klopfte an das Tor.

«Wer ist draußen?» fragte die Zofe Rotwolke mißmutig.

«Ich bin's, Buntapfel! Bitte mach auf!» antwortete Buntapfel, die Rotwolkes Stimme gleich erkannt hatte. «Ich komme in einer sehr wichtigen Angelegenheit!»

Rotwolke hatte gerade ein wenig geschlafen und gar nicht erfaßt, wer es war, der herein wollte. Als sie nun das Tor öffnete und Buntapfel draußen stehen sah, erschrak sie.

«Was willst denn du da?» rief sie ärgerlich.

«Seltsame Frage!» erwiderte Buntapfel lächelnd. «Ich werde wahrscheinlich einen Grund haben zu kommen. Ich möchte mit der gnädigen Frau sprechen!»

«So? Du willst mit der gnädigen Frau sprechen?» fragte Rotwolke höhnisch. – «Gnädige Frau! Buntapfel ist da!» meldete sie der Herrin.

«Was willst du hier?» fragte Frau Tschen barsch.

«Ich möchte Ihnen melden, gnädige Frau, daß Frau Fang aus Ho Nan angekommen ist und Sie sehen möchte», antwortete Buntapfel leichthin. «Sie sagt, sie habe Sie jetzt schon so viele Jahre nicht mehr gesehen und wolle wieder einmal mit Ihnen plaudern. Außerdem habe sie auch eine wichtige Angelegenheit mit Ihnen zu besprechen. Fräulein Kleinod hat mir den Auftrag gegeben, zu Ihnen zu gehen und Sie zu bitten, zu ihr zu kommen.»

Frau Tschen war über die Nachricht, Frau Fang sei gekommen und wolle sie sprechen, vor Schreck erbleicht.

«Wahrscheinlich will sie mich wegen dieser Bestie, dieses Tzu Wens, zur Rede stellen», sagte sie sich. «Er wird die Gelegenheit benützen wollen, um mich auch vor seiner Mutter zu beleidigen! Jetzt, da er einen hohen Rang erworben hat, kann er sich leisten, was er nur will! – Wenn ich mich weigere, sie zu sehen, wird es heißen, ich wage es nicht, ihr gegenüberzutreten, weil ich mich über mein früheres Verhalten zu diesem Kerl schäme. Was soll ich tun, um meine Würde nicht einzubüßen? Wenn ich die beiden heute wieder erzürne, wird sie dies noch hochmütiger machen! Ach, ich habe es doch wirklich schwer! Wenn doch wenigstens jemand da wäre, mit dem ich mich in dieser peinlichen Situation beraten könnte! Vor allem darf Buntapfel, diese gemeine Person, von meiner Verlegenheit nichts merken! Sie würde sich sehr darüber freuen, daß ich in einer solchen Klemme bin. Sie ist ohnedies ein so respektloses Geschöpf! Was soll ich tun? Ich habe doch auch geschworen, meinen Mann, diesen alten Verbrecher, mein ganzes Leben lang nicht mehr zu sehen. An diesen Schwur habe ich mich streng gehalten und den Osttrakt nicht ein einziges Mal mehr betreten. Wenn ich mich jetzt doch dorthin begebe, wird man annehmen, ich wolle mein früheres Verhalten zu meinem Neffen gutmachen.» Sie überlegte hin und her, konnte aber zu keinem Entschlusse kommen.

«Wo ist Frau Fang?» fragte sie Buntapfel aus.

«Bei Fräulein Kleinod», antwortete diese.

«Und wo ist der junge Herr Fang?»

«Herr Fang ist im Bibliothekszimmer.»

«Hat er schon mit seiner Mutter gesprochen?»

«Gewiß», antwortete Buntapfel.

«Hat man Frau Fang heute abgeholt, oder ist sie selbst hierhergekommen?»

«Der Herr Generalzensor und das Fräulein Kleinod haben eine Kutsche in das Kloster geschickt, um sie abzuholen und hierherzubringen.»

Frau Tschen schwieg.

«Ich würde meine Schwägerin, die schon hochbetagt ist, gerne begrüßen und mit ihr ein wenig plaudern», erklärte sie nach einer Weile. «Da ich mich aber mit dem Herrn Generalzensor verfeindet habe, ist es mir nicht möglich, sie im Osttrakt aufzusuchen. Teile ihr mit, daß ich keine Lust habe, mit diesem alten Narren zusammenzutreffen, ihr aber sehr dankbar wäre, wenn sie sich zu mir in meinen bescheidenen Westtrakt bemühen würde.»

Buntapfel verabschiedete sich höflich und ging gleich zu Frau Fang, um ihr Frau Tschens Wunsch auszurichten.

«Ich habe die gnädige Frau gebeten, zu Ihnen zu kommen», berichtete sie ihr. «Sie sagte mir, sie würde sich sehr freuen, Sie zu begrüßen, sei aber erkältet und wage es daher nicht, auszugehen. Ich solle Sie jedoch bitten, sich zu ihr in den Westtrakt zu bemühen, damit Frau Tschen dort mit Ihnen plaudern könne.»

«Gut!» antwortete Frau Fang ruhig. «Dann werde ich also zu ihr in den Westtrakt gehen.»

Herr Tschen schüttelte den Kopf.

«Daß es so etwas gibt!» rief er entrüstet. «So ein unhöfliches Benehmen sollte man doch nicht für möglich halten! Die Hausfrau will in ihrem Zimmer bleiben und verlangt, daß der Gast, der schon hochbetagt ist, sich zu ihr begibt! Hat man je schon so etwas gehört? Es ist doch unfaßbar, daß meine Frau sich nicht schämt, an ihre Verwandte ein solches Ansinnen zu stellen! Sie lehnt es natürlich nur deshalb ab, in den Osttrakt zu kommen, weil sie weiß, daß *ich* da bin.»

«Aber Schwager, sprich doch nicht so hart!» unterbrach ihn Frau Fang. «Bedenke doch, daß unsere Verwandtschaftsbeziehung durch die baldige Heirat Kleinods mit Tzu Wen eine große Verstärkung erfahren wird. Da muß man das, was war, ob es nun zu Recht oder zu

Unrecht geschehen ist, mit einem Pinselstrich auslöschen. – Komm, Kleinod! Gehen wir in den Westtrakt!»

«Frau Fang und Fräulein Kleinod sind gekommen!» riefen Frau Tschens Zofen aufgeregt, als sie die beiden die Stufen heraufkommen sahen. Rotwolke erschrak zutiefst. «Himmel! Was wird das jetzt für einen Skandal geben!» sagte sie sich. «Auch für mich kann das sehr böse Folgen haben! Ich hätte Herrn Fang nicht beleidigen dürfen! Sein Haß kann für mich sehr gefährlich werden!»

Frau Fang hatte inzwischen Frau Tschen begrüßt, und als diese die Schwägerin so gekrümmt und so sehr gealtert vor sich stehen sah, konnte sie sich doch nicht einer gewissen Scham erwehren. Sie errötete und wußte nicht, wie sie sich verhalten sollte, bemühte sich aber, liebenswürdig und zuvorkommend zu sein.

«Ich glaube noch immer, es ist ein Traum, dich heute wiederzusehen!» sprach Frau Fang sie an. «Wie lange waren wir voneinander getrennt und wie oft habe ich an dich gedacht!»

«Auch ich habe in den Wind gesehen und sehnsüchtig auf ein Wiedersehen mit dir gewartet», erwiderte Frau Tschen. «Ich freue mich unendlich über deinen Besuch.»

Kleinod stand glücklich lächelnd daneben und hörte zu, wie die beiden Damen sich gegenseitig mit Höflichkeiten überboten.

Als die Zofen Tee gebracht hatten, bemerkte Frau Fang lächelnd zu Frau Tschen:

«Erinnerst du dich noch des Tages, an dem wir voneinander Abschied nahmen, Schwägerin? Damals waren wir noch sehr jung. Die Zeit verrinnt, und doch erscheint es mir, als wäre es erst gestern gewesen. Ich kann es gar nicht fassen, daß inzwischen schon so viele Jahre vergangen sein sollen. Die Tage eilen dahin, und auf einmal ist man alt geworden.»

«Ja», antwortete Frau Tschen. «Wie ich sehe, ist dein Haar schon ganz schütter und weiß. Früher war es doch so tiefschwarz und üppig. Da sieht man erst, daß die Worte: ‚Die Schönheit der Jugend ist in einem Augenblick dahin' wahr sind!»

«Ach, Schwägerin! Wie hätte ich mich jung erhalten können?» erwiderte Frau Fang. «Ich habe so viel Kummer und Leid erlebt, daß sich dies in Worten gar nicht ausdrücken läßt. Selbst den Umstand, daß ich noch am Leben bin, verdanke ich nur einem Glücksfall.»

«Nur der Verräter Lo Tung ist schuld an all dem Unglück, das über das Haus Fang hereingebrochen ist», erklärte Frau Tschen. «Mein Haß gegen ihn kennt keine Grenzen, und selbst das Gefühl, mit ihm unter demselben Himmel leben zu müssen, bedrückt mich über alle Maßen.»

«Diesen Menschen zu hassen, führt zu nichts», meinte Frau Fang. «Laß uns lieber gar nicht über ihn sprechen! Glaube mir, ich habe in den letzten Jahren unendlichen Kummer gehabt, aber dich heute wiedersehen zu können, ist für mich auch ein unendliches Glück!»

«Denk dir nur, ich habe erst heute erfahren, daß du dich schon längere Zeit im Kloster zu den weißen Lotusblüten aufhältst», erklärte Frau Tschen. «Mein Mann, der es doch wußte, hat es mir natürlich verheimlicht. Ist es nicht empörend von ihm, daß er es gewagt hat, mich von dir, meiner engsten Verwandten, zu trennen?»

«Ich habe zu meinem großen Bedauern gehört, daß ihr euch voneinander abgewendet habt, ja, daß ihr sogar in zwei verschiedenen Trakten wohnt!» bemerkte Frau Fang. «Diese Nachricht hat mich sehr unglücklich gemacht und mir Tag und Nacht keine Ruhe gelassen.

Nur mein ungezogener und hemmungsloser Sohn trägt die Schuld an dem Unfrieden in eurem Hause!»

«Ach Schwägerin! Dein Sohn kann einen wirklich noch in den Tod treiben!» rief Frau Tschen. «Was damals vorgefallen ist, hat mich auf das tiefste geschmerzt!»

«Was hat er denn getan?» fragte Frau Fang.

«Ich werde dir alles genau erzählen», antwortete Frau Tschen. «Auf deinen lieben Rat hat er doch damals die weite Reise hierher unternommen, und als er hier eintraf, feierte mein Mann gerade seinen fünfzigsten Geburtstag. Da er bei seinen Gästen im Empfangszimmer saß, konnte er nicht hinausgehen, deinen Sohn zu begrüßen. Er gab deshalb dem Diener Wang Pen den Auftrag, ihn in den rückwärtigen Garten zu führen, damit er zuerst mir einen Besuch abstatte. Als man mir seine Ankunft gemeldet hatte, eilte ich voll Freude hinaus, um ihn willkommen zu heißen, sah ihn aber – ich ahne nicht warum – mit wütendem Gesicht vor mir stehen. Er machte einen so zornigen Eindruck, daß man sich vor ihm fürchten mußte. Als er mich erblickte, begann er, ohne auch nur die geringsten konventionellen Worte der Begrüßung zu sagen, sofort von seiner Armut zu sprechen. Ich sagte ihm, zwischen Verwandten spiele Armut oder Reichtum keine Rolle, es sei jedoch überflüssig, daß die Leute im Hause von seinen schlechten Geldverhältnissen hörten, da sie dann mein Elternhaus geringschätzen würden. – Sag selbst, Schwägerin, waren dies Worte, die ihn beleidigen konnten? Er aber fuhr respektlos auf und stieß die furchtbarsten Beschimpfungen gegen uns aus.»

«Was hat er denn gesagt?» unterbrach sie Frau Fang.

«Ich kann dir gar nicht wiederholen, was er alles vorgebracht hat», antwortete Frau Tschen. «Zuerst hat er gesagt, mein Mann dürfe nie mehr das Haus Fang betreten, es sei dort kein Platz für ihn, um ‚Fische zu angeln' und er solle sich künftig anderswo um Protektion umschauen. Auch solle er es nicht wagen, sich jemals wieder im Hause Fang Geld auszuleihen, er werde dort bestimmt keines bekommen. In dieser Tonart ist es weitergegangen. Ich lud ihn dann ein, zum Essen hier zu bleiben oder doch wenigstens eine Schale Tee zu sich zu nehmen, er aber hatte jede Beherrschung verloren und lief, wild vor sich hin schimpfend, ohne auch nur daran zu denken, Abschied zu nehmen, davon. Ich befahl darauf meiner Zofe Rotwolke, ihn bis zum Tore zu begleiten, aber auch dann noch schimpfte er in der unflätigsten Weise weiter.»

«Was hat er dann noch gesagt?» fragte Frau Fang.

«Er hat mir nachgerufen, er werde lieber vor Hunger sterben, als bei mir im Hause ein Essen einzunehmen. Sein ganzes Leben lang werde er das Haus Tschen nicht mehr betreten. – Du kannst versichert sein, Schwägerin, daß ich es nie vergessen habe, was du früher für mich getan hast, doch war es bestimmt nicht notwendig, mir dies mit lauter Stimme in Gegenwart der Zofe vorzuhalten!»

«Aber! Aber! Hat er das wirklich gemacht? Und was hat er noch gesagt?» erkundigte sich Frau Fang.

«Er hat dann noch gerufen: ‚Du hast dich von meiner Mutter mit Wohltaten überhäufen lassen und jetzt verleugnest du die Wurzel, aus der du stammst!' Ist das nicht entsetzlich?»

«Wie konnte er nur so etwas sagen!» rief Frau Fang. «Ich bin empört über meinen Sohn!»

«Du siehst selbst, Schwägerin, daß er mir gegenüber keine verwandtschaftlichen Gefühle besitzt und ohne jede Ursache Streit angefangen hat», bemerkte Frau Tschen. «Als er diesmal wiederkam, trieb er es noch ärger als zuvor. In seiner grenzenlosen Bosheit sang er mir ein Lied vor, in dem er sich über mich lustig machte. In der hinterhältigsten Weise verglich er mich darin mit der Schwägerin Ssu Dschins und fügte dann noch hinzu, ich sei keine Piao Mu. Du mußt zugeben, daß das eine Unverschämtheit ist. Manche Leute werden vielleicht sagen, ich lege zu großen Wert auf Reichtum und Ansehen und ich hätte ihn zu geringschätzig behandelt. Diese Leute wissen aber nicht, wie unverantwortlich dein Sohn sich zu mir benommen hat.»

«Ich hätte es nicht für möglich gehalten, daß er einer solchen Frechheit fähig ist!» rief Frau Fang. «Hättest du mir dies jetzt nicht erzählt, hätte ich nie erfahren, was für einen schlechten Charakter er hat. Er muß sich augenblicklich bei dir entschuldigen! Ich verlange auch, daß er dich in meiner Gegenwart um Verzeihung bittet. – Buntapfel! Bitte geh und sage meinem Sohne, er möchte sofort hierher kommen!»

Herr Tschen war mittlerweile in sein Bibliothekszimmer zurückgegangen und hatte dort mit Fang Tzu Wen zu plaudern begonnen.

«Ach, Schwiegersohn! Das Leben eines Menschen gleicht einer Blüte, die bald vom Stengel fällt und im Wasser dahinschwimmt. Wie schnell vergeht doch der Frühling und die Jugend! Manchmal kommt es mir auch wieder wie ein Schachspiel vor. Immer wieder steht man vor einer neuen Situation. Wer es zu etwas bringen will, muß die kurze Zeit, die ihm beschieden ist, voll ausnützen. Je weiter die Jahre vorrücken, desto mehr hat man gegen Hindernisse zu kämpfen, und desto schwieriger wird alles. Man lebt dahin wie in einem Frühlingstraum, und auf einmal steckt man in dichtem Nebel. – Du hast dir jetzt durch deinen Fleiß die höchsten Ehren errungen, aber, wie du weißt, stellt die Führung von Staatsgeschäften hohe Anforderungen an einen Menschen. Er darf in seinem Eifer nie erlahmen und muß stets seine ganzen Kräfte einsetzen. Deine Stellung legt dir große Verantwortung auf, und du mußt dir ernstlich vornehmen, das Wohl des Volkes immer im Auge zu behalten.»

«Ich danke dir für deine weisen Ratschläge, verehrter Schwiegervater. Ich werde sie bestimmt beherzigen», sagte Fang Tzu Wen. «Ich habe, als ich in Peking war, mit den Beamten viel über landwirtschaftliche Fragen und Probleme der Flußregulierung gesprochen. Vom Hofe aus wurden mir diese Angelegenheiten sehr ans Herz gelegt. Ich möchte dich da übrigens etwas fragen! Auf der Reise nach Shang Yang hörte ich wiederholt starke Klagen über den derzeitigen Tao Tai. Weißt du vielleicht, warum er so angefeindet wird?»

«Den Grund seiner Unbeliebtheit kann ich dir leicht erklären», erwiderte Herr Tschen. «Er war anfangs Kaufmann und hat durch allerlei schmutzige Bestechungen zwei Ämter in I Dschou zugeteilt bekommen. Kurze Zeit darauf ist er durch ähnliche Praktiken Tao Tai geworden. Er ist väterlicherseits ein Neffe von Wu Mao Hsiang, und seine Tante mütterlicherseits ist die Frau des Rebellen Lo Tung.»

«Ah! Er ist also ein Parteigenosse dieses Verräters!» rief Fang Tzu Wen. «Dann ist natürlich alles klar! – Kannst du mir nun auch etwas über den Präfekten Hsü Hsüeh Shih von Shang Yang sagen? Was ist das für ein Mensch?»

«Oh, der ist ein ganz ausgezeichneter Mann!» erwiderte Herr Tschen. «Er war zuerst Statthalter, und ist dann hierher transferiert und Präfekt geworden. Die Bevölkerung liebt und schätzt ihn ungemein.»

«Wenn die Leute ihn loben, wird er gewiß ein sehr gerechter Mann sein», meinte Fang Tzu Wen.

In diesem Augenblick wurden sie in ihrem Gespräch durch den Eintritt von Buntapfel unterbrochen.

«Herr Fang, Ihre Mutter schickt mich zu Ihnen», sagte sie. «Sie möchte, daß Sie sofort zu ihr kommen!»

«Wenn deine Mutter dich zu sprechen wünscht, mußt du dich selbstverständlich gleich zu ihr begeben», erklärte Herr Tschen.

Fang Tzu Wen verabschiedete sich von ihm und machte sich in sehr aufgeräumter Stimmung auf den Weg.

«Sie haben keinen Grund, so fröhlich zu sein, Herr Fang», sagte Buntapfel zu ihm. «Was Sie erwartet, wird Ihnen nicht sehr angenehm sein.»

«Weshalb denn?» fragte Fang Tzu Wen erstaunt.

«Das werden Sie schon selbst sehen», erwiderte Buntapfel kurz.

«Wahrscheinlich ist wegen meiner Verlobung mit Fräulein Pi ein Streit ausgebrochen», sagte sich Fang Tzu Wen.

Sie waren nun bereits vor dem Westtrakt angelangt, und Buntapfel bat ihn, ein wenig zu warten, sie werde ihn gleich anmelden gehen.

«Gnädige Frau, Ihr Sohn ist gekommen», sagte sie zu Frau Fang.

Kleinod flüchtete, als sie das hörte, sogleich in ein Nebenzimmer. Fang Tzu Wen trat in das Empfangszimmer ein und sah seine Mutter dort mit seiner Tante sitzen. Frau Tschen maß ihn, als sie ihn erblickte, sofort mit zornigen Augen. Frau Fang nahm darauf auch gleich eine erzürnte Miene an. Buntapfel blieb starr neben ihr stehen.

«Verehrte Mutter..., Verehrte Tante», sagte Fang Tzu Wen, sich vor den beiden Damen verbeugend.

«Sag mir einmal, wer ist diese Dame da?» fragte ihn Frau Fang, auf Frau Tschen weisend.

«Meine verehrte Tante», antwortete Fang Tzu Wen verwundert über diese Frage.

«So!» rief Frau Fang. «Weshalb kniest du dich nicht nieder vor ihr? Du scheinst dich weder zu erinnern, daß es Verpflichtungen gegenüber den Ahnen noch gegenüber den Eltern und gegenüber den Verwandten gibt», fuhr sie ihn an. «Von Gefühlen der Pietät will ich lieber ganz schweigen. Da du dich doch so gut in den klassischen und historischen Schriften auskennst, solltest du auch etwas über die Vorschriften der Sitte wissen, und es sollte dir bekannt sein, daß ein ungeschliffener Mensch zu nichts taugt! Wie kann ein so rücksichtsloser Mann wie du sich anmaßen, die Stelle eines Beamten einzunehmen und das Volk anzuleiten! Merke dir! Einer, der es vergißt, aus welcher Wurzel er stammt, und sich herzlos gegen seine Verwandten benimmt, ist kein Mensch, sondern ein Tier! Ich schäme mich in Grund und Boden, die Mutter eines so gewissenlosen Sohnes zu sein.»

«Verzeih mir, Mutter, und verzeih mir, Tante!» rief Fang Tzu Wen, sich vor den beiden niederkniend. «Ich werde mich in Hinkunft nie wieder so vergessen. Bitte, tragt mir meine Schuld nicht länger nach!»

Frau Fang hatte ihren Sohn nach außen hin in barscher Weise zurechtgewiesen und ihn an seine verwandtschaftlichen Verpflichtungen erinnert, innerlich aber wußte sie, daß sich auch ihre Schwägerin durch ihre Worte getroffen fühlen mußte. Auf diese kluge Weise konnte sie ihr in ganz unauffälliger Weise ihre berechtigten Vorwürfe machen. Obwohl Frau Fang eine sehr offene, aufrichtige Person war, hatte sie absichtlich diesen Weg gewählt, um der Schwägerin ihre Meinung sagen zu können, ohne sie direkt anzugreifen. Sollten nicht alle klugen Menschen ähnlich handeln wie sie?

Herr Tschen war sehr beunruhigt allein in seinem Bibliothekszimmer zurückgeblieben.

«Wer weiß, wie sich meine Frau, diese unmoralische Person, wieder Fang Tzu Wen gegenüber verhalten wird», sagte er sich besorgt. «Es wird doch besser sein, wenn ich selbst nachsehe, was sich da abspielt!» Er stand aufgeregt auf und eilte zum Westtrakt. Als er vor dem Tore ankam, konnte er gerade hören, wie Frau Fang ihrem Sohne die bittersten Vorwürfe machte.

«Wie ist es nur möglich, daß zwei Frauen so verschieden sein können?» fragte er sich. «Wie klug und taktvoll ist meine Schwägerin, und wie dumm und unbeherrscht ist meine Frau! Da schiebt jetzt meine Schwägerin in raffiniertester Weise ihren Sohn vor, um die Schwägerin zu beschämen, ohne sie dabei bloßzustellen!» Er trat in das Zimmer ein und sah dort Fang Tzu Wen auf dem Boden knien. Frau Tschen, die ihren Gatten natürlich sofort bemerkt hatte, drehte sich rasch um und tat, als sehe sie ihn nicht. Frau Fang stand auf, um den Schwager zu begrüßen, und diese Gelegenheit benützte Frau Tschen, um in ein anderes Zimmer zu fliehen, doch Frau Fang hinderte sie schnell daran.

«Nein, nein, Schwägerin!» rief sie. «Komm nur wieder zurück! Wenn du jetzt davongehst, dann würde mein nichtsnutziger Sohn von neuem Schuld auf sich laden, und für mich wäre dies auch abermals eine Quelle von Leid! Im übrigen bin ich heute eigens hierher gekommen, weil ich Verschiedenes mit euch beiden zu besprechen habe. Wie immer ihr auch miteinander steht, muß ich euch bitten, Platz zu nehmen und mich anzuhören.»

«Weshalb kniest du hier, Schwiegersohn?» wandte sich Herr Tschen an Fang Tzu Wen. «Bitte steh auf!»

«Willst du noch immer behaupten, Schwager, daß mein Sohn ein hochgebildeter Mann ist?» fragte Frau Fang. «Die Schuld, die er auf sich geladen hat, ist schwer wie ein Berg. Er kennt nicht einmal die wichtigsten Vorschriften der Sitte und er scheint auch nicht zu wissen, daß Mißachtung gegen eine Tante das gleiche ist wie Mißachtung gegen die eigene Mutter!»

«Aber...», wollte Herr Tschen sie unterbrechen, doch Frau Fang sprach weiter ohne sich beirren zu lassen:

«Nicht genug damit, sich so gegen die Sitte vergangen zu haben, hat er zwischen dir und deiner Gattin schwere Zwietracht gesät. Ist nicht eure Tochter aus Kummer über eure Uneinigkeit sogar lebensgefährlich erkrankt? Mußte ich, seine Mutter, nicht seiner Nachlässigkeit wegen diese weite Reise mit allen ihren Mühseligkeiten antreten? Ohne die geringste Rücksicht auf mich zu nehmen, war ihm nur darum zu tun gewesen, sich auszuzeichnen und an den Hof zu kommen. – Doch ich will nicht zu hart gegen ihn sein! Sollte es ihm gelingen, zwischen dir und deiner Gattin wieder Frieden zu stiften, will ich ihm das, was er verbrochen hat, verzeihen. Gelingt ihm dies aber nicht, dann werde ich jede Verbindung mit ihm abbrechen und in das Kloster zu den weißen Lotusblüten zurückkehren, um dort meine alten Tage allein zu beschließen.»

«Aber Schwägerin, wie kannst du so sprechen!» rief Herr Tschen.

Frau Tschen hatte den Worten ihrer Schwägerin aufmerksam zugehört.

«Ich habe es nicht erwartet, daß meine Schwägerin so rücksichtsvoll sein wird, das Gras zu schütteln, um die Schlange herauszulocken, den Sohn zu bestrafen, um dessen Tante zu tadeln», sagte sie sich. «Eigentlich war ich auf einen Skandal gefaßt! Es ist sehr anständig von ihr, daß sie mich nicht bloßgestellt hat.» Sie setzte rasch eine erzürnte Miene auf und wandte sich an Fang Tzu Wen.

«Für das, was du mir angetan hast, würdest du eine schwere Strafe verdienen», sagte sie zu ihm. «Komm mir jetzt bitte nicht mit der Phrase, daß auch ein Fluß und ein Berg sich verändern kann! Ich will versuchen, das, was geschehen ist, zu vergessen. Eines aber sage ich dir: Von nun an darf so etwas nie wieder vorkommen!»

«Wie könnte ich es wagen, mich nochmals so sehr gegen dich zu vergehen», rief Fang Tzu Wen. «Du bist doch jetzt nicht nur meine Tante, sondern auch meine Schwiegermutter!»

«Ja», sagte Frau Tschen. «Wir werden bald durch eine doppelte Verwandtschaft miteinander verbunden sein.»

«Wie?» mokierte sich Herr Tschen. «Du sprichst von verwandtschaftlicher Verbundenheit? Du?»

«Fängst du schon wieder an, Streit heraufzubeschwören, du Verbrecher!» fuhr ihn seine Frau an.

«Du hast dich scheinbar noch nicht genug ausgeschimpft», sagte er böse. «Erst hast du deinen Zorn an deinem Schwiegersohn ausgelassen und jetzt möchtest du *mich* wieder anpöbeln! *Wer* ist es, der immer Streit anzettelt, du oder ich?»

«Natürlich bin *ich* wieder an allem schuld. Immer nur *ich!*» erzürnte sich Frau Tschen.

«Es ist besser, wir trennen uns wieder», erklärte Herr Tschen erbost und schickte sich an, das Zimmer zu verlassen. «Es kommt doch nur wieder zu neuen Disputen.»

«Warte ein wenig, Schwager!» rief Frau Fang. «Ich bin doch hierher gekommen, um mit euch beiden in Ruhe zu sprechen. Bitte hört mich an! Lassen wir alles, was vergangen ist, ruhen, und bitte, streitet euch nicht länger. Ich kann es nicht ertragen, euch uneinig zu sehen.»

«Was kann ich denn machen!» klagte Herr Tschen. «Meine *Frau* ist es doch, die immer mit dem Streiten beginnt! Mir ist es doch auch nicht recht, mich fortgesetzt ärgern zu müssen.»

«Ich freue mich sehr, daß auch du nur den Frieden willst, verehrter Schwager», antwortete Frau Fang. – «Rede der Tante zu, mit dem Onkel wieder gut zu werden!» wandte sie sich an Fang Tzu Wen.

«Ich bitte dich ehrfürchtigst, verehrte Tante, dich mit dem Onkel zu versöhnen», sagte er zu Frau Tschen, sich wieder vor ihr niederkniend.

«Mein Mann, dieser Mörder, war bestimmt schon in einem seiner früheren Leben mein Feind», erklärte Frau Tschen. «Es ist nicht möglich, mit ihm friedlich auszukommen.»

«Der Onkel mag vielleicht ein wenig eigensinnig sein», gab ihr Fang Tzu Wen recht, «bedenke aber, Tante, in was für einer furchtbaren Lage ich mich befinde! Wenn ihr euch nicht versöhnt, wird mein ganzes Leben lang die furchtbare Schuld der Unehrerbietigkeit und Pietätlosigkeit auf mir lasten. Sei barmherzig und rette mich vor diesem Schicksal!»

«Steh auf, Neffe!» sagte Frau Tschen.

«So wollen wir uns jetzt gegenseitig versprechen, uns gut zu vertragen und immer nachsichtig zueinander zu sein», sagte Frau Fang. «Komm, Sohn! Machen wir zwei den Anfang!»

Sie ging mit ihm auf Herrn Tschen zu und beide verbeugten sich vor ihm, worauf auch er sich vor ihnen verbeugte. Frau Tschen war hochrot geworden, und es blieb ihr nichts anderes übrig, als sich nun gleichfalls zu verneigen.

Dieses Schauspiel der gegenseitigen Versöhnungsverbeugungen war für die hinter dem Wandschirm stehenden Zofen eine köstliche Unterhaltung. Eine von ihnen lief sofort zu Kleinod, um ihr das Vorgefallene mitzuteilen.

«Ihre Eltern haben sich versöhnt!» rief sie erfreut. «Wir haben selbst gesehen, wie sie sich gegenseitig voreinander verbeugt haben!»

Daß Kleinod über diese Nachricht überglücklich war, braucht wohl nicht erst gesagt zu werden.

«Jetzt muß ich euch leider eine sehr unangenehme Mitteilung machen», sagte Frau Fang, nachdem die Versöhnung stattgefunden hatte.

«Um was handelt es sich denn?» fragte Herr Tschen.

«Man kann es eine Angelegenheit des Gefühls nennen, man kann aber auch sagen, es sei eine Angelegenheit der Vernunft», erwiderte Frau Fang.

«Oh, ich kann mir schon denken, was das für eine Sache ist!» rief Herr Tschen. «Du willst uns wahrscheinlich von der Ehe-Sache mit der Familie Pi etwas sagen?»

«Was ist das für eine Ehe-Sache?» fragte Frau Tschen.

«Erlaube mir, dir alles genau zu erklären», bat Frau Fang und erzählte ihr, wie Fang Tzu Wen nach dem Überfall durch den Räuber von Vizekommandant Pi gerettet wurde und dann in dessen Hause die Verlobung zustande gekommen war. «Der kaiserliche Hof hat, da sich beide Familien in Shang Yang aufhalten, angeordnet, daß die Hochzeit am selben Tage stattfinden kann», setzte sie hinzu. «In wenigen Tagen sollen die beiden Ehen schon geschlossen werden.»

«Aber das ist doch großartig!» rief Frau Tschen aus. «Wie konntest du von einer unangenehmen Sache sprechen, Schwägerin? Ich bin doch seit langem betrübt, keinen Sohn zu besitzen und nur eine Tochter in die

Welt gesetzt zu haben. Diese Verbindung mit der Familie Pi ist für uns alle ein großes Glück.»

«Es ist ja sehr schön und gut, daß wir Alten über diese Ehe-Angelegenheit erfreut sind, aber wir müssen auch berücksichtigen, wie Kleinod sich dazu stellt», meinte Herr Tschen.

«Du brauchst Kleinod gar nicht zu fragen», sagte Frau Fang. «Sie weiß schon längst über die Sache Bescheid.» Sie erzählte Herrn und Frau Tschen hierauf, wie sie selbst mit Goldchen im Kloster zusammengetroffen war und wie glücklich sie sich fühle, vom Himmel mit zwei so edelmütigen Schwiegertöchtern beschenkt worden zu sein.

Ohne daß die Anwesenden es gemerkt hatten, war der Himmel mittlerweile schon ganz dunkel geworden.

«Es wird schon bald Nacht, ich muß in das Kloster zurück!» erklärte Frau Fang und wollte sich erheben.

«Du wirst doch nicht daran denken, nochmals in das Kloster zurückzukehren?» rief Frau Tschen. «Es ist doch selbstverständlich, daß du von nun an bei uns bleibst. Die Mutter eines so hohen Beamten kann doch nicht in einem schäbigen Kloster wohnen! Man hat es mir ja leider verheimlicht, daß du dich schon seit längerem dort aufhältst. Ich glaubte zu träumen, als ich es erfuhr. Hätte ich gewußt, daß du in Shang Yang bist, dann hätte ich es niemals zugegeben, daß du, meine engste Verwandte, im Kloster bleibst! Bitte, mache mir die Freude, mit meinem bescheidenen Lager vorlieb zu nehmen. Es ist zwar nur ein armseliges Bett, ich hoffe aber, daß du mir die Bitte trotzdem nicht abschlagen wirst.»

«Verzeih mir, Schwägerin, aber ich möchte doch ins Kloster zurück», weigerte sich Frau Fang.

«Du wirst mich doch nicht beleidigen wollen?» rief Frau Tschen.

«Meine Frau hat recht», mischte sich Herr Tschen ein. «Du mußt unbedingt hier bleiben! – He, Zofen! Bringt die Lampen und laßt Wein vorbereiten! Komm, Schwiegersohn, laß uns gehen und noch ein wenig miteinander plaudern!»

Es wurde nun sowohl im Empfangszimmer des Herrn Tschen wie auch im Empfangszimmer der Frau Tschen ein festliches Bankett veranstaltet, und auf allen Seiten herrschte helle Freude. Für Fang Tzu Wen und seine Mutter war endlich eine gute Zeit angebrochen. Das Schicksal hatte sich mit einem Mal gewendet.

«Trink, Schwiegersohn! Trink!» forderte Herr Tschen den Schwiegersohn auf. «Heute ist ein Freudentag! Wenn der Wein ins Herz geht, dann wird man nicht betrunken!»

Auch im Empfangszimmer des Frauentraktes herrschte Freude und Glück, und die Damen unterhielten sich in angeregtester Weise.

«Deine Tochter ist nicht nur ein sehr intelligentes und wohlerzogenes, sondern auch ein sehr sanftes und tugendhaftes Mädchen», sagte Frau Fang zu Frau Tschen. «Heute sind solche Mädchen schon sehr selten zu finden. Daß mein Sohn ein wenig Erfolg gehabt hat, ist nichts Besonderes, so etwas kommt ja öfters vor, aber daß das Haus Fang eine so liebenswerte Schwiegertochter bekommt, ist ein ganz außergewöhnliches Glück.»

«Es ist sehr gütig von dir, Schwägerin, meine Tochter so zu loben», bedankte sich Frau Tschen, und die beiden Damen überhäuften sich weiter mit Liebenswürdigkeiten.

Auch Kleinod sprach an diesem Abend dem Weine lebhaft zu, und die Stimmung wurde immer angeregter.

Bald wurden schon die Schatten der Blumen im Mondschein sichtbar, und es begann bereits kalt zu werden.

«Jetzt, da wir uns so viele Jahre nicht mehr gesprochen haben, freue ich mich darauf, heute nacht auf unserem gemeinsamen Lager noch lange mit dir plaudern zu können», sagte Frau Tschen zu ihrer Schwägerin.

Frau Fang schmunzelte.

«Nein, Schwägerin, heute werde nicht ich deine Gefährtin sein, heute wirst du die Schlafgefährtin deines Gatten sein!» sagte sie.

«Was?» rief Frau Tschen, in helles Lachen ausbrechend. «Wir leben doch schon über zwei Jahre getrennt! Zwischen mir und meinem Gatten besteht schon lange keine Beziehung mehr. Ich habe mir geschworen: In diesem Leben gibt es kein Miteinanderschlafen mehr! Dazu ist unsere Entfremdung zu arg!»

«Wenn du dich weigerst, heute nacht in den Osttrakt zu gehen, dann lasse ich mir sofort einen Wagen holen und fahre in das Kloster!» erklärte Frau Fang kurz und bündig. «Wenn du nicht zu deinem Gatten zurückwillst, fühle ich mich von dir entfremdet. – Kleinod! Bitte, veranlasse, daß man einen Wagen für mich bestellt!»

«Aber Schwägerin!» hielt Frau Tschen sie zurück. «Du kannst doch nicht verlangen, daß ich von nun an wieder mit meinem Gatten schlafe!»

«Ach Mutter, bitte weigere dich nicht und folge dem Rat der Tante», mischte sich Kleinod ein. «Es würde sie so unglücklich machen, wenn du nicht zum Vater gehen würdest! Alle ihre Bemühungen um eure Versöhnung wären dann vergebens gewesen!»

«Kleinod hat vollkommen recht», stimmte Frau Fang ihr bei. «Wie stünde ich da, wenn du dich weigern wolltest? Komm, Kleinod! Du und ich, wir zwei werden deine Mutter gemeinsam deinem Vater zuführen. Und du, Buntapfel, geh zum Herrn Generalzensor und bitte ihn zu kommen!»

«Bringt schnell Lampen!» befahl Kleinod den Zofen, als Buntapfel sich entfernt hatte.

Frau Fang machte die Anführerin und Frau Tschen folgte ihr, verlegen und errötend wie ein sechzehnjähriges Mädchen. Die Dienerinnen gingen dem Zuge mit ihren hellerleuchteten Lampen voran, und Kleinod schloß sich dem Zuge an. So ging es weiter bis in das Schlafzimmer des Osttraktes hinein.

«Seit mehr als zwei Jahren habe ich diesen Raum nicht mehr betreten», sagte sich Frau Tschen.

Die Zofen gingen sogleich daran, das Zimmer etwas in Ordnung zu bringen. Als dies geschehen war, zogen sie sich zurück. Kleinod richtete rasch neue Bettdecken her und sorgte dafür, daß alles in rechter Ordnung war.

Buntapfel hatte Herrn Tschen mittlerweile gemeldet, daß Frau Fang seine Gattin in sein Schlafzimmer geführt habe, und daß sie ihn bitten lasse, sich auch dahin zu begeben.

«Was redest du da für einen Unsinn zusammen?» rief Herr Tschen.

«Das, was Buntapfel sagt, wird schon richtig sein», meinte Fang Tzu Wen. «Bitte, Schwiegervater, laß deine Gattin nicht warten, sondern suche sie gleich auf!»

«Was fällt dir ein!» lachte Herr Tschen. «Ich habe doch einen Schwur geleistet, mit dieser unmoralischen Person niemals mehr zu schlafen!»

«Ach bitte, Schwiegervater, weigere dich nicht!» bat ihn Fang Tzu Wen. «Du siehst doch, daß die Tante es über sich gebracht hat, in den Osttrakt zu kommen. Du kannst ihr doch nicht die Schande antun, jetzt nicht zu ihr zu gehen!»

Nun mischte sich auch Buntapfel ein:

«Herr Generalzensor, Frau Fang läßt Sie bitten, gleich zu Ihrer Frau zu kommen», meldete sie. «Frau Fang hat erklärt, sie müsse wieder in das Kloster zurückfahren, wenn Sie dies nicht tun.»

«Deiner Mutter zuliebe werde ich also zu meiner Frau gehen», sagte Herr Tschen zu Fang Tzu Wen. «Ich komme aber bald wieder zurück!»

Zögernd und befangen schlug Herr Tschen den Weg zum Schlafzimmer ein. Frau Fang begleitete ihn dahin.

«Gnädige Frau, der Herr Generalzensor ist gekommen», meldeten die Zofen ihn bei seiner Gattin an, als sie ihn kommen sahen.

«Da bist du also, Gatte», sagte Frau Tschen, die sich innerlich doch sehr über sein Kommen freute.

«Die Schwägerin hat darauf bestanden, was konnte ich also anderes tun?» antwortete er. «Frag sie nur selbst!»

«Sieh her, Schwager, hier ist die Milchstraße, und hier ist die Weberin», sagte Frau Fang zu ihm. «Du bist jetzt der Hirtenknabe, der die Brücke überschreiten will. – Hast du gesehen, wie lieblich draußen vor dem Fenster die Schatten der Blumen sich im Mondschein bewegen? Du darfst nicht undankbar sein, Schwager. Eine so schöne Nacht wie diese gibt es nur selten! Morgen wirst du dem Heiratsvermittler Mond noch deinen Dank aussprechen. So, und nun wünsche ich euch beiden recht wohl zu ruhen!» Mit diesen Worten eilte sie lachend durch die Türe, versperrte sie von außen und steckte den Schlüssel zu sich. Dies getan, ging sie in Kleinods Zimmer, um sich dort zur Ruhe zu legen.

Herr und Frau Tschen aber saßen im Scheine der Lampen wie Braut und Bräutigam in der Hochzeitsnacht einander gegenüber.

Nach einer Weile warf Herr Tschen heimlich einen Blick auf seine Gattin. Ihre Züge waren trotz ihres vorgerückten Alters noch sehr einnehmend, und man konnte ruhig sagen, daß sie noch immer eine schöne Frau war. Als sie merkte, daß er sie ansah, erhob sie sich und wollte aus dem Zimmer gehen, fand die Türe jedoch versperrt.

«Macht sofort auf!» rief sie zu den Zofen hinaus.

«Frau Fang hat die Türe abgesperrt und den Schlüssel mitgenommen», antworteten diese.

«Öffnet sofort oder ich prügle euch morgen zu Tode!» schrie Frau Tschen außer sich vor Wut.

«Du darfst die armen Zofen nicht beschimpfen», versuchte Herr Tschen sie zu beruhigen. «Sie können für das, was geschehen ist, nichts. Von deiner Schwägerin war es bestimmt auch nur gut gemeint. – Es ist schon tiefe Nacht, komm, gehen wir schlafen! Ich bin todmüde von den Anstrengungen des heutigen Tages.»

«Was geht das mich an, wenn du müde bist und schlafen willst!» erklärte Frau Tschen.

«Wenn du dich nicht schlafen legst, werde ich es auch nicht wagen zu schlafen», antwortete er. «Das ist nicht meine Art.»

«So?» rief Frau Tschen. «Du tust, als hättest du mir noch nie etwas angetan.»

«Ich mag dir wohl früher manchmal Unrecht getan haben», gab ihr Herr Tschen zu, «aber ich verspreche dir, es soll nicht mehr vorkommen.» Bei diesen Worten stand er auf und verbeugte sich tief vor ihr.

Diese Geste machte solchen Eindruck auf Frau Tschen, daß ihr Groll allmählich dahinschmolz.

«Erinnerst du dich, daß du mich voriges Jahr verdächtigt hast, ich betrüge dich mit Buntapfel?» fragte Herr Tschen. «Ich bin dir aber treu geblieben. Ich mag wohl meine Fehler haben, aber meinst du, ein anderer

Gatte hätte auch so gehandelt wie ich? Ich glaube, jeder andere hätte sich längst eine Nebenfrau genommen, die ihm einen Sohn geboren hätte! Diese Nebenfrau hätte sehr rasch die Macht an sich gerissen, und wo wäre dann dein Teil geblieben?»

Frau Tschen mußte ihm heimlich recht geben. Doch einen Augenblick später war sie gleich wieder aufgeregt. «Diese Buntapfel hat aber bestimmt gerechnet, daß sie dich verführen wird!» sagte sie, ihn mißtrauisch anblickend. Sie war eben heißes Wasser, das sehr schnell überkocht, und er war ein Mann, der sein Boot lenkt und die Ruder tief ins Wasser senkt.

Frau Tschen hatte zeitlebens immer viel Geld für ihre Schönheit ausgegeben, und obwohl sie schon fünfzig Jahre alt war, sah sie immer noch aus wie eine Frau von dreißig Jahren. Sogar ihre Regel traf noch jeden Monat ein. Ebenso hatte sie sich auch ihre sinnlichen Gelüste noch bewahrt, und da nun Frau Fang sie mit dem Gatten eingesperrt hatte und sie schon so lange nicht mehr beisammen gewesen waren, überfiel die beiden plötzlich ein starkes Verlangen, «Jade zu pflanzen in Lan Tiens Garten» und einen Sohn in die Welt zu setzen. Und dies hatten sie nur Frau Fang zu danken, die mit der Kraft von neun Ochsen und zwei Tigern gearbeitet hatte, um sie dazu zu bringen, sich wieder zu versöhnen.

XXIII. KAPITEL

*In der Hochzeitsnacht fließen im Scheine der Hochzeitskerzen
bittere Tränen*

Nachdem Frau Fang einen glückbringenden Tag für die
beiden Vermählungen gewählt hatte, schickte Fang Tzu
Wen den Diener Wang Pen nach Ho Nan, um dort die
Gräber seiner Ahnen instand zu setzen.

Die Zeit verging im Nu, und bald war der Hochzeitstag angebrochen. Die zwei reichgeschmückten Sänften
mit den Baldachinen aus dem kostbarsten Brokat und
den vielen Fahnen boten ein ungemein buntes Bild. Die
Tafeln mit den goldenen Schriftzeichen und die Gehänge
glitzerten, und als die Sänften mit ihren Hunderten von
Laternen sich in Bewegung setzten, hätte man meinen
können, ein feuersprühender Drache winde sich durch
die Straßen. Der Zug machte einen äußerst imposanten
Eindruck. Unter Trommelschlagen und Musik fuhr die
eine der Sänften zum Palais Tschen und die andere zum

Palais Pi. Die drei Salutschüsse, die vor den Toren abgegeben wurden, waren weit und breit zu hören.

Als Fang Tzu Wen mit seinen beiden Bräuten heimkam und seine Gäste begrüßte, gab es keinen unter den Anwesenden, der nicht bezaubert gewesen wäre von der Schönheit seiner beiden jungen Frauen, und als diese sich vor dem Altare verbeugten, kannte Fang Tzu Wens Freude keine Grenzen. Da nach Beendigung der Hochzeitsfeier für die Gäste eine Theatervorstellung veranstaltet worden war, ging es schon gegen die zweite Morgenstunde, als diese sich zerstreuten. Sowie sich alle entfernt hatten, eilte Fang Tzu Wen zum östlichen Hochzeitsgemach, fand die Türe zu seinem großen Erstaunen aber versperrt. Auf sein mehrmaliges Klopfen hörte er Buntapfels Stimme fragen: «Wer ist da?»

«Ich bin's», antwortete er, «mach auf!»

«Ihre Gattin schläft schon», erklärte Buntapfel. «Sie läßt Sie bitten, sich in das westliche Hochzeitsgemach zu begeben. Ich habe strengen Befehl, Ihnen nicht zu öffnen.»

«Ja, weshalb denn?» wollte Fang Tzu Wen wissen.

«Ihre Frau sagt, Frau Goldchen habe größere Rechte an Sie!» erwiderte Buntapfel. «Hätte Frau Goldchens Bruder Sie nicht aus dem Schnee gerettet, wären Sie heute nicht mehr am Leben. Es verstehe sich daher von selbst, daß Sie die erste Nacht im westlichen Hochzeitsgemach zubringen müssen.»

«So ein großzügiges, selbstloses Wesen wie Kleinod kann man heute wirklich nicht mehr finden», sagte sich Fang Tzu Wen voll Bewunderung für seine junge Frau.

«Wenn ich zuerst in das westliche Hochzeitsgemach gehe, verstoße ich gegen die Vorschriften der Sitte», erklärte er, «bitte, Buntapfel, versuche deine Herrin umzustimmen!»

«Zögern Sie nicht länger, Herr Fang, und gehen Sie in das westliche Hochzeitsgemach», erwiderte Buntapfel. «Es schlägt schon die dritte Morgenstunde und, wie ich Ihnen schon sagte, schläft meine Herrin bereits.»

«Dann bleibt mir wirklich nichts anderes übrig, als den Wunsch deiner Herrin zu respektieren», gab Fang Tzu Wen nach und machte sich auf den Weg zum westlichen Hochzeitsgemach. Doch auch dort fand er die Türe versperrt.

«Auch diese Türe versperrt!» seufzte er. «In einem Gedicht des Schi King wird der Kummer eines Bräutigams beschrieben, der vor der zugesperrten Türe seiner jungen Frau steht. Was soll ich erst sagen, der ich die Türen meiner beiden Frauen verschlossen finde! Ich kann doch nicht auch von hier wieder fortgehen! – Bitte, öffnet!» rief er, an die Türe klopfend.

«Wer ist da?» hörte er eine der Zofen fragen. «Wer will um diese späte Nachtzeit noch herein?»

«Frag nicht so dumm! Ich bin's!» antwortete Fang Tzu Wen.

«Ist das die Stimme des Gatten meiner Herrin?» fragte die Zofe. «Warum sind Sie nicht in das östliche Hochzeitsgemach gegangen?»

«Mach doch endlich auf!» rief Fang Tzu Wen ärgerlich.

«Meine Herrin hat mir befohlen, die Türe abzusperren; geben Sie es bitte auf, hier Einlaß zu verlangen, und kehren Sie in das östliche Hochzeitsgemach zurück. Vergessen Sie nicht, daß Frau Kleinod Sie durch das Geschenk der Juwelenpagode vor dem Hungertode gerettet hat! Frau Kleinod ist gütig wie die Göttin Kuan Yin auf dem Lotusthron, und ihre Zofe Buntapfel ist gleichfalls ein sehr hilfreicher Mensch. Was die beiden für Sie getan haben, dürfen Sie nie vergessen! Verzeihen

Sie, Herr Fang, aber heute haben Sie hier nichts zu suchen.»

«Wie leicht ist es doch, als Erster bei den kaiserlichen Examen hervorzugehen, und wie schwer, neuvermählter Ehemann zu sein!» klagte Fang Tzu Wen. «Meine Gattin Goldchen, die ich noch kaum gesehen habe, läßt mich nicht in ihr Zimmer. Jetzt muß ich es doch noch einmal versuchen, bei Kleinod Eintritt zu bekommen.»

Er ging bekümmert zum östlichen Hochzeitsgemach zurück, wagte es jedoch nicht, wieder an die Türe zu klopfen.

Buntapfel hatte sich gleich gedacht, er werde wieder kommen, und ihn deshalb schon an der Türe erwartet.

«Laß mich hinein, Buntapfel», flehte er. «Du kannst mich doch nicht die ganze Nacht hier stehen lassen!»

«Ich kann nichts machen, gnädiger Herr», antwortete sie. «Meine Herrin hat mir streng aufgetragen, Sie nicht hereinzulassen.»

«Aber Buntapfel! Hörst du denn nicht, daß schon die vierte Morgenstunde schlägt», rief Fang Tzu Wen verzweifelt. «Du weißt, ich habe deinen Namen, den du mir damals im Garten zugeflüstert hast, nie vergessen! Du kannst doch nicht so herzlos sein, mich vor der Türe stehen zu lassen.»

Er hörte, wie sie die Türe leise aufsperrte, und trat rasch ein. Als er in das Hochzeitsgemach kam, fand er seine junge Frau tatsächlich schlafend. Ohne viele Umstände zu machen, schob er den Bettvorhang zur Seite, und bald darauf war die Brücke zwischen der Weberin und dem Hirtenknaben überschritten. Als es draußen hell geworden war, erhoben sich die beiden von ihrem Lager und gingen zusammen in die Halle, wo noch die Schalen und Becher vom abendlichen Festbankett überall herumstanden.

In der nächsten Nacht suchte Fang Tzu Wen seine Gattin Goldchen auf und sah voll Entzücken, wie schön und lieblich sie war. Er konnte es noch immer nicht fassen, daß ihm ein so großes Glück beschieden worden war, mit zwei so schönen Frauen die Flöte blasen zu dürfen. Obwohl Goldchen sich schon seit langem nach ihm gesehnt hatte, war sie doch, als sie ihn eintreten sah, befangen wie ein kleines Mädchen. Erst als die Kerzen schon niedergebrannt waren, löste er den Gürtel ihres Kleides und führte sie zum Bette.

Von dieser Zeit an waren diese drei Menschen unzertrennlich und sie liebten einander voll Innigkeit. So flossen die Tage dahin, und als sieben Tage nach der Hochzeit vergangen waren, gingen auch Frau Tschen und Frau Pi wieder in ihre Palais zurück.

Kleinod und Goldchen gewannen sich von Tag zu Tag lieber. Obwohl sie von verschiedenen Eltern stammten, waren sie einander zugetan wie Zwillingsschwestern. Kleinod wurde von der Dienerschaft jetzt als die Herrin des östlichen Gemaches und Goldchen als die Herrin des westlichen Gemaches bezeichnet. Da die Frist, die der Kaiser für die Hochzeitsfeierlichkeiten gestattet hatte, sehr großzügig bemessen war, brauchte Fang Tzu Wen seine Inspektionsreise noch nicht so bald anzutreten und konnte noch eine Weile zu Hause bleiben.

Eines Tages kam er mit Goldchen auf Buntapfel zu sprechen, und Goldchen lobte die hohe Intelligenz und das reizende Aussehen der Zofe.

«Kennst du ihre Lebensumstände?» fragte Fang Tzu Wen.

«Nein, ich weiß nichts Näheres über Buntapfel», erwiderte sie.

«Ihre Eltern waren recht angesehene Leute», erzählte Fang Tzu Wen. «Ihr Vater war ein Gelehrter, der viele

Schüler unterrichtet hat. Leider starben die Eltern sehr früh, und da Buntapfel weder Brüder noch Schwestern hatte, die für sie hätten sorgen können, kam sie mit acht Jahren als Zofe in das Palais Tschen. Sie ist äußerst anhänglich und treu, und Kleinod schätzt und achtet sie sehr. Ich habe die Verpflichtung übernommen, für sie einen Gatten zu suchen.»

«Hast du schon jemanden Bestimmten im Sinn?» fragte Goldchen.

«Bis jetzt noch nicht.»

«Suchst du jemanden aus der dienenden Klasse für sie?»

«Nein, ein Mann aus der dienenden Klasse würde nicht zu ihr passen, auch ein Geschäftsmann wäre nicht der richtige Gefährte für sie.»

«Meinst du, daß ein Landwirt der Richtige wäre?»

«Nein, der würde noch weniger taugen.»

«Du willst sie doch nicht einem reichen Mann zur Nebenfrau geben?» rief Goldchen. «Tu das nicht, sie ist zu gut für so eine Stelle und würde sicher sehr unglücklich werden. Ein Mädchen aus so einer Familie taugt nicht als Konkubine.»

«Mir wäre es auch unerträglich, sie auf diese Weise verheiratet zu sehen», gab Fang Tzu Wen zu. «Vielleicht könnte ich ihr einen armen aber strebsamen Studenten zum Gatten geben.»

«Dann wird sie ihr halbes Leben lang Kummer leiden, weil kein Geld im Hause sein wird», meinte Goldchen. «Ich will dir etwas sagen! Diese Buntapfel ist nicht nur begabt und intelligent, sondern auch sehr gefühlvoll. Du bemühst dich, einen passenden Gatten für sie zu finden, und weißt gar nicht, ob sie mit ihm einverstanden sein wird. Eine Heirat ist eine Sache des Herzens und nicht nur eine der äußeren Umstände. Meiner Ansicht nach gibt es für sie nur einen einzigen Mann, der zu ihr paßt, und das bist du!»

«Ich?» rief Fang Tzu Wen verblüfft. «Du meinst, ich soll mich mit Buntapfel verheiraten?»

«Ja, du!» wiederholte Goldchen.

«Aber Goldchen, ich bin doch bereits mit zwei Frauen verheiratet, ich kann doch nicht so unersättlich sein, mir noch eine dritte zu nehmen?»

«Auf den Sträuchern im Walde wachsen nicht nur auf den Hauptzweigen, sondern auch auf den Nebenästen schöne Blumen», sagte Goldchen. «Buntapfel ist begabt und hübsch. Wenn sie auch nur die Kleider einer Zofe trägt, so steht sie einem Mädchen aus Beamten- oder Offizierskreisen in keiner Weise nach. Keine Frau braucht sich zu schämen, ihre Freundin und Gefährtin zu sein! Mit diesem Mädchen unter einer Decke zu träumen, muß einen Mann sehr glücklich machen. – Ich kann dir nur raten, heirate sie!»

«Ich weiß deine Großzügigkeit sehr zu schätzen», erklärte Fang Tzu Wen. «Es müßte aber erst meine Mutter ihre Einwilligung zu dieser Ehe geben, und Kleinod müßte einverstanden sein. Wer weiß, ob sie nicht ganz anderer Ansicht ist als du?»

«Das herauszufinden, laß mich besorgen», antwortete Goldchen. «Willigt sie ein, kannst du gleich mit deiner Mutter darüber sprechen.» Sie erhob sich und machte sich auf den Weg zur Herrin des östlichen Gemaches.

Kleinod hieß sie herzlich willkommen, sie saßen eine Weile beisammen, tranken Tee und plauderten. Goldchen hätte gerne gleich von dem gesprochen, was sie auf dem Herzen hatte, doch sie schwieg, da Buntapfel im Zimmer war. Diese aber war viel zu feinfühlig, um nicht gemerkt zu haben, daß sie im Wege war, und entfernte sich daher bald unter irgendeinem Vorwand.

«Schwesterchen, ich bringe dir eine freudige Nachricht», sagte Goldchen, als sie allein zurückgeblieben waren.

«Eine freudige Nachricht?» fragte Kleinod neugierig. «Schnell, sag mir, was das für eine Nachricht ist!»

«Deine Zofe Buntapfel steht jetzt schon im heiratsfähigen Alter», begann Goldchen.

«Ich habe mir auch schon darüber Gedanken gemacht und meinen Gatten gebeten, sich nach einem passenden Mann für sie umzusehen», unterbrach sie Kleinod.

«Warum willst du, daß er einen fremden Schmetterling ins Haus holt?» fragte Goldchen.

«Wenn er sie verheiraten will, dann muß er doch einen Gatten von draußen für sie suchen», meinte Kleinod. «Es ist im übrigen gar nicht leicht, einen passenden Menschen für sie zu finden.»

«Nichts leichter als das!» erklärte Goldchen. «Hast du denn noch nie an unser eigenes Haus gedacht?»

«Doch, aber wer weiß, ob sie einwilligen würde, Nebenfrau zu werden», gestand Kleinod.

«Wenn sie sich weigern sollte, hier Nebenfrau zu werden, dann würde sie sich doch erst recht weigern, sich mit einem fremden Mann zu verehelichen», gab ihr Goldchen zu bedenken. «Hast du nicht bemerkt, daß ihr Sinn nicht nach einem Mann von draußen steht? Ist dir nicht das frühlingshafte Lächeln aufgefallen, das manchmal über ihren Lippen schwebt?»

«Wenn man mit ihr vom Heiraten spricht, antwortet sie immer: ‚Ich mag nicht in einem anderen Haus leben, ich möchte mein ganzes Leben hier verbringen und mich der Pflege der gnädigen Frau Fang widmen.'»

«Da siehst du es ja selbst ganz deutlich», rief Goldchen. «Mit diesen Worten verrät sie ihre geheimsten Gedanken!»

«Wir müssen aber auch bedenken, daß ihr Charakter möglicherweise doch nicht so gut ist, wie wir glauben», meinte Kleinod. «Vielleicht werden ihre schlechten Eigenschaften erst später zum Vorschein kommen!»

«Sie hat dir doch über zehn Jahre treu und ergeben gedient und dir niemals Grund zur Klage gegeben», gab ihr Goldchen zur Antwort. «Warum sollte sie sich plötzlich ändern? Und selbst, wenn dies der Fall wäre, würden wir sie schon wieder auf den rechten Weg bringen. Ich habe sie immer nur sanft und friedfertig gesehen, ihr Benehmen ist tadellos, und ich halte es für ausgeschlossen, daß sie später einmal zur Anmaßung neigen könnte. Du wirst sehen, wir werden mit ihr sehr gut auskommen. Sie wird es glänzend verstehen, den Haushalt zu führen, und wird unserem Gatten gesunde und kräftige Söhne zur Welt bringen.»

«Wer weiß, ob *er* mit dieser Ehe einverstanden sein wird?» sagte Kleinod.

«Warum sollte er Einwände machen?» fragte Goldchen. «Buntapfel war ihm von je her sehr zugetan, und schon seiner Mutter wegen müßte er diese Ehe als ein großes Glück ansehen. – Wir zwei müssen das Schiff ins Wasser lassen und die Segel aufziehen, damit der Wind es weiter treibt.»

«Aber Goldchen, wir wissen doch noch gar nicht, ob unsere Schwiegermutter diese Ehe gutheißen wird», begann Kleinod von neuem zu zweifeln.

«Sei beruhigt und mache dir darüber keine unnötigen Sorgen», rief Goldchen. «Sie steht mit Buntapfel auf dem besten Fuße und spricht immer nur voll Liebe von ihr. – Komm, laß uns zusammen zu ihr gehen!»

Hand in Hand traten sie in Frau Fangs Zimmer und erkundigten sich nach ihrem Befinden.

Frau Fang strahlte, als sie die beiden jadegleichen jungen Frauen erblickte. «Wie glücklich bin ich doch, zwei so zauberhaft schöne Wesen zu Schwiegertöchtern zu haben!» sagte sie sich.

Die drei Damen plauderten über häusliche Angelegenheiten, und Frau Fang erzählte den Schwiegertöchtern dann, wie viele Entbehrungen sie auf ihrer Reise nach Shang Yang hatte mitmachen müssen und wie verzweifelt sie gewesen war, als sie vor dem Tempel der neun Fichten das Gespräch über den Räuber mitangehört hatte.

«Die Göttin Kuan Yin hat meine Gebete erhört und nicht nur meinem Sohne den großen Erfolg beschieden, sondern mich auch mit euch zwei reizenden Schwiegertöchtern beglückt», sagte sie. «Jetzt hat sich das Schicksal doch wieder zum Guten gewendet! Nur eine Sache bedrückt mich sehr», fuhr sie fort. «Sie betrifft Buntapfel. Ich habe sie liebgewonnen wie ein eigenes Kind. Ihr ahnt nicht, wie rührend sie im Kloster für mich gesorgt hat und auch jetzt schläft sie jede Nacht bei mir und pflegt mich in der aufoferndsten Weise. Sie muß, meiner Ansicht nach, jetzt schon neunzehn Jahre alt sein. Es wäre mir sehr daran gelegen, wenn ihr zwei euch nach einem passenden Gatten für sie umsehen würdet. Am liebsten wäre es mir freilich, sie würde jemanden heiraten, der nicht zu weit entfernt von uns wohnt. Ich könnte sie dann doch zuweilen sehen, und dies wäre für mich ein großer Trost.»

Die beiden jungen Frauen konnten aus ihren Worten deutlich entnehmen, daß sie hoffte, Buntapfel werde im Hause als Nebenfrau bleiben, und als sie ihr hierauf gestanden, daß sie diesen Plan bereits erwogen hatten, kannte Frau Fangs Freude keine Grenzen. Nun, da sie alle einverstanden waren, lag es bloß mehr an Tzu Wen, die nötigen Schritte einzuleiten. Es dauerte auch nicht lange, da ertönte wieder Trommelschlagen und Musik in der Halle. Goldchen war so zartfühlend gewesen, Buntapfel für die Hochzeitsfeier ihre eigenen Kleider und ihren eigenen Kopfputz zu überlassen, und als die Feier vorüber war, konnten sich die Gäste nicht genug tun, die Großzügigkeit der zwei Gattinnen zu preisen. Auch Frau Tschen und Frau Pi hatten sich eingestellt, um ihre Glückwünsche darzubringen, und auch diesmal wurde, ganz so wie am früheren Hochzeitstage, den Gästen eine Theateraufführung geboten.

Als die erste Nachtstunde angebrochen war, suchte Fang Tzu Wen seine Mutter auf und begab sich dann in die beiden Damentrakte, um seinen zwei Gattinnen seinen Dank auszusprechen. Nachdem er sich von ihnen verabschiedet hatte, eilte er zum neuen Hochzeitsgemache und – welch ein Glück! – er fand die Türe offen! Voll Freude trat er ein und ging auf Buntapfel zu. Sie senkte den Kopf und errötete. Zehn Jahre hindurch hatte sie als Zofe gedient und jetzt war sie plötzlich eine junge Ehefrau! Sie war viel zu klug, um nicht zu wissen, daß sie deshalb doch nicht den gleichen Rang hatte wie die beiden anderen jungen Frauen, war aber überglücklich, daß der Mann, den sie liebte, an ihr Gefallen fand.

Fang Tzu Wen und sie saßen einander gegenüber, und obwohl er sie doch schon oft gesehen hatte, war es doch das erste Mal, daß er nicht nur heimlich nach ihr blicken mußte, sondern sie genau betrachten konnte. Voll Bewunderung sah er, was für eine entzückende Figur sie hatte, wie schön das Oval ihres Gesichtes war und was für lieblich geschwungene Augenbrauen sie hatte. Waren ihre Augen nicht klar wie ein Herbstsee? Glich ihr Teint nicht dem zarten Hauch von Pfirsichblüten, und waren ihre winzig kleinen Füßchen, die unter dem Rocke hervorlugten, nicht bezaubernd?

«He, Zofen!» rief er in den Nebenraum. «Helft meiner jungen Frau bei ihrer Abendtoilette und zieht euch dann zurück!»

Als sie das Hochzeitsgemach verlassen hatten, versperrte er die Türe und setzte sich an Buntapfels Seite.

«Schwesterchen!» sagte er ihr. «Als ich dich das erste Mal sah, fühlte ich, daß mein Ich in deinem Herzen war und dein Ich in dem meinen. Jetzt sind wir beide nur mehr ein einziges Herz!»

«Du hast mich aber doch einem anderen Manne verloben wollen!» klagte Buntapfel.

«Es war schon lange Kleinods Wunsch, dir einen Gatten zu verschaffen», erzählte er. «Jetzt tat sie alles, was sie nur konnte, um mich zu überzeugen, daß nur ich der richtige Mann für dich sei. Goldchen dachte genau wie sie. Sie sind beide überglücklich, daß ich dich geheiratet habe.»

«So eine wundervolle Frau wie meine Gebieterin gibt es kaum mehr wieder, aber auch eine Frau wie Goldchen kann man nur selten finden», sagte Buntapfel.

«Weil du immer so selbstlos und verständnisvoll warst, haben dich beide liebgewonnen und dich schätzen gelernt», erklärte Fang Tzu Wen. «Auch meine Mutter ist außer sich vor Freude, daß du hier im Hause bleibst. Sie erzählt mir immer wieder, daß sie es nur deiner Fürsorge verdankt, am Leben geblieben zu sein.»

Er erhob sich und verbeugte sich in tiefer Ehrfurcht vor ihr.

«Wie muß ich selbst mich schämen, meine Mutter so vernachlässigt zu haben! Kann ich, der ich so schmählich gehandelt habe, je ein guter Beamter werden?» sagte er bitter.

Buntapfel wußte, daß es nicht nur schöne Worte waren, die er sprach, sondern daß er wirklich tiefe Reue fühlte. Sie wischte sich schnell die Tränen aus den Augen und erwiderte die Verbeugung. Sie wollte etwas sagen, doch eine so große Traurigkeit hatte sie erfaßt, daß es ihr unmöglich war, zu sprechen.

Ja, gibt es denn das? Kann man beim Scheine der Hochzeitskerzen traurig sein?

Buntapfel schwieg eine Weile, endlich aber nahm sie sich doch zusammen und entschloß sich zu sprechen.

«Es drängt mich, dich über eine sehr betrübliche Sache aufzuklären», sagte sie. «Wie du weißt, haben deine beiden Frauen die Leitung des Haushaltes übernommen, und ich selbst bemühe mich, deiner Mutter zu Diensten zu sein. Der große Kummer und die vielen Entbehrungen, die deine Mutter mitmachen mußte, sind nicht ohne Spuren geblieben. Sie hat sich ein sehr böses Magen- und Herzleiden zugezogen. Niemand weiß davon, denn sie hält es streng geheim. Nacht für Nacht wälzt die Arme sich vor Schmerzen und vermag keinen Schlaf zu finden. Auch deine beiden Frauen ahnen nichts von ihrer Erkrankung, die nun schon über drei Monate dauert. Ich bin äußerst besorgt über ihren Zustand und ich möchte dich deshalb bitten, mir zu erlauben, weiterhin in ihrem Zimmer schlafen zu dürfen und dich noch nicht mit mir zu vermählen. Wenn du wirklich mit deinem Herzen an mir hängst, dann ist es nicht mein Körper, sondern mein Herz, das du suchst. Laß uns erst dann unter der gemeinsamen Decke träumen, wenn deine Mutter wieder genesen ist. Bist du bereit, dies als eine feste Vereinbarung anzusehen? Und... ich bitte dich inständig... nimm die Erkrankung deiner Mutter nicht zu leicht!»

Fang Tzu Wen war über die Nachricht, seine Mutter sei schwer krank, so erschrocken, daß ihm die Tränen aus den Augen stürzten.

Ich gestehe, auch ich selbst hatte, als ich dies niederschrieb, mit den Tränen zu kämpfen. Waren die Worte Buntapfels nicht wirklich ergreifend? Gibt es viele Gattinnen, die in ihrer Hochzeitsnacht so sprechen würden? Auch Fang Tzu Wen ist ein Mensch mit sehr tiefen Gefühlen, nicht nur sie wird ihm eine gute Gattin sein, sondern auch er wird sie nicht so behandeln, wie es andere, oberflächliche Männer tun würden. Auch ich wäre ihm zugetan, wenn ich ein Mädchen wäre.

Beide saßen jetzt tieftraurig da und weinten, bis die Hochzeitskerzen unter ihren Tränen verlöschten. Es schlug schon die fünfte Morgenstunde, als sie die Gürtel ihrer Kleider lösten und die Vorhänge des Bettes beiseite schoben. Als sie einschliefen, begannen draußen die Vögel zu zwitschern, und der Himmel war schon licht geworden. Sie machten beide schnell Toilette und gingen gemeinsam in die Halle. Nachdem sie sich vor den Ahnentafeln verbeugt hatten, eilte Fang Tzu Wen in das Zimmer seiner Mutter und erkundigte sich nach ihrem Befinden.

«Du brauchst dir keine Sorgen zu machen, meine Erkrankung hat keine Bedeutung», wich sie seinen Fragen aus. «Es freut mich, daß du dich meinethalben beunruhigt hast, denn es zeigt mir, wie viel Liebe zu mir in dir steckt. Die Göttin Kuan Yin hat meine Gebete erhört, und ich möchte dich bitten, mir bei der Ausführung eines Gelübdes, das ich im Kloster getan habe, ein wenig behilflich zu sein.»

«War es ein Dankgelübde, das du getan hast, und wozu hast du dich verpflichtet?» fragte Fang Tzu Wen.

«Als ich in das Kloster zu den weißen Lotusblüten kam, war ich überzeugt, daß dich der Räuber ermordet hatte, und ich dich nie mehr wiedersehen würde», erzählte Frau Fang. «Trotzdem machte ich der Göttin Kuan Yin das Gelübde, mich ihr tief dankbar zu erzeigen, falls du doch am Leben geblieben sein solltest und bei den Prüfungen Erfolg haben werdest. Ich versprach, der Göttin ihren Lotusthron zu vergolden und ihr zu Ehren eine siebenstöckige Pagode auf dem Yung Hügel zu errichten. Willst du mir bei der Erfüllung meines Gelübdes helfen? Dein Urlaub ist noch nicht zu Ende, und du hättest jetzt Zeit, zu berechnen, wie viel Material, Arbeitskräfte und Zeit man zu der Erbauung dieser Pagode braucht. Ich wäre dir sehr dankbar, wenn du dich dieser Arbeit unterziehen wolltest, bevor du deine Inspektionsreise antreten mußt.»

«Ich werde sofort daran gehen, alle Vorbereitungen zu treffen», versprach Fang Tzu Wen.

Als er sich von der Mutter verabschiedet hatte, gab er seinen Dienern sogleich den Auftrag, einer Schar von Schreinern, Maurern, Spenglern und anderen Handwerkern zu bestellen, sich noch am selben Tage im Palais einzufinden, er habe eine sehr dringende, größere Arbeit vor, für die ein Aufschub nicht möglich sei. Die Leute trafen am Nachmittag ein, und er erklärte ihnen, daß er eine Pagode zu erbauen gedenke, die innerhalb eines Jahres fertiggestellt sein müsse. Für die Anschaffung des nötigen Materials übergab er ihnen fünfundzwanzigtausend Taels und für die Bezahlung der Arbeitskräfte zehntausend. Als die Familien Tschen und Pi von seinem Plane erfuhren, waren sie sofort bereit, ihrerseits auch eine größere Summe für die Errichtung der Pagode beizusteuern. Generalzensor Tschen spendete viertausend Taels, Frau Tschen tausend, Vizekommandant Pi dreitausend, dessen Mutter achthundert, Fang Tzu Wen nochmals zehntausend und Kleinod, Goldchen und Buntapfel zusammen dreitausendzweihundert Taels.

XXIV. KAPITEL

Eine Pille übersinnlicher Herkunft bringt der Mutter Genesung
Drei Knaben sind Anwärter auf hohe literarische Ehren

Drei Tage nach Fang Tzu Wens Hochzeit mit Buntapfel begaben sich Frau Tschen und Frau Pi in ihre Palais zurück. Frau Tschen hatte sich mit Frau Fang sehr angefreundet, und es fiel ihr schwer, sich von ihr zu trennen. Auch Frau Fang hätte die Schwägerin gerne noch länger bei sich behalten, da sie aber wußte, daß diese sich im sechsten Monat ihrer Schwangerschaft befand und viel Ruhe brauchte, wagte sie es nicht, sie zu noch längerem Bleiben zu bewegen.

Vereinbarungsgemäß zog Buntapfel nach ihrer Vermählung wieder in das Zimmer, das neben dem der Frau Fang gelegen war, um sie zu pflegen und ihr Gesellschaft zu leisten. Obwohl Frau Fang ihr gegenüber beteuerte, sie fühle sich wohl und ihre Krankheit sei nicht ernst zu nehmen, gönnte sich Buntapfel doch keine Ruhe und wich ihr nicht von der Seite.

Die Erkrankung der Mutter hatte Fang Tzu Wen in arge Besorgnis versetzt, und es war ihm eine große Erleichterung, zu wissen, wie pflichtbewußt und mitfühlend seine junge Frau die Kranke betreute. Die vom Hof bewilligte Frist für die Hochzeitsfeierlichkeiten war nun bald zu Ende, und so bereitete er schon sein Gepäck vor, um sich auf die Inspektionsreise zu begeben. Mittlerweile war auch Wang Pen aus Ho Nan zurückgekommen und hatte sich bereit erklärt, tausend Taels für den Bau der Pagode beizutragen. Auch die Äbtissin Tsching Fang hatte eine Geldsammlung für den gleichen Zweck veranstaltet und eine recht beträchtliche Summe zusammenbekommen.

Eines Tages verschlechterte sich der Zustand Frau Fangs plötzlich sehr. Sie klagte über Schwindelanfälle, Schmerzen in der Brust und Atemnot. Ihre Glieder waren steif und kalt, sie hustete sehr stark, und ihr Körper wurde von hohem Fieber geschüttelt.

Buntapfel war außer sich, sie so zu sehen, und schickte eine Zofe zu Fang Tzu Wen und seinen beiden Frauen, um allen die Mitteilung von der besorgniserregenden Verschlimmerung der Krankheit zu machen.

Tieferschrocken eilte Fang Tzu Wen sofort in das Zimmer der Mutter.

«Wie ist es nur möglich, daß du dich plötzlich so schlecht fühlst?» fragte er sie, sehr besorgt. Seine beiden Frauen waren nun auch hereingekommen und konnten es nicht fassen, die Kranke so auffallend hinfälliger zu sehen.

«Schwiegermutter!» riefen sie, «Schwiegermutter!» Sie konnten nur schwer ihre Tränen verhalten. Besorgt blieben sie am Bettrande stehen und wußten nicht, was sie tun sollten. Nach einer Weile war ihnen, als entringe sich Frau Fangs Brust ein leises Stöhnen. Sie beugten sich über sie und hörten sie ganz leise flüstern: «Kind! Schwiegertöchter!... Ich habe... sehr arge... Schmerzen!... Mir ist... als würde man... meine Eingeweide mit... zehntausend Messern... durchschneiden... Ich möchte... jetzt ein wenig... schlafen... Geht... euren Arbeiten... nach... Die neue Frau... meines Sohnes kennt die... Ursache meiner Erkrankung... sie soll euch... alles erklären... Laßt... mich... jetzt allein...»

Fang Tzu Wen gab seinen Dienern den Befehl, die besten Ärzte von Shang Yang ausfindig zu machen und sie sofort in das Palais zu bestellen. Dann verfaßte er eine Bittschrift an den Hof, man möge ihm, der schweren Erkrankung seiner Mutter wegen, eine dreimonatige Verlängerung seines Urlaubes gewähren und ihm erlauben, vorläufig bei ihr in Shang Yang zu bleiben.

Seine beiden jungen Frauen, die nicht von der Seite Frau Fangs gewichen waren, hatten mit Erleichterung gesehen, daß die Kranke eingeschlafen war. Sie erkundigten sich jetzt bei Buntapfel, was für eine Bewandtnis es mit dieser Krankheit habe, und Buntapfel erzählte ihnen, Frau Fang habe schon im Kloster über starke Magenschmerzen geklagt, ihr aber verboten, jemandem etwas davon zu sagen. Die schweren Strapazen der Reise und die vielen Aufregungen waren eben zu viel für sie gewesen. Buntapfel gestand ihnen auch, sie fürchte, Frau Fang werde kaum von dieser Krankheit genesen.

Die beiden jungen Frauen brachen bei dieser Mitteilung in bitterliches Weinen aus. Auch Buntapfels Tränen begannen zu fließen, sie selbst litt ja noch schwerer als die beiden, da sie sowohl ihren Vater wie auch ihre Mutter verloren hatte. So standen sie alle weinend und verzweifelt um das Bett herum.

Plötzlich hörten sie die Schwiegermutter leise rufen.

«Willst du etwas, Schwiegermutter?» fragten sie, die Vorhänge beiseite schiebend. Sie sahen, daß Frau Fang versuchte, sich aufzusetzen, und daß sie sich anscheinend erbrechen wollte. Rasch reichten sie ihr eine Schüssel und waren ihr behilflich. Frau Fang fiel dann aber gleich erschöpft zusammen und verlor das Bewußtsein.

Wenige Augenblicke später trafen mehrere Ärzte im Palais ein und Fang Tzu Wen führte sie sogleich in das Krankenzimmer. Die jungen Frauen zogen sich schnell zurück.

Die Ärzte befühlten nacheinander den Puls der Kranken und schüttelten bedenklich die Köpfe. Fang Tzu Wen führte sie in das Empfangszimmer und bat sie, dort Platz zu nehmen und etwas Tee zu trinken.

«Was halten Sie vom Zustand meiner Mutter, meine Herren?» fragte er sie besorgt.

«Es handelt sich um eine sehr ernste Erkrankung, Exzellenz», antworteten sie. «Wir werden uns alle Mühe geben, aber eine vollständige Heilung wird schwer möglich sein. Wir haben sogar Zweifel, ob es uns möglich sein wird, Ihre verehrte Mutter am Leben zu erhalten.»

«Ich flehe Sie an, meine Herren, tun Sie alles, was in Ihrer Macht steht, sie zu retten!» rief Fang Tzu Wen. «Seien Sie versichert, daß ich mich Ihnen sehr dankbar erweisen werde. Wenn es Ihnen gelingt, meine Mutter zu heilen, werde ich Ihnen außer Gold und Silber auch noch eine Juwelenpagode verehren.» ...Die Tränen erstickten seine Worte... «Diese Pagode ist ein sehr kostbares Stück», fuhr er fort, «sie ist aus Perlen und Edelsteinen, die aus dem Besitze meiner Ahnen stammen, angefertigt worden.»

Die Ärzte horchten gleich auf, als sie von diesem kostbaren Schmuckstück, das sie zum Geschenke bekommen sollten, hörten. Wer von ihnen wollte da nicht alles daran setzen, die Kranke zu heilen? Doch der Zustand Frau Fangs war wirklich verzweifelt, und sie wußten, es werde viel Kopfzerbrechen und Mühe kosten, die richtigen Arzneien für ihre Genesung zu finden.

«Ich lege meine ganze Hoffnung auf Ihr Können!» sagte Fang Tzu Wen. «Sie haben mein volles Vertrauen!»

Trotzdem die Beratung der Ärzte sehr lange dauerte, konnten sie untereinander nicht einig werden. Der eine Arzt sagte, es handle sich um eine allgemeine Körperschwäche, der andere, es sei Schwindsucht, der dritte meinte, es sei ein durch übermäßige Anstrengungen erworbenes inneres Leiden, und der nächste wieder war abermals anderer Ansicht als die anderen.

«Gibt es gegen diese Krankheit irgendwelche Arzneien?» fragte Fang Tzu Wen.

«Gewiß, gewiß!» versicherten ihm die Ärzte. Der eine erklärte, das beste Mittel sei Ti Huang, der andere hielt dafür, man solle Cassia anwenden, der dritte meinte, man könne da ausschließlich mit Yintschen helfen. Jeder schlug ein anderes Mittel vor, und wieder konnten die Ärzte zu keiner Einigung kommen.

Fang Tzu Wen übergab ihnen je zwanzig Goldstücke, worauf sie sich entfernten, und er verärgert in das Krankenzimmer zurückging.

«Diese Ärzte sind wirklich schreckliche Leute», beklagte er sich bei seinen jungen Frauen. «Jeder hat eine andere Arznei vorgeschlagen, und nicht einmal über die Art der Erkrankung konnten sie sich einig werden.»

Seine Frauen hatten auch von den Ärzten Hilfe erhofft und waren ganz niedergeschmettert, jetzt von deren Unfähigkeit zu hören.

«Du mußt versuchen, doch noch einen anderen, verläßlichen Arzt ausfindig zu machen», sagten sie zu ihm.

«Wenn du es erlaubst, werden wir morgen in das Kloster zu den weißen Lotusblüten fahren und die Göttin Kuan Yin um ihre Hilfe anflehen. Vielleicht erhört sie unsere Gebete, und wir können deine Mutter mit Reis und guter Suppe doch wieder zu Kräften bringen.»

«Ja», antwortete Fang Tzu Wen. «Ich bin auch sehr dafür, daß Ihr der Göttin unser Leid vorbringt.»

Frau Fang war mittlerweile aufgewacht und hatte das Gespräch mitangehört.

«Auch ich halte es für das beste, die Göttin Kuan Yin zu bitten, sich meiner anzunehmen», erklärte sie. «Ich habe ihr bereits eine Pagode versprochen, habe aber auch noch etwas anderes im Sinn. – Wie steht es mit den Vorbereitungen für den Bau?» wandte sie sich an Fang Tzu Wen.

«Das Material ist bereits gekauft und alles steht bereit», erwiderte er. «Solange noch so große Kälte herrscht, kann man nichts unternehmen, ich habe aber beschlossen, am neunzehnten Tage des zweiten Monats mit dem Bau zu beginnen. Es ist dies der Tag, an dem die Geburt der Göttin Kuan Yin gefeiert wird, und er scheint mir daher am passendsten zu sein. Wang Pen kann später die Überwachung der Arbeiter übernehmen.»

«Er wird dies bestimmt sehr gewissenhaft besorgen», erklärte Frau Fang. «Du brauchst dir, wenn du auf deinen Inspektionsreisen bist, darüber keinerlei Sorgen zu machen.»

«Ich habe bereits ein Gesuch an den Hof gerichtet um eine Urlaubsverlängerung von drei Monaten», berichtete Fang Tzu Wen. «Bis dann bist du sicher schon wieder gesund, und ich kann meine Reise unbesorgt antreten.»

Die jungen Frauen waren sehr glücklich, die Erlaubnis

bekommen zu haben, in das Kloster zu fahren, da sie aber schon sehr ungeduldig waren, befragten sie inzwischen Orakel, wie die Göttin sich zu ihren Gebeten stellen werde, und zu ihrer großen Freude lautete das Urteil, die Göttin sei der Schwiegermutter wohlgesinnt, und alles werde gut ausgehen. Dies beruhigte sie doch einigermaßen. Frau Tschen, die in großer Sorge um die Schwägerin war, blieb jetzt auch im Palais über Nacht und schlief in Kleinods Zimmer. Vizekanzler Pi schickte täglich einen Boten, um nach dem Befinden Frau Fangs zu fragen, und auch die Äbtissin Tsching Fang ließ sich Tag für Tag nach ihr erkundigen und trug ihren Nonnen auf, für sie zu beten.

Leider aber verschlechterte sich der Zustand Frau Fangs doch zusehends, und sie vermochte jetzt nicht einmal mehr Suppe oder Reis zu sich zu nehmen. Man hatte das Gefühl, daß sie nahe am Auslöschen war. Gab es überhaupt noch eine Hoffnung, sie zu retten?

Fang Tzu Wen ließ noch andere Ärzte kommen, doch alle, die seine Mutter untersuchten, wußten keinen Rat. Ihm war, als würde man seine Brust mit Pfeilen durchbohren, und auch seine beiden jungen Frauen Kleinod und Goldchen, die vor dem Bette knieten und sich die Augen ausweinten, flehten verzweifelt den Himmel an, die Schwiegermutter wieder gesunden zu lassen. Buntapfel, die vollkommen niedergebrochen war, schluchzte herzzerbrechend und erklärte, wenn Frau Fang sterben sollte, wolle auch sie nicht länger am Leben bleiben.

Eines morgens meldete eine Zofe, ein Taoistenmönch wünsche Herrn Fang zu sprechen.

«Bitte, Exzellenz, begeben Sie sich zu ihm», sagte sie. «Er behauptet, ein Mittel zu haben, das die gnädige Frau vollständig gesund machen wird, er verlangt aber die Juwelenpagode als Lohn.»

Fang Tzu Wen wischte sich die Tränen aus den Augen und eilte hinaus. Der Mönch war inzwischen in den Hof weitergegangen, und als er ihn dort erblickte, schien ihm, er müsse diesen Mann kennen.

«Das ist ja der Wahrsager Hsü Hsi, den ich in Huang Dschou aufgesucht habe», fiel ihm ein. – «Bitte nehmen Sie Platz, verehrter Meister», sagte er zu ihm.

«Nein, danke», wehrte der Mönch ab. «Das Leben Ihrer Mutter ist in höchster Gefahr, es darf keinen Augenblick gezögert werden! Ich besitze ein Mittel, das sie vor dem Tode bewahren wird. Wenn Sie diese Pille hier», er hielt Fang Tzu Wen eine kleine Pille hin», in reinem Wasser auflösen und Sie ihr dieses Wasser einflößen, wird sie sofort wieder gesund werden. Drei Gründe haben mich bewogen, Ihnen heute diese Arznei zu bringen. Der erste Grund ist der, daß Ihre Mutter ein Herz voll Reinheit und Güte hat und ein vollkommen selbstloses Wesen ist, der zweite Grund, der mich dazu veranlaßt hat, ist, daß ich Ihnen, weil Sie pietätvoll und human sind, weiteres Leid ersparen möchte, und der dritte Grund, weshalb ich gekommen bin, ist der, daß ich gesehen habe, wie großmütig und opferungsfähig Ihre drei Frauen sind.»

«Haben Sie vielen Dank, verehrter Meister!» rief Fang Tzu Wen.

«Bevor ich Ihnen meine Pille überlasse, möchte ich aber noch eine andere Sache zur Sprache bringen», erklärte Hsü Hsi. «Sie haben, wie mir bekannt ist, die Absicht, für den Bau einer Pagode Zehntausende von Taels zu bezahlen.»

«Ja, das ist so», bestätigte Fang Tzu Wen.

«Das müssen Sie selbstverständlich bleiben lassen», sagte der Mönch.

«Wie meinen Sie das?» fragte Fang Tzu Wen erstaunt.

«Wissen Sie denn nicht, daß gespendetes Geld immer nur aus dem Schweiß und Blut des Volkes stammt?» antwortete Hsü. «Fragen Sie sich doch selbst, woher das Geld kommt, das Sie für den Bau der Pagode beigestellt haben! Antworten Sie nicht, es stamme vom Lohne für geleistete Arbeit und erworbene Verdienste, denn dann ist es doch wieder durch Schweiß und Blut erlangt. Das Geld der hohen Beamten und reichen Familien sollte für den Bau von Straßen und Brücken, für die kostenfreie Verteilung von Arzneien und Heilkräutern, für den Anbau von Getreide oder für die Hilfe in Zeiten der Hungersnot verwendet werden. Eine Pagode oder ein Denkmal mit solchem Gelde zu errichten, verfehlt den Zweck. Ich weiß, daß Sie die Gabe hätten, ein vorzüglicher Beamter und ein Vorbild für das Volk zu werden. Rotten Sie aus, was faul und schlecht ist, und verwenden Sie das Geld, das Sie für den Bau der Pagode benützen wollten, für volksbeglückende Dinge! Dämmen Sie die Flüsse ein, die das Land gefährden, sorgen Sie dafür, daß die Bevölkerung nicht dazu verurteilt ist, Hunger zu leiden, und helfen Sie mit diesem Geld überall dort, wo es notwendig ist. Sie brauchen sich des Gelübdes wegen, das Ihre Mutter gemacht hat, keine Sorgen zu machen. Überlassen Sie mir Ihre kleine Juwelenpagode, und ich verspreche Ihnen, an dem Tage, da man die Geburt der Göttin Kuan Yin feiert, mit der Hilfe von übersinnlichen Kräften auf dem Yung Chen Hügel vor dem Kloster zu den weißen Lotusblüten eine herrliche Pagode zu errichten. Wenn Ihnen mein Vorschlag zusagt, dann geben Sie mir jetzt Ihre Juwelenpagode, und ich werde Ihnen die Pille einhändigen, die Ihre Mutter gesund machen wird. Sobald ich mein Versprechen eingelöst habe, und die große Pagode auf dem Yung Chen Hügel vor dem Kloster zu den weißen Lotusblüten steht, werde ich diese Welt des Staubes verlassen, meine Flügel ausbreiten und in die Ferne fliegen.»

Fang Tzu Wen hatte dem Mönche aufmerksam zugehört und erklärte sich mit Freuden zu dem angebotenen Tausch bereit. Ohne das geringste Mißtrauen gegen Hsü Hsi zu hegen, eilte er in das Haus und holte die kleine Juwelenpagode. Sobald er sie dem Mönche übergeben hatte, überreichte ihm dieser die versprochene Pille, verbeugte sich und wandte sich zum Gehen. Doch Fang Tzu Wen hielt ihn rasch zurück.

«Ach, Meister, möchten Sie nicht noch ein wenig bleiben?» bat er ihn. «Meine Gattinnen werden sich, wenn die Mutter gesund geworden ist, bestimmt persönlich bei Ihnen bedanken wollen.»

«Halten Sie mich für einen Mann, der Dank haben möchte?» fragte der Mönch. «Ich bin hierhergekommen, um Ihrem Hause Glück und Frieden zu bringen und gehe jetzt zurück in die weiten Nebelwolken.»

«Wenn Sie darauf bestehen, uns so schnell wieder zu verlassen, wage ich es nicht, Sie zum Bleiben zu bewegen», sagte Fang Tzu Wen. «Ich wüßte jedoch gerne, woher die Pille stammt, die Sie mir geben, und es wäre mir auch darum zu tun zu erfahren, auf welche Weise Sie Kenntnis von der Erkrankung meiner Mutter bekamen.»

«Weshalb sollte ich Ihnen dies verschweigen?» erklärte der Mönch. «Ich will Ihnen gerne auf Ihre Fragen Antwort geben. Ich bin ein Nachkomme von Hsü Ching Yang. Als ich von Huang Dschou fortging, begegnete ich einem Unsterblichen, der zu Beginn unseres Reiches lebte. Er nahm mich als seinen Schüler an und lehrte mich die Bereitung dieser Pille, die man die Pille zur Bewahrung des Lebens und der großen Einheit nennt. Wenn Ihre Mutter diese Pille zu sich nimmt, wird sie ein Alter von neunundneunzig Jahren erreichen. Die Konstellation der Gestirne zur Zeit der Geburt Ihrer Mutter war sehr günstig. Da ihre Hauptsterne sich aber jetzt über zwanzig Jahre hindurch im Zeichen Skorpion befanden, mußte sie schweren Kummer mitmachen und jetzt auch gefährlich erkranken. Mit der Behebung ihrer Krankheit wird auch ihre Leidenszeit beendet sein. Ihre Gattinnen werden Ihnen zwei Söhne gebären, die dem Haus Fang dann Nachfolger geben werden, denen hohe Auszeichnungen bestimmt sind. Ihres reinen Charakters wegen werden sie sich großer Beliebtheit erfreuen. – Ich habe Ihnen jetzt über Ihre Zukunft Bescheid gesagt und bitte Sie, mich von Ihnen verabschieden zu dürfen.»

«Darf ich fragen, wohin Sie sich begeben und ob wir uns noch einmal wiedersehen werden?» erkundigte sich Fang Tzu Wen.

«Wohin ich gehen werde und wo ich bleiben werde, ist noch nicht gewiß», erklärte Hsü Hsi. «Auch über den Zeitpunkt unseres Wiedersehens kann ich Ihnen nichts Bestimmtes sagen. Aber, merken Sie sich: Am Tage der Feier für die Göttin Kuan Yin wird die bei Donner und Blitz erbaute Pagode fertiggestellt sein!

Wenn ihr am Festtage vor dem Altare der Göttin steht
Und ein leises Rauschen durch die Fransen
    der Baldachine geht,
Steht weithinleuchtend die Pagode auf dem Hügel droben
Von überirdischen Kräften erbaut, von Nebeln umwoben.
Und von ihrer höchsten Spitze – vergeßt dies nie!
Blickt segnend auf euch nieder der Mönch Hsü Hsi!»

Mit diesen Worten erhob sich der Mönch und flog davon.

Fang Tzu Wen löste die Pille in reinem Wasser auf und eilte mit dem Becher zum Krankenlager. Die Mutter trank ein wenig von diesem Wasser und, welch ein Wunder! Ihre Schmerzen waren verschwunden. Sie kam sehr rasch wieder zu Kräften, und bald schlief sie nachts so tief und ruhig, daß Buntapfel, ohne sich Sorgen machen zu müssen, in das Hochzeitsgemach zurückgehen und dort mit Fang Tzu Wen alle Freuden der Liebe genießen konnte.

Die Zeit verging, und das neue Jahr hatte schon seinen Einzug gehalten. Das für den Bau der Pagode angeschaffte Material lag seit langem gestapelt vor dem Klostertore. Fang Tzu Wens Absicht war es gewesen, die Arbeit am neunzehnten Tage des zweiten Monats beginnen zu lassen und sich drei Tage später auf seine Inspektionsreise zu begeben.

In der Nacht vor dem neunzehnten Tage brach ein furchtbares Gewitter aus, das alle Mauern erzittern machte und die Nonnen sehr erschreckte. Am nächsten Morgen aber heiterte sich der Himmel allmählich auf, und als die Wolken sich zerteilt hatten, stand auf dem Yung Chen Hügel vor dem Kloster eine prachtvolle siebenstöckige Pagode. Sie war tatsächlich von überirdischen Wesen aufgerichtet worden. Die von der Pagode herabhängenden Perlenschnüre leuchteten nach allen Seiten. Die Nonnen waren so erstaunt über dieses Wunder, daß sie vor Verwunderung die Zungen herausstreckten. Auch die Äbtissin war starr, die herrliche Pagode auf dem Hügel stehen zu sehen, und beeilte sich, überall von dem Wunder Bericht erstatten zu lassen.

Als die Bewohner des Palais Fang erschienen, um ihre Dankgebete darzubringen, sahen sie vor dem Kloster schon lange Reihen von Wagen stehen, denn es hatten sich unzählige Gläubige eingefunden, um der Feier des Geburtstages der Göttin Kuan Yin beizuwohnen. Wie groß war aller Erstaunen, als sie die Pagode erblickten!

Goldgrünblau leuchtete sie aus den gelblichroten Nebelwolken heraus. Der Bau sah wirklich überirdisch aus, und es ging von ihm ein mattes Leuchten gleich dem von zerstoßenen Perlen aus, das gegen die Spitze der Pagode zu immer heller wurde. Alle Leute gingen, ergriffen über das Wunderwerk, nach Hause und berichteten, was geschehen war.

Drei Tage darauf trat Fang Tzu Wen seine Reise an. Er hatte Wang Pen, der aus Ho Nan zurückgekommen war, die Angelegenheiten des Hauses anvertraut und ihm befohlen, in seiner Abwesenheit für alles Sorge zu tragen. Seine Inspektionsreise konnte nun nicht mehr verschoben werden, und da seine Gattinnen schon alle drei schwanger waren, mußte er sie zu Hause lassen. Als er von den Seinen Abschied nahm, war von seiner Mutter bis zu Buntapfel allen das Herz schwer.

Er stieg in seine Sänfte und ließ sich in die Palais Tschen und Pi tragen, um auch dort Abschied zu nehmen. Herr Tschen und Herr Pi ließen es sich nicht nehmen, ihn noch bis zum Hafen zu begleiten.

Es war zu Herbstanfang, als er von Ho Nan nach Shang Yang zurückkehrte. Der Hof hatte ihm wieder einen Urlaub von drei Monaten gewährt, nach dessen Ablauf er sich wieder auf eine Inspektionsreise begeben sollte.

Das neue Jahr brachte sowohl dem Hause Fang wie auch dem Hause Tschen und dem Hause Pi großes Glück. Am fünfzehnten Tage des ersten Monats brachte Frau Tschen einen Knaben zur Welt, dem sie, da sie bereits einundfünfzig Jahre alt war, den Namen Jui Sheng, Kind des Glückes, gab. Drei Monate darauf gebar Kleinod einen Knaben, den sie Mao Hsing nannte, und am fünfzehnten Tage des vierten Monats kam Buntapfel mit einem Knaben nieder, der von ihr den Namen Mao Kuan erhielt. Am fünften Tage des fünften Monats, am

Tage des Drachenbotfestes, wurde Goldchen von einem Mädchen entbunden, das sie Nachtschatten nannte. Frau Fang konnte sich als Großmutter so vieler Enkel jetzt wirklich glücklich fühlen! Nicht lange nach den Geburten im Hause Fang brachte die Gattin des Vizekommandanten Pi zwei Mädchen zur Welt.

Fang Tzu Wen hatte auf seiner Inspektionsreise alle Korruptionsangelegenheiten und Unredlichkeiten in der Lebensmittelversorgung aufgedeckt und überall Ordnung geschaffen. Als er zwei Jahre später nach Shang Yang zurückkam, herrschte im Hause helle Freude. Seine Kinder trugen keine Säuglingskleidchen mehr und machten bereits die ersten Gehversuche. Auch die Familien Tschen und Pi sowie die Äbtissin Tsching Fang freuten sich herzlich, ihn wiederzusehen. Wang Pen hatte in seiner Abwesenheit alle Angelegenheiten des Hauses zu seiner vollen Zufriedenheit geführt, und so wußte Fang Tzu Wen jetzt, daß er sie ihm vollkommen überlassen konnte. Gleich einige Tage nach seiner Ankunft schickte Fang Tzu Wen einen ausführlichen Bericht über seine Inspektionstätigkeit nach Peking.

Unerwarteterweise brach in diesem Jahre in Ho Nan eine furchtbare Überschwemmung aus, und Fang Tzu Wen bekam vom Hofe das folgende Schreiben:

«*Das Mitglied der Han Lin Akademie, Fang Tzu Wen, Inspektor über sieben Provinzen, hat sich durch seine Leistungen große Verdienste erworben. In Würdigung seines Fleißes sowie seiner großen Bemühungen zur Abschaffung von Mißständen wird er auf Kaiserlichen Befehl zum Chef des Arbeitsministeriums ernannt. Er wird beauftragt, nach Ho Nan zu reisen, die Flußregulierungsarbeiten zu organisieren und die Überwachung der Lebensmittelversorgung zu übernehmen.*»

Zu seiner großen Freude erfuhr er, daß sein Schwager und Freund, Vizekommandant Pi, dessen Vater seinerzeit Tao Tai von Ho Nan gewesen war und sich bei den Flußdammbauten besondere Verdienste erworben hatte, in Anerkennung der Leistungen des Verstorbenen den Befehl erhalten hatte, mit ihm gemeinsam die Flußregulierungsarbeiten durchzuführen. Nachdem sie sich von Generalzensor Tschen verabschiedet hatten, machten sie sich sogleich auf den Weg.

Ihre Zusammenarbeit war sehr erfolgreich, und es gelang ihnen, die Regulierung des Flusses innerhalb eines Jahres fertigzustellen. Auch die Frage der Lebensmittelversorgung wurde von ihnen auf das beste gelöst. Die Bevölkerung, die nun vom «Fisch-Seufzen» befreit war, errichtete am Ufer des Flusses einen Gedenkschrein für ihre beiden Retter.

Fang Tzu Wen wurde abermals an den Hof gerufen, wo ihm der Kaiser seine Anerkennung für seine hervorragenden Leistungen ausdrückte und er nochmals eine Rangerhöhung bekam. Da Fang Tzu Wens Mutter schon in hohem Alter stand und nicht selbst in die Hauptstadt kommen konnte, veranlaßte der Kaiser, daß für sie eine Ehrentafel mit Zeichen aus Gold angefertigt wurde.

NACHWORT

Seit je sprach man im Abendland vom «geheimnisvollen Osten» und fühlte eine eigenartige Faszination ausgehen von der Tatsache und ihren mannigfaltigen Folgen im Alltags- und Kulturleben, daß dort die Menschen ihr leibliches, soziales, kulturelles und religiöses Leben nach anderen geistigen Gesetzen antreten und führen, als sie im europäischen Kosmos Geltung haben. Ohne hier im entferntesten den Versuch machen zu wollen, ihnen nachzuspüren, sei zu bedenken gegeben, daß es ein europäisches und nur hier gültiges Erbe ist, das Menschenleben als Individuum zu führen, für welches je eigene Bahnen aus der jeweiligen Artung und Veranlagung der Einzelpersönlichkeit heraus sich entwickeln und entfalten dürfen. Über diesen theoretisch fast unendlich mannigfaltigen Einzelbahnen zu individuellem, freiem Schicksal stehen philosophische Voraus- und Zielsetzungen, die den von den Griechen aufgestellten Satz vom Widerspruch, die Verpflichtung zur Selbsterkenntnis und Selbstverwirklichung in den Zeichen von Herrschaft und Dienst als Leitsterne aufweisen. So ist der Begriff menschlicher Größe im geistigen Lichte des Abendlandes ein völlig anderer und ganz generell gesehen weitaus umfassenderer und freierer als irgendwo im geistigen Lichte des Ostens. Dessen Geheimnis besteht vor allem darin, daß er das Ziel des Menschen nicht in der möglichst freien Entfaltung seiner Persönlichkeitswerte erblickt, sondern in dem möglichst vollkommenen, ungezwungenen und lebendigen Hineinwachsen des Einzelnen in den überlieferten geistigen, sozialen, religiösen Raum der Familie, der Kaste, der Gruppe, aus welcher er hervorgegangen ist.

Im Westen wie im Osten besteht die übermenschliche Aufgabe des Einzelnen darin, ein Gleichgewicht zwischen Herrschaft und Dienst in und um sich zu verwirklichen. Im Westen liegt aber das Schwergewicht des Strebens des Einzelnen auf der freien Herrschaft über andere und sich selbst, im Osten liegt es auf dem Dienst an den anderen, an die man sich gebunden, besser: mit denen man sich umfassend verbunden weiß, und damit auch an sich selbst.

Unter allen geheimnisvollen Ländern des Ostens dürfte wohl China das geheimnisvollste sein. Der Bambusvorhang, von dem heute so viel die Rede ist, hat schon seit Jahrhunderten das Reich der Mitte gekennzeichnet. Nicht nur nach außen hin hat er das Riesenreich und sein Riesenvolk abgeschirmt, sogar im Innern des Landes und des Volkes war er immer und immer wieder unsichtbar gegenwärtig. Besonders in Zeiten der Fremdherrschaft, da mongolische oder mandschurische Dynastien den Kaiserthron innehatten, schloß sich das Volk in lautloser Passivität hinter seine exklusiven Sitten und Traditionen ein und bewahrte seine geheimnisvolle Eigenart bis über die Zeiten hinaus, da sie hätte gefährdet werden können.

Exklusives, Fremdartiges, Geheimnisvolles, besonders wenn es von solcher kultur- und welthistorischer Dauer und Bedeutung ist wie in China, reizt zum Versuch seiner Enträtselung. Wie überall so auch in China bietet sich hierzu in besonderem Maße dar, was Kunst, Literatur, Philosophie und Religion an Erscheinungs- und Ausdrucksformen in reicher Fülle geschaffen haben. Im Falle Chinas ist es so, daß seit Jahrtausenden eine eindeutige Rangordnung der kulturellen Werte im Reiche des überlieferten Wortes herrschend ist. Diese Rangordnung findet ihren Ausdruck vornehmlich in Sprache und Stil der Mitteilung. Zuoberst stehen auf dieser Klimax die staats- und gesellschaftsbildenden und -erhaltenden Denker, die Philosophen und Kultstifter. Unmittelbar daneben stehen die Dichter philosophischer Lyrik. Es folgen einerseits die Historiker, anderseits die Novellisten. Hier ist es nicht möglich, näher auszuführen, in welcher Weise exklusiv und nur für die engste Schicht der Höchstgebildeten verständlich in Form, Schrift und Sprache die Mitteilung dieser höchsten Kulturträger Chinas erfolgte. Jedenfalls eignete sich deren substanziellste Ausdrucksweise nie und nimmer auch nur zur mündlichen Weitergabe an die Millionen Menschen, die schon seit Jahrhunderten das Volk Chinas ausmachten, und die bei allem «Analphabetismus» und aller wirtschaftlichen Armut doch die Kultur dieses einzigartigen Reiches über Jahrtausende hinweg mittrugen.

Hier sprangen, von den Gebildeten der Elite beinahe unbeachtet und verachtet, Drama und Roman ein. In diesen Formen und in einer unmittelbar dem Volks- und Alltagsleben entlehnten Sprache, die die Geschichtenerzähler auf den Marktplätzen und die Schauspieler auf den Budenstätten ohne Gefahr, nicht verstanden zu werden, sprechen konnten, wurde ins Volk hinausgetragen, was an Sitte, an Bildungssubstanz, an Ethos und Vorbild von den Ahnen und ihren getreuen Schülern der höchsten Elite aufgestellt und vertreten wurde.

Ein solcher Roman ist auch das hier erstmals übersetzte Dschen Dschu Ta, die «Juwelenpagode». Der Autor, der sich ja an einer Stelle sogar persönlich einschaltet und seine Bewunderung für den vorbildlichen Jüngling Fang Tzu Wen gesteht, ist unbekannt geblieben. Die Anfänge der Geschichte werden sich wohl in die Ming- und Jüanzeit zurück verlieren (1277–1644). Die heute vorliegende Form des Romans stammt aus der

Tsing- oder Mandschuzeit (1644-1911), wie fast alle Romane, die wir aus China bisher kennengelernt haben.

Die «Juwelenpagode» ist als soziologisch-psychologischer Familien- und Liebesroman in China überaus bekannt. Nicht nur in literarischer Form oder in Fortsetzungen aus dem Munde von Geschichtenerzählern ist sie Gemeingut des Volkes. Ihr Stoff ist, wie nicht anders zu erwarten, auch als Theaterstück verarbeitet worden, dessen Aufführungen auch heute noch den Beifall der dankbaren Zuschauer finden, und hat später als Vorbild für eine ganze Reihe ähnlich aufgebauter Romane und Dramen gedient. So kennen Millionen Chinesen Fang Tzu Wen, den jungen, strebsamen Studenten, der erst verhöhnt und verlacht wird, sich dann aber durch seinen Fleiß und Ehrgeiz höchstes Ansehen erringt. Man leidet mit der gefühlvollen Kleinod, – wie mit Tai Yü, der ebenso berühmten und als Vorbild verehrten Heldin aus dem Roman «Der Traum der roten Kammer», – die so zart und schwach ist, daß Kummer mit ihren Eltern oder um ihren Verlobten sie fast Gesundheit und Leben kostet. Ebenso ist man auch mit Goldchen und Buntapfel vertraut, und verehrt, bewundert und liebt die vornehme und überlegene Frau Fang, deren Adel und Autorität durch kein noch so schweres Schicksal gebrochen werden kann, und die mit weisem Takt und liebevoller Menschenkenntnis ihre ganze, weitverzweigte Familie zu Pietät und Ordnung, zu Frieden und Harmonie zurückzuführen versteht. Der häufige Wechsel des Milieus und die psychologische Lebendigkeit der einzelnen Personen geben den Geschichtenerzählern und Bühnendarstellern reiche Möglichkeiten, ihre Kunst zu entfalten und den Worten der leidgeprüften Frau Fang, des sympathischen Herrn Tschen, seiner so ganz anders gearteten Gattin und aller anderen Beteiligten eine bestimmte

Note zu verleihen. Ein besonderer Vorteil der «Juwelenpagode» liegt noch darin, daß zum Unterschied von anderen gleichzeitig entstandenen Romanen, die eine so enorme Zahl von in die Handlung einbezogenen Personen aufweisen, daß es den Lesern schwer fällt, sich in dem Kunterbunt der oft sehr ähnlich klingenden Namen zurechtzufinden, sich hier die Handlung auf einen recht kleinen und leicht überschaubaren Kreis von Menschen beschränkt, wodurch die Intimität und Wärme des Buches gewahrt bleiben. Gelegentliche Wiederholungen, von denen übrigens die Mehrzahl durch Kürzungen in der Übersetzung eliminiert worden sind, erschienen aus der Entwicklungsgeschichte des Romans heraus leicht verständlich. Mußten doch die Zuhörer, von denen manche vielleicht gar nicht immer dabeisein konnten, dadurch immer wieder alle ins Bild gesetzt oder an früheres erinnert werden, um den Fortgang der Handlung voll verstehen zu können.

Es ist ohne weiteres einleuchtend, daß der chinesische Roman, seit seinem Bekanntwerden im Abendland, an Beliebtheit alle anderen literarischen Gattungen Chinas weit übertrifft. Bietet er doch den weitaus einfachsten, mühelosesten und lebendigsten Zugang unmittelbar ins Herz des chinesischen Alltags- und Familienlebens hinein, erschließt uns echten Einblick in Freud und Leid, Hoffnung, Sehnsucht und Trauer seiner Menschen und läßt uns teilnehmen an ihrer Erziehung, Schulung und Heranbildung zu Mitträgern der hohen ethischen, moralischen und allgemein-menschlichen Werte ihres bewunderungswürdigen Kulturkreises. In diesem Sinne möchte auch unser Dschen Dschu Ta, unsere «Juwelenpagode», gelesen, verstanden und von weiten Leserkreisen geliebt werden.

Felix M. Wiesner

INHALT

I. KAPITEL: Ein Sohn nimmt Abschied von seiner Mutter. Auf seiner weiten Reise sucht er einen Wahrsager auf 7

II. KAPITEL: Ein Neffe besucht seine Tante. Arm und Reich stehen einander gegenüber. Ein Verwandter wird beiseite geschoben 29

III. KAPITEL: Ein mutiges junges Mädchen gibt einem jungen Mann heimlich Schmuck 47

IV. KAPITEL: Ein Vater will seinen Neffen zurückholen. Im Hause entsteht ein heftiger Streit 69

V. KAPITEL: Überfallen von einem Räuber, stürzt Fang Tzu Wen in den Schnee 87

VI. KAPITEL: Vom Tode errettet, wird Fang Tzu Wen auf ein Schiff gebracht 95

VII. KAPITEL: Bei einem Neujahrsbankett entsteht ein schwerer Streit zwischen Gatte und Gattin. Ein gefühlvolles Mädchen zieht die Brauen kummervoll zusammen 111

VIII. KAPITEL: Die geheimen Klagen eines Einsamen klingen an das Ohr eines Mädchens 123

IX. KAPITEL: Eine Mutter begibt sich weinend auf eine weite Reise 146

X. KAPITEL: Ein Räuber will Juwelen verpfänden 152

XI. KAPITEL: Ein Mädchen weint bitterlich über eine kleine Pagode 181

XII. KAPITEL: Eine Schwerkranke vertraut einer Zofe ihre letzten Verfügungen an 199

XIII. KAPITEL: Vor dem Tempel zu den neun Fichten stürzt sich eine leidgequälte Frau in den Fluß 219

XIV. KAPITEL: Im Kloster zu den weißen Lotusblüten wird eine Andacht abgehalten 242

XV. KAPITEL: Ein eigenartiges Zusammentreffen im Kloster 265

XVI. KAPITEL: Seltsames Zusammentreffen zwischen Schwiegermutter und Schwiegertochter 289

XVII. KAPITEL: Fang Tzu Wen begibt sich verkleidet in den Garten des Palais Tschen 312

XVIII. KAPITEL: Ein Mitglied der Han Lin Akademie trägt lächelnd eine kleine Ballade vor 328

XIX. KAPITEL: Bei einem Besuch im Hause des früheren Lehrers werden freundschaftliche Beziehungen vertieft.. 353

XX. KAPITEL: Bei dem Wiedersehen zwischen Mutter und Sohn fließen Tränen der Freude 368

XXI. KAPITEL: Eine Mutter verläßt das Kloster 382

XXII. KAPITEL: Überall herrscht Freude und Harmonie .. 397

XXIII. KAPITEL: In der Hochzeitsnacht fließen im Scheine der Hochzeitskerzen bittere Tränen 421

XXIV. KAPITEL: Eine Pille übersinnlicher Herkunft bringt der Mutter Genesung. Drei Knaben sind Anwärter auf hohe literarische Ehren 436

Nachwort 451